辽宁省教育厅高校学术专著出版基金资助

U0646881

HAIYUN XINGZHENGFA

海运行政法

王秀芬◎著

北京师范大学出版集团
BEIJING NORMAL UNIVERSITY PUBLISHING GROUP
北京师范大学出版社

图书在版编目（CIP）数据

海运行政法／王秀芬著．—北京：北京师范大学出版社，
2014.1
ISBN 978-7-303-14967-4

Ⅰ．①海… Ⅱ．①王… Ⅲ．①海上运输－行政法－研究
Ⅳ．① D996.1

中国版本图书馆 CIP 数据核字（2012）第 154366 号

营 销 中 心 电 话	010-58802181 58805532
北师大出版社高等教育分社网	http://gaojiao.bnup.com
电 子 信 箱	gaojiao@bnupg.com

出版发行：北京师范大学出版社 www.bnupg.com
　　　　　北京新街口外大街 19 号
　　　　　邮政编码：100875
印　　刷：北京京师印务有限公司
经　　销：全国新华书店
开　　本：170 mm × 230 mm
印　　张：20
字　　数：390 千字
版　　次：2014 年 1 月第 1 版
印　　次：2014 年 1 月第 1 次印刷
定　　价：60.00 元

策划编辑：李洪波　　责任编辑：李洪波
美术编辑：王齐云　　装帧设计：李尘工作室
责任校对：李　菡　　责任印制：孙文凯

作者简介

　　王秀芬，内蒙古赤峰人，大连海事大学法学院教授。1984 年本科毕业于吉林大学，其后攻读了大连海事大学国际法学的硕士与博士学位。现主要从事行政法与海事行政法的教学和研究工作。1998 年至 1999 年在日本神户商船大学进修海事行政法，2001 年至 2002 年在日本广岛大学做访问学者，现任大连海事大学法学院教授，海洋法与海运行政法研究室主任、日本法律研究所所长。主持完成了司法部科研项目"中国船员立法对策研究"，交通部软科学研究项目"《2006 年海事劳工公约》与我国现行海事劳工法律体系对比研究"，中华人民共和国海事局项目"海员劳工公约法律研究"，辽宁省教育厅项目"国际劳工组织的渔业劳工立法对辽宁渔业的影响及对策研究"，辽宁省社科基金项目"辽宁海岛保护法律制度研究"等。

　　主要著作和文章有：《船员法研究》（专著）、《国际劳工组织的船员立法趋势及我国对策研究》（编著）、《日本海事法规辑要》（合译）、《国际法学》（合著）、《新编行政法学》（合著）；《船员之法律概念辨析》载《社会科学家》（CSSCI，2010 年第 11 期）、《海事行政法学科体系及其特点初探》载《当代法学》（2001 年，第 10 期）等。

前　言

随着经济的发展和世界政治格局的变动，航运业的重要地位日益凸显，从经济贸易到国家安全都离不开航运业的支撑作用，特别是在能源危机时代，海运业甚至成为维持一个国家经济安全的产业。海运业在中国经济发展中的作用更是功不可没，外贸物资的90％以上依赖于海运业的运力支撑，内贸运输及救灾物资的运输等也都离不开沿海与内河航运。因此，各国都运用法律手段，特别是行政法律手段来管理并发展本国的航运业。我国在改革开放后，特别是加入WTO之后，海运行政立法也呈现出体系化、国际化的健全发展趋势。

在立法文件不断增加的情况下，有必要研究海运行政法的内部及外部结构，立法、执法现象，为该部门法作用的充分发挥提供理论支撑。由于海运行政法各子部门的专业性较强，以至于该部门法不存在像海关、土地等部门行政法那样的法典，使得该部门法的内在黏合力较差，体系外边界不够清晰。这是因为海运行政法与"陆域"相关法律部门联系密切，而"陆域"法产生时间早，甚至早期海运行政法只是相关"陆域"法向海洋的延伸，相关"陆域"法的思维模式对海运行政法的影响很大，特别是在农业文明古国的我国尤其明显。所以，海运行政法的子部门间存在着一种离心力。

本人20年来从事海运行政法的教学和研究工作，一直以来就想把教学讲义整理成册并编辑出版。但因该部门法的上述特点，使得其基本原则等共性的一以贯之的逻辑主线十分模糊。逻辑起点的缺乏，必然在学术上建立该法的学科体系十分艰难。其应该包括的内容难以取舍，过大则难以抽象出放之各章而皆准的共性原则，过小则不能形成一个学科规模。结果使出版工作一搁再搁；再加上本人的生性暗钝，平时尘劳杂务过多，使得书稿的撰写工作十分艰难。

经长时思考并整理后，本人发现虽然海运行政法各子部门间逻辑联系不够密切，但其各部门间有一个最强韧的物质基础，即海运行政法所规范的生产活动是以海洋为舞台而展开的，海运产业活动的生产要素都要适应海洋之物理特性，以此为线索，选择了船舶管理法、船员管理法、航运业管理法、港口法、航道法五个子部门展开研究，确立了相对稳定的学科体系，这几个要素相互间的逻辑关系为：海运业的生产工具是船舶，生产工具的使用者为船员，将这两个要素结合进行生产活动的是企业（主要是航运企业），海运产业除运用船舶这一生产手段外，还包括两个重要手段，即港口和航道，前者是船舶上下客货及停靠补给的必要手段，后者是船舶航行的必要条件。海运生产活动离不开国家管理及国际组织的协调活动，拙稿在这五章之前又设置了相关国际组织与国内行政执法主体两章，而原则、特点等基本理论问题更是学术研究成果不可缺少的龙头部分，加上这一章，共由八章组成。由于海洋资源的复合性，使得海洋产业活动的相互依存度高，相互影响大，所以，海运行政法与其体系之外的海洋环境保护法、渔业法、海域使用管理法等关系十分密切，原想将这三章作为拙稿第三编"海运行政法的相关部门"，但在交稿之前，将其删除：一者，这三部分都有相应的著作或教材，再写已属蛇足；二者，上述子部门法的理论研究成果已经较为成熟，短期内难以创新，基于上述考虑，定稿时只有八章内容。

虽有上述主客观多方面不利条件的存在，但幸好有辽宁省教育厅领导和海事大学法学院领导与同仁的重视与支持，同行学者研究成果的支撑，历届弟子们的大力协助，终于使得这本不成熟的书稿与读者见面了，自知本书在精度、深度与广度方面都会存在着不少的瑕疵，但国内研究者非吾一人，希望这一粗糙砖块抛出后，能够收到聚玉成山之效。

拙作可作为海运法律工作者的参考书和相关学生的教材，如立法、执法、研究、教学等方面的工作和学习人士。

希望读者阅后多多提出宝贵意见和建议，以使该学科日臻完善，以此促进中国海上力量的建设。本稿在撰写过程中参考并使用了诸多学界先辈的观点和成果，在此表示诚挚的感谢，并希望能够得到谅解。

2013 年 5 月

作者于大连龙江路自宅

目　录

第一编　总　论

第一章　海运行政法概述 …………………………………………（ 3 ）

第一节　海法的概念和体系 …………………………………（ 3 ）

第二节　海运行政法的概念和特点 …………………………（ 7 ）

第三节　海运行政法的历史发展 ……………………………（ 10 ）

第二章　与海运相关的国际组织 …………………………………（ 18 ）

第一节　国际海事组织 ………………………………………（ 18 ）

第二节　国际劳工组织 ………………………………………（ 26 ）

第三节　其他相关国际组织 …………………………………（ 37 ）

第三章　海上行政执法主体 ………………………………………（ 57 ）

第一节　主要航运国家（地区）的海上行政执法主体 ……（ 57 ）

第二节　中国海洋行政执法组织 ……………………………（ 69 ）

第二编　分　论

第四章　船舶管理法 ………………………………………………（ 93 ）

第一节　船舶检验制度 ……………………………………………（ 93 ）

第二节　船舶登记制度 ……………………………………………（ 99 ）

第三节　船舶航行管理制度 ………………………………………（118）

第五章　船员管理法 ………………………………………………（159）

第一节　船员管理法概述 …………………………………………（159）

第二节　船员资格管理 ……………………………………………（165）

第三节　船员纪律管理 ……………………………………………（186）

第四节　船员劳动条件的管理 ……………………………………（192）

第五节　违反船员管理法的法律责任 ……………………………（212）

第六章　航运管理法 ………………………………………………（216）

第一节　航运管理法概述 …………………………………………（216）

第二节　中国航运行业管理机关 …………………………………（218）

第三节　国际航运管理法 …………………………………………（223）

第四节　国内航运管理法 …………………………………………（244）

第七章　航道法 ……………………………………………………（262）

第一节　航道法概述 ………………………………………………（262）

第二节　航道行政许可 ……………………………………………（272）

第三节　航道行政征收 ……………………………………………（279）

第四节　航道管理监督检查 ………………………………………（282）

第五节　航道行政处罚与行政强制 ………………………………（284）

第八章　港口法 ……………………………………………………（289）

第一节　港口法概述 ………………………………………………（289）

第二节　港口规划 …………………………………………………（292）

第三节　港口行政许可 ……………………………………………（295）

第四节　港口安全与监督管理 ……………………………………（304）

第五节　港口管理行政处罚与行政强制 …………………………（307）

参考文献 ……………………………………………………………（312）

第一编　总　论

第一章
海运行政法概述

第一节 海法的概念和体系

一、人类的海上活动及海洋产业

随着生产力水平的提高，人类逐步认识到海洋的重要价值，并且把这种认识转化为生产活动。生产活动离不开法律规范的调整，调整人类海上活动的法律规范不外乎两部分，即国际法和国内法。作为国际法的海洋法已随着 1982 年《联合国海洋法公约》和其他一系列公约的通过和生效形成了比较成熟而完整的法律制度；在国内法方面，各沿海国家也都根据本国的实际情况并结合国际公约的规定，制定了比较完善的海洋法律制度。目前，我国也制定了许多国内海洋法律制度。从理论上研究和分析这些海洋法律制度，对完善我国的海洋法律体系，规范海上的各类执法活动具有重要的意义。

海洋是富饶的资源宝库，也是地球上生命的摇篮和支持系统，迄今为止，人类对海洋的开发利用活动已呈现出水平和垂直的立体态势，而且随着海洋能源的不断发现，逐渐拓展新的领域和空间。人们已发现海洋蕴藏着如下资源：生物资源、海水资源、海洋土地资源、矿产资源、动力资源、化学资源、空间资源和旅游文化资源等。与此相适应，人类对海洋的利用活动可分为如下几种：航海、水产养殖及捕捞、海底资源的开发和环境保护、国防与行政管理等活动。

上述活动从产业的角度讲，可作如下种类的划分。

第一，以海洋产业发展的层次顺序及其与自然界的关系作为标准可分为海洋第一、二、三产业：海洋第一产业指海洋水产，包括海洋种殖业、海水养殖业和捕捞业；海洋第二产业指海水化工、海水淡化、海洋油气、采矿、矿砂、海洋能利用、海洋建筑业、海洋食品加工和海洋药物产业等；海洋第三产业指与海洋开发有关的流通、服务部分，包括海洋运输、海底仓储、滨海旅游、海洋信息和海洋服务业（如预警预报、环境监测、防灾救灾、教育科技、技术推广服务、海底考古、海洋文化业等）。

第二，以海洋产业发展时序和技术标准划分，又可分为：传统海洋产业（如海洋捕捞、海洋运输、海洋盐业等）、新兴产业（海洋油气、海水养殖、滨海旅游、海水淡化等）、未来产业（如海水化工、海洋能利用、海底采矿、海洋药物、海底建筑、海底仓储业等）。

此外，在海洋经济统计中，还可将海洋经济划分为海洋产业和海洋相关产业。海洋产业中又分为主要海洋产业和海洋科研教育管理服务业两个部分。

为适应海洋产业的发展，规范诸产业活动的海法也呈现出不断完善和发展的趋势。

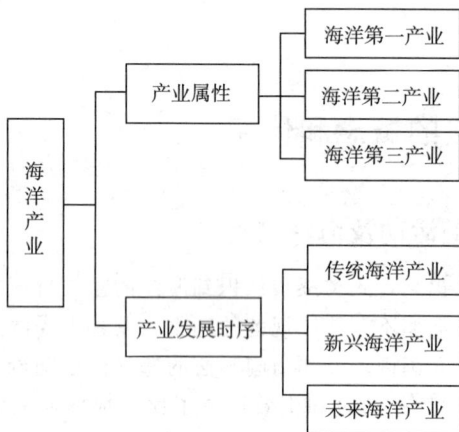

图 1.1　海洋产业的划分

二、海法的分类与体系

法律体系，法学中有时也称"法的体系"，是指由一国现行的全部法律规范按照不同的法律部门分类组合而成的一个呈体系化的有机联系的统一整体。[1] 人类的生产、生活范围起初只限于陆地，所以，国家的行政管理活动也只在陆地上进行，法律也是以陆域活动的"陆法"为主。随着科技的进步及生产力水平的提高，人类对海洋的利用越来越多，在海上的活动也越来越频繁，规范陆域活动的"陆法"并不能全部用于调整海上活动关系，因此，调整海域活动的"海法"便应运而生。所谓"海法"是指规范人类从事海域活动的法律规范的总称。[2] 由于海洋为连续不断的水域，人

---

① 张文显：《法理学》，第 3 版，北京，高等教育出版社，2007，第 126 页。
② 尹章华、凌凤仪编著：《海事行政法概要》，台北，文笙书局，1998，第 16 页。

类在其领域内的活动自然会超出一国范围。因此，海法体系均由国内海法和国际海法两部分构成。同时，人类开发利用海洋活动并不是孤立进行的，一方面离不开企业等经济主体的参与；另一方面还必须置于国家的管理和保护之下。所以，海法也可按其调整对象不同分为私海法与公海法。

（一）国内海法与国际海法

按海法的适用范围可分为国内海法与国际海法。国内海法，指由某一国家制定或认可，并在本国主权管辖内有效的、规范有关海域活动的法律规范的总称；国际海法是国际社会中适用主权国家之间以及其他具有国际人格的实体之间规范有关海域活动的法律规范的总称。

（二）公海法与私海法

按海法的调整对象不同，可将其分为公海法（亦称海事公法）与私海法（亦称海事私法）。公海法是调整国家与公民、法人或其他社会组织之间的海事社会关系的法律规范的总称。广义上的公海法包括海事行政法和海事司法法，狭义上仅指海事行政法，本书除特指之外，一般情况下是指海事行政法；私海法是调整私人间的海事社会关系的法律规范的总称，通常称为海商法。在海法形成初期，由于科学技术发展水平比较落后，海上活动只限于沿海。所以，公海法与私海法多呈现为国内法。随着国际交往活动的日益频繁，海法中的国际性规则日益增多，即出现了所谓海法国际化的倾向，以至于形成了包含公法和私法内容的国际海法和国内海法。

20世纪中叶，因经济的发展和科技的进步，社会安全和环境保护思想处于主导地位，海法中的海事行政法内容迅速增加，其中主要为两个方面，一方面为海上交通安全方面的立法，如1912年发生"泰坦尼克号"事故后，于1914年1月20日制定了《国际海上人命安全公约》；另一方面为海洋环境保护方面的立法，如1954年的《防止海洋石油污染国际公约》。关于海法的体系，参考我国台湾学者尹章华和凌凤仪编著的《海事行政法概要》，可用下图表示。

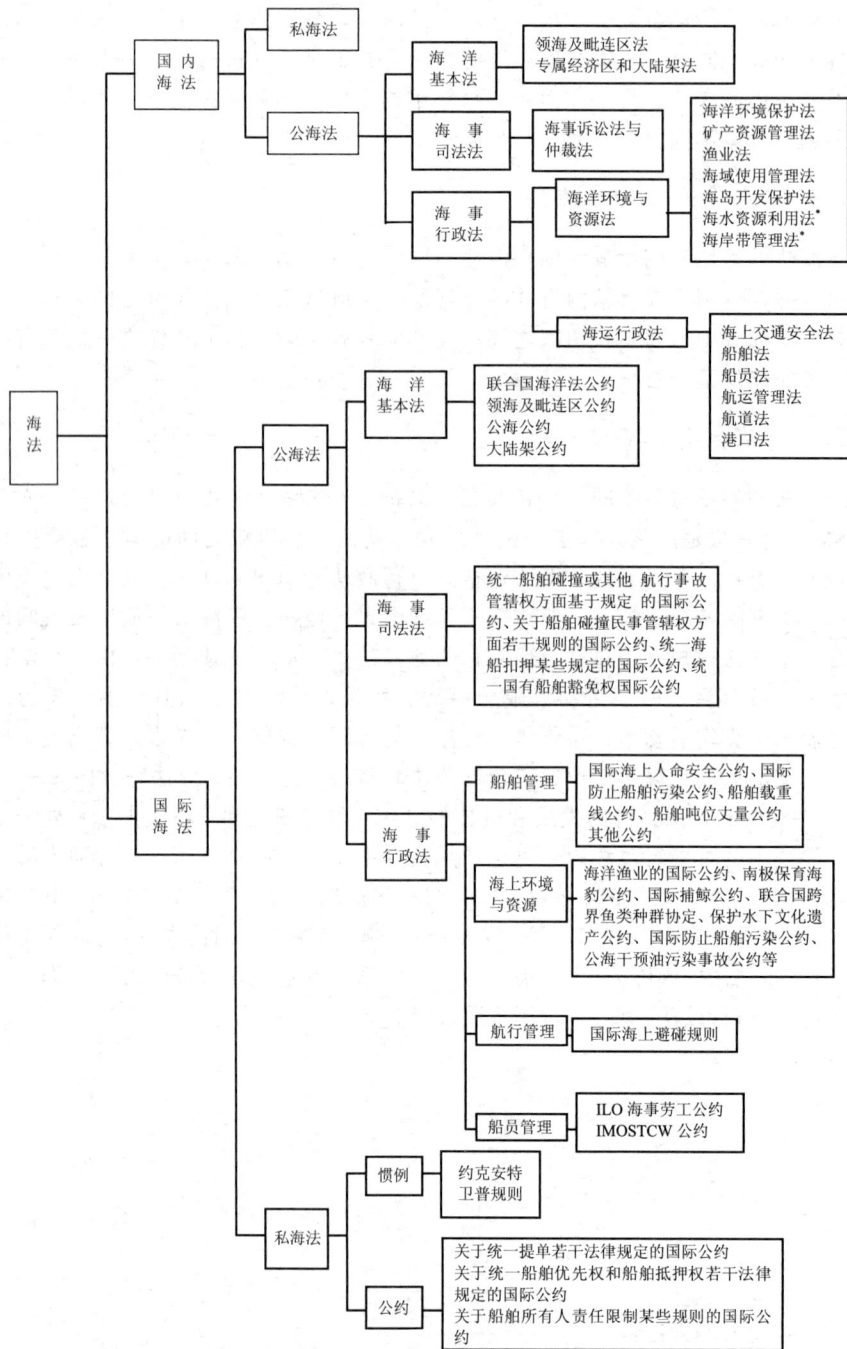

图1.2 海法的体系

国内海法
- 私海法
- 公海法
  - 海洋基本法：领海及毗连区法、专属经济区和大陆架法
  - 海事司法法：海事诉讼法与仲裁法
  - 海事行政法
    - 海洋环境与资源法：海洋环境保护法、矿产资源管理法、渔业法、海域使用管理法、海岛开发保护法、海水资源利用法*、海岸带管理法*
    - 海运行政法：海上交通安全法、船舶法、船员法、航运管理法、航道法、港口法

国际海法
- 公海法
  - 海洋基本法：联合国海洋法公约、领海及毗连区公约、公海公约、大陆架公约
  - 海事司法法：统一船舶碰撞或其他 航行事故管辖权方面基于规定 的国际公约、关于船舶碰撞民事管辖权方面若干规则的国际公约、统一海船扣押某些规定的国际公约、统一国有船舶豁免权国际公约
  - 海事行政法
    - 船舶管理：国际海上人命安全公约、国际防止船舶污染公约、船舶载重线公约、船舶吨位丈量公约、其他公约
    - 海上环境与资源：海洋渔业的国际公约、南极保育海豹公约、国际捕鲸公约、联合国跨界鱼类种群协定、保护水下文化遗产公约、国际防止船舶污染公约、公海干预油污染事故公约等
    - 航行管理：国际海上避碰规则
    - 船员管理：ILO 海事劳工公约、IMOSTCW 公约
- 私海法
  - 惯例：约克安特卫普规则
  - 公约：关于统一提单若干法律规定的国际公约、关于统一船舶优先权和船舶抵押权若干法律规定的国际公约、关于船舶所有人责任限制某些规则的国际公约

附注：* 表示该法律待制定。

图 1.2　海法的体系

第二节　海运行政法的概念和特点

一、海事行政法与海运行政法的概念

行政，是国家行政机关执行政策、法律、法规，管理国家内政、外交的活动，是与国家的立法、司法并列的重要职能。一个国家的日常政治、经济生活秩序是靠行政活动予以维持的。它与国家权力在存续时间上是等长的，在空间范围上是等距的，在活动密度上也可以说是等量的。当人类的生产活动从陆地扩展到海洋，国家行政机关的行政管理活动也随之延伸到海洋，并且随着海上活动种类的增加，海洋产业群的出现，而逐渐成立了专门的海事行政管理机关，与之相适应，规范该管理关系的法律规范也逐渐增多，并形成了完备的法律体系——海事行政法。

关于海事（Maritime，Admiralty）一词，有广义和狭义之分。广义上的海事泛指一切与海上有关的事物，既包括有关海上的事项、行为和有关海上行政管理活动中所涉及的事项、行为，也包括国家或国际社会从事海运经济、海上立法、海事交流等活动，以及为此建立的相应机构所从事的行为。狭义的海事指海损事故。本书所指的海事一词，仅指广义海事中的国家在管理海上行政事务的过程中所进行的有关内政、外交方面的组织及协调活动，既包括对相对人的行政管理活动，也包括与其他国家、地区及相应的国际组织的协调活动，但前者是海事的主要内容。基于以上考虑，本书的海事行政法，是指规范相对人的海上从业活动及海事行政机关的管理活动，调整海事行政机关在管理海洋产业的过程中与从事海上活动的相对人所形成的各种海事行政管理关系的法律规范的总称。其中包括海运行政法（包括船舶法、船员法、航运法、港口法、航道法、引航法等）、海洋环境保护法、渔业法、海域使用管理法、海洋矿产资源法等，后三者属于海洋环境与资源法，海运行政法为其主要内容。所以，国内在许多场合下，使用海运行政法这一概念，而不使用海事行政法这一概念。所谓海运行政法，是指调整国家海运行政机关在管理海运产业的过程中与从事海运活动的相对人所形成的海运行政组织与管理关系的法律规范的总称。其中海运行政管理关系为其主要调整对象，所以海运行政管理法是其主体内容。

海事行政法这一概念可以从以下三个方面予以阐释。

其一，海事行政法规范的是相对人的海上从业活动和海事行政机关的管理活动。

法律属于上层建筑，决定于经济基础，因此海事行政法是在海上从业活动的基础上产生的，有了海上从业活动才会有海事行政管理活动，为规范上述活动也就相应地产生了海事行政法律规范。而且，海事行政法不仅仅是规范相对人的从业活动，也要规范行政机关的管理活动，因为现代行政法理念认为，行政法不仅是管理法，还是控权法，即行政法不仅要求相对人要依法从业，更要求行政机关要依法行政。而且，从某种意义上讲，行政机关能否做到依法行政，是实现行政法治的关键

因素，因此，海事行政法是规范相对人的海上从业活动和海事行政机关的海事管理活动的法律规范的总称。

其二，海事行政法调整的主要内容是海事行政管理关系。海事行政关系包括海事行政组织关系、海事行政管理关系和海事行政法制监督关系。海事行政组织关系又包括海事行政机关与部门行政机关及普通行政机关之间的关系、公务员与海事行政机关之间的职务关系，如渔业行政部门与农业部和地方政府之间的关系；海事行政组织之间的关系，如海事、渔业、海洋等各海事行政部门之间的职责权限关系。海事行政管理关系是各海事行政机关在行使国家赋予的海事行政管理职权时与海事行政相对人之间形成的管理和被管理关系；海事行政法制监督关系是指海事行政机关在行使其职权的过程中因接受其他国家机关、社会组织及个人的监督而形成的法制监督关系，因接受行政复议机关的监督而产生的行政复议关系，因接受法院的司法监督而产生的行政诉讼关系等。上述各种行政关系都是围绕着海事行政机关行使行政职权活动而展开的。所以，海事行政管理关系是海事行政法所调整的主要社会关系。本书的主要内容是围绕这一主线而展开论述的，其中少数章节也对海事行政组织和海事行政法制监督关系予以涉及，但其最终目的还是为了阐述海事行政管理关系而做的前提性和辅助性论述。

其三，海事行政法是指规范相对人的海上从业活动及海事行政机关的管理活动，调整海事行政机关在管理海洋产业的过程中与从事海上活动的相对人所形成的各种海事行政管理关系的法律规范的总称。人类的海洋产业活动最初只是陆上产业部门的延伸，不是独立的产业部门，如渔业是农牧业在海上的延伸，海上交通是陆上交通部门的延伸，海上矿产也是陆上矿产部门的延伸，所以海洋产业并不是从开始就形成了独立的地位。管理这些产业部门的海事行政法部门的形成也有一个发展过程。而且这种现象越是在海洋经济落后的国家，其特征就愈加明显。随着陆地资源的渐趋枯竭，人类开发利用海洋活动的种类和频度的增加，规范海上活动的法律规范也在相应地增加，并渐趋完备，逐渐形成了独立的法律部门。我国在沿海国家中属于海洋经济落后的国家，海洋产业尚未形成超群独立的地位，海事行政法也尚未形成独立的法律部门，海事行政执法组织也未形成统一的执法主体。受部门管理为主，综合管理为辅的海洋管理体制的影响，目前我国海洋综合立法还属于比较薄弱的环节，尚未制定中国的《海洋基本法》。但各海洋产业部门的立法都形成了一定的规模，如海洋渔业和海上交通方面的立法都已处于比较完善的阶段。因此，所谓海事行政法，是指具有海事行政法性质的法律规范的总称，在形式上并不存在处于法典地位的"海事行政法"。世界上有的国家曾经做过尝试，如法国1861年的《海事王令》，就是把船舶、船员、海事审判、引水员等规定在一部法律中，但其后各国的海事立法都呈现出制定分散的单行法的特点，虽然近年来各国出现制定统合海洋法之《海洋基本法》的倾向，但该法也不是对海事公法的编纂，而是一种宪法性的海洋法。所以，海事行政法这一词汇及相关语汇的使用是为了方便学习及掌握具有共同特点的法律法规而在理论研究方面使用的。同时，也可以通过理论的归纳来指导相关的立法和执法活动，以使海事立法的体系更加完善，内容更加协调和科学，执法手段的运用更为合理。

二、海运行政法的特点

海运行政法是行政法的一个重要组成部分，同样具备一般行政法的特点，但同时又有其独有的特点。

(一)海运行政法无统一的法典

虽然行政法无统一的法典，但并不排除某些部门行政法或其子部门法存在统一的法典。如土地法、环保法、森林法等都有统一的法典。海运行政法虽为行政法的一个分支，但无统一的法典，之所以如此，是因为海运行政法所调整的社会关系的领域广泛而复杂，各种社会关系都有自己的特点，管理对象的专业性、技术性较强，难以制定一部统一的法典，该法是由具有海运行政法性质的单行法规和法律规范所组成的，如《海上交通安全法》、《国际海运管理条例》、《水路运输管理条例》、《航道条例》、《船员条例》、《港口法》等。

(二)海运行政法的专业性和技术性较强

每一种行政管理活动都有自己的专业性和技术性，但海运行政管理活动与其他行政管理活动相比，具有较强的专业性和技术性。而且这种专业性存在于每一个海运管理领域中，如船舶、船员、航运、港口等各领域都有自己的专业特点，难以制定一部统一的法典。各个专业领域都存在着大量的技术规范，许多法律规范是国家对技术规范的确认，如船舶建造、吨位丈量、检验等方面的法律，都是以技术规范为主要内容的。但这不等于海运行政法不能形成独立的法律部门，虽然海运行政法的各个子部门存在着不同的专业性和技术性，但其规范和管理的生产要素都是构成海运业不可缺少的内容，船舶和船员是海运产业的生产力——劳动工具和劳动力，港口和航道是海运业间接的劳动资料，航运企业本身是将这些要素进行有机结合的主体，其管理活动本身也属于生产力，是"生产力构成的软件"[①]要素。正是这些要素的关联性，使得上述法律法规构成一个独立的法律部门——海运行政法。

不仅如此，还因为海洋资源的复合性和海上产业活动的共同规律性所在，使海运行政法与其他海事行政法部门有着密不可分的关系。如海洋矿产资源开发、海洋水产资源的养殖活动都会对海上交通运输构成影响，而各种海洋活动又不可避免地对海洋环境构成影响。上述产业活动的密切关联性使得海运行政法成为一个开放的体系，因此，海运行政法中也包含海洋环境法的内容，如《防治船舶污染海洋环境

---

① 成思危：《管理是生产力构成的软件》，http://www.globrand.com/2009/113314.shtml。

管理条例》就属于海运行政法的内容。

(三)海运行政法的稳定性较差

海运行政法稳定性差的原因，除受我国海洋意识和整个国家法制发展水平及立法者对海洋事业重视程度和经济发展水平的制约外，主要有以下两方面的原因：其一是海运行政法的表现形式绝大多数为行政法规和部门规章，同时也包括地方性法规和地方政府规章，效力等级较低，其制定程序相对简单快捷，因而，其废除和修改频率也较高。例如，目前海运行政法领域只有《海上交通安全法》一部法律。其二是海运行政法的调整对象本身具有变化较快的特点，与其相适应，海运行政法自然就变化较快、稳定性较差。虽然行政法都具有这一特点，但海运行政法在这方面的特点更为突出。

(四)海运行政法的内容具有国际性

海运行政管理关系中的相对人是以海洋为主要活动舞台的，而海洋在地理上的相通性和其法律地位的特殊性，决定了本国相对人的活动领域会超出一国的管辖范围，外国的公民或法人也会成为我国行政管理关系的相对人，因此，规范这种行政相对人的海运行政法律规范必须在某种程度上谋求一致，这种内在的要求表现在法律内容上，就是海运行政法律规范包含许多国际规则，表现在形式上就是海事行政法不仅包括国内的法律、法规、规章，还包括我国加入的国际条约。如船员资质方面的法律内容都是与《船员考试发证与值班标准的国际公约》的内容一致，即使国内法也要考虑国际公约和习惯国际法的规定，都存在着与国际法规相接轨的问题。

(五)海运行政法的政策性较强

海洋资源的国家权益性，决定了一国往往通过政策来发展本国的海洋产业。海运、渔业、矿产业等都通过国家的政策支持来发展。海运业被称为第一个全球性的产业，但航运产业又是一个国家的基础性产业，航运产业的兴衰，事关一个国家的经济发展战略和国家安全战略，和平时期航运关系到一个国家的经济和能源安全；战争时期，拥有庞大的船队，可以保障战争物资的供给运输，关系到一个国家在战局中的胜败。因此，一个国家运用法律手段调整和管理航运业的同时，也运用政策手段调整航运业，海运行政法的内容往往具有很强的政策性或与主权的关联性。

除上述特点外，海运行政法也具有与其他行政法相一致的特点，即行政实体法和行政程序法联系密切。

第三节　海运行政法的历史发展

我国是世界上开发利用海洋最早的国家之一，也是管理海洋开发活动最早的国家之一。据史料记载，早在三千多年前的周代就已经设置了专门管理渔政工作的官员以管理渔业。我国对海盐生产活动的管理也有两千多年的历史，历代王朝都很重视对海盐生产活动的管理，设置专职官员，对海盐的生产和买卖进行控制和监督。自汉代以来，对盐实行专卖制度。在唐代采取对盐业实行鼓励、指导的政策。这些措施发展了我国的海洋事业，使我国的海洋开发活动在明朝前期一直处于世界领先地位。由于自古以来人类对海洋的开发利用活动主要为航海活动，所以本节着重介绍我国的航运活动及其管理制度。

一、中国古代及近代时期的海运及其管理制度

（一）唐朝以前的航运活动及其管理制度

中国航海的历史悠久，据史料记载，中国的航海活动始于夏、商、周时期，形成于春秋战国时代，在秦汉时代得到了很大的发展，并且也萌芽了古代航运管理制度，如在当时的楚国就出现了有关船舶的航行时间、航行区域、征税办法等航运管理制度。在汉代，开辟了印度洋航线，与印度、东南亚一带已有航海贸易往来。但在唐代以前，航海动因多为政治与外交因素，所谓的物资交往也只不过是为上层统治集团谋求供以享乐的异域珍玩而已。其航海的目的无非是扬威耀德，扩大中国封建朝廷的国际影响，满足帝王贵族的骄奢欲望。同时，对海外各国来的船舶也认为是归附、朝贡、求赐。所以，唐代以前的历代中国政府，都未设置专门的航海贸易管理机构，也未形成具体的管理制度。

（二）唐、宋、元时期的航运活动及其管理制度

隋、唐、五代、宋、元时代是中国航运的繁荣和全盛时期。唐朝为中国封建社会的鼎盛时期，航海也相应进入了繁荣时期。在北方与朝鲜半岛和日本列岛的交往更加频繁并开辟了西北太平洋上的堪察加与库页岛航线，在南洋与印度洋航路上，"海上丝绸之路"全面繁荣，航迹不但遍及东南亚、南亚、阿拉伯湾与波斯湾海岸，而且已达红海与东非海岸，但这时的航海活动基本上是官方性质的，其活动内容是唐政府出于睦邻与外交之意。从唐代中后期开始，航海政策发生了重大的变化，航海活动的经济价值得到了重视，出现了专门管理海外贸易的管理机构——市舶司，并委任了专职官吏——市舶使。市舶使的基本职能就是征收船舶税、货物税，检查货物，并收购一定的货物。

自宋代开始，中国的封建社会进入衰落时期，但在航海方面却在中国古代史上处于全盛时期。航海工具，特别是航海技术取得了具有世界意义的重大突破，如罗盘导航、天文定位与航迹推算等。不仅近海航线有所发展，在远洋航线上几乎达到西太平洋与北印度洋的全部海岸。与朝鲜、日本、东南亚、西亚、东非、北非广大区域的海上交通十分繁忙。据元代王大渊撰写的《岛夷志略》记载，当时中国的远洋船队约与亚非120个国家与地区建立了海上贸易关系。宋元时代的航海活动之所以

如此繁荣，是因为这两代的统治者都十分重视航海活动的经济目的，虽然发展航海经济的动因不同，却达到了同样的客观效果。在宋代由于阶级矛盾和民族矛盾日益尖锐，统治者为维持国家的日常开支，十分重视航海贸易，以取得财政收入，并制定相应政策予以促进和发展航海贸易。元代的统治者以疆域辽阔而著称于世，为保卫疆土，扬耀国威，一方面鼓励本国的船舶出海；另一方面，也招来外国的船舶前来贸易。

在航海技术不断发展，贸易量不断增加的同时，宋、元统治者也开始重视利用法律手段对航海贸易进行管理。在前人的基础上，建立管理机构的同时，也颁布法律予以规范。其中北宋在广州与杭州等地设置市舶司掌管岭南两浙港务的对外航海贸易事务。元朝也在泉州、上海等地设置市舶司，管理航海贸易事务。在立法方面，曾先后颁布《市舶条(法)》，其主要内容为：

(1)审批与核查进出港的海船与货物；

(2)对进口货物征收实物税，并规定对某些货物实行专卖和强制收购；

(3)禁止官吏参与航海贸易和奖励发展航海贸易有功人员；

(4)保护与奖励船商、船户积极经营航海贸易。

(三)明、清时期的航运活动及其航运政策

由于宋、元两代统治者推行积极航海贸易与运输政策，加之当时航海物质文明与科学技术的重大进步，使得中国的航海事业进入并长期保持在鼎盛阶段。经过宋、元两代航海家们的不断努力和探索，中国的航海事业在明代发展到顶峰阶段，并出现了举世闻名的航海盛举——郑和下西洋。

明初的永乐—宣德年间，在国力强盛，经济富裕的物质基础上，在宋元丰富的航海文明遗产和历史惯性的推动下，明代统治者出于巩固自身统治、扩大国际影响、满足物质享受的需要，曾集中举国资财，先后派郑和率领当时最庞大的官方远洋船队七下西洋，到达亚非各国，进行友好交往活动。由于官方航海活动自身的局限性所致，郑和下西洋的政治目的大于商业目的，缺乏继续存续和发展的内趋力。所以自明中后期开始，中国的航海逐渐走向衰落。

商业目的的航海活动是以商品经济产生及贸易活动的兴起为前提的，没有商品也就没有贸易需要，无贸易需要也就无发展交通运输的需要。正如马克思在《论封建制度的解体及资产阶级的兴起》一文中，论及航海事业的关系时就曾说过："航海事业是一种毫无疑问的资产阶级的事业……在根本上与封建制度格格不入。"所以，在明代的中后期及清朝的前期，统治者在抑制资本主义萌芽的同时，也通过各种政策限制并禁止民间的航海贸易活动。即使官方举办的航海活动如火如荼的时候，封建统治者也从未放弃限制民间航海贸易的政策。如朱元璋在明朝建立之初就宣布了"片板不许下海"的规定。此后，在实行有限"开禁"政策的同时，也通过过重的税收政策来限制航海贸易活动。清朝末年，由于民族矛盾的加剧，清政府为维护自己的

统治，实行更加严厉的海禁政策。致使中国在鸦片战争中全面失败，丧失了作为主权的航行权。

综上所述，中国封建社会航海业的发展是以官方举办为主线的。官方举办则兴，官方不举办则衰。这与西方社会的海盗掠夺式航海活动形成鲜明的对比，其主要目的是政治、经济和文化交流及为统治者换取满足其奢侈生活的海外珍宝。且航海主体也不是民间的私人企业，而是国家指派的使者，郑和下西洋等莫不是如此。由于没有商业目的的刺激，决定了航海活动的局限性，导致其航海活动将没有历史的延续性，随着统治者的好恶而兴衰。加之封建社会中国的对外政策以闭关锁国和实行海禁为主，并不重视海上贸易，所以作为航海之法的航运管理法并未形成一定的规模，只是一些简单的条款和管理规定。

（四）鸦片战争以后的航运及航运法

清末鸦片战争后，国门被打开，中外海上贸易活动虽有所增加，但由于不平等条约的签订，中国主权丧失殆尽，海上航行权被外国列强所把持，海关、税务均由外国人管理。使我国处于有海无防的地位，海洋产业几乎全部被破坏。航政业务由设在海关的理船厅办理，光绪三十二年，成立邮传部。清政府欲把海关代管的航政权移交邮传部接管，由于当时不平等条约的束缚，未能实现。清朝末年，清政府迫于革命的压力，修改封建法律，曾聘请日本专家起草商法，完成了《海船法》草案，但因清廷的结束，未能颁布施行。

（五）民国时期的海运行政法

早在北洋政府时期，想在当时的交通部设航政管理局，但海关仍不愿放弃航政管理权，航政事务仍由海关代管。自 1927 年始，当时的国民党政府在海运管理方面先后制定了《航政局组织法》、《海商法》、《船舶法》、《船舶登记法》；在海洋法方面于 1931 年 4 月颁布《领海范围定为三海里令》，同年 9 月颁布《要塞堡垒地带法》；在渔业管理方面，在实业部下设渔业局，负责管理渔政工作，后改隶于农矿部，并于 1932 年颁布《海洋渔业管理局条例》，在此之前的 1929 年 11 月 11 日颁布了《渔业法》、《渔业法实施细则》等。为促进航运业的发展，于 1937 年将航政管理权从海关中划出，改为由交通部行使，同时，在广州、上海、汉口、天津、哈尔滨设航政局，执行各种航政法规。

二、中华人民共和国的海运行政法

新中国成立以后，全部收回了主权，中央政府开始在各种海域行使行政管理职权，同时也颁布一系列的海事行政管理法律、法规等，逐步完善海运行政法的体系。

（一）船舶管理法与船员管理法

1. 船舶管理法

根据不同时期的经济发展形式和周边环境要求，在船舶登记方面，我国的有关法律制度和法律规定也在不断变化。

原交通部于 1960 年 9 月 6 日发布《船舶登记章程》，共五章，28 条。原交通部于 1986 年发布的《中华人民共和国海船登记规则》，共九章，44 条，较《船舶登记章程》在总则中增加了一条关于在中国籍船舶上任职的船员应为中国公民的要求；增加了有关国籍证书及船舶航行权内容的单独一章，但未做实质性的改动；增加了关于船舶抵押、租赁登记内容的一章、船舶登记费用和公告费用收取标准的一章、有关罚则内容。《中华人民共和国船舶登记条例》由国务院于 1994 年 6 月 2 日颁布，1995 年 1 月 1 日起施行，法规颁布层次由原来的部委级上升到国务院级，共十章，59 条。较《船舶登记章程》和《中华人民共和国海船登记规则》最突出的变化有两个方面：一是将所有权和航行权分离，其证书一分为二，有关船舶国籍的规定有了实质性的内容；二是对境外出资的船舶提出了额度限制（外商出资额不得超过 50%）。其中 50% 资本额的限制，配备船员的限制以及船舶不得具有双重国籍的规定，进一步体现了中国采用的是严格登记制度。此外，还制定了船舶检验、安全监督检查、进出港口检查等行政法规。

2. 船员管理法

中华人民共和国成立后，港航监督部门对船员技术职务进行考核、发证，对船员身份证（海员证、船员适应证书、船员服务簿）的持有，船员的配备标准等进行监督管理。

1953 年 8 月起，原交通部陆续颁发《中央人民政府交通部海上轮船船员检定暂行办法》、《出海小轮船船员检定考试暂行办法》和《内河轮船船员检定考试暂行办法》等法律文件。

1979 年 6 月 12 日，原交通部正式发布《中华人民共和国轮船船员考试发证办法》，对远洋、近海、沿海、内河船舶的船员考试发证作了统一的规定。

1987 年 2 月 24 日，原交通部又颁发了《中华人民共和国海船船员考试发证规则》。随着中国航运业的发展，船员人数达到了 150 多万。但我国船员业务素质很不适应航运大国的需要，已成为影响水上交通安全最主要的因素。根据交通部的统计，85% 以上的水上交通事故是由船员操作不当等人为原因造成的。同时，船员的合法权益又得不到有效保护，有的船员受伤、患病得不到及时、有效的救治，在船员中介服务市场常常受到"黑中介"的盘剥。为了解决这些问题，2007 年 3 月 28 日，国务院制定并公布了《中华人民共和国船员条例》，填补了我国船员立法的空白，对加强船员管理、提高船员素质、保障水上交通安全、维护船员的合法权益，具有十分重要的意义。其后又相继颁布了《中华人民共和国船员注册管理办法》（2008 年 7 月 1 日起施行）、《中华人民共和国船员服务管理规定》（2008 年 10 月 1 日起施行）。

《中华人民共和国海员外派管理规定》(2011 年 7 月 1 日起施行)。近期又根据 2010 年修正的《1978 年海员培训、发证和值班标准国际公约》(以下简称《STCW 公约马尼拉修正案》),制定了《海船船员适任考试和发证规则》(2011 年 12 月 8 日经第 12 次部务会议通过,2012 年 3 月 1 日起施行)。为迎接《2006 年劳工公约》的生效,目前正在起草《船员职业保障规定》,《海船船员值班规则》也正在酝酿修改。

(二)航运管理法

新中国成立以来,尤其是实行改革开放政策以来,国务院和原交通部已经颁布了一系列法律、行政法规和规章,其中涉及沿海运输管理方面的主要规定有:《水路运输管理条例》(国务院于 1987 年 5 月 12 日发布)、《水路运输管理条例实施细则》(原交通部于 1987 年 9 月 22 日发布,并于 1998 年和 2009 年两次修订)、《省际水路运输企业审批管理办法》(原交通部于 1990 年 5 月 22 日发布)、《水路货物运输规则》和《水路货物运输管理规则》(交通部[1995]交水发 221 号)、《国内水路集装箱货物运输规则》(交通部[1996]第 16 号令)、《水路运输服务业管理规定》(原交通部于 1996 年 6 月 18 日发布,并于 1998 年和 2009 年两次修订)、《水路货物滚装运输规则》(原交通部 1997 年第 6 号令)、《船舶无法交付货物处理试行办法》(原交通部[1988]交河字 75 号)、《关于沿海航线蜜蜂运输的几项规定》(原交通部[1982]交水运字 729 号)《国内船舶运输资质管理规定》(原交通部 2001 年第 1 号令)。为了加强国内水路货物运输的管理,原交通部于 2001 年 1 月 1 日起颁布实施了《中华人民共和国国内水路运输规则》,于 2001 年 1 月 1 日颁布实施了《国内水路货物运输规则》,于 2001 年 7 月 4 日颁布了《国内船舶管理业规定》,并于 2009 年修正。上述法规与规章的颁行,进一步完善了沿海水路运输管理的立法体系。同时,也有利于建立全国统一、公平竞争、规范有序的沿海运输市场,对我国沿海运输管理走向规范化、法制化起到了重要的作用。

1985 年,为加强对我国从事国际海运船舶公司的管理,原交通部发布了《交通部对从事国际海运船舶公司的暂行管理办法》;为加强对班轮运输的管理,交通部于 1992 年《国际班轮运输管理规定》;为加强对国际集装箱运输的管理,明确有关各方的责任,适应国家对外贸易的需要,国务院于 1990 年 12 月 5 日制定了《中华人民共和国海上集装箱运输管理规定》;并在同年发布了《国际船舶代理管理规定》;为了规范国际货物运输代理行为,保障进出口货物收货人、发货人和国际货物运输代理企业的合法权益,促进对外贸易的发展,1995 年 6 月 6 日经国务院批准,1995 年 6 月 29 日对外贸易经济合作部令第 5 号发布了《中华人民共和国国际货物运输代理业管理规定》。

2001 年 12 月 11 日,就在中国正式加入世界贸易组织的同一天,中华人民共和国国务院发布第 335 号令,公布了《中华人民共和国国际海运条例》(以下简称《条例》),自 2002 年 1 月 1 日起施行。由于《条例》对原有的管理体制作了较大的修订,其一经颁布就引起了海运界的极大关注。同时，由于中美海运协定自 1997 年到期后，双方一直在谈判中，在此背景下，《条例》的颁布自然也引起了美国的高度重视。为了解决《条例》中存在的一些问题，2003 年 1 月 20 日原交通部以部长令的形式公布了《中华人民共和国海运条例实施细则》，对《条例》进行了具体细化，自 2003 年 3 月 1 日起施行。

可以说，《条例》的出台，顺应了我国海运市场对行业法律规范化的实际需要，符合我国加入世贸组织后海运业改革开放的要求，对我国国际海运市场走向有序管理具有重要意义。

（三）港口法和航道法

1. 港口法

在新中国成立前的 1948 年 4 月，就成立了辽东航务总局。"为航务及港务的管理，便利航运，促进货物交流并加强港区治安"于 1950 年 7 月 26 日由政务院财政经济委员会发布了《关于统一航务港务管理的指示》。依该指示规定，设立了航务及港务管理机构——中央人民政府交通部航务总局及各地港务局，并规定了港务局的职责为港口、航道建设与维护、船舶船员之管理、轮船业的管理、海事的处理等。1954 年 1 月 21 日，政务院又公布了《中华人民共和国海港管理暂行条例》进一步明确了港务局的法律地位为政企合一的负有海港行政管理职责的行政机关和进行经济核算的企业单位。

港口是国民经济和社会发展的重要基础设施，但在港口快速发展的同时，也出现了一些问题：第一，港口规划不科学、布局不合理，码头布点过密，腹地交叉、重叠，功能雷同，已有港口功能得不到充分发挥；第二，港口岸线使用不合理，深水浅用，优线劣用，岸线资源浪费很大；第三，港口结构不尽合理，适应大型船舶靠泊的集装箱码头和大宗散货码头仍显不足，现有能力已趋饱和，利用率达到或者超过 100%，而一般散杂货码头则明显过剩，低水平重复建设现象较为严重；第四，有的港口经营人经营行为不规范，盲目竞争、无序竞争，竞相压价，削弱了企业的经营效益；第五，有的港口经营人安全生产意识薄弱，安全隐患较多；第六，一些港口总体规划区内的设施建设多头审批，有的建设了许多非港口设施，甚至是永久性设施，增加了规划实施的难度。

产生这些问题的一个重要原因是港口管理缺乏法律依据，港口经营缺乏必要的法律规范。因此，为了适应管理体制改革后新形势的需要，保证对港口依法实施管理，维护港口经营的良好秩序，促进港口健康发展，增强国际竞争能力，更好地为国民经济和社会发展服务，制定港口法是必要的。在对《港口法》进行了充分论证的基础上，历经十年的起草工作后，《港口法》终于在 2003 年 6 月 28 日上午召开的第 10 届全国人民代表大会常务委员会第 3 次会议上获得通过。时任国家主席胡锦涛签署第五号国家主席令予以颁布，并于 2004 年 1 月 1 日起正式实施。为规范港口经营行为，维护港口经营秩序，2003 年 12 月 26 日经第 18 次部务会议通过了《港口经营管理规定》，于 2004 年 6 月 1 日起施行。

2005 年 3 月 21 日经第 6 次部务会议通过了《港口工程竣工验收办法》，并于 2005 年 6 月 1 日起施行。为加强港口建设管理，规范港口建设市场秩序，保证港口工程质量，2007 年 1 月 25 日经第 2 次部务会议通过了《港口建设管理规定》，于 2007 年 6 月 1 日起施行。为规范港口规划工作，科学利用、有效保护港口资源，促进港口健康、持续发展，制定了《港口规划管理规定》，于 2008 年 2 月 1 日起施行。

2. 航道法

航道是航运发展的基础条件，相当于陆地上的公路与铁路，加强航道管理，改善通航条件，保证航道畅通和航行安全，充分发挥水上交通在国民经济和国防建设中的作用，于 1987 年 8 月 22 日由国务院发布了《中华人民共和国航道管理条例》（简称《航道管理条例》），原交通部于 1991 年 8 月 29 日发布了《中华人民共和国航道管理条例实施细则》，在《航道管理条例》的基础上，对航道保护作出更加明确、具体的规定。2008 年对《航道管理条例》进行了修订，《航道管理条例》包括总则、航道的规划和建设、航道保护、航道养护经费、罚则和附则，共六章，32 条。2009 年 6 月 23 日根据《交通运输部关于修改〈中华人民共和国航道管理条例实施细则〉的决定》，对《中华人民共和国航道管理条例实施细则》进行修订。

航标是重要的航道设施，对于船舶的安全、经济航行具有重要作用。为了加强对航标的管理和保护，保证航标处于良好的使用状态，保障船舶航行安全，国务院于 1995 年以第 187 号国务院令颁布了《航标条例》，共 25 条，对航标管理机关和管理模式，航标管理和保护的原则，航标维护的方法，危害航标或影响航标效能等违法行为的查处等进行了规定。

原交通部根据《航标条例》等有关法规的规定，制定了《内河航标管理办法》，自 1996 年 8 月 1 日起实施，其适用范围是江河、湖泊、水库、运河等内河通航水域的航标管理。

2002 年 8 月 1 日起施行的《内河交通安全管理条例》也包含了部分航道管理保护的内容，这部分内容主要集中在第六章"通航保障"部分。

为加强航道工程建设管理，规范航道工程竣工验收工作，保证工程质量，制定了《航道工程竣工验收管理办法》，并于 2008 年 3 月 1 日起施行。

第二章
与海运相关的国际组织

19世纪初以来，国家间在政治、经济和文化方面的交往日益频繁，各国在交通运输、贸易、金融等方面的合作全面展开，在此基础上产生了一批以专门的、行政的和技术合作为职能的国际组织，所谓"公共行政同盟"或"国际行政联盟"，如1865年的国际电报联盟，1948年成立的国际海事组织等，这些国际组织能够起到管理和调整的作用，对各国国内立法产生重要的影响，除这些政府间的国际组织之外，还有一些非政府间的国际组织，这些国际组织在国际实践中形成了相互协商的合作关系，各自或联合地发挥着自己的国际职能，如国际海事组织和国际劳工组织在召开会议时，国际海运联合会与国际运输工人联合会都派员参加，并在会议上表达自己的意见。上述情况表明政府间及非政府间的国际组织对各国的政治、经济及文化已经并正在发挥着重要的影响作用，使得各国在制定国内法时不得不考虑这些组织所带来的影响。

海运业的国际性特点，更需要国内海运行政立法和执法活动关注相关国际组织的立法活动情况，因此本章在论述我国的海上行政执法主体之前，有必要对与海运相关的国际组织进行必要的考察。

第一节 国际海事组织

国际海事组织（International Maritime Organization，IMO）是对航运业影响最大的国际组织，任何国家及其航运经营者都不可能在规避该组织所制定的公约和规则的情况下从事国际航运行为。

一、国际海事组织的概念

国际海事组织是联合国负责海上航行安全和防止船舶造成海洋污染的一个专门机构，总部设在伦敦。该组织最早成立于1959年1月6日，原名"政府间海事协商组织",1982 年 5 月改为现名。截至 2012 年 9 月,该组织共有 170 个正式成员,3个联系成员(中国香港、中国澳门和丹麦法罗群岛)。①

二、国际海事组织成立的背景

18 世纪和 19 世纪工业革命以及由此引起的国际贸易的蓬勃发展,使国际社会缔结了一些国际航运条约,其中包括国际航行安全方面的国际条约,这些条约涉及的内容包括船舶吨位丈量、避碰、信号等。长久以来人们就认识到增进海上安全,需要一个国际常设机构来经常协调和促进有关海上安全的国际公约和协定的执行。第二次世界大战结束后,各国经济建设的恢复为海运事业的发展带来了新的生机,随着联合国的诞生及各种专门国际组织的陆续建立,各国经济建设的恢复为海运业的发展带来了新的生机。1948 年 2 月在日内瓦召开的联合国国际航运会议上,通过了《政府间海事协商组织公约》,各国决定成立政府间海事协商组织(Intergovernmental Maritime Consultative Organization,IMCO),《政府间海事协商组织公约》于 1958 年 3 月 17 日满足了"21 个国家参加,且其中 7 个国家各自拥有海船总吨位不少于 100 万吨"的生效要件。1959 年 1 月在伦敦召开了第一次大会,正式成立了政府间海事协商组织(简称海协)。海协成立之后,曾几次对《政府间海事协商组织公约》进行修订。为了凸显该机构作为一个国际机构的角色,根据 1975 年 11 月通过并在 1982 年 5 月 22 日起生效的公约修正案的规定,该组织更名为国际海事组织。

三、国际海事组织的宗旨

国际海事组织是联合国主管海上事务的专门机构,是对海上交通安全具有直接影响和负有广泛责任的国际组织。根据《国际海事组织公约》的规定,国际海事组织的宗旨是促进各国间的航运技术合作,鼓励各国在促进海上安全,提高船舶航行效率,防止和控制船舶对海洋污染方面采取统一的标准,处理有关的法律问题。

四、国际海事组织的机构

国际海事组织成立后,组织机构随着工作任务的发展而有所变动。现由大会、理事会、秘书处和五个主要委员会组成,即海上安全委员会、海上环境保护委员会、法律委员会和技术合作委员会、便利海上运输委员会。② 国际海事组织的工作主要通过各专业委员会及下属小组委员会进行。

---

① Member States,http://www.imo.org/About/Membership/Pages/MemberStates.aspx,访问日期:2010-11-05。

② Structure of IMO,IMO http://www.imo.org/About/Pages/Structure.aspx,访问日期 2011-08-04。

(一)大会

大会(the Assembly)是国际海事组织的最高决策机构,由全体会员国组成。它每两年举行一次会议,但在必要时可召开特别会议。主要职权是:选举大会主席、副主席和理事会理事;接受并审议理事会的报告,对大会提出的问题作出决定;批准该组织的工作计划,通过预算,审查开支;确定设置临时或永久性机构;建议各会员国接受和采用有关海上安全、防止污染等方面的规划或准则;考虑发展中国家的特别需要,为促进技术合作采取适当的行动;对召开国际会议或通过国际公约及其修正案作出安排。

(二)理事会

理事会(the Council)是国际海事组织的工作机构,在大会闭会期间,理事会作为国际海事组织的权力机构,负责处理内部事务以及与其他组织进行联系,理事会每年至少召开一次会议。每两年改选一次,可连选连任,于每届大会结束后开始工作。它是国际海事组织唯一通过选举产生的机构。根据《国际海事组织公约》的规定,大会选举 40 个理事国组成理事会。成员分为 A、B、C 三类,A 类包括提供国际航运服务方面具有最大利害关系的 10 个国家;B 类包括国际海上贸易方面具有最大利害关系的 10 个国家;C 类包括海上运输或航行方面有特殊利害关系并能代表世界主要地理区域的国家,共 20 个。

中华人民共和国于 1973 年取得国际海事组织中的成员国地位,从 1989 年起连续担任该组织的 A 类理事国,至 2011 年中国连续 12 次当选 A 类理事国。目前 A 类理事国有中国、希腊、意大利、日本、挪威、俄罗斯、英国、美国、巴拿马和韩国;B 类理事国有阿根廷、巴西、加拿大、法国、德国、印度、荷兰、瑞典、孟加拉和西班牙;C 类理事国有阿尔及利亚、澳大利亚、巴哈马、智利、塞浦路斯、丹麦、埃及、加纳、印度尼西亚、马耳他、墨西哥、尼日利亚、菲律宾、波兰、葡萄牙、沙特阿拉伯、新加坡、南非、土耳其和委内瑞拉。

理事会主要职责是:
(1)协调该组织内各机构的活动;
(2)审议国际海事组织秘书长根据各委员会和秘书处所准备的工作计划草案及预算;
(3)受理各委员会和秘书处提交的报告、建议,提出意见后提交大会和各成员国;
(4)任命秘书长并报大会批准;
(5)就国际海事组织与其他组织的关系达成协议或作出安排,并报大会批准。

(三)海上安全委员会

国际海事组织是一个技术性组织,其绝大多数工作是由各小组委员会进行的,海上安全委员会(Maritime Safety Committee, MSC)是国际海事组织的最高技术机构,也是开展技术工作的委员会中最早和最大的一个,担负着该组织技术工作的主要任务。

其主要职能是：在国际海事组织的职权范围内研究有关助航设备、船舶的构造和设备、安全配员、避碰规则、危险货物操作、海上安全程序和要求、航道信息、航海日志和记录、海难事故调查、救捞、救助及其他影响海上交通安全的事宜。

海上安全委员会对所有的成员国开放。每年召开一至两次会议，向理事会提出有关海上安全的规章草案，并提交上次会议以来的工作报告。

（四）海上环境保护委员会

海上环境保护委员会（Maritime Environment Protection Committee，MEPC）于1973年成立，由所有的会员国组成，是从海上安全委员会下属的海上防污染小组委员会发展起来的。

该委员会的主要职责是审议国际海事组织职权范围内有关防止和控制船舶对海上环境造成污染的任何事宜；特别是有关公约和其他规则的通过和修正及保证有资助实施的措施。海上环境保护委员会的成立和工作的开展，使得国际海事组织的中心工作在增进海上安全的基础上扩及海洋环境的保护。

国际海事组织还下设9个对所有成员国开放的小组委员会，主要是协助海上安全委员会和海上环境保护委员会工作，这些小组委员会是：航行安全小组委员会、船旗国履约小组委员会、无线电通信和搜救小组委员会、培训和值班标准小组委员会、船舶设计和设备小组委员会、防火小组委员会、稳性载重线和渔船安全小组委员会、危险货物运输、固体货物和集装箱小组委员会、散装液体和气体小组委员会。

（五）法律委员会

法律委员会（Legal Committee）于1967年成立，负责处理国际海事组织职权范围内的所有法律事务。最初是为了处理由于"托利·坎庸号"（Torry Canon）轮触礁沉没而引起最严重的海上污染事件所涉及的法律问题而设立的，开始是理事会的附属机构，后来在1975年第9届大会上决定成为与海上安全委员会及其他委员会并列的常设委员会，每年召开一两次会议。

（六）技术合作委员会

技术合作委员会（Technical Cooperation Committee）负责审议国际海事组织职权范围内由国际海事组织实施或与其他国际组织合作实施的技术合作项目及有关事宜，利用联合国计划开发署和其他国家自愿提供的资金进行技术援助，如帮助发展中国家培训船员，派遣专家进行技术指导，提供教学、科研设备与资料等。世界海事大学的开办也是开展技术合作的一个例子。该组织于1967年成立，最初只作为理事会的一个附属机构，1984年生效的《国际海事组织公约》修正案使其常设化，在联合国系统内国际海事组织是第一个在公约中正式承认技术合作委员会的组织，由此可见，该组织工作中技术援助的重要性。技术合作委员会每年召开一至两次会议。

(七)便利运输委员会

便利运输委员会(Facilitation Committee)于 1972 年 5 月成立,是理事会的一个附属机构,主要工作是负责就便利运输问题向理事会提出意见,并向秘书处提供各国执行《国际便利海上运输公约》的情况。便利运输要求港口国减少船舶进出港口和码头时的手续和简化有关文件,该委员会亦向所有成员国开放。

(八)船旗国履约分委会

国际海事组织各公约的有效性主要取决于接受公约的各国政府的执行方式,但有些政府在完全执行公约中曾遇到种种困难,该分委会的主要任务是寻求保证国际海事组织各公约在全球有效实施的必要措施,并特别顾及发展中国家的需要。

工作组为分委会列出了 7 项工作目标:

(1)确定国际海事组织公约文件所赋予船旗国的责任范围;

(2)评估船旗国目前对国际海事组织各公约的履约水平;

(3)确定船旗国在完全执行国际海事组织各公约方面存在困难的领域;

(4)对各成员国作为港口国、沿岸国及船员培训、发证国在执行国际海事组织各公约中存在的问题进行评估;

(5)确定上述第(3)项和第(4)项中所述问题的原因;

(6)提出有关建议以帮助各成员国执行并遵守国际海事组织各公约;

(7)监察所采取行动的完成情况。

(九)秘 书 处

秘书处(Secretariat)由国际海事组织秘书长、副秘书长、海上安全委员会秘书及该组织认为必要的 300 名工作人员组成。①

作为其技术合作工作的一部分,国际海事组织设有三个培训机构。

世界海事大学(WMU),1983 年成立于瑞典的马尔默市,主要为在海事主管机关、海事培训院校、航运公司和其他相关机构工作的人员提供强化培训。自成立以来,已培养了来自 157 个国家和地区的 2 700 多名学生。②

国际海商法学院(IMLI),设立于马耳他,创办于 1989 年,是一个培养海商法专业人才,发展并传播商船国际法律制度以及海洋法法律知识的国际中心,尤其注重国际规则和程序,推进 IMO 防治海洋污染、提高运输效率及安全目标的实现。国际海事学院(IMA),设立于意大利的里雅斯特,于 1989 年开办首期培训班,培训对象是已在政府机构工作但尚需要进一步培训以提高其工作能力的人员。

国际海事组织的工作语言为汉语、英语、法语、俄语、西班牙语。

---

① Structure of IMO,IMO http://www.imo.org/About/Pages/Structure.aspx#9,访问日期:2011-08-02。

② Achievements of the World Maritime University,World Maritime University. http://www.wmu.se/AboutWMU/History/tabid/133/Default.aspx,访问日期:2011-08-02。

五、国际海事组织的工作活动

主要活动：制定和修改有关海上安全、防止海洋污染、便利海上运输和提高船舶航行效率及与之有关的海事责任方面的公约、规则、议定书和建议案，交流这方面的实际经验和海事报告；利用联合国开发计划署等国际组织提供的经费和捐助国提供的捐款，为发展中国家提供一定的技术援助。

IMO 最著名的三大公约是《1974 年国际海上人命安全公约》(SOLAS)，《73/78防污公约》(MARPOL 73/78) 和《78/95 海员培训、发证和值班标准国际公约》(STCW 78/95)。这三大国际公约分别是关于船舶安全、环境保护、船员资质的公约。此外，还有一个公约和一个规则也很重要，即《1966 年国际船舶载重线公约》和《1972 年国际海上避碰规则公约》都是有关生命财产和航行安全的公约。IMO 制定的公约因科技和社会方面的变化，不断地修改和补充。比如，近些年来增加了新油轮建造要有双层船壳、强制 GMDSS 的配备和使用、禁止船舶往海上倾倒垃圾、提高船员的培训标准等新规定。

IMO 出版物大致分为六大类：(1)综合类(包含基本文件、IMO 公约、大会决议和其他决定、人命安全公约之各种文件、规则、建议等)；(2)货物(包括危险货物规则及其修正案以及其他相关文件)；(3)便利旅行和运输；(4)法律事项；(5)海上环境保护；(6)船舶技术。

国际海事组织的主要活动内容及其工作成绩是制定和修改国际公约及相关国际文件，涉及海上安全、防止污染和其他事务，还通过了 600 多个与之相关的规则和建议案。

由于委员会或小组委员会举行会议的次数比理事会更为频繁，所以制定国际公约的初期工作便由委员会或小组委员会承担，如在委员会中取得了一致意见，建议将提交理事会讨论，必要时还将提交大会讨论。所产生的文件草案提交外交大会讨论通过。国际海事组织邀请联合国所有成员国(包括非国际海事组织成员国)参加外交大会，所有的与会国政府一律平等。此外，该组织还邀请联合国系统的国际组织和与国际海事组织有正式关系的组织派观察员参加外交大会，为与会的政府代表提供专家咨询意见，会议通过最终文件并交各国政府批准。

国际海事组织负责和通过的公约可分为三大类：第一类主要涉及海上安全；第二类主要涉及防止海洋污染；第三类主要涉及责任和赔偿，特别是由污染引起损害的责任和赔偿。此外，还有其他公约涉及便利海上运输、船舶吨位丈量、制止危及海上航行安全非法行为和海上救助。

(一)国际海事组织通过的现行有效公约

1. 海上安全

《1974 年国际海上人命安全公约》、《1972 年国际海上避碰规则公约》、《1966 年国际船舶载重线公约》、《1969 年国际船舶吨位丈量公约》、《1971 年特种业务客船协定》、《1972 年国际集装箱安全公约》、《1976 年国际海事卫星组织公约》、《1976 年国际海事卫星使用协定》、《1977 年拖雷莫利诺斯国际渔船安全公约》、《1978 年海员培训、发证和值班标准国际公约》、《2005 年制止危及海上航行安全非法行为公约》,《1988 年制止危及大陆架固定平台安全非法行为议定书》、《1995 年渔船船员培训、发证和值班标准公约》、《1976 年国际移动卫星组织公约》、《1973 年特种客船舱室要求协定书》。

2. 防止海洋污染

《1954 年防止海上油污染公约》、《1973 年国际防止船舶造成污染公约及 1978 年议定书》、《1969 年国际干预公海油污事件公约》、《2009 年香港国际安全与环境无害化拆船公约》、《2004 年国际船舶压载水和沉积物控制与管理公约》、《2001 年国际控制船舶有害防污染系统公约》、《1972 年防止倾倒废料及其他物质污染海洋公约 1996 年议定书》、《2000 年有毒有害物质污染事故防备、反应与合作议定书》。

3. 责任

《1969 年国际油污损害民事责任公约》、《1971 年设立国际油污损害赔偿基金公约》、《1971 年海上核材料运输民事责任公约》、《1974 年雅典海上载运旅客及其行李公约》、《1976 年海事索赔责任限制公约》、《2007 年内罗毕国际残骸清除公约》、《2001 年国际燃油污染损害民事责任公约》、《1996 年国际海上运输有毒有害物质损害责任和赔偿公约》。

4. 其他

《1965 年国际便利海上运输公约》、《1979 年国际海上搜寻和救助公约》、《1989 年国际海上救助公约》。

2005 年 10 月 10 日至 14 日,国际海事组织在伦敦召开外交大会,审议并通过了修订《制止危及海上航行安全非法行为公约》和《制止危及大陆架固定平台安全非法行为议定书》(简称《SUA 公约及其议定书》)的 2005 年议定书。

其中许多公约对世界航运具有深远和广泛的影响。如《1974 年国际海上人命安全公约》截至 2010 年,有 159 个国家加入,吨位达到世界船舶总吨位的 99.04%;《1966 年国际船舶载重线公约》有 159 个国家加入,吨位达世界船舶总吨位的 99.02%;《1972 年国际海上避碰规则公约》有 153 个国家加入,占世界船舶总吨位的98.36%;《1978 年海员培训、发证和值班标准国际公约》有 154 个国家加入,占世界船舶总吨位的99.15%;《经 1978 年议定书修订的 1973 年国际防止船舶污染公约》附则 1 和附则 2 有 150 个国家加入,占世界船舶总吨位的 99.14%,附则 3 有 135 个国家加入,占世界船舶总吨位的96.45%,附则 4 有 127 个国家加入,占世界船舶总吨位的82.65%,附则 5 有 141 个国家加入,占世界船舶总吨位的97.36%。①

(二)国际海事组织通过的主要规则和建议案

除公约和其他正式条约文件外,国际海事组织还通过了数百个涉及面很广的建议案。鉴于一些重要事务不宜作为规定列入公约、正式条约,于是便形成了规则、

---

① Status of Conventions Summary, http://www.imo.org/About/Conventions/Status Of Conventions/Pages/Default.aspx,访问日期:2010-11-08。

指南和推荐做法等建议案。这些建议案一般以大会决议附件形式出现。用来补充和促进实施公约的规定或用以保证各国统一解释和应用公约的规定。它们对各国政府无法律约束力，但为各国制定国内法律提供指导作用。事实上，许多国家已把这些建议案中的规定编入国家的法律规章中加以适用。

    1.《国际海上危险品运输规则(1965)》

    2.《散装货物安全操作规则(1965)》

    3.《国际信号规则(1965)》

    4.《散装危险化学品船构造和设备规则(1971)》

    5.《甲板装载木材船安全操作规则(1973)》

    6.《散装液化气体船构造和设备规则(1975)》

    7.《渔民与渔船安全规则(1974)》

    8.《动力支撑艇安全规则(1977)》

    9.《移动式近海钻井船构造和设备规则(1979)》

    10.《船舶噪声级规则(1981)》

    11.《核能商船安全规则(1981)》

    12.《特殊用途船安全规则(1983)》

    13.《国际气垫船规则(1983)》

    14.《国际散装(1992)化学品船舶构造和设备规则运输危险》

    15.《货物安全积载和系固操作规则(1991)》

    16.《船舶安全营运和防止油污染管理规则(1993)》

    17.《防止船舶造成空气污染规则(2005)》

    国际海事组织不断适应新形势和新要求而积极努力地工作和开展活动。早期工作重点主要是制定国际公约和规则，后来重点发展成为推动和确保公约和规则等的实施。因为，只有促进各国政府有效地实施其制定的国际规则，才表明其工作的成效性。

    2008年3月17日是国际海事组织成立50周年纪念日。过去50年，国际海事组织采用了50多个国际公约和条约，涉及海事安全，防止、减少和控制船舶对海洋和大气的污染、责任和赔偿，海事事故的预防及应对以及其他包括海上交通和救助等问题。

    国际海事组织(IMO)第102届理事会上通过了2010年世界海事日的主题为"船员年"。旨在表彰对社会作出杰出贡献的船员们，从而让世界认同船员们在恶劣的海上环境所承担的艰巨任务和经历的风险；同时这也符合国际海事组织与国际劳工组织(ILO)于2008年11月共同启动的"走向海洋"的活动主题。

    当前，国际航运面临着错综复杂的局势，商船面临海盗武装攻击和劫持、船舶遭遇扣押及对船员遗弃等复杂因素，使全球船员短缺状况进一步恶化。国际海事组织通过推动"船员年"活动向全球150万船员表明航界对他们的关心，以采取有效措施保障船员在发生海上事故后得到公平对待、保障船员在港口遭到遗弃后获得援助、保障船员上岸休假的权益等；并将继续努力保护在海盗猖獗海域航行的船舶安全和船员生命安全，采取有效措施遏制全球船员短缺的危机。①

———————

    ① http://baike.baidu.com/view/26637.htm,访问日期：2010-11-27。

六、中国与国际海事组织

中国是贸易大国，也是航运大国。按船舶所属母公司所在地统计，中国的船舶吨位在世界上居第四位。国际航运在国民经济发展中占有非常重要的地位。我国自1973年起恢复了在国际海事组织中的成员国地位，我国曾在该组织第9～15届大会上当选为B类理事国，第16～27届大会上当选并连续担任A类理事国。我国批准或加入了该组织几乎所有重要的公约，并在参与制定和履行国际海事组织公约方面作出了积极的贡献。在国内通过将船舶建造和检验发证、防止船舶污染、船员培训和考试发证、搜寻和救助等方面的公约转化为国内法的方式认真地履行成员国的义务。

第二节　国际劳工组织

一、国际劳工组织的概念和任务

国际劳工组织(International Labor Organization，ILO)是1919年根据《国际劳动宪章》而成立的，制定国际劳动规范的国际机构。现为联合国的专门机构，总部设在瑞士首都日内瓦。其主要任务是对国际劳工状况进行调研，召开国际劳工大会，促使国际劳工公约的实施。中国于1983年派出完全的代表团出席国际劳工局第69届大会，从而恢复了我国与国际劳工组织一度中断了的关系，1985年5月30日，我国政府决定对国民党政府加入的14个国际劳工公约予以承认。

目前，在海事领域通过40个公约，1个议定书，23个建议书。在国际海运界致力于确立全球性标准(Global Standard)的工作，与国际海事组织(IMO)一起共同开展保护船员权利的相关活动。

二、国际劳工组织成立的背景

关于国际劳工立法的想法早在18世纪初期就已经产生，到19世纪下半叶，制定国际劳工法的思想开始为一些私人联合会所接受，1890年3月15日在德国召开了一次临时会议，会上向各国提出了一些希望，对国际劳工立法的发展起到了推动作用，此后的一些会议曾经制定或通过了某些国际公约或草案，但因第一次世界大战的爆发，这一活动被迫停止。第一次世界大战期间，交战双方各国以及中立国的工人组织都坚持要求战争结束后制定和约时把改善工作条件的条款列入和约中。1919年6～9月召开了巴黎和会，在和会的第一次预备会议上，决定组织一个委员会对国际工人状况进行考察，以便对劳工问题采取统一行动，并建议成立一个永久性机构继续进行调查和研究。据此，英、美、法、日等国推选15人组成了一个委员会，草拟了《国际劳工组织章程草案》和《宣言》，经和会讨论后编入《凡尔赛和平条约》第13篇，即《国际劳动宪章》。据此，于1919年10月在华盛顿召开了第1届国际劳工大会，成立了国际劳工组织。两次世界大战间，国际劳工组织是国际联盟的一个独立机构。第二次世界大战间，该组织的总部迁至加拿大的蒙特利尔。1944年5月，在美国费城召开了第26届大会，研究战后将发生的国际劳工问题，并通过了《费城宣言》，作为国际劳工组织章程的附件，联合国成立后该组织成为联合国的专门机构。截至2010年11月22日，该组织的会员国已增加到183个。① 1999年3月4日，智利的职业律师胡安·索马维亚就任国际劳工局第九任局长。由第三世界国家出任劳工局长这在国际劳工组织的历史上尚属首次，其上任后开展了卓有成效的工作。

三、国际劳工组织的宗旨和成立的目的

（一）国际劳工组织的宗旨

该组织的宗旨是：促进充分就业和提高生活水平；促进劳资双方合作；扩大社会保障措施；保护工人生活与健康；主张通过劳工立法来改善劳工状况，进而获得世界持久和平，建立社会正义。

（二）国际劳工组织成立的目的

1. 人道主义目的

工人的工作条件日益不能被接受，大量的工人遭受剥削，资本家根本不考虑他们的身体、家庭生活和个人的发展。《国际劳工组织章程》在序言中明确地反映了人们对这种情况的关注，"现有的劳动条件使大量的工人遭受不公正、苦难和贫困"。为改善工人的工作条件，提高工人的待遇，国际劳工组织作出了不懈的努力。

2. 政治目的

随着工业化进程的发展，工人的人数将不断增加，如果不改善工人的工作条件，可能因此而产生社会不安定，甚至出现革命。序言指出，不公正"造成了如此巨大的不安定，竟使世界和平与和谐遭受危害"。

3. 经济目的

由于改善工作条件不可避免地对生产成本带来影响，任何进行社会改良的行业或国家可能发现自己被置于与竞争对手不利的地位。序言指出："任何一国不采用合乎人道的劳动条件，会成为其他国家愿意改善其本国状况者的障碍。"

目前国际劳工组织的四项战略目标是：

（1）促进工人工作条件标准的提高，实现工人工作中的基本原则和权利；

（2）为男女工人创造更多的公平雇用和工资的就业机会；

（3）扩大工人社会保障的覆盖率，并提高社会保障的效率；

（4）加强三方对话和社会对话。②

---

① Official Relations Branch，http://www.ilo.org/public/english/standards/relm/country.htm，访问日期：2010-11-22。

② Mission and Objectives，http://www.ilo.org/global/About_the_ILO/Mission_and_objectives/lang-en/index.htm，访问日期：2010-11-22。

四、国际劳工组织的组织机构

国际劳工组织是一个由各会员国组成的政府间组织，三方性结构是该组织与其他国际组织不同的独特性所在。即各成员国代表团由政府代表两人，劳工、雇主代表各一人组成，三方代表都参加各类会议和机构，劳工与雇主代表都可以自由讨论，独立表决。

(一)国际劳工大会

国际劳工大会(International Labour Conference)是国际劳工组织的权力机关，每年至少召开一次会议。国际劳工组织的成员国于每年 6 月聚集在日内瓦参加国际劳工大会。每个成员国派两名政府代表、一名雇主代表和一名工人代表参会。通常由各国负责劳工事务的内阁部长担任团长，并代表其政府在大会上发言。国际劳工大会制定和通过国际劳工标准，并作为一个论坛讨论全球重要的劳工和社会问题。大会下设 5 个常设性委员会，即总务委员会、资格审查委员会、财政委员会、公约建议书实施委员会、提案委员会。除财政委员会由政府一方代表组成以外，其余各委员会均由三方代表组成。大会的主要工作是：

(1)听取国际劳工局长的报告；

(2)通过关于劳工事务的国际公约和建议书，并审查这些公约在各国的执行情况；

(3)成立专门委员会对某个问题进行审议；

(4)批准理事会提交的预算，批准接纳新的会员国，每三年选举一次理事会成员国。

(二)理事会

理事会(Governing Body)是国际劳工组织的执行机构，每年在日内瓦召开三次会议，分别在 2 月、6 月和 11 月召开。其主要职责是：

(1)讨论决定国际劳工组织的政策；

(2)协调该组织的各项活动，召开各种会议；

(3)为大会通过公约和建议书做技术准备；

(4)任命国际劳工局长；

(5)制定年度预算等。

理事会由 56 人组成，其中政府理事 28 人，工人和雇主理事各 14 人。政府理事中 10 名常任理事由理事会确定的主要工业国委派。其余 18 名理事在出席国际劳工大会的政府代表中选举产生。工人理事和雇主理事分别在出席国际劳工大会的工人代表和雇主代表中选举产生。理事任期 3 年。理事会选举主席一人，副主席二人。每年改选一次，主席从政府理事中选出，副主席从工人和雇主中各选出一人。

(三)国际劳工局

国际劳工局(International Labour Office)是国际劳工组织的常设秘书处和所有活动的联络处，同时也是大会、理事会及其会议的秘书处。它对理事会负责，受理事会的监督并接受局长的领导，局长的任期每届为 5 年，可连选连任。劳工局雇用的官员有 1900 人，来自 110 多个国家，他们在日内瓦总部和全球 40 个办事处工作。第二次世界大战中期，来自 41 个国家的政府、雇主和工人代表出席了在费城召开的国际劳工大会。通过了《费城宣言》，它作为《国际劳工组织章程》的附件，至今仍然是关于国际劳工组织宗旨和目标的宪章。国际劳工组织于 1969 年纪念其成立 50 周年之际，被授予诺贝尔和平奖。

其主要工作是：

(1)准备国际劳工大会和理事会的议事日程，作出书面报告，并执行其决议；

(2)收集和散发有关工业和劳工状况的资料；

(3)草拟提交大会讨论的公约和建议书；

(4)促进公约和建议书的有效实施；

(5)实施技术合作计划，编辑出版有关劳工问题的书刊。

(四)技术性委员会和会议

国际劳工组织还建立了一些技术性委员会来协助国际劳工局进行工作，其中最主要的有联合海事委员会、农村发展咨询委员会、公务人员联合委员会及各种产业委员会等。国际劳工局还可以在必要时为某些事项召开技术性专家会议。国际劳工组织积极参加劳工的和社会正义的活动，关注各产业工人的劳动状况，尤其关心海员、渔民、码头工人的保护问题，不断建立、修改关于各种海事劳工问题的国际最低标准。

自 1920 年至 1996 年，国际劳工组织共召开过 9 次专门涉及商船海员的海事大会，通过了 39 项公约、29 项建议书和一项议定书。这些文件对航运业产生了重要的影响。但是，由于这些文件通过时间跨越了约 80 年，有些文件已经滞后于社会和航运技术的发展，并且又由于各个文件都是针对特定条件下的特定问题而制定的，国际劳工组织未对其进行修订和更新。此外，各国只是关注船舶是否符合 IMO 条约的最低标准要求，而对于是否符合社会标准及劳动基准的问题并不热心。致使 ILO 通过的海事公约批准率很低，同是海事公约的 IMO 的《1974 年国际海上人命安全公约》至 2000 年年底，已有 143 个国家批准，商船吨位占世界商船总吨位的 98％，而 ILO 通过的最重要的《1976 年商船最低标准公约》同期内只有 43 个国家批准，占世界商船总吨位的 50％。国际劳工组织十分关注上述问题，为提高各国对海上雇用实态的认识和有关海上劳动法规的实效性，根据理事会第 280 次会议的决定，于 2001 年 12 月 17～21 日在日内瓦召开了海事劳工标准三方工作组会议第一次会议，会议决定 2002 年和 2003 年召开两次会议，然后于 2004 年召开海事大会预备会议，4 年完成准备工作，于 2005 年召开海事大会，通过一个综合所有海事公约的、统一的国际船员法典。这项活动被称为"在海运业中的适当(体面)劳动议程"(decent work in the maritime industry program)。该议程的目的是促进男女工人得到适当的生产就业机会，特别是要实现世界性的与船员有关的海上劳动的社会条件和经济条件的协调。但由于会议争议的问题较多，公约推迟到 2006 年 2 月通过。

五、国际劳工组织的职责

国际劳工组织是联合国的一个专门机构，旨在促进社会公正和国际公认的人权和劳工权益。

(一)制定国际劳工标准

国际劳工组织以公约和建议书的形式确定基本劳工权益的最低标准，称为国际劳工标准，其涵盖结社自由、组织权利、集体谈判、废除强迫劳动、机会和待遇平等以及其他规范整个工作领域工作条件的标准。

公约具有条约的性质，成员国一旦批准公约就要受到相应的国际监督，建议书不需要成员国批准，对成员国不具有法律效力，只为成员国提供制定国内劳动政策与劳动法规的指导。在劳工标准中，许多公约都伴有相应的建议书，作为公约的补充文件。尽管建议书不具有法律效力，但是国际劳工组织仍然采取多种措施督促成员国实施建议书。根据章程的规定，成员国有义务将国际劳工大会通过的建议书报国内主管机关，以便成员国在立法时予以参考，成员国还应该按理事会规定的周期，向劳工局长报告实施建议书的程度等。

关于劳工标准的形式问题，一般说来，劳工大会制定标准时，对于那些概念比较清楚的问题，如就业、劳动保障、职业安全卫生、基本人权等，采取公约的形式；而对于那些劳工界新出现的问题，或概念尚不够清晰，研究不够成熟，有待于深入研究但又紧迫的问题，为了给成员国提供指导，同时留有灵活行动的余地，则倾向于采用建议书的形式。

(二)提供技术援助

国际劳工组织主要在下列领域提供技术援助：职业培训和职业康复；就业政策；劳动行政管理；劳动法和产业关系；工作条件；管理发展；合作社；社会保障；劳动统计和职业安全卫生。它倡导独立的工人和雇主组织的发展并向这些组织提供培训和咨询服务。

此外，还有600多位专家分布在世界各地执行技术合作项目。劳工局还拥有一个研究和文献中心以及一个出版社，广泛出版专题研究论著、报告和期刊。

(三)开展劳动领域的研究和信息传播

劳工局各部门每年结合工作计划开展大量劳动与社会领域的调研，组织出版有关调研报告和期刊，为会员国提供信息服务。

(四)开展培训和教育

包括社会保障、职业安全与卫生、人力资源开发、企业社会责任、国际劳工标准等。

（五）推进社会保障工作

与一些国家政府及有关部门合作，研究、探索社会保障工作的建立和完善。

（六）促进社会就业

通过与一些国家联合开展就业论坛等形式，交流各国就业和再就业工作，推动和促进劳工的体面劳动。

六、国际劳工组织有关船员的工作活动

（一）船员立法活动

国际劳工组织自成立以来，1919—2011 年，由国际劳工大会通过的国际劳工法律文件、公约和建议书的数量已达到 409 部（其中：公约 189 部，建议书 201 部）。[①]其中考虑到某些特殊类别的工人由于工作的特殊条件和所需要的特殊保护，制定了一些特殊的公约和建议书，这些特殊类别的工人包括海员、渔工农业工人、土著工人、非本部领土工人、公务人员、护理人员等。由于海上航运活动自身的国际性和特殊风险性，其承担着约 90% 的世界贸易货物运输任务，被称为第一个全球性的产业。近年来由于海运业中船籍国和船舶所有人住所国不同的增加，船舶所有权和管理方面的变化，新船舶登记制度的出现、船舶技术的进步，各种文化和语言不同的船员共同配乘于同一船舶的混乘船等因素的增加，使得海运业的国际性倾向进一步增强。

世界上 100 吨以上的船舶约有 8 万艘，从吨位数量上看，登记船舶较多的国家有巴拿马、巴哈马、利比里亚、希腊、塞浦路斯、挪威、日本、中国、俄罗斯、新加坡、美国。在总吨位 100 吨以上的船舶上进行劳动及待机船员约有 120 万人，其中 2/3 为亚洲人，近年来船东有雇用亚洲国家船员的倾向。主要的船员供给国是菲律宾、中国和韩国，俄罗斯和新加坡的船员也在增加。这些船员中有很大一部分并不在本国船舶上进行劳动。船员海上劳动的特殊性，需要制定专门适用于船员的海事劳工公约和建议书。至于通常范围的国际劳工公约是否适用于海员的问题，1921 年 11 月 10 日国际劳工大会上通过了一项决议，其中规定任何国际劳工公约或建议书均不适用于海船上的人员，除非它们是作为大会议程上的一项专门海事问题予以通过的，且一切交由大会讨论的海事问题均需事先由国际劳工局的联合海事委员会审议。但这种前提也不是绝对的，同年大会在讨论有关问题时，认为只要大会文件表明一般的国际劳工大会通过的公约和建议书可以适用于海员，则可以适用。但前提条件是这些事项不涉及海上工作与其他职业的差别。如结社自由的两个公约就可以适用于海员。国际劳工组织自 1919 年成立以来，制定了有关海事方面的公约有

---

① ILO 驻日事务所主页，http://www. ilo. org/public/japanese/region/asro/tokyo/standards/list. htm，访问日期：2012-04-28。

41 项(占其公约总数的 22%)、建议书 29 项、议定书 1 项。

1. 海事大会的立法活动

1919 年创立 ILO 的巴黎和会上作出决议,有关海员的问题,要召开专门的海事会议(Maritime Session of the International Labour Conference)进行讨论。ILO 基于此决定,在每年 6 月份召开普通的劳工大会之外,约每间隔 10 年召开一次海事大会。

从 1920 年以来,已经召开了 10 次海事大会,最后一次大会是作为 ILO 的第 94 次劳工(海事)大会在 2006 年 2 月 7 日至 23 日在瑞士日内瓦召开的。来自 ILO 的 178 个成员国中 100 多个政府、工人和雇主约 1 000 名与会者讨论了公约草案。最后,以 314 票赞成,0 票反对和 4 票弃权的多数票通过了《2006 年海事劳工公约》。由此可知,公约受到了来自 ILO 三方代表们的欢迎和支持。

2. 国际劳工组织与其他国际组织的相关活动

ILO 还与国际海事组织、世界卫生组织(WHO)、联合国开发计划署及其他各地的联合国办事机构等进行该领域活动的其他国际组织进行协作,共同开展活动。特别是与国际海事组织和世界卫生组织的关系更为密切。IMO 和 WHO 共同行动是 1998 年组成联合特别专家作业小组,讨论了船员在死亡、负伤、被遗弃之际的请求之责任和赔偿问题,除通过了指南性的方针外,还努力调查现实中存在的船员几乎没有保护的现状及采取更优良决策的活动。在"9·11 事件"之后,还作为港口安全强化政策之一环,于 2003 年召开了特别专家作业小组会议,通过并刊登了关于港口安全性的实务规程。

另外,ILO 在 21 世纪的活动目标就是实施在海事产业中普及体面劳动的事业计划和港口工人的培养计划。在第 29 次联合海事委员会上宣布这一计划的开始。《在海运业中促进体面劳动的国际计划》文件指出,要将"促进男女在自由、平等、有保障的、具有人格尊严的条件下,获得生产性的、体面的工作机会"。ILO 的这一总目标成为海运业,特别是提高船员社会经济条件的工作目标。

(二)国际船员法的形式与内容

国际劳工组织自 1919 年成立到 2006 年就船员的劳动关系制定了 80 多项公约和建议书,其中有的公约已经生效,成为各国立法的依据,而未生效的公约和建议书也对各国制定船员法具有重要的指导意义。这些公约和建议书包括如下几个方面的内容。

第一,海员上船工作的最低要求。其中包括四个方面的内容:最低年龄、体检证书、培训和资格、招募和安置;海上劳动的特殊危险性、技术性和辛劳性,要求船员上船劳动必须满足一定的条件。他们必须高于最低年龄,持有健康情况适合其履行职责的体检证明,进行相应的培训并取得资格证书。此外,海员享有通过一个严格管理的招募和安置系统获得就业的权益。

第二,工作条件。包括八个方面的内容:(1)海员就业协议;(2)工资;(3)工作时间和休息时间;(4)休假的权利;(5)遣返;(6)船舶损失或沉没时对海员的赔偿;(7)配员水平;(8)海员的职业发展和技能开发及就业机会。海上劳动之乘务劳动特点，决定了船员的劳动条件不同于一般的陆上劳动者，为此，国际劳工组织有针对性地规定了船舶所有人在船员的劳动时间、工资、遣返等方面的义务。

第三，生活条件。包括起居舱室、娱乐设施、食品和膳食四个方面，也就是物质方面的食、住和精神需求方面的条件。由于海上劳动的交通乘务劳动之乘船时间长的特点，船舶所有人不仅要为船员提供工作条件，而且还要为船员提供居住、膳食等方面的生活条件。为此，国际劳工组织制定了保障船员生活条件的公约。

第四，劳动保护和社会保障条件。包括健康保护、医疗、福利和社会保障保护四个方面：（1）船上和岸上医疗；（2）船东的责任；（3）卫生与安全保护及事故预防；（4）获得使用岸上福利设施；（5）社会保障。

第五，劳动监察。其中包括：监察的范围，监察机构的报告，监察员的权限和职能等内容，劳动监察是劳动法的内容能否实现的关键，为此，公约要求成员国应该建立并保持船员的工作和生活条件的监察制度，对在其领土上登记的船舶进行监察。其中对监察的范围问题作出了全面而详细的规定，包括与船员的工作和生活区域的维护和清洁标准有关的条件、最低年龄、协议条款、食品伙食、船上居住条件、招聘、配员、资格条件、工时、体格检查、职业病的预防、疾病和伤残津贴、社会福利、遣返、雇用条件、结社自由等。

第六，船员的身份证。由于海上劳动的国际性，船员为了执行任务需要进入国籍国以外的国家的港口或上岸休息，为了向海员提供入出境及上岸休息的便利，《海员身份证件公约》第6条规定：“1. 如船舶在港时要求入境是为了临时登岸度假，各会员国应准许持有有效海员身份证的海员进入本公约生效之领土。2. 如海员身份证载有供适当入境的空页，各会员国应准许持有有效海员身份证的海员进入本公约的生效之领土，但要求入境旨在：（a）上船工作或转上另一船舶；（b）经另一国家中转上船工作或遣返；或（c）有关会员国当局认可的任何其他目的。3. 任何会员国在准许海员为上款规定的目的之一进入其领土之前，可以要求有关海员、船东或代理或适当的领事提供关于海员的意向及其能否实现该意向方面的符合要求的证据，其中包括书面证据。该会员国还可以将海员的停留时间限制在对所述目的所需的合理期限内。”

第七，其他关于海员的特殊保护内容。如性病治疗和难民海员问题的公约。此外，还包括与海员相关的公约和建议书，如渔船船员和码头工人方面的公约和建议书。

（三）国际劳工组织的最新立法活动

1.《2006年海事劳工公约》制定的背景

2001年1月在ILO第29届联合海事委员会上，经过仔细的权衡和论证，决定在综合现有的海事劳工标准的基础上，制定一项统一的框架公约，被称为“日内瓦协议”，这一协议对海事劳工标准的发展来说，是个历史性的决定。同时联合海事委员会还决定，建议理事会成立国际海事劳工标准高级三方工作组展开合并公约的工作。工作组在2001—2003年分别召开三次会议，2004年召开预备会议，2005年召开了预备会议与海事大会的会间会，2006年通过公约。

2.《2006 年海事劳工公约》的主要内容

《2006 年海事劳工公约》由序言、总则、分则和附录四个部分构成。

(1)序言。公约的序言对当事方虽不具有约束力，但它是当事方意愿的权威表示。序言中提到了海事公约的立法依据，其中主要有作为海洋基本法的《1982 年联合国海洋法公约(UNCLOS)》及国际劳工组织的八个核心公约。特别提及该公约第 94 条确立的船旗国对悬挂其国旗的船舶上的劳动条件、船员配备和社会事务行使有效管辖和控制的船旗国与船舶应该具有"真正联系"的原则。

(2)总则。总则包括两个部分，一是公约的正文条款；另一部分是公约的解注。正文条款共 16 条。这部分是公约的一个重要组成部分，其中包括公约相关概念的定义、适用范围、基本原则、加入及退出程序、生效要件、修改程序等。这部分对于理解公约确立的具体制度和公约的适用问题起着非常重要的作用。

解注对于公约的结构和各部分之间的关系作出了规定，关于各部分之间的关系，公约规定，条款和规则规定的是核心权利和原则以及批准本公约成员国的基本义务。守则包含了规则的实施细节。它由 A 部分(强制性标准)和 B 部分(非强制性导则)组成。规则和守则按内容不同分为五章，即：海员上船工作的最低要求；就业条件；居住舱室、娱乐设施、食品和给养；健康保护、医疗、福利和社会保障保护；遵守与执行。其中前四部分是公约的实体内容，第五部分是公约的实施方法和程序。

(3)分则(规则)。公约为了使船员的基本原则和具体原则确定的船员权利得以具体化并得到保障，分五章规定了分则的内容，其中前四章分别就船员的就业和社会权利方面的四个权利作出了规定。也就是说第一章"海员上船工作的最低要求"主要是针对"工作场所安全权"而制定的；第二章"就业条件"主要是针对"获得公平就业条件权及获得体面的船上工作条件权"而制定的；第三章，"居住舱室、娱乐设施、食品和给养"主要是针对"获得体面的船上生活条件权"而制定的；第四章，"健康保护、医疗、福利和社会保障保护"主要是针对"享受健康保护、医疗、福利措施及其他形式的社会保护权"而制定的；第五章"遵守与执行"是为了保障船员的权利，对成员国的责任或义务的规定。

七、中国批准与实施国际劳工公约的情况

1983 年我国恢复了与国际劳工组织一度中断了的关系，截至 2011 年 2 月中国共批准 25 个 ILO 公约。[①]

(一)1930—1947 年批准的公约

(1)《1920 年确定准许儿童在海上工作的最低年龄公约》(第 7 号公约)。主要内

---

① 人力资源社会保障部网，http://www.mohrss.gov.cn/gb/zwxx/node_5441.htm，访问日期：2011-03-17。

容：凡儿童在 14 岁以下者不得受雇用或工作于船舶上。

（2）《1921 年农业工人的集会结社权公约》（第 11 号公约）。主要内容：承允保证使从事农业的工人取得与工业工人同等的集会结社权。

（3）《1921 年工业企业中实行每周休息公约》（第 14 号公约）。主要内容：工业工作中每周休息 1 日（每日工作 8 小时，每周工作 48 小时）。

（4）《1921 年确定准许使用未成年人为扒炭工或司炉工的最低年龄公约》（第 15 号公约）。主要内容：凡 18 岁以下的未成年人不得受雇用或工作在船舶上充任扒炭工或司炉工。

（5）《1921 年在海上工作的儿童及未成年人的强制体格检查公约》（第 16 号公约）。主要内容：任何船舶对于 18 岁以下儿童或未成年人的使用，应以提出证明其适宜于此种工作并经主管机关认可的医生签字的体格检查证明书为条件。

（6）《1925 年本国工人与外国工人关于事故赔偿的同等待遇公约》（第 19 号公约）。主要内容：本国工人与外国工人关于事故赔偿的同等待遇。

（7）《1926 年海员协议条款公约》（第 22 号公约）。主要内容：关于海员协议条款的必备内容。

（8）《1926 年海员遣返公约》（第 23 号公约）。主要内容：凡海员被迫登岸者应享有被送回本国或其受雇用的港口或船舶开航港口的权利。

（9）《1928 年制定最低工资确定办法公约》（第 26 号公约），主要内容：为那些无法用协议或其他办法规定有效工资的行业的工人确定最低工资率。

（10）《1929 年航运的重大包裹标明重量公约》（第 27 号公约）。主要内容：凡在会员国境内交付总重量在 1 000 公斤以上的任何包裹或物件，由海道或内河运送的，应标明其总重量于包裹或物件外面。

（11）《1932 年船舶装卸工人伤害防护公约》（《防止码头工人事故公约》）（第 32 号公约）。主要内容：防止船舶装卸工人工伤事故的发生。

（12）《1935 年各种矿场井下劳动使用妇女公约》（第 45 号公约）。主要内容：任何矿场井下劳动不得使用女工。

（13）《1937 年确定准许使用儿童于工业工作的最低年龄公约》（第 59 号公约）。主要内容：15 岁以下儿童不得受雇用或工作在任何公营或私营工业企业。

（14）《1946 年对国际劳工组织全体大会最初 28 届会议通过的各公约予以局部的修正以使各该公约所赋予国际联盟秘书长的若干登记职责今后的执行事宜有所规定并因国际联盟的解散及国际劳工组织章程的修正而将各该公约一酌加修正公约》（《最后条款修正公约》）（第 80 号公约）。主要内容：最初 28 届国际劳工大会通过的各个公约文本内凡遇"国际联盟秘书长"字样的改为"国际劳工局局长"，凡遇"秘书处"字样的改为"国际劳工局"等。

（二）新中国批准的 ILO 公约

（1）《1983 年（残疾人）职业康复与就业公约》（第 69 届国际劳工大会通过第 159

号公约）。中国于 1988 年 2 月 2 日批准，主要内容：为各类残疾人提供适当的职业康复措施，增加残疾人就业机会。

（2）《1951 年男女工人同工同酬公约》（第 100 号公约）。属核心公约，中国于 1990 年批准。主要内容：要求通过国家法律、法规确定工资标准的办法等，在全体工人中实行男女同工同酬。

（3）《1976 年三方协商促进贯彻国际劳工标准公约》（第 144 号公约）。属于重要公约，中国于 1990 年批准。主要内容：会员国承允保证国际劳工组织活动有关事宜应在政府、雇主、工人代表之间进行有效协商。

（4）《1990 年化学品公约》（第 170 号公约）。1995 年 1 月 1 日批准。主要内容：要求会员国制定和实施一项有关作业场所安全使用化学品的政策。

（5）《1964 年就业政策公约》（第 122 号公约），属于重要公约。中国于 1997 年 12 月 17 日批准。主要内容：要求会员国宣布并实行一项积极的政策，其目的在于促进充分的、自由选择的生产性就业。

（6）《1973 年准予就业最低年龄公约》（第 138 号公约）。属于核心公约，中国于 1999 年 4 月 28 日批准。主要内容：要求会员国制定有关法律，保证最低就业年龄不低于 15 周岁，目的是消除童工劳动。

（7）《1978 年劳动行政管理公约》（第 150 号公约）。属于重要公约，中国于 2001 年 10 月 27 日批准，主要内容：规定劳动行政管理的作用和职能为从事国家劳动政策和相关法律法规的准备、实施、协调和监督检查，对就业、失业和不充分就业问题以及劳动者的工作和生活条件各方面问题进行研究解决，为雇主和工人及其各自组织提供服务。

（8）《1988 年建筑业安全卫生公约》（第 167 号公约）。中国于 2001 年 10 月 27 日批准，主要内容：规定批准国应参照国际标准制定有关建筑业安全卫生的法律和条例并使之生效，在建筑施工中应明确雇主、工程技术人员和工人为保证安全生产所应负的责任，确保建筑工地安全卫生的工作条件。公约还对建筑施工工作场地、机械、作业方式以及工人的个人防护和急救措施等做了具体规定。

（9）《1999 年禁止和立即行动消除最恶劣形式的童工劳动公约》（第 182 号公约）。属于核心公约，中国于 2002 年 6 月 29 日批准。主要内容：凡批准本公约的会员国应立即采取有效的措施，以保证将禁止和消除最恶劣形式的童工劳动作为一项紧迫事务。凡批准本公约的会员国在同雇主组织和工人组织磋商之后，应建立或指定适当机构，监督实施使本公约发生效力的各项条款。凡批准本公约的会员国应采取一切必要措施，包括规定和执行刑事制裁或其他必要制裁，以保证有效实施和强制执行使本公约发生效力的各项条款。

（10）《1958 年消除就业和职业歧视公约》（第 111 号公约）。属于核心公约，中国于 2005 年 8 月 28 日批准，同时声明：在中华人民共和国政府另行通知前，《1958 年消除就业和职业歧视公约》暂不适用于中华人民共和国香港特别行政区。公约规定每个批准该公约的国家都必须采取措施确保机会平等并消除就业和职业中的歧视现象。在本公约中歧视被定义为："基于种族、肤色、性别、宗教、政治观点、民族血统或社会出身的任何区别、排斥或优惠。"

(11)《1981 年职业安全和卫生及工作环境公约》(第 155 号公约)，中国于 2006年 10 月 31 日批准，同时声明，在中华人民共和国政府另行通知前，《1981 年职业安全和卫生及工作环境公约》不适用于中华人民共和国香港特别行政区。主要内容：公约要求批准国通过国内立法保护劳动者工作场所的安全和卫生条件。

上述公约中有关海员的公约有六项。

第三节　其他相关国际组织

一、国际海运联合会

国际海运联合会(International Shipping Federation，ISF)是一个船东组织，在有关海员雇用和安全的所有问题上代表船东的利益。成立于 1909 年，总部设在伦敦，ISF 是最老的国际船东组织，当时是欧洲的船东组织，到 1919 年才成为世界性的船东组织。其主要目标为：

(1)为会员提供最新的海员雇用情报；

(2)根据海员的雇用发展情况，提出和协调各国船东的意见；

(3)在讨论处理海员问题的国际论坛上，代表会员的利益与各国政府和工会商洽。

ISF 有 28 个会员国，拥有船舶的吨位超过世界总吨位的一半，拥有船员超过 50万人。ISF 的工作重点放在劳动标准方面，经常与工会打交道。在许多问题的解决上，雇主与工会的看法难免不同，因此，ISF 的主要任务是协调和提出雇主的观点。

ISF 还为 IMO、联合国贸易和发展会议、联合国经社理事会担任咨询工作。在IMO 里，ISF 主要关心船员的配备和培训工作，积极参与制定了 1978 年《关于海员培训、发证和值班标准国际公约》。在 ILO 中就海员劳工公约的制定和修改问题与ITWF 进行积极的对话和协商。ISF 的活动还包括船员工资、建立并协调与工会的关系、船员配备与组织等。ISF 是为船东的利益而工作的，但它与国际劳工组织、海事组织合作，积极参加拟定与海员雇用条件、健康培训和福利有关的重要的国际劳工组织公约和决议，对航运业的发展起着重要的作用。

二、国际运输工人联合会

海员是海运产业的劳动者，各国都以产业工会的形式组织本国的海员工会，且由于海运业的全球性特点，海员工会也形成了国际性的工会组织。比较典型的国际海员工会组织是"国际运输工人联合会"(International Transport Workers Federation，

ITWF)下设的海员工会组。ITWF 是一个国际性的产业工会组织,1896 年成立于伦敦,后来移到汉堡。曾因战争停止活动一段时间。1919 年在荷兰鹿特丹重新组建,并于 1939 年迁回伦敦。目前已有 155 个国家的 781 个工会组织加入该工会,会员人数超过 460 万。① 现在是世界上 120 万船员利益的代表。其中有 60 万人是 ITWF 加盟工会的会员。其下设海运、港口、铁路、公路、旅游组、民用航空组、内河航运组、水产组、货物旅客运输工人组。

该组织除伦敦总部外,还在世界各地区设立许多事务所,包括非洲事务所、非洲法语区事务所、亚洲太平洋事务所、欧洲地区事务所、美洲地区事务所、加勒比海地区事务所、美国方便旗船事务所、旅游船事务所等。

（一）ITWF 的宗旨

ITWF 在世界范围内代表交通运输工人,通过全球性联合来维护交通运输工人的利益。同时也对独立、民主工会运动的发展和基本人权之组织工会权予以支持。反对任何形式的霸权主义、暴力和歧视。

（1）提高工会和人权在世界上的地位,改善运输工人的工作和生活条件。在联合国、ILO、IMO、联合国开发计划署,代表船员的利益,致力于如下问题的解决：排除低标准船、促使方便旗船国籍国承担责任、追求海上劳动的安全性、消灭海盗行为、致力于船员资格证书的伪造、疲劳、事故、船员劳动条件、生活条件、育儿等有关的男女平等问题的解决。再度提醒人们认识到船舶对船员来说,既是工作场所又是生活场所,在此基础上,为维持和改善有关船员最低标准的国际法规则,通过海事安全委员会,提高海员工作的安全性。

（2）在社会公正和经济发展的基础上为和平而工作。

（3）保护其成员利益,帮助其成员工会开展活动。ITWF 在非洲、美洲大陆、亚太地区、欧洲各地进行活动,以各种各样的方法支援船员和船员工会的活动。

（4）为其成员提供研究和信息服务。

（5）向有困难、遇到麻烦的运输工人提供帮助。通过海员工会组织提供面向各国海员工会的服务,支援加盟工会,还通过普通船员特别委员会致力于传统海运国家船员失业的问题。

（二）ITWF 的主要机构

1. 代表大会

大会是该组织工作与发展的最高决策机构,每 4 年召开一次。由加盟工会向大会派遣有投票权的代表 6 人组成,会长 1 人,副会长 5 人（其中 4 人要来自世界不同的地区,1 人必须是女性）。

---

① About the ITWF，http://www.itfglobal.org/about－us/moreabout.cfm，访问日期：2010-11-08。

2. 理事会或书记局

这是该组织的常设机构，负责人为书记。

3. 执行委员会

由加盟工会的 37 人组成。每年召开两次会议，在两次大会期间负责组织 ITWF 的全部活动。

4. 管理委员会

归执行委员会领导，管理该组织的日常工作。

(三)ITWF 的作用

从 ITWF 支援加盟工会，保护地域性交通运输工人利益的方法中可以看出 ITWF 的作用。ITWF 通过构筑信息共享的共同战略组成工会。其工会组织在国际会议上与各种产业工会和跨国雇主进行协商。如 ITWF 在国际海事组织、国际劳工组织等国际组织举行的国际会议上代表船员发挥着重要的作用。ITWF 还特别组成国际作业组，处理劳动安全卫生和特定的技术问题。此外还支援加盟工会的联合行动。当某个国家的交通运输工人工会与雇主或政府对立，需要来自其他国家工会支援的时候，ITWF 便提供国际援助，通过国际性的行动和压力，对于其工会组织目的的达成起到了推动作用。

ITWF 在能够对雇用劳动、安全等作出决定的国际劳工组织、国际海事组织、国际民用航空组织等，代表运输工人的利益；在经济开发计划署、国际货币基金组织、世界银行、世界贸易组织上提出有关交通运输工人的问题。

(四)ITWF 所开展的活动

由于国际性的交通运输技术和组织发生了大幅度的变化，使得世界经济全球化成为可能。这种全球化要依靠卫星通信、廉价的海运费用、空运费用及集装箱化，还要有适合地理区域之枢纽的公路、铁路网，世界性的港口经营人、跨国公司、国际航空公司相互联结。经济全球化要求大量的前所未有的人和物以前所未有的低运费发生位移。但是，来自所谓经济现代化之压缩成本的压力，使得海运经济中因方便旗船制度的出现，形成了低安全标准和不适当的劳动标准，在陆上也形成了汽车司机的危险且长时间劳动的非人道现象，经济区域化也使得运输工人的劳动密度加大，劳动条件恶化。

ITWF 针对交通运输工人特有问题展开国际性的活动，如针对铁路工人的安全问题，针对公路工人延长劳动时间的问题开展有目的的活动，最早最有效的也最为有名的活动就是反对方便旗船的活动。

ITWF 自 1948 年 7 月开始通过船员组和码头装卸工人组展开反对方便旗船的运动，以此来维护船员的劳动权利。可以说 ITWF 是开展抵制方便旗船活动最早的一个组织。方便旗船于 1922 年开始出现，40 年代以后得到了迅速的发展。1958 年期间开展了为期 4 天的抵制方便旗船的运动。其结果使得其后的二三年时间内方便旗船数量的增加较为缓慢。但其后，再度增加，到 1971 年末，已经占全世界船舶吨位的 20％，到 2001 年方便旗船达到了 87 939 艘。截至 2009 年 1 月，中资船舶悬挂方便旗船 1 555 艘、5 559 万载重吨，占总载重吨位的 59.91％。① 在目前的方便旗船制度下，虽然某船旗国拒绝了对一低标准船的登记，但在短短几个月的时间内，就可以在不需要船体检查的情况下取得其他国家的国籍。联合国秘书长对此评论如下：船舶所有人和经营人不考虑国际法的因素是因为其这样做有经济利益，某一船籍国注销了一艘低标准船，但仍可以找到以有利条件登记的船籍国进行登记，这对船东来说是一件容易的事。正因为如此，与其说现行制度抑制低标准船，还不如说是助长了低标准船的发展。船籍国对本国船舶管理的忽视，已构成对航行安全和环境安全的威胁，进而会引起水产资源的枯竭。联合国开发计划署也对方便旗船登记制度提出了一系列的强化策略和管理措施。但是因为开发计划署涉及多个国家的管辖权问题，为了准备真正有效的管理，需要众多国家的协助。

ITWF 经过长期不懈的努力，致力于揭露方便旗制度的危险性。此外，还和许多国际组织，如绿色和平组织、地球的证人、地球之友等协作在 2002 年发表共同声明，呼吁各国政府要制定船籍国应承担的责任和义务的概括式的反恐计划。声明中指出，部分船籍国的登记手续简单到令人吃惊的程度，只用网上登记就可以了。另外，许多船舶登记是依据商业标准以特许的方式进行登记的，这种情况也对国家主权的概念引起怀疑。轻易违反国际规则不仅会成为恐怖主义攻击的对象，也会成为违反国际最低标准的通道，成为船员及其家属痛苦的根源。如果仍允许低标准船的继续存在，就会给海上人命、财产和环境带来损失。声明中支持必须建立船舶和船旗国之间的"真正联系"的观点。在共同声明中指出："现在的状况是无力的，不仅部分船籍国不履行国际义务，甚至没有那种责任意识，沿岸国也欠缺保护本国利益的能力。我们现在就面临着或者由船旗国采取适当的措施，或者是使方便旗船制度渐渐地解体，或者是沿岸国或地域组织为保护国民及社会的利益而制定统一的政策这两条路选择的问题。"

ITWF 工作的最终目标是要实现海运界的本国船主义，也就是使船舶回到所有人国籍国进行登记，但在当前的形势下，作为策略措施之一，是通过订立集体合同的方式改善方便旗船员的待遇。具体而言，就是制定标准较高的 ITWF 集体合同，之后，对于低于集体合同之标准的船舶采取抵制运动。而且对于满足 ITWF 集体合同条件的船舶发放蓝皮证书，持有这一证书的船舶不在抵制之列。ITWF 集体合同是专门为方便旗船而制定的。在加盟 ITWF 活动开展的较为有力的地方，许多方便旗船都受到过抵制运动的"礼遇"。其中澳大利亚和瑞典港口的 ITWF 加盟工会较为

---

① http://www.chineseshipping.com.cn/file/bulletin/4F5A011B-5873-4A89-9E3F-1B5B748A6D6F.mht，访问日期：2011-03-25。

活跃。

2009 年印度尼西亚、马来西亚、泰国以及菲律宾和新加坡的工人联合会发起了一场东南亚周活动。由海员和码头工人工会以及国际运输工人联合会一同组织的这一活动周，旨在防止各种对海员的剥削。

ITWF 称："由于缅甸海员尤其容易受到虐待，其所面临的困境是目前最需要关注的地区之一。ITWF 附属的东南亚海员工会正致力于海员的人权保护。在泰国，缅甸海员工会得到了泰国工人联合会——包括公路和铁路运输工人联合会在内的支持，以保护缅甸海员以及渔业工人在泰国的合法权益。"[1]

(五)ITWF 的加盟工会

交通运输产业工人工会，可以申请加入 ITWF。在得到批准之前，必须满足一定的条件，并履行一定的手续。ITWF 的全部活动依赖于加盟工会交纳的会费，会费的额度依据会员数量的多少而定，对于经济困难的工会，还可以减少付费。这些会费用于支援加盟工会的活动，还设置特别财务以向支援抵制方便船运动的船舶提供福利。

(六)ITWF 与其他组织的关系

1. ITWF 与亚洲船员工会

ITWF 的主要活动是抵制方便旗船，以此来提高船员的待遇。众所周知，亚洲船员在世界船员人数中占有很大的比重。方便旗船大多雇用亚洲船员。所以 ITWF 与亚洲船员尤其是亚洲的船员工会间有着许多联系。由于亚洲与欧洲在经济发展水平方面的不平衡，在抵制方便旗船活动方面产生很大的分歧。如 ITWF 认为正是由于亚洲船员接受了方便旗船船东或其他国家船东的低标准劳动条件和工资，才促进了方便旗船制度的发展。并且将接受低标准工资而上船劳动的亚洲船员诬称为"便宜"船员。要求亚洲船员工会不要接受低工资而上方便旗船进行劳动，或要求亚洲船员与雇主签订与船舶所有人国家的船员相同水平工资的劳动合同，同时强行要求亚洲船员加入船籍国的工会，结果这样的要求并不被亚洲船员接受，因为这样一来会使得大批亚洲船员面临失业的危险。因此，在 70 年代 ITWF 的这一活动遭到以日本为首的印度、新加坡和菲律宾国家船员工会的抵制。其后经过多次的接触才达成共识，在共识的基础上进行合作。目前亚洲的许多船员工会、如日本、菲律宾、韩国、马来西亚等都加入了 ITWF。ITWF 集体合同通常制定两个基本工资标准，一个专供远东用，一个供世界其他地区用。ITWF 每年签订一次集体合同，有效期从当年的 9 月 1 日起至翌年的 9 月 1 日止。

此外，亚洲各国政府在本国船员与派往国船员采取同工同酬的问题上，也是持反对态度的，这主要是因为发展中国家政府希望以更多的船员劳务输出份额来赚取

---

[1]　http://www.shmsa.gov.cn/news/2009113073726142 75.html，访问日期：2010-11-29。

外汇以弥补本国外汇储备的不足，并增加本国的财政收入。如在 70 年代英国海员工会通过努力为亚洲船员争取到了与英国船员同工同酬的待遇，但是在菲律宾，政府强行要求船员写出保证书，同意交出 1/3 到 2/3 的工资所得。不签字的话，就不会受雇到船舶上工作，在印度也要求船员回国后交出一部分工资。

2. ITWF 与 ILO

ITWF 除采取制定集体合同的方式抵制方便旗船以外，还积极参与国际组织，推动国际组织的立法活动。使自己的活动成为一种国际性的法制活动和立法准备活动，在维护国际和平和秩序为目标的联合国中，有许多专门机构与海事产业密切相关，如国际劳工组织、国际海事组织、世界卫生组织、教科文组织等。其中与海上劳动关系密切的组织有国际劳工组织、国际海事组织。ITWF 积极参加这两个国际组织的海事立法活动，并发挥着积极的作用。

ILO 被称为世界的劳动部，由于其三方性的特点，ITWF 作为工人组织，在其中大有用武之地，发挥了很大的作用。其中在 ILO 的 1958 年海事大会上通过的 107 号《（外国船舶）海员契约建议书》和《1958 海员社会地位和安全建议书》。都是在 ITWF 的积极努力下通过的。其后，在 1970 年召开的海事大会上，通过了《关于方便旗船的决议》，而在 1972 年联合海事委员会上通过了《关于方便旗船的决议》，决定在 1976 年 ILO 海事大会上，将"方便旗船问题"作为正式议题。在 ITWF 的推动下，ILO 通过了第 147 号公约《商船最低标准公约》。在 2001 年开始的 ILO 的"海运业的体面工作议程"——《2006 年海事劳工公约》的立法过程中，ITWF 代表船员的利益参加其全部活动。

3. ITWF 与 IMO

作为政府间的国际组织，国际海事组织（IMO），也是联合国的专门机构，在海事立法方面发挥着重大的作用。ITWF 对其也表示出极大的关心，其通过在 IMO（当时是政府间海事协商组织）中取得观察员资格，代表国际自由工会联合会反映意见，实际上是以 ITWF 代表国际自由工会联合会的形式出席 IMO 的会议。

三、国际海事委员会

国际海事委员会（Comité Maritime International，CMI）1897 年正式创立于比利时安特卫普，是一个非政府性组织，其宗旨是通过各种适当的方式和活动促进国际间海商法、海事惯例和实践做法的统一。

该组织目前由 33 个国家的国内海事委员会和根据各国海事委员会申请经国际海事委员会批准任命的终身个人会员构成。其机关是由各国国内海事委员会代表组成的总会，是权力机关。还有执行委员会，是业务执行机关。委员会总会每年 3 月召开会议，审议业务执行的基本方针和会计工作。此外，还可随时召开国际会议来审议关于海事私法的条约草案。国际海事委员会以实现海事私法的国际统一为目的，并不是由政府代表组成的官方组织。所以，在这个会议通过的条约草案并不直接产生约束力。按照惯例，条约草案均送交比利时政府，然后比利时政府把所有有外交关系的国家召集到布鲁塞尔，召开海事法外交会议，经各国政府代表审议、签署，才成为国际条约。

国际海事委员会自成立到 2009 年共召开了 39 届国际会议。2008 年 10 月 12 日至 10 月 17 日，国际海事委员会(CMI)在希腊雅典召开了第 39 届大会，来自 30 多个国家代表团的 300 多位海商界人士参加了此次大会。本届大会主要围绕三个议题展开，即国际避难地、责任限制程序以及联合国运输法公约草案。大会分成两个会议室，分别对国际避难地规则草案以及责任限制程序指引草案进行逐条讨论、修改并形成完善意见，对存在分歧的部分作出保留，有待今后进一步协商。联合国运输法公约草案于 2008 年 12 月 11 日，在纽约举行的联合国大会上，正式得到通过，并决定在 2009 年 9 月 23 日于荷兰鹿特丹举行签字仪式，开放供成员国签署。本届大会上，针对刚通过的《联合国运输法公约草案》，与会人员分成四个小组进行发言，内容包括公约概览及背景、航运企业及保赔协会的观点、船东与货主之间的风险平衡、运输法中的新事物等。除了上述三个主要议题外，大会还就提高航运质量的非技术措施、国际公约的实施与解释、法院拍卖船舶的国际承认、1996 年运输危险有毒物质损害责任和赔偿公约的最近发展、租船人的责任限制权利、拆船公约草案、残骸清除等问题进行了简短研讨。

四、经济合作与发展组织海上运输委员会

(一)组织概况

经济合作与发展组织海上运输委员会(Maritime Transport Committee of OECD，MTC of OECD) 于 1961 年 9 月 30 日在伦敦成立，有美国、英国、澳大利亚、(前)南斯拉夫、法国、日本、荷兰等 25 个成员国。该委员会归经济合作与发展组织领导，处理国家间的航运政策问题，解决成员国与发展中国家在航运事宜联系中所遇到的困难和问题，讨论包括世界航运的总体发展变化和航运商业化的可行性问题。

(二)组织职能和主要活动

MTC of OECD 设有一个分管国际组织事务的特别小组，通过在联合国贸易和发展会议上及联合国的其他有关会议上对航运问题的洽谈和协商，来协调成员国在世界航运中的位置和问题。此外，还有一个特别行动小组，负责监察发展中和发达国家的船舶航运政策，考察国际航线的运行状况，并对世界航运经济有直接或间接的推动作用。该组织促进了发达国家的经济发展，也带动了发展中国家的经济发展。

五、联合国贸易和发展会议

(一)组织概况

联合国贸易和发展会议(United Nations Committee on Trade and Development, UNCTAD)是联合国处理有关贸易和发展问题的常设机构,是联合国的一个常设性组织,由发展中国家倡议并根据第 19 届联大第 1995 号决议于 1964 年在日内瓦成立。

第二次世界大战结束后,世界上许多国家挣脱殖民统治而获得独立,但旧的国际政治经济秩序严重阻碍了它们积极发展民族经济、维护国家权益的努力。此外,发达国家在贸易上对发展中国家的歧视以及"冷战"期间两个超级大国对发展中国家的激烈争夺,使发展中国家的经济遭到严重损害。因此,广大发展中国家迫切要求改善国际贸易环境。在发展中国家的积极推动下,联合国大会于 1962 年 12 月通过了召开贸发会议的决议。1964 年 3 月 23 日至 6 月 16 日,首届贸发会议在瑞士日内瓦举行。同年12 月,第 19 届联大根据首届贸发会议的建议,决定正式成立贸发会议,并将其作为联大的常设机构之一。决议还决定成立贸易和发展理事会,作为贸发会议的执行机构,总部设在日内瓦。目前,贸发会议共有 193 个成员。中国于 1972 年参加贸发会议,目前是贸发会议、贸发理事会以及所属各主要委员会的成员。

(二)组织的职能和主要活动

联合国贸易和发展会议的宗旨是:为加速经济发展而促进国际贸易,特别是促进发展中国家的贸易;制定有关国际贸易和经济发展的原则和政策;推进和开展有关国际贸易和经济发展的协作活动,商定多边贸易协定;协调各国政府和区域性经济集团的有关贸易和发展政策。

联合国贸易和发展会议下设六个委员会,其中有一个为航运委员会。航运委员会的主要目标是:

(1)促进世界海运贸易有秩序地发展;

(2)促进班轮事业的发展,以满足有关贸易的要求;

(3)协调班轮服务业的供应者与用户之间的利益均衡。

联合国贸易和发展会议还制定了许多决议:

(1)1979 年马尼拉会议上通过一项决议,要求采取多种途径从财政上帮助发展中国家的商船队,并呼吁给予技术支援;

(2)1980 年 5 月通过了《联合国关于国际多种方式运输货物的公约》。根据这一公约,建立了一个责任机构负责多种运输方面的事务;

(3)1984 年 2 月召开会议,讨论了关于在正常商业活动中的欺骗行为的报告,报告不仅包括欺骗和盗窃行为,还涉及海盗问题。

大会是联合国贸易和发展会议的最高决策机构。截至 2012 年，已先后在日内瓦、新德里、圣地亚哥、内罗毕、马尼拉、贝尔格莱德、日内瓦、卡塔赫纳(哥伦比亚)、米德兰(南非)、曼谷、圣保罗、阿克拉、多哈举行过 13 届大会。

六、国际海事卫星组织

(一)组织概况

国际海事卫星组织(International Maritime Satellite Organization, INMARSAT)，1976 年 9 月，42 个国家的代表签署了《国际海事卫星组织公约》，公约于 1979 年 7 月生效。公约的主要内容是制定促进海事通信必需的空间部分条款，从而帮助提高遇难通信和海上人命安全通信、船舶的效率和管理、海上公共通信服务及无线电测定的能力。INMARSAT 于 1979 年 7 月在英国伦敦成立，1982 年 2 月开始工作。它的用户包括油船、液化天然气船、沿海石油钻井平台、地震测量船、渔船、干货船、客运班轮、破冰船等。中国于 1979 年 7 月经国务院批准签署《国际海事卫星组织公约》。

(二)组织职能和主要活动

INMARSAT 由 53 个缔约的成员国资助，每一个缔约国根据其使用系统的强度投资购买股份。INMARSAT 的组织结构包括两个部分：大会和委员会。大会是由所有成员国的代表组成，全体大会每两年举行一次，检查 INMARSAT 的活动，并向委员会提出建议。委员会相当于公司的董事会，由 18 个投资份额大的签约国代表组成，并适当考虑发展中国家的利益，每年至少召开三次会议。

INMARSAT 发展到 2011 年，成员国已增加到 97 个。INMARSAT 将全球分为四个区域，有 9 颗卫星在工作中覆盖全球。卫星通信不受环境、天气的影响，随时随地都可以进行通信。INMARSAT 的建立方便了船岸之间、船舶之间的联系；如果船舶遇难，可立即通过通信卫星求援。

INMARSAT 是利用同步卫星向航海、航空和海上工业提供遇险和安全通信服务及电话、电传、数据和传真。其覆盖面大，受地面无线电干扰小，接受速度快，自动化程度高，通信质量好，利用海事卫星系统可以有效地解决海上搜索机关的通信问题，无论从可靠性、经济性及实用性看，都具有无可比拟的优越性。INMARSAT 正不停地更新改进其现有的通信卫星，以便为用户提供更多、更好的服务。随着 INMARSAT 业务的发展，目前它已成为世界上唯一的为海、陆、空用户提供通信服务的国际组织。

与 INMARSAT 相关的一个重要进展是 1987 年决定用"全球海上安全和遇险系统"(GMDSS)替代现用的海上遇险和安全系统。这一改进很大程度上依赖自动化的提高和 INMARSAT 的卫星。设计 GMDSS 是为了确保安全与效率相结合，要求船上携带一种操作简单的设备。具有船对岸、岸对船、船对船一般通信功能和遇险、搜索信号发射、定位等功能。

七、国际航运公会

(一)组织概况

国际航运公会(International Chamber of Shipping，ICS)成立于1921年(当时是International Shipping Conference，1948年改为现名)，主要是由英、美、日等23个国家有影响力的私人船东所组成的协会，协会成员大约拥有50%的世界商船总吨位。ICS是商船经营人的国际贸易联合组织，表现了不同国家、部门和行业集体的国际产业意图。组织代表了世界上一半以上的商船队，并大量地涉及了有关商船的各种领域如专业、法律以及操作方面的问题。ICS的独特之处在于其代表不同贸易和工业间的全球化利益，有散装货船经营人、油轮经营人、客船经营人和集装箱贸易，包括船舶所有人和第三方船舶经理人。由于拥有一定数量的政府团体，ICS的咨询地位在航运业很有影响。

(二)组织的职能和主要活动

ICS成立的宗旨是为了保护本协会内所有成员的利益，就互相关心的技术、工业或商业等问题交流思想，通过协商达成一致意见，共同合作。ISC保证海事规则的原则被公式化并达到国际水平，其目标是维持一个被国际社会认为是健全良好的规范管理的国际环境，以便船舶可以在其中安全而有效地运营。

ICS的主要业务：

(1)油船、化学品船的运输问题和国际航运事务；

(2)贸易程序的简化；

(3)集装箱和多式联运；

(4)海上保险；

(5)海上安全；

(6)制定一些技术和法律方面的政策，便于船舶进行运输。

ICS制定的各种决议可通过它的成员，即来自各国的船东带回各自的国家，影响他们国家的法规，从而达到ICS的决议与各国的法规相和谐，使ICS的意愿在各国有所体现，使各国使用同一的航运法规，便于海上交通运输的发展。

八、国际独立油轮船东协会

(一)组织概况

国际独立油轮船东协会(International Association of Independent Tanker Owners，INTERTANKO)成立于1934年，总部设在挪威奥斯陆，由来自各海运国家的独立油轮船东组成。当时正处于石油危机时期，它成功地将闲置油轮集中起来管理（被称为Schierwater plan)，以便有关船东在竞争中紧密合作。30年代末，随着油运市场的改善，这一组织的活动慢慢地减少，直到1954年正式解散。50年代中期，该组织在伦敦重新成立，可是由于没有足够的能力来维护其成员的利益，处于一种半休眠状态。1970年，一些独立油轮船东聚集在奥斯陆，由10个海运国家的代表再次组成了INTERTANKO，于1971年1月开始工作。目前INTERTANKO由270多个油轮船东作为它的会员，拥有世界油轮80％的总吨位。该协会不吸收石油公司和政府所拥有的油轮船队参加。

(二)组织职能和主要活动

INTERTANKO是非营利性机构，它成立的宗旨是为会员之间交换意见提供场所，促进自由竞争，维护独立油轮船东利益。加强技术和商业之间的交流。IN-TERTANKO特别强调它所提供的服务对它的成员具有实际价值。其业务主要包括以下方面。

1. 港口信息方面

成员们每月收到包括最新港口状况和费用的公告。当发现某处滥收费时，代表其成员作出快速反应；在港口费、代理机构安排、运费税等方面给出专家建议。

2. 运费和滞期费问题

该机构帮助油轮船东对付租船方、石油交易商拖延支付或不支付运费的问题。在此项服务开设的头两年，就成功帮助船东处理和回收了150万美元的资金。

3. 租船合同

INTERTANKO提供了各种标准的租船合同条款和文本，专家们给其成员各种实际可行的关于租船方面的建议。

4. 市场研究

INTERTANKO提供关于油轮市场供需方面独到的见解，出版了《油轮市场展望》、《油轮经营风险和机遇》等书。

5. 关于船舶动态、海上安全、市场趋势、油轮费用、港口使用费等各方面的最新消息

INTERTANKO凭借着优质的服务，给各独立油船业主创造了更多的获利机会，同时也促进了自身的发展，对海运经济贸易发展起到了一定的推动作用。

九、国际油轮船东防污染联合会

(一)组织概况

国际油轮船东防污染联合会(International Tanker Owners Pollution Federation,

ITOPF)是一个处理解决海上石油漏溢问题的专业性组织，每个加入《油轮船东自愿承担油污责任协定》(TOVALOP)的油轮船东或光船承租人都自动成为 ITOPF 的成员。

ITOPF 是为管理 TOVALOP 而于 1968 年建立的，它的任务不仅限于管理 TOVALOP，还包括对清除海上油污提供专业性的帮助，进行损失程度的估计，索赔分析，制定应急方案，提供咨询、培训和情报服务等。TOVALOP 是世界油轮船东为赔偿海上油污清除费用和赔偿油污所造成的任何损失而签订的协定，尽管已经有了关于海上油污索赔公约(IMO 制定的)，但 TOVALOP 仍有很重要的作用。ITOPF 的作用是确保其成员有足够的经济担保，并给该组织成员的船舶颁发证书。目前，ITOPF 的赔偿能力已达 7 000 万美元，共有 3 200 个成员，加入 ITOPF 的油轮多达 6 000 艘，占世界油轮总吨位数的 97%。

(二)组织职能和主要活动

ITOPF 总部设在伦敦，有一个由 5 名高水平技术人员组成的技术小组，专门处理世界各地有关的油污事件，评估污染的严重程度，提出清除办法并协助清除，调查油污染造成的损害。ITOPF 直接训练一批技术人员帮助多国政府和其他组织制定漏溢事故的应急处理方案，并对事故处理提供咨询。ITOPF 还出版海上油污情况和处理技术资料，现已出版 12 种有关技术信息资料，并制作了 5 部 20 分钟的清除海上油污的录像系列片。

虽然 ITOPF 被认为是 TOVALOP 的一个管理机构，但是从 ITOPF 取得的成就来看，它已超出了管理范畴，目前已被公认为清除海上油污染的专门技术中心，为保护海洋环境作出了积极的努力。

十、欧洲和日本国家船东协会委员会

(一)组织概况

欧洲和日本国家船东协会委员会(Council of European and Japanese National Shipowners' Associations，CENSA)于 1974 年 1 月 1 日成立，总部设在伦敦，该组织由比利时、丹麦、芬兰、法国、德国、希腊、意大利、日本、荷兰、挪威、葡萄牙、瑞典、英国 13 个主要航运国家的船东协会组成。其工作范围涉及航运政策和海运领域的各个方面，如班轮、不定期船、干货船或者油轮等。

(二)组织职能和主要活动

成立 CENSA 的主要目的是通过发展合理的航运政策保护和促进其成员的利益。包括：(1)通过完善海运法规，维护其成员利益，消除海上运输和贸易方面的限制；(2)建立市场自由机制，尽量避免政府歧视，减轻海运法规对托运人的影响，使托运人可以自由选择承运船舶；(3)在海运供需双方之间建立自由贸易体系，使该体系尽可能自我调节。

CENSA 每年召开 4 次到 5 次会议，委员会设主席 1 名，副主席 2 名，都是从成员国的主要船东中选出来的。每个国家在委员会里有 2 名代表。委员会下设 4 个部门，分别涉及下列问题：研究联合国航运政策；美国航运政策进展；欧洲班轮公会和欧洲船东协会之间的会议进展情况；世界上其他地区有可能影响委员会成员的立法、政策的变更；散货、油船运输政策的发展。

CENSA 是联合国贸易和发展会议的咨询机构，与全欧班轮工会联系密切，是欧洲货主委员会的伙伴。日本和欧洲一些国家组织起来，可以互相交流信息，促进世界海运业的发展，也促进了这些国家经济和贸易的发展。

十一、救助协会

(一)组织概况

救助协会(Savage Association，SA)，1856 年一些劳埃德保险公司的保险商及伦敦海运保险公司的代表成立了该协会，1971 年 10 月被英国女皇命名为"救助协会"。协会成立的目标是在船舶海事及财产损失方面保护商人和船东的利益。

(二)组织职能和主要活动

协会的主要作用是处理船舶及货物受损事件，并进行调查。该协会是非营利性的，为任何船东或货主服务，根据服务时间和难度收取费用。它不仅是一个保险机构，也为保险商、船东、保赔协会、政府及制造商提供服务。如果船舶遇难需要拖曳，协会通常联系拖轮，并安排拖曳方式；如果船舶沉没或搁浅，协会就派去救助官员提出建议。船舶修理是协会十分重视且占很大比例的一部分工作。救助协会的船舶调查人员不仅要注意船舶的损坏程度，协商修理成本，还要明确船舶受损原因，在船方和受损方之间合理划分修理费。协会的船舶调查人员对损货的善后处理提出建议，对货物的贬值情况进行评估，在适当的地点安排货物的修复或出售。

救助协会每年大约处理 1 500 个案例，帮助政府、船东、商人等解决了一些实际问题。该协会正在不断发展壮大自己，以参加更多的海难救助，解决更多的海事纠纷。

十二、波罗的海贸易海运交易所

(一)组织概况

波罗的海贸易海运交易所(Baltic Exchange ，BE)创立于 1744 年，是世界上最古老的航运市场。大部分世界公开市场的散货租船由波罗的海交易所的一些会员谈判完成，而世界许多买卖亦通过该交易所的经纪人交易。它每天公布的干货指数是海运运费期货市场的基础并被用于避免运费费率的波动，也涉及航空租赁、期货交易以及船舶买卖的活动。

波罗的海贸易海运交易所是世界上唯一的一家世界性的航运交易所。1823 年，波罗的海俱乐部成立。1900 年，波罗的海俱乐部与伦敦航运交易所合并，成为波罗的海贸易海运交易所。现在波罗的海贸易海运交易所有 600 多家公司，2 000 多名代表在交易所工作。波罗的海贸易海运交易所是一家私人公司，它的成员必须持有它的股份。

（二）组织职能和主要活动

在波罗的海贸易海运交易所内，服务人员为需要船舶的人及拥有船舶或经营船舶的人提供服务，货物可以找到船舶，船舶可以找到货物，大大地方便了货主和船东，促进了海运经济贸易的发展。交易所的业务在各类市场口头进行，谈判成功后就签订运输合同或买卖合同。航运交易是交易所的主要活动，全世界不定期货船市场上大约 3/4 的干散货运输量由交易所的成员经手。交易所的另一项主要业务是商品及期货贸易。期货交易者主要从事谷物、马铃薯、大豆及肉类的期货贸易。波罗的海贸易海运交易所每年可为英国赚取的纯收入达 3 000 万英镑左右。

波罗的海航交所于 1985 年开始发布日运价指数——BFI(Baltic Freight Index)，该指数是由若干条传统的干散货船航线的运价按照各自在航运市场上的重要程度和所占比重构成的综合性指数。指数设立的 1 月 4 日为 1 000 点，由 13 条航线的程租运价构成，每船货种小到 1.4 万吨化肥，大到 12 万吨煤炭，没有期租航线。

多年来，为满足市场多元化的需求，BFI 的构成航线经过数次调整，增设了单独的航次期租航线，各船型航次期租航线的平均值基本可以代表各船型的现货市场水平。尤其是 1999 年的 9 月 1 日，波罗的海交易所将原来反映巴拿马型船和好望角型船的 BFI 指数分解成 BCI 和 BPI 两个指数，这样与已设立的大灵便型船运价指数 BHI 共同组成三大船型运价指数，指数构成的航线达到 24 条。同年 11 月 1 日，在 BCI、BPI、BHI 基础上产生的 BDI 取代 BFI，成为代表国际干散货运输市场走势的晴雨表。

十三、波罗的海和国际海事公会

（一）组织概况

波罗的海和国际海事公会(Baltic and International Maritime Conference, BIM-CO)成立于 1905 年，总部设在丹麦哥本哈根，原名波罗的海和白海公会，后来因其成员变成世界性的，于 1927 年改名 BIMCO。BIMCO 向本组织成员提供全世界港口和海运条件方面的免费情报服务、免费咨询服务、专题讲座及短期培训。成立的宗旨是联合船东和航运机构，在适当的时候采取一致行为促进航运业的发展，把不同的意见和违反工作惯例的情况通知本组织成员。

BIMCO 在 1927 年时只有 20 个成员国，占当时商船队总吨位的 14%。目前，BIMCO 有 110 个成员国，950 个船东，约有 11 800 条船接受它的服务。BIMCO 吸收的人员和组织包括：船东、船舶买卖代理人、船东和船舶买卖协会、船舶代理商和承租商、延期停泊和防卫协会及航运联合会。

（二）组织职能和主要活动

1. 预防和解决争端

在现实中，许多本不必要的争端源于错误地使用一些单证，或单证本身不健全、不准确。如果使用 BIMCO 的标准单证就可以防止争端的发生。BIMCO 经常发表一些文章，免费给它的成员一些信息。当它的成员由于某些原因出差错时，可以通过它在海运业的地位来保护它的成员。

2. 信息服务

作为 BIMCO 的成员，能免费从 BIMCO 的信息库得到港口和航运市场的信息。BIMCO 已建立了 24 小时服务制，有港口情况、冰冻情况、运费率、航运市场报告、燃料价格、BIMCO 修改过的某些条款。BIMCO 平均每天收到来自世界各地的 150 多个咨询。

3. 出版物

BIMCO 周刊刊登最新加入该组织的成员名单和航运市场信息；BIMCO 公告每年出六期，主要是介绍海运业的发展趋势和一些海事案例的判决。

BIMCO 与其他的海运组织联系非常密切。BIMCO 的许多成员国也是 IMO 的成员。BIMCO 是联合国经济及社会理事会和国际气象组织的咨询机构，与联合国和贸易发展会议观察员及国际商社等有合作关系。

十四、国际货物装卸协调协会

（一）组织概况

国际货物装卸协调协会（International Cargo Handing Co-ordination Association，ICHCA）于 1952 年成立，总部设在伦敦。这一协会成立的前四年里，在运输领域受到各地成员的有力支持，在西欧国家成立了 8 个国家委员会。这些国家委员会主要处理专属它们自己国家的问题，如组织讨论会等。到 80 年代末，ICHCA 与各国的联系进一步加强，已有大约 21 个国家委员会，拥有 4 000 名通信会员，会员遍及 90 多个国家。每两年在不同国家、地点召开大会，为世界范围内的成员们提供了唯一的机会进行聚会和交流经验、观点和思想，会议论文概述了协会的工作。ICHCA 成立的目的是提高货物在各运输环节中的效率，促进世界运输系统中作业技术的改善。

(二)组织职能和主要活动

ICHCA 的主要工作是对联运的协调。50 年代中期讨论了木材包装与大宗散糖处理问题;1957 年在每两年一次的汉堡会议上首次讨论了滚装作业问题;集装箱也是 50 年代一次会议的主题。ICHCA 在 60 年代继续发展了这种单元装载技术。1969 年和 1970 年研究了在货物处理中的载驳运输船和计算机管理。

1973 年,由成员国代表组建了技术咨询委员会(Technical Advisory Sub-committee,TASC),以便监视与 ICHCA 有关的技术事务和考虑对协会成员的特殊利益。TASC 的主要工作是形成一系列的与货物运输作业技术有关的研究报告和出版物,一般每年集会四次,但它的主要工作是利用通信完成的。它做了大量的工作去协调不同运输方式之间的联运,包括海空联运,公路、铁路、船舶联运及散货自动化装卸系统。ICHCA 认为,转运技能是个核心问题,因此它研究、制定、组织、公布对发展中国家的经营、监督人员的培训规划,也为其他一些国家创造培训机会。ICHCA 对于从制造厂到消费者的以任何运输方式进行的货物搬运的各个方面都感兴趣,并给予可能的协助。

ICHCA 对许多政府间组织具有咨询资格,如国际海事组织、国际劳工组织、联合国工业发展组织、联合国贸易和发展会议、经社理事会等。在这些国际论坛上,ICHCA 注意那些与货物有关的会议和研究团体,并且凡是有聚会讨论货物装卸的地方都能听到 ICHCA 会员的意见。ICHCA 在主持国际研究项目,出版其研究报告和技术文件,办理技术查询等方面也起到了重要作用。

ICHCA 发表的大量重要文献包括以下几项。

1.《集装箱概要》(1974 年)

这一书的出版很快被认为是这方面的权威著作,国际海运保险协会推荐这本书为必读书,并于 1986 年再版。

2.《运输系统中的货物安全》(1976 年)

该书由两部分组成,第一部分概述货物在运输过程中的偷窃损失问题;第二部分分析重大案件的发生及防御措施。这些报告构成伦敦及阿姆斯特丹货物安全会议的基本条件。

3.《滚装运输码头及跳板性能》(1978 年)

它第一次提供了全世界港口与船舶的 1 000 多个滚装跳板的详细资料,这些数据最初是为了协调国际标准化组织、协调滚装运输中的船舶与港口关系而收集的。这一书的出版对船舶经营人、船舶设计师、设备制造商、货物装卸人及货物托运人都有重要的参考价值。

4.《国际标准集装箱的安全性:理论及实践》(1981 年)

它是研究集装箱安全的专著,是在船舶经营者、货物装卸人及其他有关人士大量采访及广泛调查的基础上写成的。

5.《国际标准集装箱挂钩吊装时的安全处理与集装箱安全公约总则》(1987 年)

它指出利用吊钩吊集装箱应注意的一些基本原则。调查表明集装箱经常用链吊、挂钩，有时甚至用多种铲车或起重杠杆来吊装，便于集装箱装卸运输。

ICHCA 正处于货物装卸技术革命的开端，它强调运输作业中货物装卸的重要经济意义，并且寻求更先进的装卸方法。今后，ICHCA 在货物处理领域仍将发挥重要作用。

十五、国际航标协会

(一)组织概况

国际航标协会(International Association of Lighthouse Authorities，IALA)成立于 1957 年，是一个民间的航标组织。它把世界上 80 个国家中负责提供和维修灯塔、浮标和其他助航设备的单位组织起来，除了国家的航标部门外，共有 160 个会员，包括港口当局、助航设备制造商和咨询单位等。IALA 的主要目标是通过相应的技术措施，促进助航设备的不断改进，保证船舶安全航行。

(二)组织职能和主要活动

IALA 的技术工作由若干国家航标主管部门抽出的专家所组成的技术委员会担任，负责研究航标领域当前的主要问题，并将研究成果送交执行委员会，经批准后，以 IALA 正式建议的形式公布。

IALA 有 4 个技术委员会。

1. 助航标志系统

负责管理有关目视和声响助航设备的问题。

2. 无线电导航系统

负责处理无线电航标事务，与助航标志委员会合作制定助航设备准则；此外还研究新的卫星系统和地面无线电导航系统。

3. 船舶交通管理系统

在国际港口协会和国际引航员协会的协作下进行工作。

4. 导航设备的可靠性和适用性

该技术委员会在制定导航设备自动化问题中，拟定明确的标准，以便于正确决策。

IALA 的另一项工作是与其他国际组织保持密切联系，特别是对 IMO 有咨询任务，要在导航设备方面向其提供建议，并且以组织研讨会、专题研讨会等方式向发展中国家提供援助和建议。

IALA 最著名的技术成就在于国际浮标设置体系的统一方面。1980 年 IALA 设计的浮标系统公布，但其实施是最艰巨的工作，因为当时世界上共有 30 多种不同的浮标在使用。IALA 为了使浮标统一，做了很多工作。目前 IALA 的浮标体系已基本上代替了其他种类的浮标。

十六、国际船级社协会

（一）组织概况

国际船级社协会（International Association of Classification Societies，IACS）是在 1968 年奥斯陆举行的主要船级社讨论会上正式成立的。IACS 成立的目标是促进海上安全标准的提高，与有关的国际组织和海事组织进行合作，与世界海运业保持紧密合作。

目前，IACS 共有美国船舶检验局（ABS），法国船级社（BV），挪威船级社（DNV），韩国船级社（KR），英国劳氏船级社（LR），德国劳氏船级社（GR），日本海事协会（NK），波兰船舶登记局（PRS），意大利船级社（RINA）等 11 个正式成员和 2 个准会员。中国船级社（CCS）于 1988 年加入 IACS。

（二）组织职能和主要活动

IACS 由理事会领导和制定总政策，理事会设立一些工作组去执行协会的具体任务。IACS 设有下列工作组：集装箱、发动机、防火、液化气船和化学品船、内河船舶、海上防污染、材料和焊接、系泊和锚泊、船舶强度、稳性和载重线。各工作组完成的项目有：拟定各会员之间统一规则和要求的草案；起草对 IMO 要求的答复；对 IMO 的标准作统一的解释；监控与本专业有关的工作。IACS 共有 5 000 多名技术精湛的检验人员。世界上 92% 的商船由 IACS 定级。他们除了本职工作外，还受政府委托去处理多种多样的事务。IACS 在发展船舶技术规则方面起着重要作用。IACS 理事会认识到该协会与 IMO 之间相互关系的重要性，在伦敦设有 1 个办事处与 IMO 保持联系。还与对海运有兴趣的其他组织保持接触，联系最紧密的是国际标准化组织和国际海上保险集团，同他们交换情报和意见，以便提供更好的服务。

IACS 的目标之一是要求把会员之间的各种规则统一起来。到目前为止，理事会已通过了 150 条要求，90% 的统一要求都得到成员单位的贯彻。IACS 除了提出统一要求外，还公布有关船舶安全营运和维修准则，其中包括舱口盖的保养和检验、消防、船舶单点系泊设备标准等。IACS 利用成员们在海上安全、防污染、船舶营运等方面的丰富经验，在向船东和经营者提供准则上起着重要作用。

IACS 的成员通过它们设在全球的检验机构网点，对航运界的情况了如指掌。他们了解到船东抱怨在不同的港口船舶的检验标准不同，为此，IACS 制定了一个最低船舶检验标准，让其成员服从这一标准。IACS 在人力和技术方面拥有独特的、巨大的潜力，且正在把这些潜力用到船舶检验的共同标准上。

十七、保赔协会

(一)组织概况

保赔协会(Protection and Indemnity Associations，P&I)，从 1855 年起，英国船东们为了对风险相互保护而形成了一些保赔协会，这些协会被称为保赔俱乐部(P&I Club)。他们投保的一般是常规船舶保险(船体和货物保险)所不包括的内容。其功能是船东对第三者责任的保险，涉及的主要内容是对旅客和船员个人损伤、货物的损坏或灭失、与其他船或物体碰撞引起的损失赔偿。

英国有几十个保赔俱乐部。成员为遍及世界各地的船东。远东俱乐部(The Far East Club)建于 1978 年，成员为东南亚各国和地区，如中国香港、新加坡、马来西亚、泰国、中国台湾、菲律宾和印度尼西亚等地的船东。

在 100 多年的历程中，保赔俱乐部在世界海上保险业中已形成了一个不可替代的实体，并提供了任何其他市场所没有的服务。

(二)组织职能和主要活动

船东互保协会规定承保范围，它由船东组成，意图为可能承担的责任范围提供金融保障。作为船东面临同类性质风险的结果，船东互保协会在风险放在同类业务量这一互助的基础上运作；每年度保险费的溢价将汇入根据风险暴露程度确定的共同基金，而损失将从该共同基金对外补偿。

成员每年度缴纳费用的定价根据他希望承保的灾难情况、所选择的绝对免赔额(deductibles)和他所提示披露的特别风险(individual risk)确定。这个基准定价[包括维持协会运作开支每一成员承担的份额和再保险费(reinsurance premiums)]，乘以保单年度中输入的总吨数，从而产生"预付保险费"(advance call)。在保单年度终结后，年度余额为预付保险费收入减去已付和应付的诉讼费用、管理费用、再保险费用和代理费用。如果各类费用超支，将向各成员按预付保险费的比例(一次或数次)征收补充保险费(supplementary calls)。如果收入多于各类开支，将按同样基础作出返还。

换言之，协会成员分摊各自的责任，保险人也是被保险人。目前有近 20 家的船东互保协会在运作。大多数协会已加入保障和赔款俱乐部国际集团(International Group of Protection and Indemnity Clubs)，该集团是出于再保险目的和解决大多数成员关心问题而组成的联营体。主要的船东互保协会在英国、斯堪的纳维亚(半岛)(瑞典、挪威、丹麦、冰岛的泛称)、日本和美国。

十八、世界贸易组织

(一)组织概况

世界贸易组织(The World Trade Organization，WTO)起源于"关税与贸易总协

定"(GATT)。为了促进国际贸易自由化，1946 年，美国、加拿大、英国、中国等 23 个创始缔约国进行关税谈判。其形成的关税减让协议和采纳的国际贸易规则合为一体构成"关税与贸易总协定"，于 1948 年 1 月正式生效。GATT 的主要作用是：通过创建新型国际贸易制度，增加贸易透明度来促进各国贸易及其自由化的发展；在互惠互利的基础上通过谈判削减关税；使发展中国家与发达国家有机会对话，并从关贸总协定中获得贸易实惠。每当贸易保护主义盛行时，就举行一轮贸易多边谈判。1986 年 12 月在乌拉圭开始了第八回合谈判，寻求把总协定的职权延伸到知识产权保护、投资政策和服务业贸易，力图建立一个新的、更加开放的多边贸易体制，并决定成立世界贸易组织。在 GATT 乌拉圭回合谈判中的服务业方面，形成了服务贸易总协定 GATS。但在海运服务领域，由于各国分歧较大，未能达成最终协议。为此，成立了一个"海运服务业谈判组"，要求最迟于 1996 年 6 月完成谈判任务，形成最终报告。1995 年 1 月开始运作的世界贸易组织的基本宗旨是通过建立一个开放、完整、健全和持久的多边贸易体制，以促进国家间货物与服务贸易的发展，合理、有效地利用世界资源来提高生活质量，扩大就业面。

（二）组织职能和主要活动

世贸组织的宗旨是提高生活水平，保证充分就业和大幅度、稳步提高实际收入和有效需求；扩大货物和服务的生产与贸易；坚持走可持续发展之路，各成员方应促进对世界资源的最优利用、保护和维护环境，并以符合不同经济发展水平下各成员需要的方式，加强采取各种相应的措施；积极努力确保发展中国家，尤其是最不发达国家在国际贸易增长中获得与其经济发展水平相适应的份额和利益。

世贸组织的主要职能，是组织实施各项贸易协定；为成员提供多边贸易谈判场所，并为多边谈判结果提供框架；解决成员间发生的贸易争端；对各成员的贸易政策与法规进行定期审议；协调与国际货币基金组织、世界银行的关系。

世贸组织的基本职能有：管理和执行共同构成世贸组织的多边及诸边贸易协定；作为多边贸易谈判的讲坛；寻求解决贸易争端；监督各成员贸易政策，并与其他同制订全球经济政策有关的国际机构进行合作。世贸组织的目标是建立一个完整的、更具有活力的和永久性的多边贸易体制。与关贸总协定相比，世贸组织管辖的范围除传统的和乌拉圭回合确定的货物贸易外，还包括长期游离于关贸总协定外的知识产权、投资措施和非货物贸易（服务贸易）等领域。世贸组织具有法人地位，它在调解成员争端方面具有更高的权威性和有效性。

海运服务贸易是国际服务贸易的重要组成部分，《服务贸易总协定》(General Agreement on Trade in Services，GATS)是乌拉圭回合谈判的重要成果之一，它是多边贸易体制中，第一次为服务领域内贸易的发展和自由化制定了一套基本法律原则。虽然海运服务贸易在乌拉圭回合谈判中没有达到实质性的协议，但《服务贸易总协定》必然对海运服务业这个服务贸易的重要部门之一产生重大影响，其原则和做法体现的是世界范围的服务贸易和航运业的发展总趋势。

第三章
海上行政执法主体

第一节　主要航运国家(地区)的海上行政执法主体

随着科技的发展及人类利用海洋活动的日益增多,海洋产业部门也相应增加,形成了诸多的产业部门。与产业部门的增加相适应,各国的海洋管理也在不断加强。国家实施海洋管理必须设置相应的管理机构,形成一定形式的海洋管理体制。各国海洋资源状况及政治体制等方面的差异,使得其海洋管理体制不完全相同。世界上一些海洋强国的海洋行政管理体制,是其多年实践经验的积累,可供我们参考借鉴。总体上讲,1982 年《联合国海洋法公约》正式生效后,各国管辖海域范围扩大,权益内容有所增加。为了维护自己的海洋权益,各国纷纷加强海上执法力量建设,强化海洋行政执法管理,提高执法效能。海上执法是现代海洋管理的一个重要方式和手段,也是海洋管理能力的一项重要体现。由于各国国情不同,历史不同,地理位置不同,海上执法力量的体制、职能、隶属关系等也各不相同。

一、美国海上行政执法主体

(一)美国海岸警备队概况

美国海上行政执法主体是海岸警备队(United States Coast Guard),是一支具备执行多种任务能力的海上武装执法力量。它参与海事法制定和修改工作,进行海员援助以及海上搜索和救援活动等职责。其使命是保护公众、环境、美国的经济利益和任何海区,包括国际水域、美国海岸、港口和内河航道的安全利益。

其在国土安全、执法、搜索和救援、海洋环境污染反应以及河流维护、国际海岸和近海助航方面发挥着广泛和重要的作用,号称是美国最古老的连续航行服务队。截至2006 年,美国海岸警备队拥有各类人员 123 000 人,其中现役人员 40 000 人,文职人员

6 200人，后备役人员 9 600 人，辅助人员 34 200 人。①

美国海岸警备队的格言是 Paratus，意思是"时刻准备着"。美国海岸警备队起源于海上缉私队(Revenue Cutter Service)，成立于 1790 年 8 月 4 日，隶属财政部领导。1915 年美国国会通过"海岸警备队成立"法案，正式成立了美国海岸警备队，并合并了海上缉私队和救生服务部，1939 年将灯塔服务部(USLS)并入海岸警备队。海岸警备队的法律依据是美国法典的第 14 标题，其规定："美国海岸警备队从 1915 年 1 月 28 日成立起，在任何时候都为军事服务，都是美国的军种之一。"在宣战或总统发出命令时，美国海岸警备队是在海军部的指挥下行动。美国海岸警备队在 1967 年转到美国交通运输部下管辖，在 2003 年 2 月 25 日，它又转隶属于美国国土安全部之下(美国"9·11 事件"后，作为突发事件的应急措施之一)。② 美国的海岸警备队被称为第五军种，列为陆军、海军、空军、海上陆战队之后，是一种文武合一的部队，平时是管制渔船、处理海上安全事项、查禁走私、防治污染的海上执法主体，战时则协助其他军种参加战争。因此，具有海上警察及海上国防的双重职能。美国海岸警备队的现役军人和预备役兵都统一服从美国军事法典，并且和其他四个军种一样可以得到相同级别的工资报酬和津贴。

(二)美国海岸警备队的组织机构

美国海岸警备队的总部设在华盛顿，下设太平洋和大西洋两个司令部，分别设在旧金山和纽约。大西洋方面下设 6 个管区司令部，太平洋方面下设 4 个管区司令部。各管区司令部一般都设有执行部、海上安全部、小艇安全部、人事部、后备役管理部、后勤部等。最高指挥官称为司令或副司令，下有参谋长与太平洋与大西洋两地区司令官，采取的是海军编制。其组织机构如下：

(1)司令 (Commandant)

(2)副司令 (Vice Commandant)

(3)参谋长 (Chief of Staff)

(4)人力资源部 (Human Resources)

(5)情报和刑事调查部 (Intelligence and Criminal Investigations)

(6)军事行动部 (Operations)

(7)工程和后勤部 (Engineering and Logistics)

(8)计划和政策部 (Plans and Policy)

(9)命令、控制、通讯、计算机和信息技术部(Command，Control，Communications，Computers)

(10)资源部 (Resources)

---

① 马道玖：《美国海岸警卫队简介》，载《中国海事》，2006(2)。

② Overview of the United States Coast Guard，http://www.uscg.mil/top/about/，访问日期：2010-12-22。

（11）采集部（Acquisition）

（12）大西洋地区海军司令（Atlantic Area Commander）

（13）太平洋地区海军司令（Pacific Area Commander ）

（14）地区管辖部（Districts）

（15）任务执行部（Mission Execution ）

（16）维修和后勤部（Maintenance and Logistics）

（17）任务支持部（Mission Support ）

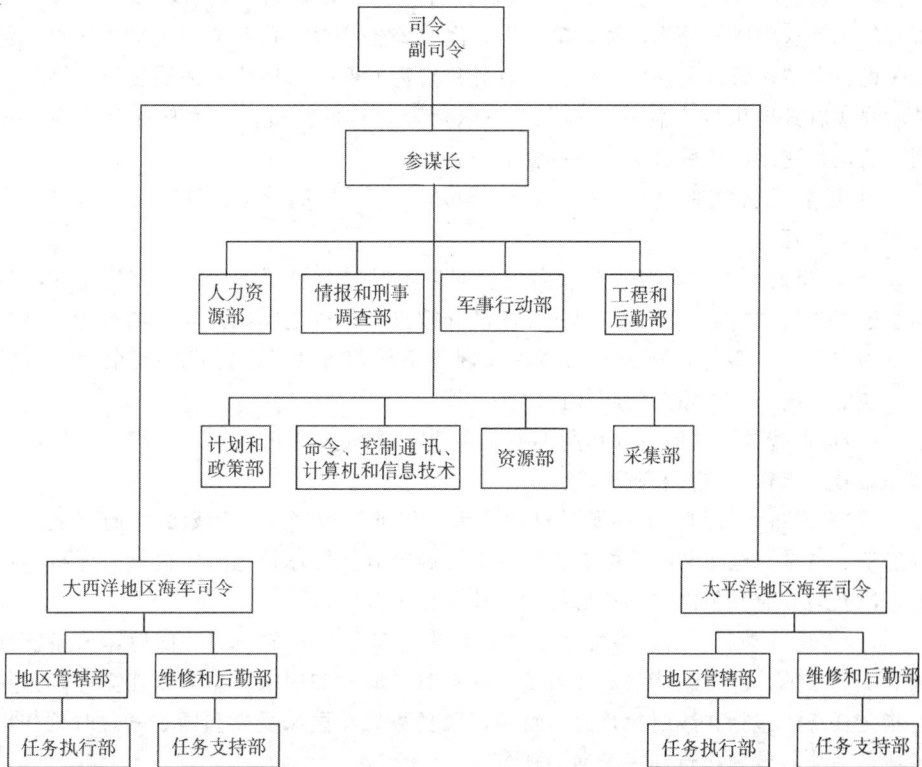

图 3.1　美国海岸警备队组织机构图

（三）主要职责

美国海岸警备队为国家提供特殊的服务，它融汇了特殊的军事和民警执法能力以及人道主义精神。自"9·11 事件"后，美国海岸警备队的主要任务有四项：海上保安救生（海事安全）、海上执法（海上交通管理）、海洋环境保护（自然资源的保护）和保卫国家安全（国土安全）。①

---

① 刘德洪：《9·11 后美国海岸警备队》.载《中国船检》，2002(11)。

其职责可概述为下列 14 项。

(1)颁发航行证照。对船舶设施进行注册登记，监督检查船舶和检验船舶与设施的技术状况，签发船舶国籍证书和技术证书，审批船舶建造计划。进行船员考试，颁发船员职务证书，审查船员资格。

(2)海洋环境保护。执行多种联邦防污染管理法规，对海洋环境进行监测、监视，发现溢油事故后组织监督商业性清除和事故调查，必要时调动有关力量，承担清除工作。

(3)执行各种海事法规和条约。负责执行美国及其属地可航水域和公海方面的所有法规。这些法规分为两类：第一类是海岸警备队单独负责的海上法律法规，包括关税、走私、贩毒、移民、中立、鱼类和猎物的保护、环境保护等法规。第二类是联邦政府其他机构主管的、海岸警备队负责执行的法规，主要任务是巡逻、探测、监视、逮捕，然后送交有关主管部门处理。

(4)助航系统管理。统一管理航标、灯塔和电子导航设施。发布航行警告、实施水上交通管理。

(5)港口的安全和保卫。在港内进行巡逻，对进港船舶进行管制，防止在港口和水道违章处置货物，防止出现间谍活动和搜集情报等危害国家安全的行为，减少发生火灾和爆炸事件，减少船舶碰撞和搁浅事故，协助船舶经济、安全地通过港口，在港内加强对船舶装卸货物的保卫等。

(6)负责搜寻和救助。以其所拥有的船队、飞机及通讯设备，组织、指挥和实施海难救助工作，防台和破冰工作。

(7)海洋科学活动。提供海洋科学成果，保证海岸警备队计划的实施以支援美国经济、科学、国防和社会的需要。其主要内容有国际冰情巡查、提供海洋科学服务，以及与政府其他部门和科研机构合作并提供援助。

(8)军事行动和军备。参加军事训练，参与其他兵种的演习，使海岸警备队成为一支有效的、准备就绪的武装力量，在平时、战时和国家紧急时刻能立即投入执行指定任务，包括在战时执行海军特种部队任务，在国家受灾和国家紧急时刻作出反应，还能有效地执行和平时期的任务。

(9)无线电导航。提供连续的、准确的和全天候的定位能力，促使船舶和飞机能安全而迅速地从海上和空中通过。

(10)海上执法。保护美国海岸边界线，防止一切外来入侵：①防止非法药物、毒品的流入，防止非法偷渡和取缔走私；②防止非法捕鱼；③打击海域内的违法活动；④保护200海里渔区。

(11)海事安全。防止与海上运输、捕鱼和游船活动有关的死亡、受伤和财产损失。

(12)保护自然资源。防止与海上运输、捕鱼和游船活动有关的环境破坏和海洋自然资源的退化。

(13)海上流动性助航。促进海上贸易、清除障碍物，使来往商、客、渔船顺利通过，同时最大限度地保护海上娱乐通道。

(14)保卫国家安全。作为美国的军种之一，要保卫国家安全。利用海岸警备队独特的军事性能力，促进地区稳定以保证国家安全战略的实施。①

二、加拿大的海上行政执法主体

加拿大的海洋执法由两个机构完成，一个是加拿大海岸警备队，另一个是渔政执法机构。

(一)加拿大海岸警备队

1. 加拿大海岸警备队概况

加拿大海岸警备队(Canadian Coast Guard)最早成立于 1867 年，当时称为加拿大巡防船队。1962 年扩展为海岸警备队，根据需要为加拿大水域的船员提供服务，总部设在首都渥太华，隶属于交通运输部。海岸警备队将海域划分为 5 个管区，并在各管区设指挥部。它有三项主要职能：(1)提供专业的搜索和救援服务；(2)维护北极主权；(3)对技术进步作出反应和提高船舶交通效率。

在 18 世纪期间，经过几次沉船事件后，在加拿大东海岸开始出现第一艘救生艇和一些灯塔站，而在此之前，加拿大海上是没有正式的海上安全设施的。19 世纪时，巡逻艇首次出现在大湖地区，能够对紧急的保护需要、渔业管理和航运船只作出反应。加拿大联邦政府在 1867 年的联邦会议上，提出建立海洋基础设施的要求，包括助航系统、救生站、运河和水道、规范组织机构和执法船只、支持岸上基础设施。1868 年，加拿大海洋渔业部应运而生，该部负责以上基础设施的建设。1930年，海洋渔业部又分为两个独立的部门，直到 1936 年，负责海洋交通运输的职责由海洋渔业部转给了交通运输部。目前，交通运输部管理着一支拥有 241 艘船只的舰队，成为加拿大海岸警备队的基础，这支舰队当时助航和破冰的用途就成了现在加拿大海岸警备队的主要任务。

1941 年到 1961 年之间，许多组织和社团都纷纷要求建立一个国家海岸警备队，就这样，加拿大海岸警备队于 1962 年 1 月 26 日正式成立。1962 年之后，加拿大海岸警备队的五个管区到现在仍然发挥着作用，它们在海岸警备队成立之后不久设立，这些地区包括：北极圈和北极地区、近海地区、纽芬兰和拉布拉多、太平洋、魁北克省现有工作人员 7 000 多人。②

加拿大联邦政府对海岸警备队作了两次调整：(1)1995 年，加拿大海岸警备队与加拿大海洋渔业部合并；(2)2005 年，加拿大海岸警备队成为海洋渔业部的一个

---

① Missions，United States Coast Guard http://www.uscg.mil/top/missions/，访问日期：2011-08-01。

② Who We are，Canadian Coast Guard，http://www.ccg-gcc.gc.ca/eng/CCG/Who_We_Are，访问日期：2010-12-25。

特别经营局，这次改组使海岸警备队把工作重点放在提供服务上。

现今，加拿大海岸警备队在海上安全、保护环境和促进海上贸易方面继续发挥着重要的作用。此外，它在海上执法和维护北极主权方面也发挥了重要的支持作用。加拿大海岸警备队还有其独立的学院，其学院成立于 1965 年，坐落在新斯科舍省的悉尼市，学院为海岸警备队培训男女队员。

2. 组织机构

加拿大海岸警备队的管理和组织机构都是非军事性的。加拿大海岸警备队的最高长官称为委员会主任，其他官员称为委员。加拿大海岸警备队包括以下职能性部门：舰队部、海事服务部、综合技术服务部、国家级工程项目部。

加拿大海岸警备队拥有五个管区，分别是：北极圈和北极地区、近海地区、纽芬兰和拉布拉多、太平洋、魁北克省。

3. 主要职责

加拿大海岸警备队的主要职责如下：①

(1)测量、维护航道，并进行护航；

(2)海难救助；

(3)维护海底电缆；

(4)进行气象观测和环境调查；

(5)监督海洋环境和冰情；

(6)船舶安全监督检查和进行船员考试、发证；

(7)助航，加拿大海岸警备队的助航计划是在加拿大水域提供一个有效的传统组合助航设备和电子助航设备以支持：(a)航行船舶的交通安全和快速通过；(b)支持保护海洋环境；(c)支持海上贸易的进步和海洋的发展；

(8)航道管理，计划开展的活动包括：(a)帮助确保安全、高效和对环境负责的设计及维修和确保航道和海上设施的使用；(b)向用户提供航道的安全信息(如：通道底部的条件和水位预报)；(c)在有关安大略湖到圣劳伦斯河系统控制水位和流量的国际联合委员会会议上代表商业航运的利益参与活动；

(9)破冰，加拿大海岸警备队与加拿大环境部的破冰服务相结合，帮助海上交通安全和船舶迅速通过、清除加拿大水域附近的冰层；

(10)海事通讯和交通服务，加拿大海岸警备队的海事通讯和交通服务是通过海事通讯和交通服务中心向海运界和公众提供服务，其职责包括：(a)发现遇险情况，确保提供及时援助；(b)检查船只，以防止不安全的船只进入加拿大水域；(c)广播安全信息；(d)管理船舶交通；(e)在成本回收的基础上，协调船舶和陆地客户之间的通讯；(f)管理海洋综合信息系统；

---

① Mission，Vision and Mandate，Canadian Coast Guard. http://www.ccg－gcc.gc.ca/eng/CCG/Mission，访问日期：2011-08-01。

(11)搜索和救援，加拿大的海岸警备队的搜索和救援项目涉及搜索并向正处在或被认为处在危险中的公众、船舶或其他飞行器提供援助；

(12)环境反应，通过环境反应计划，加拿大海岸警备队负责确保船舶泄油的清理和防止其他污染物进入加拿大水域，这包括：(a)清除污染源；(b)染者不明或无法对海洋污染事件作出反应时，管理清除工作。

(二)渔政执法机构

渔业在加拿大的国民经济中占有重要的地位，所以在加拿大设专门的渔业执法部门负责执行渔业法规。渔政执法机构隶属渔业海洋部政策与规划总局。其主要任务是管理海上渔业资源，并发放捕捞许可证。对专业性渔港和游艇停泊区域，由渔业部门建设和管理。对渔业船舶和综合性港口的交通安全由海岸警备队统一管理。

该部门的权力很大，对违反渔业法规的船舶有权依法进行处罚，对不服从管理的船舶，可以扣船或令其返港，诉诸法院处理。对妨碍渔政检查人员执法的行为人可实施自由处罚。

三、日本的海上执法主体

(一)日本海上保安厅概况

日本海上保安厅是海洋执法的主要机构，成立于 1948 年 5 月，隶属于运输省，1998 年日本机构改革后，隶属于国土交通省，战时自动组成自卫队的部分。其目的是保卫海上人命、财产安全，维护社会治安。50 余年来，作为一元化负责海上安全的业务行政机构，随着日本国内社会及国际社会需求的变化，在组织、人员、装备等方面也不断加强。目前，其业务范围已扩大到海上犯罪的取缔、海难救助、确保海上交通安全、防灾和海洋污染等执法任务，进行水路测量、水文观测、海图制作、提供海洋信息服务的水路业务，进行灯塔、浮标、电波标识等航路标识的建设、维护和管理业务。

(二)组织机构

海上保安厅将日本管辖海域划分为 11 个管区，分别设海上保安本部，由海上保安厅统一管理。自 1986 年 4 月起，截至 2010 年，共设海上保安部 66 个，海上保安署 54 个，海上警备救难部一处，海上交通中心 6 个，航空基地 14 个，特别救助基地 1 个，通讯事务所 10 个，水路观察所 4 个，航路标识事务所 101 个。员工的培训机构是设在广岛的海上保安大学和设在京都舞鹤市的海上保安学校。

海上保安大学培养将来能在海上保安厅任职的公务员，要求毕业生既有海洋知识，又要有良好的教养，同时还要有强健的体魄及领导能力，学制为 4 年 6 个月。前一年半学习行政法、国际法等必要的知识，第二学年的下学期分为航海、轮机和通信三个专业方向学习海事技术。从第三学年开始学习警察学和安全学，学习海上犯罪论、海难救助工学等海上保安厅工作所必需的知识，本科一毕业就进入为继续深造的专业领域的学习，承认其研究生的入学资格，研究生入学后，进行环绕世界一周的航海实习，此外，还要学刑事侦查、司法鉴定、海难救助等实务知识和技能。研究生课程结束后，要到当地的海上保安厅实习，学习实用英语、国际关系等相关知识和技能，课程结束后作为初级干部到巡视船上从事海难救助、海上犯罪搜查等业务，要经历陆上和海上的工作经验，才能进一步得到提拔和重用。

日本的海上保安厅凭借其训练有素的人员和精良的装备，在海上的执法效率很高，不仅能在 200 海里的渔区内执法，而且巡航监视的范围可以扩大到 200 海里。其利用超大型可搭载直升飞机的巡航船，在 12 小时内便可到达 200 海里以内的案发地点执法。利用先进的喷汽式飞机 3 小时便可到达 1200 海里的案发地点。利用可在夜间及在恶劣天气下可起降的飞机，实现全天时的巡航任务。

（三）主要职能

其主要任务是执行海上法令、海难救助、防止海洋污染、取缔海上犯罪，执行船舶交通规则，管理与航标有关的事务及其他为确保海上交通安全方面的事务。

（1）执行海上法令；

（2）发生海难时，救助人命、货物、船舶，发生灾害及其他意外事故时，进行必要的援助，处理海上漂流物和沉没物；

（3）维护海上交通秩序，调查海上事故；

（4）保护海洋环境；

（5）海上巡防和警戒；

（6）进行海上搜查并逮捕罪犯，协助国际海上搜查；

（7）进行水路测量和海上气象观测并进行通报；

（8）监督海上保安厅以外的单位和人员所进行的建设、维护、使用灯塔和航标的行为；

（9）进行海上科研；

（10）为完成主管任务，建设（造）、维护、运用船舶、飞机及通信设施。

四、韩国的海上执法主体

（一）韩国海洋警察队概况

韩国海洋警察队（Korean National Maritime Police）是其海上执法主体，简称海警，属于集中统一模式。于 1953 年 12 月成立，当时成立的目的是为了保障海上交通安全，并防止日本渔船非法入侵。其总部设在釜山，于 1979 年迁至仁川。体制几经调整，现隶属于国土海洋部，目的在于保护海上生命及财产安全，维护海上秩序及防治海洋污染。其主要任务是巡逻韩国水域、水上救助、犯罪调查、防治海洋污染及涉及国家安全的各种任务。战时，可经动员参加军事任务，但其人员并不属于军人。

除海上缉私仍然由关税部门主管外，其余海上事务均由统一的海洋执法机构即海洋警察实施。韩国海洋执法队伍的特征是从诞生时期到现在一直维持由海洋警察力量统一执法的集中执法模式。

第一阶段(1952—1954年)，该阶段是韩国海洋行政执法主体的萌芽时期。当代韩国海洋执法主体可追溯到20世纪50年代初。1953年12月23日，韩国政府为了取缔李承晚和平线以内非法捕捞的外国渔船、管护渔业资源、确保海上治安从各市、都警察局和海军各拨出60名警官、79名军兵和6艘181吨警备艇来创立海洋警察队。当时海洋警察队总部和7个地区队各设在釜山、仁川、木浦、群山、浦港、墨湖和济州岛，在内务部治安局指导下开始海洋执法。

第二阶段(1955—1995年)，该阶段为韩国海洋行政执法主体的成长时期。从朝鲜战争休战之后海洋警察队伍经过所属机关的几次变更与其业务领域的扩大而成长发展。1955年2月海洋警察队从内务部治安局所属变为商工部海务厅(海洋管理局)所属的海洋警备队，将航线标志业务划入其中。1961年海洋管理局撤销，其职能由商务部、农林部、建设部、运输部等部门分担。1962年海洋警备队重新还原为内务部所属，将海上犯罪搜查业务划入其中。自此以后海难救助、海洋污染监督及海洋防污业务也逐渐划归到海洋警备队的业务范围内。1979年海洋警备队总部从釜山迁到仁川。1991年海洋警备队提升为现在的海洋警察厅，由警察厅长领导，游渡船业务、水难救护业务也划归其管辖。1995年，为了专门维修警备装备，在海洋警察厅设立装备整修厂。

第三阶段(1996—2005年)，该阶段是韩国海洋行政执法主体的跳跃期。为适应《联合国海洋法公约》生效后的新形势，韩国1996年8月将水产厅、海运港湾厅、海洋警察厅以及科技、环境、建设、交通等十个政府部门中涉及海洋工作的厅局合并，成立了海洋水产部，对全国海洋管理实行了高度集中的综合管理，包括原13个涉海部门的55项海洋职能工作。海洋警察厅随后提升为海洋水产部独立外厅，开始200海里广域警备体制。此后韩国海洋警察进入跳跃时期，得到全面发展，尤其是在1999年《日韩渔业协定》、2001年《中韩渔业协定》生效之后，得到迅速的加强。这一期间EEZ管辖权的巡护、全球海上遇险与安全系统GMDSS通讯、韩国船位通报KO-SREP与海上文字广播等海上交通安全管理以及客船安全巡航管理顺次增加为海洋警察的业务。

1999年水上娱乐活动安全管理也被纳为海洋警察厅的业务，之后为民服务的福祉性行政执法开始逐渐扩大。2004年5月6日海洋警察厅为了培养专门执法力量将1971年7月设立的海洋警备队教育队改为海洋警察学校。

第四阶段(2005—　)，该阶段为韩国海洋行政执法主体的成熟时期。升为副部级机构的海洋警察厅 2006 年将总部设在仁川松岛新城，而且在木浦、釜山和东海设 3 个派出机构，基本完成东西南海域的广域警备体制，在海洋法规定的任何海洋区域即领海、毗连区和专属经济区等按照有关国际法和国内法更有效地实施综合性的海上行政执法。这一时期海洋警察厅作为海上综合执法机构在其海洋执法业务中，为民服务的福祉性行政业务越来越重要。

（二）组织机构

随着 2008 年李明博政府出台并实施新的《政府组织法》，2008 年起海洋警察厅从海洋水产部的部外厅转为国土海洋部的部外厅，海洋警察厅直属单位有海洋警察学校、海洋警察整备厂和海洋警察研发中心。海洋警察厅附属机关包括 3 个派出机构、1 个直辖署与 13 个海洋警察署以及 14 个海洋警察署下设的 74 个派出所和 245 个派遣所。

2000 年以来，韩国海警加快了舰艇、飞机和装备的更新步伐。仅 2004 年，海警就装备千吨级以上海警执法船 3 艘，百吨级警备艇 2 艘，直升机 4 架。同年，韩国海警建成并启动了警备舰艇位置自动标识系统。2005 年，韩国海警又有 20 余艘装备先进的警备艇下水或完成配置。目前，海洋警察的主要装备有 275 艘舰艇（大型警备舰 23 艘、中型警备舰 43 艘、小型警备舰 105 艘、各种特殊艇 104 艘）及 17 架飞机（15 架直升机、1 架固定翼飞机和 1 架转翼飞机）。现在警察工作人员为 10 000 名左右。

此外，2004 年 5 月，韩国海警组建了海警学校，2005 年即开始对新入警人员进行为期 16 周的岗前培训，其中前 12 周为体能训练，后 4 周为军事和业务研修等课程。

（三）主要职责

韩国海洋警察作为国家中央武装力量，除了在战时作为准军事化机构协助海军执行军事任务以外，在非战时作为海上综合执法机构对管辖海域执法。海洋警察的执法依据有《警察法》、《警官职务法》、《出入境管理法》、《偷渡取缔法》、《渔船法》、《海上交通法》、《海洋污染防止法》、《水难救护法》、《水上娱乐活动安全法》等。其主要任务有海上防范、海上治安、海上交通管理、海上救难、海洋环保以及国际合作。

1. 海上防范

海上治安与海上防范是巡逻管辖海域的最基本任务。

2. 取缔海上犯罪

海警具有对国内外海上犯罪进行预防及搜查的广泛权力。如各种海上刑事犯罪、海运企业的贪污受贿以及毒品犯罪、恐怖主义、海盗行为等一切海上犯罪均是海警主管范围，如与有关国家或国际刑警组织进行合作，打击或预防海上走私、偷渡及国际犯罪组织混入国内活动等国际犯罪行为。其中针对侵犯管辖海域进行非法捕鱼的外国渔船的取缔是海洋警察的主要任务。

3. 海上安全管理

海上安全管理是为了建立海上交通秩序，对船舶出入港口通报、游渡船、水上娱乐活动、港口、浦口周边重要设施等的安全管理。

4. 海上救难

海警对发生事故的海上人命与财产进行打捞救助、消防。韩国海洋警察负责履行 IMO 的《国际海上搜寻和救助公约》(International Convention on Maritime Search and Rescue)有关海上搜救任务，包括有关 GMDSS，COSPASSARSAT 等全球船舶卫星通信的业务。

5. 海洋环保

海洋环保是预防和消除海洋污染，包括对船舶、海洋设施进行监督、检查、取缔与管理，海洋污染物的科学调查与分析等业务。

6. 国际合作

国际合作是为解决打击国际犯罪、保护海洋环境、防治海洋污染、打捞搜救等共同问题，而与国际警察和邻近国家进行相互协助活动。

五、俄罗斯的海上执法主体

(一)概况

俄罗斯也是一个海洋大国，海洋水产资源极为丰富，海洋产业发展较快。进入21 世纪，俄罗斯更加重视海洋的战略地位，公布了《俄罗斯联邦至 2020 年海洋学说》，作为俄罗斯国家海洋政策的纲领性文件，不仅为俄罗斯海洋政策提供了法律依据，还从根本上把部门所属和条块分割的海洋管理模式统一起来。俄罗斯海上执法主体设置合理、职责明确、协调性强，为了加强各执法主体之间的协调行动，提高执法效率，维护海洋权益，成立了以联邦政府副总理为首的海洋委员会，作为海洋行政管理的高层决策协调机构。委员会成员包括运输部、海关总署、边防局、渔业局、海军、自然资源与生态部等众多涉海部门的高层领导，并酝酿改革边防军，建立统一的海上执法队伍——海岸警卫队，加大海军海上活动的范围和力度，从国家安全战略的高度重视海洋。

(二)组织机构及其职责

目前俄罗斯采取分散的海上执法体制，共有 7 个涉海部门、6 支海上执法队伍包括联邦边防局及其海上执法队伍、联邦海关总署及其海上执法队伍、联邦渔业局及其海上执法队伍、联邦运输部及其海上执法队伍、联邦自然资源与生态部及其海上执法队伍、联邦海上搜救队伍，上述执法队伍分别负责实施边防、海关、渔政、海运、资源、海上搜救方面的职能，为了协调上述机构的行动，2001 年公布俄罗斯国家海洋政策，为俄罗斯海洋的发展明确了具体的目标和方向。为综合开发海洋在国防、交通运输、渔业、矿产资源等方面的重要作用，俄罗斯于 2001 年 9 月 1 日第 662 号政府决议批准成立联邦政府海洋委员会，2004 年 6 月 11 日联邦政府令批准联邦政府海洋委员会的成员组成，该委员会由主席 1 人，副主席 3 人，29 位委员组成。主席由联邦副总理出任，联邦运输部部长、工业贸易部部长、海军舰队总司令分别出任副主席。委员会委员主要由联邦各涉海部门的高层领导、沿海地区州长、相关科研机构及俄罗斯船主协会主席组成。由海洋委员会的成员构成可以看出俄罗斯对海洋的重视程度，以及充分协调各部门对海洋进行全方位的开发和管理，最大范围地确保俄罗斯的海洋权益和国家利益。①

联邦政府海洋委员会是行动协调机构，保障联邦权力执行机构、联邦各行政主体、海洋活动部门在研究开发海洋、北极、南极等活动的协调一致。海洋委员会的文件对有关涉海事务具有行政约束力。根据《俄罗斯联邦海洋委员会条例》第四条的规定，海洋委员会的基本任务是：协调联邦行政机关、联邦各行政主体和相关部门之间的活动；分析国外主要国家海洋潜力的利用情况和发展趋势；解决联邦海洋活动中产生的综合问题；完善国际合作的立法基础，同时维护俄罗斯联邦在海洋活动领域国际谈判的利益，包括在北极和南极领域的利益；执行联邦海洋活动的目标规划，建设现代化军舰和船舶；开发海洋、北极、南极地区的矿物和生物资源；提高俄罗斯联邦海洋活动在国防、经济、对外政策、社会及其他活动中的重要性；发展国家综合科学技术以保障海洋活动；向媒体披露海洋活动信息；发展海洋和河流港口，并协调联邦执行权力机构在发展海洋和河流港口方面的活动；规定联邦海洋活动的优先方向；组织研究在完善港口基础设施，以及在扩充用于进出口货物运输的俄罗斯联邦船队，协助发展俄罗斯联邦科学考察船和加大海洋科学考察力度的措施；组织研究与开发大陆架有关的问题，包括北冰洋地区，发展北海通道、协助建立水文气象和航行水文地理系统，解决地区生态问题；审核为了保障俄罗斯联邦在世界大洋、南极、北极的国家利益而使用外交、经济、税务、金融、信息政策以及其他机构的建议；研究分析在发展海军舰艇、旅客运输、渔业企业以及科学研究以保障海洋活动为目标的军舰方面的建议；就保护和发展科技及生产潜力问题创造条件并制定措施，以保障联邦的海洋工作。

此外，海洋委员会还在以下问题上审核提议并提出意见或建议：在确定联邦海洋活动经费范围上；在海洋活动领域开展合作，执行国际条约上；在发展、管理和保障海洋活动的方向上；在制定海洋活动法律行为规范上；在实施海洋活动过程中产生的综合问题的解决方面；在组织和实施与联邦海洋活动、国家建设纲领、现代化的船舶修理以及民用海洋技术领域有关的国家采购方面。

俄罗斯的涉海部门虽然众多，但各部门职责清楚，分工明确，而且还成立了以

---

① 俄罗斯联邦海洋委员会网站，《联邦政府海洋委员会的主要职责和人员组成》，http://www.morskayakollegiya.ru/os/sostav—morskoj—k/，访问日期：2010-12-20。

联邦副总理为主席的海洋委员会这一高层决策协调机构，其成员包括各部的高级官员、研究机构和民间组织等涉海单位的主管领导，这样一来，就便于协调各涉海部门的海上执法活动，使得海上执法活动更为高效、灵活。一旦遇到重大的海上活动，便可以迅速组织相关部门介入，比如海上搜救，国防部下辖的海军搜救中心和运输部下属的海洋和河流运输局搜救中心等部门就可以共同执法，再如渔业局和边防军的相互配合，边防军也可以对外国违规作业的渔船进行扣押，之后再交给渔业局处理，而渔业局如果觉得在海上执法能力不够，则可以请求边防军负责押送到岸边，再由渔业局处理。

俄罗斯国家海洋政策中明确规定了要加大对专业海洋人才的培养，从国家层面上对执法人员提出了更高的要求。俄罗斯海上执法人员的整体素质很高，因为其有专门的培训机构和专业院校，为海上执法机构输送人才。联邦安全局边防学院、联邦安全局国立边防军事医学院、联邦安全局加里宁格勒边防军事学院、联邦安全局库尔干边防军事学院、联邦安全局莫斯科边防军事学院、联邦安全局哈巴罗夫斯克边防军事学院、联邦安全局边防第一中等专业军事院校就为俄罗斯的边防机构培养高素质的人才。再如，俄罗斯对渔业执法人员的业务要求是很高的，特别是在 200 海里专属经济区，因其主要检查外国渔船，所以要求执法人员必须要懂一门以上的外语，人才选拔主要以外语学院的学生为主，再经业务培训上岗，另一条途径则是把素质高的执法人员送到外语院校进行专门的外语培训。[1]

第二节　中国海洋行政执法组织

国家实施海洋管理必须设置相应的机构，形成一定形式的海洋管理体制。近年来，海上活动的船舶、平台日益增多，周边国家侵犯我国海洋权益的活动时有发生，海洋权益斗争日趋激烈。维护海洋权益，保护海洋资源和环境的任务繁重。但我国在海上执法主体设置方面仍存在着力量分散、多头管理、布局不合理等诸多弊端。1998 年政府机构改革后，国务院赋予国家海洋局管理"'中国海监'队伍，依法实施巡航监视、监督管理、查处违法活动"的职责。1998 年 10 月，中编办批复成立中国海监总队。1999 年 7 月，中国海监总队组建完成，这标志着海监队伍的建设与发展进入了全新的阶段。同时，也合并并组建了国家海事局和渔业监察大队等机构。

根据《海洋环境保护法》、《海域使用管理法》、《海上交通安全法》、《渔业法》的规定，中国的海洋行政主管部门主要有国家海洋局、海事局、渔政渔港监督管理局。其次，根据《海关法》和《武警法》等的规定，还包括海关、公安、环保等涉海部

---

① 　林曦、米桂雄：《俄罗斯海洋政策和战略》，载《世界科技研究及发展》，2009(1)。

门，其各自设置了相应的执法队伍。而沿海地方人民政府的公安、交通、渔业、环保、海洋等部门各自拥有本部门所属的海上执法队伍，分别担负着海上治安管理、海上交通安全监督、船舶海上污染防治、海上缉私和维护海洋权益、海域使用监督管理、海洋环境保护等方面的执法任务。

一、国家海洋局及其海上执法机构

(一)国家海洋局概况

新中国成立以后，海洋事业得到了迅速的发展，为了加强国家对海洋工作的领导，促进海洋事业更好地发展，1964 年 7 月 22 日第 3 届全国人民代表大会常委会第 124 次会议批准成立了国家海洋局，作为国务院直属机构，专门负责海洋工作。国家海洋局成立之后，先后建立了北海、东海和南海分局。同时陆续建立了各种专业研究机构，积极开展各项海洋工作，有力地推动了我国海洋事业的发展。1998 年机构改革后，将国家海洋局划归为国土资源部管理的国家局。成为负责监督管理海域使用和环境保护、依法维护海洋权益、组织海洋科技研究的行政机构。

(二)国家海洋局的机构设置

为管理海洋事务，国家海洋局内设下列机构：办公室(财务司)、海域管理司、海洋环境保护司、科学技术司、国际合作司、人事司、机关党委、纪委、监察专员办公室。

为执行法律、法规，国家海洋局下设下列单位：中国海监部队、北海分局、东海分局、南海分局、国家海洋环境预报中心、国家海洋信息中心、国家海洋技术中心、国家海洋环境监测中心、国家海洋标准计量中心、国家卫星海洋应用中心、杭州水技术处理技术研究开发中心、第一海洋研究所、第二海洋研究所、第三海洋研究所、天津海水淡化与综合利用研究所、中国极地研究所、极地考察办公室、学会秘书处、中国大洋矿产资源研究开发协会办公室、国家海洋发展战略研究所、海洋出版社、中国海洋报社、北京教育培训中心。

在北海、南海、东海分局下各设有一个"中国海监"船队，以及相应的执法管理和业务机构，负责各海区的海上执法工作。北海分局是国家海洋局派驻青岛负责北海海域(渤海、黄海北部水域)海洋管理的行政机构。截至 2011 年 2 月，北海分局拥有船舶 7 艘，海监飞机 2 架；[①] 南海分局是国家海洋局在广州设立的南海区域海洋行政管理机构，并对中国海监南海总队实施管理，拥有 11 艘集海洋执法和科研调

---

① 飞机船舶，国家海洋局北海分局 http://www.ncsb.gov.cn/，访问日期：2011-08-01。

查为一体的执法和科研调查船只，海监飞机 2 架；① 东海分局是国家海洋局设在上海的负责管理东海区域的行政管理机构，拥有执法调查专用船 9 艘，海监飞机 2 架。②

(三)国家海洋局的职责

国务院在 1994 年 3 月批准的国家海洋局"三定方案"中提出：国家海洋局是主管全国海洋事务的职能机构。要充分发挥中央和地方的积极性，以发展我国海洋经济为中心，围绕着"权益、资源、划界和减灾"四个方面开展各项工作，加强对我国管辖海域的综合管理，实现促进海洋经济、社会和环境效益的统一。并在赋予国家海洋局的主要职责中明确规定：负责建设和管理中国海监队伍，依照法律规定，实施巡航监视、监督管理。国家海洋局职责具体划分如下。

(1)拟定我国海岸带、海岛、内海、领海、毗连区、大陆架、专属经济区及其他管辖海域的海洋基本法律、法规和政策。组织拟定海洋功能区划，海洋科技规划和科技兴海战略。管理国家海洋基础数据，承担海洋经济与社会发展的统计工作。

(2)监督管理海域(包括海岸带)使用，颁发海域使用许可证，按规定实施海域有偿使用制度，管理海底电缆和管道的铺设，承担组织海域勘界工作。

(3)组织拟订海洋环境保护与整治规划、标准和规范，拟订污染物排海标准和总量控制制度。按照国家标准，监督陆源污染物排入海洋。主管防止海洋石油勘探开发、海洋倾废、海洋工程造成污染损害的环境保护；管理海洋环境的调查、监测、监视和评价，监督海洋生物多样性和海洋生态环境保护，监督管理海洋自然保护区和特别保护区。核准新建、改建、扩建海岸和海洋工程项目的环境影响报告书。

(4)监督管理涉外海洋科学调查研究活动，依法监督涉外海洋科学调查研究活动，依法监督涉外的海洋设施建造、海底工程和其他开发活动。组织研究维护海洋权益的政策、措施、研究提出与周边国家海域划界及有归属争议岛屿的对策建议；维护公海、国际海底中属于我国的资源权益；组织履行有关的国际海洋公约、条约；组织对外合作与交流。

(5)管理"中国海监"队伍，依法实施巡航监视、监督管理，查处违法活动。

(6)组织海洋基础与综合调查、海洋重大科技攻关和高新技术研究；管理海洋观测监测、灾害预报警报、综合信息、标准计量等公益服务系统；负责发布海洋灾害预报警报和海洋环境预报(不含天气预报警报)；管理极地和大洋考察工作。

(7)承办国务院和国土资源部交办的其他事项。

---

① ②　国家海洋局东海分局,国家海洋局,http://www.soa.gov.cn/soa/governmentaffairs/overview/jigoushezhi/jsdw/webinfo/2007/03/1271382671419954.htm,访问日期:2011-08-01.

（四）中国海监队伍

中国海监是国家海洋局领导下、中央与地方相结合的行政执法队伍，其领导机构中国海监总队成立于 1998 年。主要职能是：依照国家法律法规和规定，对我国管辖海域（包括海岸带）实施巡航监视，对侵犯海洋权益、非法使用海域海岛、损害海洋环境与资源、破坏海上设施、扰乱海上秩序等违法行为进行查处。

早在 20 世纪 80 年代初，国家海洋局就着手进行海洋监察能力的建设和部分监视设施的建设。经过 20 多年的努力，现已建成三支初具规模的海洋监察执法力量，分别是：中国海监北海海区总队、中国海监东海海区总队、中国海监南海海区总队。3 个海区总队及其所属的 9 个海监支队、3 个航空支队组成海监总队，经国家人事部批准参照国家公务员制度管理；地方队伍由 11 个省（自治区、直辖市）总队，51 个地、市级海监支队，189 个县市级海监大队组成；7 个国家级海洋自然保护区支队和 1 个自然保护大队，队伍总人数逾 8 000 人。现有执法飞机 7 架；各类执法船艇 121 艘；执法专用车 200 余部。

中国海洋监察队伍进行执法管理，所依据的主要现行法律包括：《领海和毗连区法》、《海洋环境保护法》、《海洋石油勘探开发环境保护管理条例》、《海洋倾废管理条例》、《铺设海底电缆管道管理规定》、《海域使用管理法》、《海岛保护法》和《联合国海洋法公约》等。

国家海洋局从"六五"开始，就集中财力物力用于海洋公共事业的"一网三系统"的建设工作。经过多年的努力，就中国海洋监察执法系统来说，基本建成了执法所需的基础设施，拓宽了巡航执法领域，提高了管理水平，在维护我国海洋权益，保护海洋环境和资源等方面都取得了明显的成绩，也为今后进一步加强和完善中国海洋监察队伍的建设打下了坚实的基础。中国海洋监察队伍是在现代海洋管理条件下，维护海洋权益、实行海洋环境污染控制、海洋资源开发管理的理想组织形式，它已初步具备海洋综合管理和多层次高效执法的条件。

站在"十二五"规划开局之年的新起点上，经"新三定"调整后的中国海监总队以中国海监规范管理年为契机，不断提高队伍整体管理水平；继续强化和稳步推进定期维权巡航执法工作，加强和推动海洋维权执法理论研究，加快健全维权执法配套制度建设步伐；不断提升装备能力建设。[①]

但是，目前中国海洋监察队伍还不十分完善，对一些侵犯我国海洋权益的事件，违反海洋法规的污染、倾倒等事件，还不能及时发现并采取有效的措施。面对我国和周边国家海域划界、岛屿归属的局面，海洋监察执法能力与任务不相适应的矛盾愈加突出，还需要进一步加强。

---

① 《中国海监周刊》，http://www.xplus.com/papers/zghyb/20110111/n49.shtml，访问日期：2011-01-18。

二、渔政管理机构

(一)渔政管理机构的概况

执行渔业法规，管理渔船渔港和保护海洋渔业资源是海洋执法管理的一项重要内容。管理这一事项的行政主体是渔政监督管理机构，负责执行渔政管理任务。渔政渔港监督管理体制是按照"统一领导，分级管理"的原则，采取条、块结合的方式建立起来的。在 20 世纪 50 年代和 60 年代，中国没有专门的渔政机构，渔政工作由水产行政部门统一管理，渔港监督由港务监督统一行使。1978 年，在国家水产总局下设有渔政局，负责水产资源繁殖保护、渔业电讯，渔港和渔船安全等项工作。1982 年国家水产总局合并到农牧渔业部，1983 年国务院批转《关于发展海洋渔业若干问题的报告》的通知中强调指出："要健全渔业法规，加强渔政管理，严格保护、合理利用和积极增殖近海渔业资源。"中国开始重视渔业法规和渔政机构的建设，并着手组建渔业执法队伍。1998 年在农业部设立渔政渔港监督管理局，对外称中华人民共和国渔政渔港监督管理局，负责渔业资源保护、渔港安全、渔船检查、渔业电讯、渔业环境保护、渔业港口监督管理，监督、执行国际间的渔业协定。

(二)渔政管理机构的设置

渔政管理机构是根据渔业发展的目标、任务、要求和社会需要来确定其规模的。渔业法律、法规对渔政机构设置作出明确规定。如《渔业法》第六条规定："县级以上人民政府渔业行政主管部门，可以在重要的渔业水域、渔港设渔政监督管理机构。"《渔业法实施细则》第六条规定："国务院渔业行政主管部门在黄渤海、东海、南海三个海区设渔政监督管理机构；在重要渔港、边境水域和跨省、自治区、直辖市的大型江河，根据需要设渔政渔港监督管理机构。"

《广东省渔业管理实施办法》第三、四条也有规定，其中第三条规定："县级以上人民政府渔业行政主管部门，是同级人民政府主管本行政区域内渔业工作的职能机构，负责渔业法及其实施细则和本办法的组织实施和监督检查。"第四条规定："全省渔业的监督管理实行统一领导分级管理，省和沿海市、县以及内陆重要渔业水域的市、县渔业行政主管部门，可以根据需要设置渔政渔港监督管理机构。经省渔业行政主管部门批准，也可以在重要渔业水域、渔港设立渔政渔港监督管理派出机构，或配备监督检查人员。"

目前我国设置国家渔政管理机构、海区渔政管理机构，以及地方渔政管理机构。国家渔政管理机构，是指国家设立的农业部渔政渔港监督管理局(后改为渔业局)。它是全国海洋、内陆渔业水域渔政渔港监督管理的最高领导机关和仲裁单位，对外称中华人民共和国渔政渔港监督管理局，该局下设办公室、法规处、渔政处、安全处、船检处、环保处、电信处等，渔政处负责全国渔政日常事务的处理。

海区渔政管理机构，是指黄渤海、东海、南海三个海区的渔政渔港监督管理局，为农业部派出机构。1990年6月，为适应渔政管理工作的需要，三个海区渔政分局更名为海区渔政局，并增设渔业法规处。海区渔政船队更名为"渔政检查大队"，成为独立的行政执法主体。

沿海各省、自治区、直辖市也很重视渔政渔港监督管理机构建设，共设立了11个渔港监督处和渔船检验处，在300多个大小渔港建立了渔港监督管理机构，即地方渔政管理机构。它是指全国各省、自治区、直辖市以及各渔业重点市、县、地方渔政管理机构，乡、镇和重点渔业水域所建立的地方渔政管理机构。省一级设渔政渔港监督管理局(处级局)或渔政海监检查总队；市、县级设检查支队等。重点渔业水域或乡、镇渔政管理机构，一般作为县级以上渔业行政主管部门或其渔政管理机构的派出单位。同时还在各省、市设立渔业环境监测站。内陆地区为进一步加强渔政与公安的配合，从体制上建立一支渔业与公安双重领导的水上安全民警队伍，把渔政管理与治安管理结合起来，维护渔业生产秩序。

目前，全国县级以上渔业行政执法机构已有2 882个，渔业行政执法人员3.3万余人，渔政执法船艇2 100多艘。一支初具规模、具有较强战斗力的渔业行政执法队伍已经建立起来，为我国渔业的快速、稳定发展作出了重要贡献。近年来，农业部十分重视渔业行政执法队伍建设工作，于1999年发出了《关于加强渔业统一综合执法工作的通知》，于2000年成立了中国渔政指挥中心和黄渤海、东海、南海渔政总队。2008年10月23日，经国务院批准，农业部渔业局(中华人民共和国渔政渔港监督管理局)更名为农业部渔业局(中华人民共和国渔政局)；农业部黄渤海区渔政渔港监督管理局更名为农业部黄渤海区渔政局；农业部东海区渔政渔港监督管理局更名为农业部东海区渔政局；农业部南海区渔政渔港监督管理局更名为农业部南海区渔政局；① 该系统建设的总体目标为建设国家(农业部)、海区(黄渤海、东海、南海区渔政渔港监督管理局)、省(自治区、直辖市)渔政管理指挥系统中心站，在省级直属渔业行政执法机构和沿海地(市)、县渔业行政执法机构中建立系统工作站，同时为渔政执法船配备船位监测设备，形成完整的全国渔政管理指挥网络系统。该系统的运用，会极大地提高我国渔业行政执法的现代化水平和管理效率，为维护我国海洋渔业权益发挥重要作用。

中国渔政的主要执法依据包括《联合国海洋法公约》、《专属经济区和大陆架法》、《渔业法》、《渔业法实施细则》、《野生动物保护法》、《水污染防治法》、《环境保护法》、《物权法》、《专属经济区渔政巡航管理规定》(渔业局发布)、《行政处罚程序规定》(农业部)、《农业行政处罚规定》(农业部)等法律、法规、规章。

为适应新时期我国渔业发展和管理要求，加强渔业法律体系建设，农业部组织

---

① 我国渔政管理机构及改革，http://wenku.baidu.com/view/599cec75f46527d3240ce074，访问日期：2011-02-06。

对 1986 年《渔业法实施细则》进行了修订，起草了《中华人民共和国渔业法实施条例》，并于 2008 年 4 月 24 日公开发布了"修订草案征求意见稿"。修订草案对原"细则"进行了大幅度的修改，新增大量关于养殖水域、滩涂规划与使用等方面的内容。

我国专属经济区和大陆架的渔业管理是我国渔业执法体系中的重要组成部分，直接关系到我国在专属经济区和大陆架的渔业资源权益。我国专属经济区和大陆架渔业管理方面的法律、法规主要包括：《专属经济区和大陆架法》、《中华人民共和国渔业法》、农业部 1999 年第 18 号令《管辖海域外国人、外国渔船活动管理暂行规定》、农业部《渔业港航监督行政处罚规定》及中华人民共和国渔政渔港监督管理局于 2006 年 6 月颁布了《专属经济区渔政巡航管理规定》(国渔政[2000]第 8 号)。

（三）渔政管理机构的职责

为管理国家的渔业资源，渔政管理机构的职责如下：

(1)负责维护我国海域、公海水域的渔业权益，监督对外渔业协定的执行；

(2)管理海岸捕捞业，包括发放捕捞许可证、检查渔业船舶的证件、渔获物和捕捞方法，查处违章捕鱼活动等，保护渔业资源；

(3)管理渔业船舶和主要船用产品的技术检验；

(4)监督管理渔港、非渔港中的渔业专用港区、渔业水域的安全秩序，调查处理渔业船舶海损事故；

(5)保护渔业环境及珍稀水生野生动植物。

（四）渔政执法队伍的职权

中国渔政执法队伍的职责主要体现在两个方面：一是渔业行政监督检查权；二是渔业行政处罚权。国家渔政机构、海区渔政机构和地方渔政机构都有各自具体的管辖范围和权限。

中国渔政指挥中心(农业部渔政指挥中心)承担农业部的渔政管理执法职责，其相关的主要职责包括：一是承担全国渔业统一综合执法行动的指挥、协调任务；二是承担专属经济区渔业执法检查的指挥工作，根据双边渔业协定对共管水域组织实施渔业执法检查，受委托协调与有关国家和地区对口机构的联合执法检查；三是组织实施跨海区、大流域、跨省区和边境水域的渔业执法行动，负责拟订重要渔业执法检查计划，经批准后组织实施；四是负责处理涉外渔业事件和渔船交通事故；五是承担全国水生野生动植物保护管理及执法检查工作等。农业部渔政指挥中心的业务工作由渔业局归口管理，接受渔业局指导。

三、中国的航政管理机构——海事局

（一）中国海事局概况

在我国负责水上交通安全管理的主管机构是中华人民共和国海事局。我国海事管理机构也经历了从无到有和逐渐完善的发展过程。在清朝及北洋政府时代，航政管理业务都是由当时海关代管的，既无完备的航政法规，也未设专门机构。1931年12月5日，国民党政府为了建立旧中国航政管理机构、完善航政管理，颁布了《航政局组织法》，并于1932年7月1日在当时的上海、汉口、天津、哈尔滨设分航政局，同时执行颁布了各种航政管理法规，宣告了由海关代管近30余年航政业务历史的结束。除航路标识及相应的业务外，航政事务一律由航政局管理。至1937年在上述四个航政局的基础上，又在广州增设航政局，当时的交通部对各局的管辖区域做了划分。上海局负责苏、浙、皖三省；汉口局负责鄂、湘、赣、川省；天津局负责冀、鲁两省；哈尔滨局负责东北三省；广州局负责粤、闽两省。此外，各局在交通繁忙的港口设有办事处。

新中国成立后，仿照苏联的管理体制，将航政管理机构改名为"港务监督"。交通部海运管理总局内设"海务、港务监督室"，各港口港务局内设"港务监督室"，对外称"中华人民共和国港务监督"。当时中央人民政府在1963年颁布的《中央人民政府交通部海运管理总局海务港务监督工作章程》确定了其法律地位。该章程明确规定：港务监督是国家行政机关，对内进行行政监督，监督进入港口内之船只在港域内遵守国家法令、政策及各项规章制度。我国的这种管理体制一直到1983年《海安法》和1986年《内河条例》颁布以后才有根本性的变革。

随着我国改革开放的深入，海上安全管理的体制与管理要求越来越不相适应。在1983年颁布实施《海上交通安全法》的基础上，1985年国务院作出了改革水上交通安全监督管理体制的决定。按照政企分开的原则，建立由中央和地方分工负责的水上安全监督管理体制。沿海大港口由中央管理，小港口由地方管理，海区内水域秩序由中央统一管理。交通部直属港务监督按海区分管，管区内已设有港监机构的小港和小海湾仍由地方在划定的水域范围内实施监督管理。长江、珠江干线和黑龙江的水上安全监督管理由交通部设置的港航监督机构统一负责。其他内河水域由各省、自治区、直辖市交通厅(局)设置的港航监督机构负责。交通部于1986年开始对海上安全监督管理体制进行改革，先后将隶属于沿海各港务局的17个港务监督、15个海上无线电通信机构和3个隶属于航道局的航标测量部门划出，组建了14个海上安全监督局，作为交通部直属一级行政执法机构的海上安全监督局。海上安全监督局的成立对于我国加强海上安全监督管理、保护水上人命、财产安全及防止船舶污染水域起到了巨大作用。

但在实践中又产生了国家海上安全监督局与地方港务监督之间的矛盾问题，以及港务监督与船舶检验局之间的矛盾问题，这些矛盾的出现客观上又要求完善我国航政管理机构。1994年至1995年完成了港务监督机构内部职责的重新划分，使部分地方港务监督机构与交通部属港务监督合并。

1998年10月13日发布国务院办公厅关于《交通部职能配置内设机构和人员编制规定》第五条第二款关于水上安全监督管理体制中规定：沿海(包括岛屿)海域和

港口、对外开放水域及主要跨省、自治区、直辖市内河(长江、珠江、黑龙江)干线及港口的水上安全监督管理,实行"一水一监,一港一监"垂直管理体制。由交通部统一领导。合并中央与地方的水上安全监督机构,统一命令、统一布局、统一监督管理;在统一领导体制下,界定有关水域的中央与地方的管理分工。

中华人民共和国船检局(交通部船舶检验局)与中国船级社实行"局社、政事分开",同中华人民共和国港务监督局(交通部安全监督局)合并组建中华人民共和国海事局(交通部海事局)。海事局为交通部直属机构,局长由交通部主管副部长兼任,实行垂直管理体制;主要负责行使国家水上安全监督管理和防止船舶污染、船舶及海上设施检验、航海保障的管理职权。

根据法律、法规的授权,海事局负责行使国家水上安全监督和防止船舶污染、船舶及海上设施检验、航海保障管理和行政执法,并履行交通部安全生产等管理职能。海事局负责执行的法律、法规、公约如下:《海上交通安全法》、《内河交通安全条例》、《船员条例》、《国际船舶进出口管理条例》、《海洋法公约》、《防治船舶污染海洋环境管理条例》、《航标条例》等。国际海事组织制定的一系列公约与建议书,如《国际海上人命安全公约》及其议定书,《1978 年海员培训、发证和值班标准国际公约》及其修正案等(具体请参见本书第三章第一节)。

(二)海事局的机构设置及其主要职能

中华人民共和国海事局(原交通部海事局)设置 12 个职能处(室)的工作机构:办公室、法规规范处、计划基建处、财务会计处、人事教育处、通航管理处(中国海上搜救中心办公室)、船舶监督处(中国便利运输委员会办公室)、船舶检验处航标测绘处、船员管理处、安全管理处(原交通部安全委员会办公室)、审计处。其中主要的处室及其职能如下。

1. 法规规范处

组织拟订船舶技术政策和综合性海事法规;制订并组织实施船舶和海上设施法定检验技术规范、规则;管理全国海事系统的法制工作;跟踪和研究、实施有关国际海事公约;实施全国海事系统的标准化和质量管理工作。

2. 计划基建处

组织编制、上报并下达全国海事系统中长期发展规划和有关计划,管理所属单位固定资产投资计划和基本建设、科技项目并组织实施;负责所属单位基建的前期审查、项目管理、竣工验收;负责所属单位的装备管理;负责全国海事系统统计、信息工作。

3. 通航管理处(中国海上搜救中心办公室)

管理通航秩序和通航环境;组织实施水上巡逻和交通管制,维护水上交通秩序;划定航道(路)、禁航区、交通管制区、港外锚地和安全作业区等水域;管理航道(路)、禁航区、交通管制区、锚地和安全作业区等水域;负责水上水下施工作业

(含使用岸线)碍航性审核和监督检查,管理沉船沉物打捞和碍航物清除;管理航行警(通)告工作;负责水上搜救、船舶污染水域清除和监控值班;负责水上安全通信和信息网络运行工作;负责国际搜救卫星组织事务和船舶报告制工作。

4. 船舶监督处(中国便利运输委员会办公室)

负责船舶登记和适航管理;管理船舶装运危险货物及其他货物的安全监督工作;管理船舶安全检查工作并负责亚太地区港口国监督合作事务;负责船舶最低安全配员管理工作;负责防止船舶污染的监督管理工作;审批外国籍船舶临时进入我国非开放水域,承办港口对外开放的有关审批工作;负责船舶进出港(境)有关手续的管理工作;办理中国便利运输委员会办公室日常工作。

5. 船舶检验处

管理船舶检验和船舶技术监督工作;监督管理中国籍船舶、海上设施及在我国沿海作业的外国海上设施的法定检验发证工作;审定船检机构及验船师资质并实施监督管理;承办法定检验授权事宜;审批外国验船组织在我国设立代表机构并实施监督管理。

6. 船员管理处

负责船员管理工作。组织制定船员、引航员、磁罗经校正员和海上设施检验工作人员适任资格标准;管理船员、引航员、磁罗经校正员培训、考试、发证工作;审定船员、引航员、磁罗经校正员技术培训机构资质并管理其质量体系审核工作;负责海员证件管理工作。

7. 航标测绘处

负责沿海航标和无线电导航管理;负责海区港口航道测绘管理工作和交通系统测绘归口管理工作,组织中国海区有关航海图书资料的编印、发行和改正工作;组织航标、交通管理系统等助航设施的维护管理工作。

8. 安全管理处(交通部安全委员会办公室)

负责水上安全综合管理和事故处理工作。综合协调和指导水运安全生产工作,归口管理交通行业安全生产并承办交通部安全委员会的日常工作;管理水上交通事故的报告、调查、处理、统计分析和跟踪结案工作,具体组织重大特大水上交通事故的调查处理和跟踪结案;管理并组织水运企业安全生产条件和安全管理体系审核发证工作。

中国海事局根据工作需要下设若干派出机构:上海海事局(上海)、天津海事局(天津)、辽宁海事局(大连)、河北海事局(秦皇岛)、山东海事局(青岛)、江苏海事局(南京)、浙江海事局(杭州)、福建海事局(福州)、广东海事局(广州)、广西海事局(南宁)、海南海事局(海口)、长江海事局(武汉)、黑龙江海事局(哈尔滨)、深圳海事局、营口海事局、烟台海事局、连云港海事局、厦门海事局、汕头海事局、湛江海事局。

（三）中国海事局海上巡查舰队

中国海巡负责近海船只的管理，海上交通管理巡查以及海难事故救捞调查，隶属交通部海事局。海巡船对航速没有特别要求，但是要求航程远、稳定性好。因为考虑到巡逻需要大范围航行，同时对抗各种恶劣天气，我国海监的巡逻舰也装备有直升机，执行"快速巡逻"任务。

目前我国海事系统已拥有两艘 3 000 吨级海事巡视船"海巡 11"轮和"海巡 31"轮，以及 1 500 吨海事巡视船"海巡 21"轮，主要承担我国沿海海域的救生、抢险、海上调查、维护海上的现场交通秩序等工作，曾在历次的海上搜救应急反应中发挥了重要作用。2010 年 11 月 11 日，上海海事局与武昌船舶重工有限公司在上海正式签署了"海巡 01"轮建造合同。迄今规模最大、装备最先进的海巡旗舰船"海巡 01"轮于 2010 年 12 月正式开建，它是中国海事系统首艘同时具有海事监管和救助综合能力、适航无限航区的国际航行入籍船舶，总吨位为 5 000 吨级，其设计总长为128.6米，排水量 5 418 吨，涉及航速20.4节，以 16 节巡航速度航行时的能力达到10 000 海里。船上设置有中型直升机机库和大型直升机升降平台，可搭载直升机并配合其进行加油、救生和搜救等作业能力。"海巡 01"轮的建造是我国开展海事监管与救助一体化试点的重要手段，将进一步提升海事局的海事监管能力，为国际航运中心建设提供积极支持。①

四、中国救助打捞局

救助打捞是水上警察的一项积极职能，这是现代社会警察的一项新职能，传统意义上的警察职能仅限于"消极的维持"，即对危害公共安全与秩序行为的预防、制止与惩治。现代社会的警察职能更加全面，不仅要制定和惩治违法行为，而且还要为人民提供服务型的救助行为，服务型警察权的重要权能之一是进行紧急救助。我国 1995 年《人民警察法》第二十一条规定，人民警察遇到公民人身、财产安全受到侵犯或者处于其他危难情形，应当立即救助；人民警察应当积极参加抢险救灾和社会公益工作。2009 年新通过的《武装警察法》第十八条规定，人民武装警察遇到公民人身、财产安全受到侵犯或者处于其他危难情形，应当及时救助。这些规定是对我国警察行使服务职能的直接法律授权，这种警察权体现在海上就是海上的搜寻和救助。

（一）救捞局的概况和成立

原交通部救助打捞局始建于 1951 年 8 月 24 日，现隶属于国务院交通运输部，

---

① 中国远洋航务，http://www.360doc.com/content/11/0318/15/5593803_102294405，访问日期：2011-02-08。

是我国唯一一支国家专业海上救助打捞队伍。作为国家应急反应体系的重要组成部分和有生力量，承担着我国海域人命救生、船舶和财产救助、海上应急抢险打捞、海上消防、溢油污染清除等维护国家和社会公共利益的重要使命，代表我国政府履行海上搜寻救助公约和双边海运协定等赋予的国际义务。

救捞系统是我国水运事业平安和谐发展不可或缺的安全保障力量，始终伴随着我国水运事业蓬勃发展而逐步成长壮大。2003 年以来，通过救捞体制改革，组建了"中国救助"和"中国打捞"两支国家队伍。"中国救助"由 3 个救助局（北海救助局、东海救助局、南海救助局）、21 个救助基地和 4 个海上救助飞行队（北海第一救助飞行队、东海第一救助飞行队、东海第二救助飞行队、南海第一救助飞行队）组成，主要承担着人命救助的政府职能；"中国打捞"由 3 个打捞局组成（烟台打捞局、上海打捞局、广州打捞局），主要承担公益性抢险打捞职责，并为社会提供商业打捞和相关的服务。拥有近万名职工、54 艘救助船舶、132 艘打捞船舶和 11 架救助飞机的世界闻名的专业救捞队伍。北起鸭绿江口、南至西沙海域，救捞系统在沿海共设立 20 个救助基地、7 个航空救助基地，全年部署 52 艘救助船、9 架救助飞机、18 支应急反应救助队，执行动态待命救助值班，在沿海水域初步形成了海空立体救助体系，随时可以迅速出动救捞抢险，为沿海水运交通安全提供可靠保障。

近 60 年来，成功救助遇险人员 54 792 人（其中外籍人员 11 580 人），救助遇险船舶 3 883 艘（其中外籍船舶 821 艘），打捞沉船 1 738 艘（其中外籍船舶 91 艘），仅 2002 年以来获救财产直接价值达 265.3 亿元。①

（二）我国海上救助与国际上的差距

我国的救助行业在国际上处于中等水平，落后于美国、日本、英国、澳大利亚等海运发达国家近 20 年。国际上，救助行业的救助能力一般都分为"国家救助能力"和"专业救助能力"，其统计数字也是分别表达。而我国目前对救助能力的统计方法与国际上的统计方法不同，主要区别在"报警前的死亡人数"和"援助情况下的自航救助人数"的取舍上。按照我国目前的统计方法，"专业救助能力"与美国 20 世纪八九十年代初的水平相当，与美国目前的专业救助水平相差 13％～15％左右；"国家救助能力"与美国相差 4％左右。同时海上救助社会化程度也较低。在美国年度救助人数中，专业救助力量只救助了 4％～5％；而在我国的年度救助人数中，专业救助达 20％多，是美国的 4 倍多。

美国的专业救助力量主要在"关键时刻"发挥作用，其他时刻高水平的救助能力则源于其"发达的通信网络"和"强大的协调能力"。相比较而言，我国的专业救助力量在"关键时刻"难以发挥更大的作用。这是由"装备落后"和"我国对专业救助力量

---

① 交通运输部救捞局的主要职责，救助打捞局，http://www. moc. gov. cn/zizhan/zhishujigou/jiulao-ju/jigouzhineng/，访问日期：2011-08-03。

的依赖性大，专业救助力量广泛参与一般救助"导致的。①

（三）救捞局的主要职能

交通运输部救捞局的主要职责如下：

(1)拟订救助打捞行业有关政策、法规、标准、规范，并监督实施；

(2)负责航行在我国沿海水域的国内外船舶、海上设施和遇险的国内外航空器及其他方面的人命救助和海上消防工作；

(3)负责船舶和海上设施财产救助、沉船沉物打捞、港口及航道清障、沉船存油和难船溢油的应急清除；提供水上、水下工程作业服务；

(4)承担国家指定的特殊的政治、军事、救灾等抢险救助、打捞任务；负责救助打捞系统交通战备组织协调工作；履行有关国际公约和双边海运协定等国际义务；

(5)负责统一部署救助船舶、直升机(飞机)等救助值班待命力量，承担实施有关救助指挥调度和协调工作；

(6)负责管理与海(水)上救助和打捞有关的涉外事宜；组织开展对外业务合作与技术交流；

(7)负责打捞、潜水机构资质审核；管理从事产业潜水作业的潜水员及与救助打捞相关的其他特殊工种的考核发证工作；

(8)组织行业发展战略研究；组织编制救助打捞系统中长期发展规划和有关计划；指导行业信息化建设；

(9)负责管理局机关和所属单位基本建设、财务、审计、科技、人事、劳动工资、思想政治工作、精神文明建设和职工队伍建设工作；负责救助打捞行业统计和行风建设工作；

(10)承办交通运输部交办的其他事项。

五、船舶检验机构

中国的船舶检验机构有船舶检验局和中国船级社两大机构。

（一）船舶检验局

1. 船舶检验局概况

船舶检验局是国家的船舶技术监督机构，原名中华人民共和国船舶登记局，成立于1956年8月1日，1958年6月1日改为现名。总局设在北京，在长江及沿海地区的主要港口设有办事机构，并在各个主要修造船厂及船用机械设备和材料制造厂派驻验船师执行检验工作。1963年国务院批准并发布《船舶检验局章程》，确认船舶

---

① 《对中国海上救助事业几个事业几个主要问题的思考》，载《航运》，2008(12)。

检验局是国家的船舶技术监督机构，负责对船舶和船用产品进行监督检验。1985 年成立船级社，与船舶检验局同属一个机构。该机构既是国家政府的船舶检验机构，又是我国的民间船级社。1998 年进行机构改革，船检局与港监合并组建中国海事局。

2. 船舶检验局的职责

船舶检验局的职责是对船舶(包括海上钻井平台等)执行监督检验，使之符合各规范标准以及有关国际公约规定的技术条件，以保障船舶和船上人命财产安全和防止水域遭受污染。但是船舶检验局仍以自己的名义对外行文，如 1999 年《船舶与海上设施法定检验规则起重设备法定检验技术规则》等就是以船检局的名义发布的。根据 1963 年《中华人民共和国船舶检验局章程》的规定，船检局的法定职责有以下几项。

(1)制定有关船舶检验、船舶入级、船舶证件、船舶检验费等事项的规章制度和船舶建造、吨位丈量、载重线、乘客定额、各种航行安全设备、各种机构设备等规范，经交通部批准后公布施行。

(2)对建造、修理和营运中的船舶执行监督检验，技术条件符合规定要求的，发给船舶适航的证件和运用各种机械设备的证件。

(3)对制造中的船用主要产品和材料执行监督检验，技术条件符合规定要求的，发给检验合格证书。

(4)对到达中国港口的外国船舶执行监督检验。

(5)对申请入级的船舶进行入级检验，符合入级条件的，授予船级并发给船级证书。

(6)接受申请办理有关船舶鉴定、公证等检验业务。

(7)根据中华人民共和国参加的有关国际公约和国际协议，代表中国政府签发各种公约或协议规定的船舶证书。

(二)中国船级社

1. 中国船级社概况

中国船级社是根据中华人民共和国政府的有关法令成立的、为社会利益服务的机构，是中国唯一从事船舶入级检验业务的专业机构。主要承担国内外船舶、海上设施、集装箱及相关工业产品的入级检验、公证检验、鉴证检验和经中国政府、外国(地区)政府主管机关委托，执行法定检验等具体检验业务，以及经有关主管机构核准的其他业务。是交通部的直属事业单位，实行企业化管理。

中国船级社的业务活动起始于 1956 年，已具有 40 多年的历史。1986 年起中国船级社作为独立法人从事船舶、海上设施和集装箱及其材料、设备的入级检验、法定检验和公证检验业务及其他有关的技术服务。1988 年 5 月中国船级社加入国际船级社协会(IACS)，成为该协会 11 家正式会员之一。1992 年，它依据《IACS 质量体系认证计划》(QSCS)，建立起了符合 ISO9001 标准的 QSCS 质量体系，并于 1994 年获得了国际船级社协会颁发的质量体系合格证书。中国船级社受中国政府委托定期出席国际海事组织(IMO)有关会议，并将其通过的国际公约和更新的技术标准及时在本社相应规范中予以执行。

1994 年，中国船级社的最高船级符号被纳入伦敦保险商协会(ILU)的船级条款，CCS 级船舶享受货物保险优惠待遇。截至 2011 年年底，中国船级社已接受 15 个国家或地区的政府授权，为悬挂这些国家或地区旗帜的船舶代行法定检验，并接受了 14 个国家或地区的政府授权，代行 ISM 规则认证，同时还与境外 19 家验船机构签订了相互代理检验的合作协议。在国内外沿海、沿江主要港口设有 55 个分支机构。这些检验服务机构与依据相互代理检验协议授权代行检验的境外机构一起，构成了中国船级社在世界范围内的检验服务网络。1999 年 8 月本着"保持、巩固、创新、发展"的方针，进行了历史性的变革与重组，在巩固传统的船舶入级和检验业务的同时，强化海上和陆地的工业服务，推进科技进步，开拓海洋信息产业，增强发展活力，进入了崭新的发展阶段。截至 2011 年 12 月，CCS 级船队共有入级船舶 2 654 艘，总计 5 030 万吨。[1]

2. 中国船级社的宗旨

中国船级社的宗旨是：对船舶、海上设施、集装箱以及相关的工业产品提供合理和安全可靠的技术规范和标准，并通过其独立、公正和诚实的检验、认证和技术服务，为交通运输、海上开发及相关的制造业和保险业服务，为促进水上人命和财产的安全与保护海洋及其他环境服务。[2]

3. 中国船级社的业务范围

船级社的业务范围主要是：制定适应需要的质量方针，建立必要的组织机构及工作程序，录用和培养合格的验船师、科技研究人才和管理人员，提供相应的工作场所和设施，保证本社各方面的工作质量，为用户提供优质服务。按照国家有关法律、法规及规定和有关国际公约、规则，为船舶、海上设施、集装箱及相关工业产品提供合理和安全可靠的技术规范和标准，通过检验、认证和技术服务，保障船舶、海上设施、集装箱具备安全航行、安全作业的技术条件。经中国政府主管机关授权、委托，承担中国籍船舶、海上设施、集装箱及相关工业产品的技术鉴定(审图)、接受委托从事法定检验和发证，安全管理体系要求的船舶审核和发证，进出口船舶及相关工业产品的技术状况勘验、鉴定、检验及发证，重大水上安全事故的调查和技术鉴定。经外国政府和地区政府主管机关授权，承担相关检验、发证以及安全管理体系审核认证和发证工作。办理国内外船舶、海上设施、集装箱及相关工

---

①　中国船级社网,中国船级社简介,http://www.ccs.org.cn/gb/CCS_Brief/CCS_Brief1.htm,访问日期:2012-04-29。

②　中国船级社网．中国船级社简介．http：//www．ccs．org．cn/gb/ccs－Brief/ccs－Brief/．htm,访问日期：2012-04-29。

业产品的入级检验、鉴证检验、公证检验和发证。接受外国检验机构委托，承担代理检验和发证。开展水上安全、环境保护检验技术的科学研究；制定颁布船舶、海上设施、集装箱及相关工业产品的入级检验、鉴证检验等规范、规则和标准；受政府主管机关委托，承担有关法定检验技术规范、规则和标准的编制。提供保障安全生产和防止环境污染方面的技术咨询和技术服务。编制出版本社《船舶录》和《船用产品录》，满足客户要求。

六、港口管理局

(一)港口管理局概况

港口管理局是指设在地方人民政府的负责管理港口工作的职能部门，作为港口所在市政府的职能部门专司本行政区域内的港口行政管理工作。依港口管理体制，由港口所在地的市、县人民政府管理的港口，由市、县人民政府确定一个部门具体实施对港口的行政管理；由省、自治区、直辖市人民政府管理的港口，由省、自治区、直辖市人民政府确定一个部门具体实施对港口的行政管理。依照以上确定的对港口具体实施行政管理的部门，统称港口行政管理部门。

港口管理局一般来说是当地市政府的直属工作部门，负责当地港口、航道和水路运输行政管理工作。根据《中华人民共和国港口法》第六条的规定，国务院交通主管部门主管全国的港口工作，地方人民政府对本行政区域内港口的管理，按照国务院关于港口管理体制的规定确定。第六条虽然确立我国港口归地方政府管理，由管理港口的人民政府按照国务院关于港口管理体制的规定，确定一个部门具体实施对港口的行政管理，但未对港口行政管理部门的名称或者确定什么样的部门作出明确规定，而是留给直接管理港口的人民政府自行确定。各地对国务院关于港口管理体制的规定理解不一，港口行政管理部门的确定出现多种形式，一是确定省级交通部门设置的各级港航主管机构为港口行政管理部门；二是在港务管理局的基础上单独组建港口管理部门；三是确定港口所在市交通部门为港口行政管理部门；四是港口政企分开与当地航运管理机构合并成立港航管理局；五是部分港口仍在维持政企合一的原状。① 到目前为止，我国有 38 个城市成立了港口管理局(未包括上海，原上海港口管理局已被整合入现上海交通运输和港口管理局)。我国的港口管理局都是地方性质的，地方市委、市政府有权决定成立、撤销或改组本辖区内的港口管理局。

(二)港口管理局的组织机构

中央的港口管理部门为交通运输部，具体的业务机构为水运局下设的港口管理

---

① 杨昌贵：《浅谈如何解决〈港口法〉实施难的问题》，载《中国港口》，2004(7)：22。

处，地方上以大连市为例，称为港口与口岸局，是大连市人民政府负责全市港航行政管理和物流、口岸工作的部门。

(三)港口管理局的主要职能

作为地方政府的组成部门，港口管理局有它应有的职能，由于这方面的研究时间比较长，各方面的看法已渐趋一致。从目前我们所处的经济发展阶段考虑，无论是从政府改革的进程出发，还是从港口企业的现状及发展考虑，新一轮机构改革之后的政府，在我国社会主义市场经济体系中将起主导作用，只有这样，我们才能尽快建立起政府有效、市场规范、企业活跃、保障完善的社会主义市场经济新秩序。[①]在这个大背景下，港口管理局的职能定位可以这样来确定：

(1)贯彻执行国家和省市关于港口工作的法律、法规、方针、政策，制订地方港口章程和有关行政管理办法，经批准后组织实施；

(2)根据交通运输部制定的全国港口布局规划，负责编制地方港口布局规划和总体规划及其报批工作，并组织实施；

(3)作为国有资产的代表，监督港口企业对国有资产的经营、管理，确保国有资产保值增值；

(4)负责征收港口行政性费收、管理和监督港口经营性费收；

(5)负责港区陆域、水域和岸线管理，审批或授权审批港口岸线的使用和港区建设施工项目；

(6)负责港口基础设施的立项、设计审查、报批及建设和管理工作；

(7)按照法律、法规的规定，负责对设立港埠企业和其他单位从事港口经营性业务的申请进行审批，或者审核后报批；

(8)负责维护包括公安、消防、环保、卫生防疫在内的港口秩序，对港口的生产经营和港口作业的安全质量进行监督检查，进行港口生产的统计分析、汇总、上报，管理港辖区内的引航工作；

(9)收集、发布港口的经济信息；负责港口的国际间、地区间合作与交流；

(10)负责本级政府各部门间有关港口事宜的协调；完成上级交办的其他工作。

七、海关总署缉私局

(一)海关总署缉私局的概况

中华人民共和国海关是国家的进出关境监督管理机关。海关依照海关法和其他有关法律、行政法规，监管进出境的运输工具、货物、行李物品、邮递物品和其他物品，征收关税和其他税、费，查缉走私，并编制海关统计和办理其他海关业务。

---

① 施伯香:《关于港口行政管理的几点思考》,载《中国港口》,1999(10):17。

海关总署是中国海关的领导机关，是中华人民共和国国务院下属的正部级直属机构，统一管理全国海关。根据《海关法》第四条规定，国家在海关总署设立专门侦查走私犯罪的公安机构，配备专职缉私警察，负责对其管辖的走私犯罪案件的侦查、拘留、执行逮捕、预审。海关侦查走私犯罪公安机构履行侦查、拘留、执行逮捕、预审职责，应当按照《中华人民共和国刑事诉讼法》的规定办理。海关侦查走私犯罪公安机构根据国家有关规定，可以设立分支机构。各分支机构办理其管辖的走私犯罪案件，应当依法向有管辖权的人民检察院移送起诉。地方各级公安机关应当配合海关侦查走私犯罪公安机构依法履行职责。

海关缉私警察属于公安部缉私局，接受海关总署与公安部的双重领导，实施海关总署的行政执法与公安机关的刑事警察执法工作。1998 年全国打击走私工作会议上，党中央、国务院决定组建海关缉私警察之后，1999 年 1 月 5 日，海关总署走私犯罪侦查局成立，至当年 6 月底，全国各直属海关走私犯罪侦查分局相继成立。2002 年，经国务院批准，海关缉私警察增加查处走私、违规案件的行政执法职能，海关总署走私犯罪侦查局更名为海关总署缉私局，各侦查分（支）局也相继更名为所在海关缉私局（分局）。更名后，各级海关缉私警察将在原有的刑事执法职能基础上增加行政执法职能。除海关调查部门在调查稽查过程中发现的走私违规案件继续由其查办外，其余各类走私违法犯罪案件均交由海关缉私警察查办。

海关缉私警察队伍的组织机构和人员数量不断发展壮大，目前全国海关的缉私警察共有 9 023 人，缉私警察除了拥有陆上武器装备，还装备有 212 艘缉私快艇，舰艇总吨位达到近 2 万吨。① 据了解，1998 年全国打私会议以后，中央决定成立专司打击走私犯罪职能的海关缉私警察队伍，海关拥有了刑事司法权，加大了对走私犯罪活动的打击力度。2008 年共查获走私违法犯罪案件 9 790 起，案值 82.5 亿元，依法对 2 901 名犯罪嫌疑人执行强制措施。②

（二）组织机构

缉私警察实行海关和公安部门双重领导，以海关领导为主。海关总署缉私局既是海关总署的一个内设局，又是公安部的一个序列局。海关总署缉私局在广东分署设立广东分署缉私局，在全国 41 个直属海关分别设立各直属海关缉私局，在部分隶属海关还设有 170 个隶属海关缉私分局。③

---

① 中国海上执法队伍扫描——中国海关缉私警察，豆瓣网 http://www.douban.com/note/23752654/，访问日期：2011-08-02。

② 《今日中国海关》，中华人民共和国海关总署 http://www.customs.gov.cn/publish/portal0/tab38393/module90709/info219550.访问日期：2011-08-04。

③ 海关总署，中华人民共和国海关总署 http://www.customs.gov.cn/publish/portal0/tab3383/，访问日期：2011-08-03。

（三）主要职能

按 2000 年 7 月新修订的《海关法》第四条规定：缉私警员按照海关对缉私工作的统一部署和指挥，布置警力，负责对走私案件的侦查、拘留、执行逮捕、预审工作。

海关海上缉私是《海关法》赋予海关缉私人员的权利。海关执法主要包括行政执法和刑事执法。自 2003 年缉私局成立之初，缉私局承担部分行政办案职能，2005 年以后，则全面承担起行政案件的查处工作，成为集刑事司法、行政执法于一体的执法部门。

根据国务院授权，海关缉私警员的主要职责是：

（1）在中国关境内，依法辑查涉税走私案件，对走私犯罪案件和走私犯罪嫌疑人依法进行侦查、拘留、执行逮捕和预审工作；

（2）对海关部门查获和移交的走私犯罪案件和嫌疑人依法进行侦查、拘留、执行逮捕和预审工作；

（3）接受地方公安机关（包括公安边防部门）和工商等行政执法部门查获移交的走私犯罪案件和走私犯罪嫌疑人，依法进行侦查、拘留、执行逮捕和预审工作；

（4）负责查处发生在海关监管区内的走私武器、弹药、毒品、伪钞、淫秽物品、反动宣传品、文物等非涉税走私案件；

（5）对审查终结的走私犯罪案件向检察机关移送起诉，对经侦察不构成走私的和虽构成走私罪但司法机关不予追究刑事责任的案件，移交海关调查部门处理；

（6）在地方公安机关配合下，负责制止在查办走私犯罪案件过程中发生的以暴力、威胁方法抗拒缉私和危害缉私人员人身安全的违法犯罪行为；

（7）依照《中国人民警察法》和《人民警察使用警械和武器条例》的规定，在履行职务过程中可以依法使用警械、武器；

（8）依法受理与查办走私犯罪案件有关的申诉，办理国家赔偿；

（9）负责对全国走私犯罪案件的统计和综合分析；

（10）承办国务院、海关总署、公安部交办的重大走私案件和其他事项。

执法范围：根据《中华人民共和国领海和毗连区法》第十三条规定，"中华人民共和国有权在毗连区内，为防止和惩处在其陆地领土、内水或者领海内违反有关安全、海关、财政、卫生或者入境出境管理的法律、法规的行为行使管制权。"海上缉私部门对这两种情况都有权进行查缉。对于我国领海以内实施走私犯罪、违法、违规而逃逸至公海的船舶，海上缉私队伍按照国际法规则具有紧追的权利。

八、中国公安边防海警部队

（一）中国公安边防海警部队简介

中国公安边防海警部队（China Caost Guard），简称中国海警，是指沿海公安边防总队及其所属的海警支队、海警大队，是维护海上治安秩序的执法力量。公安边防海警根据我国相关法律、法规、规章，对发生在我国内水、领海、毗连区、专属经济区和大陆架违反公安行政管理法律、法规、规章的违法行为或者涉嫌犯罪的行为行使管辖权。

中国海警是国家部署在沿边沿海地区和口岸的一支重要武装执法力量，隶属于公安部边防局，实行武警现役制。公安边防海警的前身是1951年以保护海上治安秩序、渔民和公民的人身财产安全为目的，山东省公安局下属的海上巡查队首先设立海警部队，其后各公安局相继设立海上巡查队。1966年"文化大革命"开始的同时海上巡查队从公安局转属于海军，其结构开始解体。80年代改革开放带来海上偷渡、贩毒等海上犯罪泛滥的负面现象，1982年1月中央政府重新组织以前的公安局海上巡查队，并在广东、福建、浙江地区渐渐设置海上巡查队。

公安边防部队在省、自治区、直辖市设公安边防总队，在边境和沿海地区设公安边防支队，在县设公安边防大队，在沿边沿海地区乡镇设边防派出所，在内地通往边境管理区的主要干道上设边防公安检查站，在沿海地区设海警支队、大队，在开放口岸设边防检查站。公安部边防管理局负责对全国公安边防部队的统一组织、指挥、管理，主要负责近海海上治安，编制列入中国人民武装警察边防部队序列，是由公安部领导管理的现役部队。

海警是维护海上治安的公安执法力量。目前海警部队主要装备218型巡逻艇和"海豹"高速巡逻艇。218艇长41.03米，宽6.2米，深3.4米，满载排水量130吨，航速29节，续航力700海里/17节，编制23人，舰载1座14.5毫米双联高射机枪，为正营级编制。HP1500—2型"海豹"高速巡逻艇长14.65米，主机为德国沃尔沃公司制造的1430马力柴油机，最大航速52节，续航力250海里，员额6至8人，配有较先进的卫星定位导航系统。日前最新型的千吨级且配有直升机的"1001"舰已经下水，成为海警部队的"旗舰"。此外还有两艘由原海军护卫舰改装而成，舷号为"1002"和"1003"的巡逻舰。

最近，新一代海警轻巡逻舰618B型也大量服役于各海警支队。海警618B型轻巡逻舰属新型警用舰船，全长63.5米，宽9米，型深4.746米，满载排水量651.38吨，最大航速25.6节(约47.4千米/小时)，配备有尾部摩托艇、气胀式救生筏以及武器、导航、通信等设备，装备有高压水炮、64毫米口径防爆炮、37毫米炮。618B型舰可以在5级海况下正常进行海上巡逻任务，6级海况下安全航行，抗风能力为10级。上两层分别设有指挥舱、驻兵舱、生活舱、武器舱和会议室，底层则为机舱。这里装有德国原装进口MTU4000型高速柴油机，设计航速为25节，最高航速可达到28节，续航力为2 000海里，自持力为15昼夜，抗风力达到10级。舰上还安装有"动中通"移动卫星通信系统，航行警报接收机、数传组合电台，带有海图功能的雷达、红外探测仪等先进设备，具有全天候、速度快、覆盖面广等特点，并可以实现自动导航。①

海警部队目前最大的编制是隶属各边防总队的正团级支队，全国共有 20 个海警支队，分别为：②

福建边防总队海警一支队（福建福州）、二支队（福建泉州）、三支队（福建厦门）；

广东边防总队海警一支队（广东广州）、二支队（广东汕头）、三支队（广东湛江）；

辽宁边防总队海警一支队（辽宁大连）、二支队（辽宁丹东）；

山东边防总队海警一支队（山东威海）、二支队（山东青岛）；

浙江边防总队海警一支队（浙江台州）、二支队（浙江宁波）；

海南边防总队海警一支队（海南海口）、二支队（海南三亚）。

（二）公安边防海警执法主体地位

2007 年 9 月 26 日，时任公安部部长的周永康签发第 94 号部长令，正式发布《公安机关海上执法工作规定》（以下简称《规定》），自 2007 年 12 月 1 日起实施。

《规定》规范了公安边防海警的职责。公安边防海警是公安机关部署在海上的唯一执法力量，承担公安机关在海上的所有执法任务。具体来讲就是：预防、制止、侦查海上违法犯罪活动，维护国家安全和海域治安秩序；负责海上重要目标的安全警卫；参与海上抢险救难，保护公共财产和公民人身财产安全；依照规定开展海上执法合作；法律、行政法规及公安部依法赋予的其他职责。

同时，《规定》明确了公安边防海警的职权。由公安边防海警承担公安机关在海上的所有执法任务，根据权责一致的原则，赋予公安边防海警行使公安机关相应的职权。

《规定》还对案件的管辖进行了规范。经最高人民法院、最高人民检察院同意，《规定》发布后三部门联合制定下发了《最高人民法院、最高人民检察院、公安部关于办理海上发生的违法犯罪案件有关问题的通知》，明确了"公安机关海上执法任务由沿海省、自治区、直辖市公安边防总队及其所属的海警支队、海警大队承担"，并对案件管辖、诉讼衔接、行政复议及其他有关问题一并作出规定，避免《规定》在执行中产生分歧。

（三）主要职责

根据《规定》，公安机关海上执法任务，由公安边防海警（指沿海公共边防总队及其所属的海警支队、海警大队）承担，公安机关其他部门配合。沿海公安边防总队、海警支队和海警大队办理海上治安案件和刑事案件，分别行使地（市）级人民政府公安机关、县级人民政府公安机关和公安派出所相应的职权。

---

① 中国海警，http://baike.baidu.com/view/2395328.htm，访问日期：2010-11-07。

② 中国海警，http://baike.baidu.com/view/2395328.htm，访问日期：2011-08-03。

《规定》第六条规定公共边防海警依法履行下列职责：

(1)预防、制止、侦查海上违法犯罪活动，维护国家安全和海域治安秩序；

(2)负责海上重要目标的安全警卫；

(3)参与海上抢险救难，保护公共财产和公民人身安全；

(4)依照规定开展海上执法合作；

(5)法律、行政法规及公安部依法赋予的其他职责。

从中国海上执法主体的设置情况来看，虽然有多支海上执法队伍，但各部门缺乏统一的协调机制，只有公安部门具有警察权并配备武器，其他的几支执法队伍都没有配备武器，虽然各部门也有联合执法实践，但这种联合缺乏日常的协调机制。且执法队伍过多，装备不够精良。执法人员没有经过专门的机构培训。制定中国海洋行政执法主体组织法，统一中国海洋行政执法主体是维护中国海权，保护人民海上生命财产安全的必由之路。

九、中国海上执法主体的最后动态

根据 2013 年 3 月 14 日批准通过的《国务院机构改革和职能转变方案》的决定，将现国家海洋局及其中国海监、公安部边防海警、农业部中国渔政、海关总署海上缉私警察的队伍和职责进行整合，重新组建国家海洋局，由国土资源部管理，并设立由涉海部门参加的多层次议事协调机构——国家海洋委员会。负责研究制定国家海洋发展战略，统筹协调海洋重大事项，国家海洋委员会的具体工作由国家海洋局承担。

国家海洋局以中国海警局名义开展海上维权执法，接受公安部业务指导。海洋局的主要职责是：(1)拟订海洋发展规划；(2)实施海上维权执法；(3)监督管理海域使用；(4)海洋环境保护等。

这是中国在"海洋强国"战略中的一项重要顶层设计，意在更好地推动发展海洋经济，维护海洋权益。此举将推进海上统一执法，提高执法效能，终结我国海洋维权"九龙治海"局面。

第二编 分 论

第四章
船舶管理法

　　水运生产活动不同于陆上企业的生产活动，它是通过水路运输服务的方式来进行的，因此，船舶既是一种生产工具又是一种生产单位。作为生产工具，由于其价值的昂贵，可用作债务履行之担保；作为生产单位，由于其生产活动的流动性及与之伴随的特殊风险性，决定了其可能在生产活动中损害他人或社会的利益。为了使担保的债权能够实现，权利人利益能得到合理及时的赔偿及减少损害的发生，国家都必须对船舶予以严格的管理。这种管理分为事前、事中与事后的管理，以达到防患于未然的目的。事前管理，主要靠船舶检验与登记两种手段，事中管理主要通过对船舶交通的控制来进行，而事后管理主要是通过对交通事故的调查处理和统计来完成。

第一节　船舶检验制度

一、船舶检验的概念和种类

　　船舶检验，是国家授权或国际上承认的船舶检验机构按国际公约、规范和规则的要求，对船舶的设计、制造、材料、机电设备、安全设备、技术性能及营运条件等所进行的审核、测试和鉴定行为，是目前各国为保证船舶的技术状态，保障水上人命、财产安全和防止海洋污染，普遍采取的一种对船舶监督管理的措施。通过检验可以确定船舶及其设备是否适合预定的用途，是否具备在一定航区安全航行及营运的能力和条件，船舶只有通过检验证明符合规定的条件后，才能取得相应的合格技术证书。而船舶技术证书是船舶登记、签证、保险、海事索赔等后续管理和经营活动中的必备文件。

　　船舶检验按其性质不同可分为入级检验和法定检验。船舶入级检验是国际航运方面的传统做法，起源于二百多年前的英国劳埃德船级社，是由国际上承认的民间机构按照船舶建造与入级规范，查核船舶的船体设备、轮机和货物的冷藏装置是否处于良好的技术状态的检验。入级检验由船舶所有人自愿进行，该检验出于国际航行与国内航行的船舶商业保险方面的需要，属于为提高行业信誉及服务水平的行业自律行为。

法定检验是国家主管机关或其授权的组织按本国法律或本国参加的国际公约对船舶的结构、稳性、锅炉及其他受压容器、主辅机、电气设备、无线电设备、消防救生设备、航行设备、信号设备、防污设备和载重线等进行的技术监督检验。法定检验是政府为保证船舶安全而强制实施的，目的在于通过有效的控制，防止不合格的船舶投入营运，造成海上安全事故。如《船舶和海上设施检验条例》的立法目的就是为保证船舶、海上设施和船运货物集装箱具备安全航行、安全作业的技术条件，保障人民生命财产的安全和防止水域环境污染。本章所研究的是属于行政行为范畴的法定检验。

二、法定船舶检验的法律依据及性质

关于法定检验的法律依据在《海上交通安全法》第四条中规定，船舶和船上有关航行安全的重要设备，必须具有船检部门签发的有效证书。《中华人民共和国内河交通安全管理条例》第六条也规定，船舶经海事管理机构认可的船舶检验机构依法检验并持有合格的船舶检验证书是船舶准予航行的条件之一。第三十一条规定："载运危险货物的船舶，必须持有经海事管理机构认可的船舶检验机构依法检验并颁发的危险货物适装证书……"第六十四条又规定："违反本条例的规定，船舶、浮动设施未持有合格的检验证书的……由海事管理机构责令停止航行或者作业；拒不停止的，暂扣船舶、浮动设施；情节严重的，予以没收。"《船舶和海上设施检验条例》(以下简称《检验条例》)，第七条规定："中国籍船舶的所有人或者经营人，必须向船舶检验机构申请下列检验：(一)建造或者改建船舶时，申请建造检验；(二)营运中的船舶，申请定期检验；(三)由外国籍船舶改为中国籍船舶的，申请初次检验。"此外，我国石油部门对海上石油开发和安全管理方面也规定海上平台等设施在我国准许作业前必须经过船检部门的检验。这些规定都是我国船检部门对船舶、设施等进行检验的法律依据。此外，关于船舶检验行为也可以在《行政许可法》中找到法律依据，如《行政许可法》第十二条第一款第四项规定："直接关系公共安全、人身健康、生命财产安全的重要设备、设施、产品、物品，需要按照技术标准、技术规范，通过检验、检测、检疫等方式进行审定的事项。"可以设定行政许可。从关于船舶检验的上述法律规定中可以看出，船舶检验行为属于行政许可中的核准行为，所谓核准是指由行政机关对相对人支配和使用的物是否达到特定的技术标准、经济技术规范的判断。核准的特征如下：

(1)客观性强。核准以既定的通常是法定的技术标准作为许可的依据，而这些标准是人类在长期的生产过程中总结的客观规律。因此只要与技术标准相符合，就会获得许可。

(2)被许可的客体与被许可人具有一定的独立性。当客体发生转移时,该许可仍然有效。

(3)许可的实质是准许对相对人使用或销售某一产品或设备。

(4)核准的主要功能在于防止危险、保障安全,没有数量限制,行政机关要实地检验、验收。

关于对法定船舶检验行为的救济问题,《中华人民共和国船舶和设施检验条例》规定,相对人对船舶检验行为不服时,可以申请复验,对复验结论仍有异议的,可向船检局申请再复验,船检局的再复验是最终的结论,但依行政诉讼法的规定只有法律才能规定终局的复议,此条例规定的终局复议是无效的。因此,也是可以提起行政诉讼的,船检机构部门违法实施检验造成相对人财产损失的,应依法承担赔偿责任。

三、法定船舶检验的内容

(一)建造检验

为使船舶在各方面满足船舶规范及有关规定的要求,验船机构对新建船舶,从审查设计图纸和技术文件开始,以及在船舶建造过程中进行检验、试验和试航,直至签发各种船舶证书为止的一系列工作。船舶、设施建造和改建时申请建造检验;制造集装箱时申请制造检验。

(二)定期检验

营运中的船舶、使用中的设施和集装箱要进行定期检验。为使船舶处于良好状态,按照主管机关的规定,定期对船体和设备的有关项目进行检验。验船机构对营运中的船舶按规定的间隔期限对其有关航行安全的项目进行检验。目的在于检查船舶的技术状况及主要部分的损耗程度,以确定是否保持安全航行所必需的技术条件。根据《1974年国际海上人命安全公约》和《1966年国际船舶载重线公约》的规定,除初次检验外,规定相隔一定期限的检验,均称为定期检验。按《1974年国际海上人命安全公约》的规定,客船每12个月一次的定期检验,货船的救生设备、回声测深仪、陀螺罗径和灭火设备均为24个月一次的定期检验。目前,在我国国内航行的船舶,机动船每隔四年进行一次的检验和非机动船每隔六年进行一次的检验,也称为定期检验。上述检验合格后,应签发相应的船舶证书。

(三)初次检验

由外国籍船舶改为中国籍船舶时的检验,一般指未经我国验船机构监督下建造的国外船舶,为换发我国船舶证书所进行的检验。其目的是检查船舶技术状况是否符合安全航行的要求。由外国籍船舶改为中国籍船舶的情形包括光船租进外国船舶及中国船东买进外国籍船舶或买入在国外新建的船舶，在中国进行登记的情形。

(四)临时检验

中国籍船舶发生法定情形后所进行的检验为临时检验。按《船舶登记条例》规定，船舶有下列情形之一的，船舶所有人要向船检机构申请临时检验：

(1)因发生事故，影响船舶适航性能的；

(2)改变船舶证书所限定的用途或航区的；

(3)船舶检验机构签发的证书失效的；

(4)海上交通安全或环境保护主管机关责成检验的。

在中国港口内的外国籍船舶有第(1)、(4)两种情形之一的也必须申请临时检验。设施因发生事故影响其安全性能的及有第(4)种情形时也要申请临时检验。

(五)拖航检验

中国沿海水域内的移动式平台、浮坞和其他大型设施进行拖带航行，起拖前所进行的检验为拖航检验。拖船在拖航前，请船检部门或保险公司的验船师，对拖航人员资历及船舶设备等进行检验。对拖船检验内容：(1)主机推进系统、辅机、操舵系统、应急发电系统、锚泊设备；(2)拖缆机刹车及其应急释放系统；(3)通信、导航、消防和救生系统；(4)高级船员的资历和证书；(5)船舶证书和各种拖具证书。对被拖船舶及被拖浮体检验内容：(1)船舶证书及保险公司投保证书；(2)被拖物为特殊结构物，则所需证书由验船师决定；(3)如为海上移动式平台，则应具有符合船检局或船级社规定的证书；(4)如为海损船舶、废旧船舶或修理尚未完工的船舶，至少应具有船检部门认可的各项证书。拖航检验一般属于公证检验范畴，《中华人民共和国船舶和海上设施检验条例》规定，凡在中国沿海水域内进行拖带航行的移动平台、浮船坞和其他大型设施，起拖前必须向船舶检验局设置的或者指定的船舶机构申请法定的拖航检验，经检验合格并获得适拖证书后，方可实施拖航作业。

(六)船用设备等的检验

中国籍船舶所使用的有关海上交通安全和防止水域污染的重要设备、部件和材料，须由船检机构进行检验。

(七)船舶吨位、载重线和乘客定员的检验

船舶检验机构对上述检验项目进行检验，认为合格后应签发相应的技术证书。这些证书分别是：客船安全证书、货船构造安全证书、货船无线电报安全证书、货船无线电话安全证书、免除证书(符合法定条件受到某项免除的船舶，除发给相应的证书外，还应发给其免除证书)、国际船舶载重线证书、船舶防污文书。

（八）强制入级检验

为了保证船舶的安全，法律规定了强制入级检验，因为是法律规定的，所以也可以将其称为法定检验，按《检验条例》第十三条规定，下列中国籍船舶必须向中国船级社申请入级检验：从事国际航行的船舶、在海上航行的乘客定额100人以上的客船、载重量1 000吨以上的油船、滚装船、液化气体运输船和散装化学品运输船、船舶所有人或者经营人要求入级的其他船舶。

四、违反船舶检验制度的行政处罚

船舶检验制度是国家法律确定的许可制度，通过检验防止不合格的船舶从事航行行为，从而保障船舶的航行安全。所以，对于违反该项制度的行为法律设定了作为法律规范后果的责任制度，即行政处罚制度。这也符合《行政许可法》规定的"准许可准监督"的原则精神。处罚种类分为未检验而从事活动和持有许可证但不依所持许可证使用两种情形，分别设定了财产处罚、行为处罚和精神处罚，而违法活动又分为非经营性行为和经营性行为，分别设置不同的处罚，经营性行为又分为有违法所得和无违法所得两种情形，分别处不同的罚款额，体现了过罚相当的法律原则。其处罚的种类如下。

（一）船舶及其上的重要设备无有效检验证书的

无相应的有效检验证书是指以下几种法定情形：无相应的检验证书；持伪造、变造、转让、买卖或租借的检验证书；所持检验证书与船舶、船舶上有关重要设备的实际情况不符；持已经超过有效期限的检验证书；其他不符合法律、行政法规和规章规定情形的检验证书。

依据《中华人民共和国海上海事行政处罚规定》（以下简称《海事处罚规定》）第十六条规定，给予以下处罚。

（1）属于非经营活动中的违法行为的，对船舶所有人或船舶经营人处以300元以上1 000元以下罚款；对船长处以200元以上1 000元以下的罚款，并扣留船员职务证书3个月至6个月。

（2）属于经营活动中的违法行为，有违法所得的，对船舶所有人或船舶经营人处以违法所得的3倍以下、最多不超过30 000元的罚款；对船长处以本人违法所得的3倍以下、最多不超过30 000元的罚款，并扣留船员职务证书12个月至24个月直至吊销船员职务证书。

（3）属于经营活动中的违法行为，无违法所得的，对船舶所有人或船舶经营人处以300元以上10 000元以下罚款；对船长处以200元以上10 000元以下的罚款，并扣留船员职务证书6个月至12个月。

(二)未经拖航检验并获核准的

《海事处罚规定》第十七条规定，大型设施和移动式平台的海上拖带，未经船舶检验机构进行拖航检验，并报海事管理机构核准，给予以下处罚。

(1)属于非经营活动中的违法行为的，对船舶、设施所有人或经营人处以300元以上1 000元以下罚款；对船长、设施主要负责人处以200元以上1 000元以下罚款，并扣留船员职务证书3个月至6个月。

(2)属于经营活动中的违法行为，有违法所得的，对船舶、设施所有人或经营人处以违法所得的3倍以下、最多不超过30 000元的罚款；对船长、设施主要负责人处以本人违法所得的3倍以下、最多不超过30 000元的罚款，并扣留船员职务证书12个月至24个月直至吊销船员职务证书。

(3)属于经营活动中的违法行为，无违法所得的，对船舶、设施所有人或经营人处以300元以上10 000元以下罚款，对船长、设施主要负责人处以200元以上10 000元以下罚款，并扣留船员职务证书6个月至12个月。

(三)实际状况与证书不符的

《海事处罚规定》第十八条规定，船舶的实际状况同船舶检验证书所载不相符合，船舶未按照海事管理机构的要求申请重新检验或采取有效的安全措施，给予下列处罚。

(1)属于非经营活动中的违法行为的，对船舶所有人或船舶经营人处以200元以上1 000元以下罚款；对船长处以100元以上1 000元以下罚款，并扣留船员职务证书3个月至6个月。

(2)属于经营活动中的违法行为，有违法所得的，对船舶所有人或船舶经营人处以违法所得的3倍以下、最多不超过30 000元的罚款；对船长处以本人违法所得的3倍以下、最多不超过30 000元的罚款，并扣留船员职务证书12个月至24个月直至吊销船员职务证书。

(3)属于经营活动中的违法行为，无违法所得的，对船舶所有人或船舶经营人处以300元以上10 000元以下罚款；对船长处以200元以上10 000元以下罚款，并扣留船员职务证书6个月至12个月。

(四)涂改或以欺骗行为获取检验证书、擅自更改船舶载重线的

《海事处罚规定》第十九条规定，涂改船舶、海上设施、货物集装箱的检验证书、擅自更改船舶载重线，或以欺骗行为获取船舶、海上设施、货物集装箱的检验证书的，撤销已签发的相应检验证书，并可以责令补办有关手续。

(五)伪造检验证书及擅自更改船舶载重线的

《海事处罚规定》第二十条规定，伪造船舶检验证书，或擅自更改船舶载重线

的，处以通报批评，并可以处以相当于相应的检验费 1 倍至 5 倍的罚款。

除上述处罚外，还可根据《行政许可法》第七十八条，第七十九条的规定，限制行政相对人在一定期限内再次申请许可。第七十八条规定，行政许可申请人隐瞒有关情况或提供虚假材料申请行政许可的，行政机关不予受理或者不予行政许可，并给予警告；行政许可申请属于直接关系公共安全、人身健康、生命财产安全事项的，申请人在一年内不得再次申请该行政许可。第七十九条规定，被许可人以欺骗、贿赂等不正当手段取得行政许可的，行政机关应当依法给予行政处罚；取得的行政许可属于直接关系公共安全、人身健康、生命财产安全事项的，申请人在三年内不得再次申请该行政许可；构成犯罪的，依法追究刑事责任。

第二节　船舶登记制度

除对于船舶进行前述的船舶检验外，还应对将要投入营运及已投入营运的船舶进行有效的管理和控制，其有效的控制方法之一就是船舶登记。通过登记来确定船舶的法律地位，同时公示并证明其实际状况。

一、船舶登记的概念和种类

(一)船舶登记的概念

船舶登记是指国家主管机关应有关当事人的申请，依法对船舶的实际状况进行记载并签发相应证明文书的行政行为。船舶登记制度是指一个国家制定或认可的以船舶登记关系为调整对象的法律、法规等一系列法律规则的组合，是国家法律制度的组成部分。

(二)船舶登记机关

一般来说，取得国籍和所有权、设置抵押权或以光船租赁形式租入船舶后，均需到船舶登记机关进行登记，船舶登记机关必须是国家授权的机关。有的国家授权海事机关，有的国家授权海事机关和一般行政机关。我国国家授权的船舶登记主管机关是中华人民共和国海事局，办理船舶登记的机关为中华人民共和国海事局在各地的分支机构。如《海上交通安全法》第五条规定，船舶必须持有船舶国籍证书，或船舶登记证书或船舶执照。《船舶登记条例》第八条第一款规定，中华人民共和国港务监督机构(现称海事局)是船舶登记主管机关。

(三)船舶登记的分类

船舶登记的做法自从 1660 年英国起源以来，各国在漫长的管理和实践中，逐步形成了多种船舶登记类型。主要有如下几种分类方式。

1. 所有权、国籍、抵押权及光船租赁登记

按照登记船舶的权利划分，可以分为船舶所有权登记、船舶国籍登记、船舶抵押权登记及光船租赁登记。

（1）船舶所有权登记。所有权是指船舶登记机关应船舶所有权人的申请，经审查依法授予船舶所有权证书的行政行为。所有权属于绝对权，权利主体是特定的，义务主体是不特定的。通过船舶所有权登记以示明船舶所有人的所有权关系，经过登记，即对所有人以外的人产生法律效力。船舶所有分为一人所有和共同共有，共同共有情况未经登记的不得对抗第三人。船舶所有权登记是其他登记的基础，其后的登记都在此基础上进行。

（2）船舶国籍登记。国籍是指一个人属于某一个国家的国民或公民的法律资格，表明一个人同一个特定国家间固定的法律联系，是国家行使属人管辖权和外交保护权的法律依据，国籍对个人和国家都具有重大意义。由于海洋在地理上的连通性及国际贸易自由化倾向，使得海上运输也呈现出国际性的特点，为维护海上运输秩序，加强对运输船舶的管理，各国在管理实践中比照自然人国籍的方式，对船舶授予国籍进行管理。

船舶国籍登记，是船舶登记机关应船舶权利人的申请，依法审查授予船舶一国国籍的行政行为。船舶国籍是船舶属于登记国的法律特征，是船舶的外部象征和标志，是授予船舶悬挂一国国旗航行的条件。

船舶国籍证书，是证明船舶国籍和船舶身份的文件，是船舶证书中最重要的一种。它是国家授予船舶悬挂本国国旗航行权利的证明。它表明船舶属于该国的财产，受该国法律的管辖和保护，也是国家对船舶行使管辖权的象征。

（3）船舶抵押权登记。船舶作为动产，可以设定抵押权，这是船东以船舶作为担保而取得贷款的有效融资手段，是动产担保机制在法律领域的体现。根据《中华人民共和国船舶登记条例》有关规定，船舶抵押权的设定、转移和消灭，应当向船舶登记机关登记；未经登记的，不得对抗第三人。《海商法》第十三条也规定："设定船舶抵押权，由抵押权人和抵押人共同向船舶登记机关办理抵押权登记；未经登记的，不得对抗第三人。"《担保法》第四十三条第二款也规定，当事人未办理登记的不得对抗善意第三人。此处所说的对抗是指就优先受偿权而言，也就是说，当两项或数项权利并存时，某项权利是否可以优先于其他权利。中国《船舶登记条例》采用的是登记对抗主义。以登记作为公示不动产物权状态的方法，也即对于船舶抵押权登记前，其抵押权只在双方当事人之间发生效力，只有经过抵押权登记后，才会对第三人有效。也就是说，如果船舶抵押权未登记，虽然双方当事人之间的债务关系仍然存在，但是却不具备船舶抵押权的优先性，抵押权人将会因为抵押权未登记而丧失优先受偿的权利。因此，为了保障抵押权人的民事权利，法律规定船舶抵押登记的制度。

所谓船舶抵押权，是指抵押权人（债权人）对于抵押人（债务人或第三人）提供的

作为债务担保的船舶，在抵押人不履行债务时可以依法以该船舶折价或者以拍卖、变卖该船舶的价款优先受偿的权利。船舶抵押权登记，是船舶登记机关应船舶所有人或者船舶所有人授权人的申请对抵押船舶的实际状况在登记册中进行记载的行政行为。

(4)光船租赁登记。光船租赁是船舶租赁的一种，与定期租船一起构成船舶租用的法律制度。期租并不转移财产的占有，期租合同的标的是运输行为，承租、出租双方的运输合同属于海商法调整的对象，而光船租赁是一种财产租赁，合同标的为船舶，且转移财产的占有，虽然船舶仍属原所有人所有，但实际上船舶为承租人所控制和经营，船舶一切活动与所有人及其所在的国家不直接发生联系，而与承租人及其所在的国家发生直接的关系，所以各国法律均规定了光船租赁登记的法律制度，对于法律上如何登记的问题各国有三种做法。

第一种，不许光船租进的外国船在本国登记，也不允许光船租赁的本国船在外国登记，船舶仍保有原国籍，这种做法对国家掌握本国的航运市场不利。

第二种，允许租进租出的船舶在本国登记，从起租之日起改变登记国籍，我国即采取这种方法。此种方法是较为折中的方法，便于国家掌握本国的航运市场，也便于国家对光船租进的船舶实施管理，但只发临时国籍证书，以区别于中国公民、法人等所有的船舶。

第三种，仅允许光船租赁的外国船舶中止原来的登记后在本国登记，给予本国国籍和允许悬挂本国国旗航行，但是不许光船租出的本国船中止本国的国籍到外国进行登记。此种方法的弊病与第一种方法相同。目前世界已基本取得一致的观点，即采用第二种方法。

关于光船租赁登记的法律效力，并不完全相同。境内和向境外出租只是确认民法上租赁权的设定，未经登记的不得对抗第三人。同时也具有中止或注销本国国籍的效力。从境外租进船舶的，除具有确认的效力外，还具有取得国籍证书的效力，未进行登记的就不能取得船舶临时国籍证书，并允许悬挂本国的国旗进行航行。经登记取得与本国船舶相同的权利，也承担相同的义务。

2. 取得、变更和注销登记

按照登记目的划分，可以分为取得登记、变更登记和注销登记。取得登记，就是所有权登记；变更和注销登记，是指当船舶所确认的法律关系发生变更或消灭时，登记项目也随之发生变化。有关当事人应申请变更登记和注销登记，以进一步确认已经变更的或已经消灭的权利义务关系。

3. 开放登记和封闭登记

按船舶登记条件的限制程度可分为开放登记和封闭登记。开放登记(Open Registry)是指对船舶登记条件不做任何限制的制度；封闭登记(Close Registry)是指对船舶登记条件实行严格限制的制度。这是当前比较常用的分类方法，也是世界各国主要的两种登记类型，我国属封闭登记国。

二、法定船舶登记的法律依据

对船舶进行登记管理是各国的普遍做法，除运用国内法进行规范外，也运用国际法予以规范。

（一）国际公约

对船舶登记行为进行规范的国际公约有三个。

1. 1958 年《日内瓦公海公约》

联合国 1926 年 4 月 10 日第一次海洋法会议上制定的 1958 年《日内瓦公海公约》对船舶登记制度作出了规定，其第五条对于船舶国籍问题规定如下："每个国家应确定对船舶给予其国籍、船舶在其领土内登记以及船舶悬挂本国旗帜的权利的条件。船舶具有被授权悬挂其旗帜的国家的国籍。国家和船舶之间必须具有真正的联系，特别是，一国必须对悬挂其国旗的船舶有效地行使行政、技术和社会问题上的管辖和控制。每个国家应向给予悬挂本国旗帜权利的船舶颁发相应的文件。"这一规定赋予成员国对本国船舶进行登记并授予国籍的权利，同时也规定船旗国要对本国船舶进行有效控制的义务，目的是为了维护公海上的法律秩序。为了明确船舶在公海上的管辖权，第六条又规定："1. 船舶应只悬挂一国的旗帜航行，而且除国际条约或本公约各条明确规定的例外情形外，在公海上应受该国的专属管辖。除所有权确实转移或登记变更的情况外，船舶在航行期间或在挂靠港，不得变更其旗帜。2. 悬挂两国或两国以上的旗帜航行并视方便而换用旗帜的船舶，对任何其他国家不得声称属其中任一国籍，并可视同无国籍的船舶。"

2. 1982 年《联合国海洋法公约》

1973 年至 1982 年召开的第三次联合国海洋法会议通过了 1982 年《联合国海洋法公约》，其中关于船舶登记的条款如下。

第九十一条关于船舶的国籍中规定："每个国家应确定对船舶给予国籍、船舶在其领土内登记及船舶悬挂该国旗帜的条件。国家和船舶之间必须有真正联系。每个国家应向其给予悬挂该国旗帜权利的船舶颁发给予该权利的文件。"为了规范船旗国履行公约规定的义务，公约进一步在第九十四条中规定了船旗国的义务。

其一，船旗国应该对本国船舶有效地行使行政、技术及社会事项上的管辖和控制。

其二，船旗国保持一本船舶登记册，载列悬挂该国旗帜的船舶的名称和详细情况，但因体积过小而不在一般接受的国际规章规定范围内的船舶除外；船旗国应该根据国内法，就有关每艘悬挂该国旗帜的船舶的行政、技术和社会事项，对该船及其船长、高级船员和船员行使管辖权。

其三，船旗国应该对本国船舶在(a)船舶的构造、装备和适航条件；(b)船舶的人员配备、船员的劳动条件和训练，同时考虑到适用的国际文件；(c)信号的使用、通信的维持和碰撞的防止方面采取必要的措施，以保证海上安全。

其四，为保证上述措施的实施应进一步采取下列措施：(a)每艘船舶，在登记前及其后适当的间隔期间，受合格的船舶检验人的检查，并在船上备有船舶安全航行所需要的海图、航海出版物以及航行装备和仪器；(b)每艘船舶都由具备适当资格，特别是具备航海技术、航行、通信和海洋工程方面资格的船长和高级船员负责，而且船员的资格和人数与船舶种类、大小、机械和装备都是相称的；(c)船长、高级船员和在适当范围内的船员，充分熟悉并须遵守关于海上生命安全，防止碰撞，防止、减少和控制海洋污染和维持无线电通信所适用的国际规章。也就是要求成员国对本国登记的船舶要进行安全监督检查，对船员要进行考试发证，保证船员的适任。

其五，每一国家采取其三、其四要求的措施时，须遵守一般接受的国际规章、程序和惯例，并采取为保证这些规章、程序和惯例得到遵行所必要的任何步骤。也就是要求成员国在对船舶和船员进行管理时，要遵守国际法的规定。

其六，一个国家有明确理由相信对某一船舶未行使适当的管辖和管制，可将这项事实通知船旗国。船旗国接到通知后，应对这一事项进行调查，并于适当时采取任何必要行动，以补救这种情况。这一规定明确了港口国对船舶进行检查时，可通过登记证书明确船旗国，以便于与船旗国联系。

其七，每一国家对于涉及悬挂该国旗帜的船舶在公海上因海难或航行事故对另一国国民造成死亡或严重伤害，或对另一国的船舶或设施、海洋环境造成严重损害的每一事件，都应由适当的合格人士一人或数人或在有这种人士在场的情况下进行调查。对于该另一国就任何这种海难或航行事故进行的任何调查，船旗国应该与另一国合作。通过船舶登记，可以使事故的受害国能够找到船旗国并与之进行合作处理事故。

3. 1986 年《联合国船舶登记条件公约》

由于方便旗船带来的弊端，国际社会意识到船旗国有义务根据真正联系原则对悬挂其国旗的船舶有效地行使管辖和控制。1986 年 2 月 7 日，109 个国家和 24 个国际组织的代表在日内瓦签订了《联合国船舶登记条件公约》。公约中明确规定：船旗国与其船舶应有某种程度上的经济联系，即在船舶所有权问题上，船旗国应有资金参与；船旗国与船舶上的船员应有一定的国籍联系，即船旗国应配备本国船员在其船上工作；船旗国和其船公司在管理上有某种联系，即船旗国内的船公司至少有本国的代表或管理人。

公约的主要内容如下。

第四条　总则。为了维护航行秩序，公约在第四条总则中就规定："船舶应仅悬挂一国的旗帜航行……除所有权确实转移或变更登记的情况外，船舶在航程中或在挂靠港内不得更换其旗帜。"

第五条　国家海事主管机关。为了执行公约和国内法，成员国应设国家海事主管机关对船舶和船上人员进行管理，执行所适用的国际规则和标准，尤其是关于船舶和船上人员的安全及防止海洋环境污染的国际规则和标准。登记国须掌握与悬挂其国旗的船舶有关的、为充分识别身份和确定责任所需的全部有关资料。

第六条　识别身份和确定责任。为了识别船舶所有人的身份，登记国应在其船舶登记簿中记入有关船舶及其所有人的资料。并应采取必要的措施，确保悬挂其国旗的船舶的所有人、经营人或对该船的管理和经营承担责任的其他任何人的身份容易为具有合法权益获取此类资料的人所识别。还须采取必要措施确保在其船舶登记簿上登记的船舶，其所有人或经营人的身份能充分识别，以便使其承担全部责任。为了保证这一规定的实现，船舶登记簿应依法供具有合法权益获取其中所载资料的人查阅，为了使港口国更容易识别船舶的身份，船旗国还要确保悬挂其国旗的船舶携带包括有关船舶所有人、经营人或对船舶经营承担责任的人的身份资料的证件，并向港口国当局提供此类资料。

第七条　船旗国在船舶登记后须颁发证书，作为船舶登记的证明。船舶要保持一份航海日志。

第八条　船舶所有权。船旗国须在其法律和规章中，对悬挂其国旗的船舶的所有权作出规定。而且，这些法律和规章应充分使船旗国能够对悬挂其国旗的船舶有效地行使管辖和控制。

第九条　船舶人员配备。公约要求登记国原则上应该使悬挂登记国国旗的船舶所配备船员中，其本国国民，或在其境内设有住所，或合法永久居住该国的人应占有令人满意的比例。还要保证悬挂其国旗的船舶的船员在资质水平、船员雇用条款和条件、民事纠纷解决程序、本国国民和外国海员的平等机会等方面符合国际法与国内法的要求。

第十条　船旗国在管理船舶所属公司和船舶方面的作用。为了保证船舶与登记国具有真正的联系，公约要求登记国须确保，在船舶登记之前，要依法在其境内设立船舶所属公司或船舶所属子公司和/或在其境内设有该公约的主要营业所。如果在船旗国境内没有设公司或主要营业所的，要在船舶登记之前，有一名正式得到授权以船舶所有人的名义和为其利益行事的，身为船旗国国民或在其境内有住所的人担任代表人或管理人。

登记国应通过使船舶参加保险的方式，确保船舶管理或经营人员能履行经营行为引起的财务责任。此外，登记国还应确保采用诸如海事优先权、互助基金、工资保险、社会保障体制或承担责任者(不论其为所有人或经营人)所属国的适当机构提供的任何政府担保。以偿付悬挂其国旗船舶上雇主拖欠所雇船员的工资和有关费用。

第十一条　船舶登记簿。登记国应保存一份登记簿，且使船舶应以所有人或以光船承租人的名义进行登记。

登记簿的记载事项如下：

(a)船舶名称，和以前所有的名称及船籍；

(b)船舶登记地点或港口、或者船籍港以及该船官方登记号码或识别标志；

(c)指定的船舶国际呼号；

(d)船舶建造厂名称、建造地点和建造年份；

(e)船舶的主要技术性数据；

(f)所有人的姓名、地址，并视情况载明船舶所有人或每一所有人的国籍。

此外，除非在船旗国登记官随时可查阅的其他公开文件已有记录，否则还须载明：

(g)船舶以前的登记注销或中止的日期；

(h)如国家法律和规章允许光船租进的船舶登记，则载明光船承租人的姓名、地址，并视情况载明其国籍；

(i)任何抵押或国家法律和规章规定的船舶的其他类似债务的情况。

此外，这种登记簿还应载明：

(a)如果有一个以上所有人，每个所有人拥有的船舶所有权份额；

(b)如经营人不是所有人或光船承租人，载明经营人的名称、地址，并视情况载明其国籍。

为防止双重国籍船舶的出现，公约在该条第四款中规定国家在船舶登记之前，应确保该船注销已有的登记。光船租进的船舶凭证据表明悬挂前船旗国国旗的权利已中止。

第十二条　光船租赁。公约规定国家可依本国法律准许本国的承租人以光船租进的船舶在租赁期内进行登记并享有悬挂其国旗的权利。应确保以光船租进并悬挂其国旗的船舶完全受其管辖和控制。

公约虽然没有达到生效要件，但公约确定的制度在许多国家的国内法中有所体现，如关于登记簿的规定，关于光船租赁登记制度等。

(二)国内法

现行船舶登记的法律依据主要是1994年6月2日颁布，1995年1月1日起施行的《中华人民共和国船舶登记条例》。当时为适应社会经济发展形势的需要将1960年的《船舶登记章程》和《1987年的海船登记规则》合并为一体，同时参考当时《企业法》的思路，将船舶国籍与船舶所有权分离。条例颁布之后，对我国航运业的发展起到了积极的作用。新中国成立以来中国的船舶登记法律依据发生了如下的变化。

1.《船舶登记章程》

《船舶登记章程》由交通部于1960年9月6日发布，1960年11月1日施行。共五章28条：第一章总则共8条，包括制定章程的目的、适用范围、登记机关、航行权、登记记录内容等；第二章所有权登记共7条，包括申请要求、登记证书的效力、证书内容以及临时登记证书的核发等；第三章变更和注销登记共6条，对船舶所有人、船籍港等项目的变更及船舶灭失或所有权转移后进行注销作了要求；第四章共 4 条规定了登记证书的换发、补发程序，第五章附则共 3 条。

2.《中华人民共和国海船登记规则》

《中华人民共和国海船登记规则》由交通部于 1986 年发布，共 9 章 44 条，较《船舶登记章程》在总则中增加了一条关于在中国籍船舶上任职的船员应为中国公民的要求；增加了有关国籍证书及船舶航行权内容的单独一章，但未做实质性的改动；增加了关于船舶抵押、租赁登记内容的一章；增加了船舶登记费用和公告费用收取标准的一章内容；增加了有关罚则内容。

3.《中华人民共和国船舶登记条例》

《中华人民共和国船舶登记条例》，共十章 59 条。较《船舶登记章程》和《中华人民共和国海船登记规则》最突出的变化或最显著的特点有两个方面：一是将所有权和航行权分离，其证书一分为二，有关船舶国籍的规定有了实质性的内容；二是对境外出资的船舶提出了额度限制（外商出资额不得超过 50%）。条例中 50% 资本额的限制，配备船员的限制，以及船舶不得具有双重国籍的规定，体现了中国采用的是严格登记制度。

三、船舶登记行为的法律性质

船舶登记行为是行政机关依申请的行政行为，虽然船舶登记行为都属于行政行为，但其性质却是不完全相同的，也即船舶登记因种类不同，性质也不完全相同。国籍登记属于许可式登记，而船舶所有、抵押和租赁权登记则属于确认式登记。二者的区别标准可以考虑如下因素。

第一，与相对人行为的关系不同。许可的获得就是相对人获得了从事某种活动的权利能力或行为能力，也即许可是行政相对人从事相关活动的前提。未经许可而从事相关活动就属于违法行为。确认式登记是相对人的相关活动在先，不经登记相对人也可以从事相关活动。

第二，登记行为的效力不同。许可式登记是行政权利的获得，而确认式登记在于民事权利的确认并公示，相对人的权利并未增加。

第三，登记的目的不同。许可式登记的目的在于通过赋予船舶航行权，实现行政管理秩序，而确认式登记的目的在于通过公示民事法律关系的状况，以保护相关民事法律关系当事人的权利。也就是在于确认民事法律秩序。如防止现实中出现的一物两卖，无限制地设定抵押权，导致抵押权人的权利不能实现。也就是说确认式登记的目的在于实现法律的"定纷止争"，保障交易安全之功能。

（一）船舶国籍登记是行政许可行为

行政许可，是指在法律规范一般禁止的情况下，行政主体根据行政相对人的申请，经依法审查，通过颁发许可证或者执照等形式，依法作出准予或者不准予特定的行政相对人从事特定活动的行政行为。① 在船舶国籍登记中，由申请人提交申请材料，行政机关经审查后确立船舶是否具有从事航行活动的资格。船舶国籍证书是依据国内法取得船舶航行权的许可证明。船舶未取得国籍不能从事航行行为，未取得国籍的船舶在领海上航行，沿岸国可依据国内法予以没收，在公海上航行，各国的军舰都可以对其进行检查并予以逮捕。

（二）船舶所有权、抵押权和租赁权的登记是行政确认行为

船舶所有权、抵押权和租赁权都是民法规定的民事权利，登记虽然是一种行政行为，但登记行为并不能创设新的权利，只是对现有的民事权利进行确认，是一种行政确认行为。所谓行政确认是指行政主体依法对行政相对人的法律地位、法律关系或者有关法律事实进行甄别，给予确定、认可、证明（或者否定）并予以宣告的具体行政行为。确认的效力在于当两项权利发生冲突时，取得登记者为有效，对此，《海商法》第九、十、十三条都作出"未经登记不得对抗第三人"的规定。《船舶登记条例》第五条规定："船舶所有权的取得、转让和消灭，应当向船舶登记机关登记；未经登记的，不得对抗第三人。船舶由两个以上的法人或者个人共有的，应当向船舶登记机关登记；未经登记的，不得对抗第三人。"《物权法》第二十四条规定："船舶、航空器和机动车等物权的设立、变更、转让和消灭，未经登记，不得对抗善意第三人。"由此可以看出，《物权法》的规定改变了《担保法》中确立的对船舶等运输工具实行登记生效主义的原则，从基本民事制度上对《船舶登记条例》和《海商法》中确立的登记对抗主义原则给予了肯定和完善。

从上述法律规定的情形来看，取得登记的民事权利即产生对抗第三人的效力，因此这种确认是对当事人权利的一种事先保护，对预防并减少各种纷争，起着重要的作用。

四、船舶登记的意义

（一）取得航行权

海洋运输产业是通过船舶运输货物，赚取运费来予以维系的产业，而船舶运输的过程必然伴随着船舶的航行，所以船舶的航行权可以说是海运经营者的主体资格，由于海洋水体资源的连续性及不可分割性，船舶航行权的取得不只由一国国内法赋予，还要受国际法的调整。因为船舶虽然属于一国国内企业所有，并由国内法授予国籍，但船舶在运输过程中却有可能跨越国境，在公海及他国领海上航行，并进入他国的领海、内海及内河，进行运输及装卸货物，如果船舶航行权仅靠国内法规范的话，航行权是要受到他国抵制的，只有通过国际社会普遍承认的规则对船舶

① 姜明安：《行政法与行政诉讼法》，北京，北京大学出版社，2007，第259页。

的航行权予以规范，船舶的航行权才能受到各国的保障，因此，船舶航行权与一个国家的主权密切相关，正因为如此，《联合国海洋法公约》第九十条规定："每个国家，不论是沿海国或内陆国，均有权在公海上行驶悬挂其旗帜的船舶。"此外，还规定了船舶在领海、国际航行海峡的"无害通过权"及"过境通行权"。

上述规定说明，一国授予船舶国籍并在海上航行的权利，是一个国家主权范围内的事项，而授予国籍的条件和程序也是各国国内法规定的事项，所以船舶国籍登记的意义在于取得航行权，其航行的范围包括公海、领海、专属经济区、国际航行海峡及在取得他国许可情况下的内海、内河等。

综上所述，船舶只有通过登记取得国籍，才能悬挂登记国国旗航行，而没有航行权的船舶是不能实现船舶价值的，企业的经营活动也无从进行。因此，目前世界各国法律都要规定船舶必须进行国籍登记。

(二)确定船名和船员构成

船名，是在法律上将船舶特定化的手段，通过确定船名，便于船舶活动和国家对船舶进行监督管理，一艘船舶在航行过程中都要从事各种经济和业务活动，必然与公司、港口、货主、代理、海事主管机关及其他船舶发生各种关系，需要有独立的法律地位和名称，通过船舶的名称，将特定的一部分人(以船长为首的乘组员)与某一特定的物(船舶)集合在一起，来实现船舶的航行权，并且也可以通过确定船名的管理方式使债权人通过直接对特定船舶行使优先权的方式实现海事债权。

关于船员的构成问题，体现了一个国家的航运政策，目前对船员构成，各国均有不同的要求，由船舶登记国确定，有的国家规定船长必须由本国公民出任，其他职位可雇用外籍船员，我国《船舶登记条例》规定，中国籍船舶上的船员应当由中国公民担任，确须雇用外国籍船员的，应当由交通部批准。

(三)便于国家对船舶的监督管理

船舶登记，是海事行政权力主体对船舶进行的事前管理行为，使航运企业的生产活动能够在国家的监督之下进行，通过对取得其国籍的船舶实施行政、技术和社会事项的管辖和控制，为船舶的安全运营提供保障。[①]

(四)推行本国航运政策的重要手段

各国为了发展本国海运业，根据各自的国情制定并实施相应的船舶登记制度，包括对船舶的构造、设备、适航等有一定的技术条件限制，并通过放宽或强化限制的方式来吸引或排斥外国船舶在本国登记。

---

① 孙光圻、王杰：《国际海运政策》，大连，大连海事大学出版社，1998，第297页。

（五）确定船舶的管辖权

船舶国籍登记，确立了船舶与登记国的管辖与被管辖关系。国家可凭借国籍对船内发生的刑事、民事纠纷行使司法管辖权。如《联合国海洋法公约》第二十七条（外国船舶上的刑事管辖权）规定，除经船长请求及罪行的后果及于沿海国、罪行属于扰乱当地安宁或领海的良好秩序的性质或这些措施是取缔违法贩运麻醉药品或精神调理物质所必要的情形外，沿海国不应在通过领海的外国船舶上行使刑事管辖权，以逮捕与在该船舶通过期间船上所犯任何罪行有关的任何人或进行与该罪行有关的任何调查。第二十八条第一款又规定："沿海国不应为对通过领海的外国船舶上某人行使民事管辖权的目的而停止其航行或改变其航向。"上述规定说明，船旗国对船内发生的刑事和民事案件行使管辖权。此外，船旗国还可凭借船舶国籍对悬挂其旗帜的船舶行使外交保护权。

（六）确定船舶关系人的权利

只有经过登记的船舶权利才能得到确认而具有排他性。

五、船舶开放登记制度

（一）船舶开放登记的概念

船舶开放登记，又称方便旗（Flag of Convenience）制度，指允许外国船东和外国人控制的船舶在本国登记，并提供对船东较为方便和适宜的登记要求和条件的一种船舶登记制度。

（二）船舶开放登记的特点

（1）允许登记的船舶由非登记国的公民所有和管理。

（2）船舶登记手续简便，一般在驻外领事级的机构即可办理。

（3）只收登记费和年度费用，征税较低。

（4）准许船舶自由配备外国籍船员。

（5）船旗国无权控制船公司，对登记船舶实施松散的或有名无实的监督管理；船旗国和船舶所有人之间只存在象征性关系。

（6）允许登记船舶具有双重国籍，公司法简单，自治性较强。

（7）不强制实施船旗国的规章制度，无沿海运输限制。

（8）船旗国不得征用任何登记船舶。

（三）船舶开放登记制度产生的原因及历史发展

船舶开放登记制度是应各国经济利润最大化和政治敌对国家之间经济交往的需

要而产生的，早期方便旗船的产生可以追溯到 16 世纪，主要是为了方便国际贸易交往。如英国船东，为方便与处于西班牙控制下西印度群岛从事贸易，经常悬挂西班牙的国旗航行。

现代方便旗船始于第一次世界大战之前，以船东为其拥有的船舶在其本土之外的国家进行登记为标志。最早正式实行开放登记的国家是巴拿马。1927 年，巴拿马修正了 1916 年《商法》，明文规定非居住在该国境内的外国人可以在巴拿马进行船舶登记或成立公司，并将船舶在巴拿马登记及注册，从而使方便旗制度有了合法地位。后来，洪都拉斯也加入了开放登记国的行列。

第二次世界大战结束后，方便旗船队发展迅速，1948 年 12 月，利比里亚颁布了《利比里亚海运法》。此后，哥斯达黎加（1953—1960 年）、黎巴嫩（1960 年）、索马里（1968 年）一度都成为开放登记国，却由于战乱等原因未能继续下去。从第一次世界大战到第二次世界大战前，方便旗船的数量并不多，如 1939 年世界方便旗船队的总量不到 80 万总吨，仅占世界总商船队的 1.2%，但到第二次世界大战爆发后，方便旗船队却以年均 16% 的速度增长，到 1948 年，已占到世界总商船队的 3.8%，达到 304 万总吨。到今天其总载重吨约占世界商船总载重吨的 1/3，对世界航运市场产生了巨大的影响。第二次世界大战后，方便旗船队高速度增长的原因主要如下。

船舶开放登记制度产生的原因可以从船舶所有人和开放登记国（船旗国）两个方面考察。

1. 从发达国家船东方面来看

避开母国的不利条件，利用开放登记国提供的有利因素。也就是要避开母国在财税、金融方面、船舶技术条件的监督检查方面、船员劳动条件方面及政治和航运政策方面的不利条件，同时利用开放登记国在船舶营运的费收、税收方面的优惠、登记条件和手续方面的宽松便捷、船舶技术条件和营运管理方面的放松、船员国籍及船员劳动条件方面规制的缓和。

2. 从方便籍的授籍国方面来看

开放登记制度对开放登记国也是有利可图的，这些利益表现为以下方面。

（1）可以满足本国海运需求。开放登记国都是一些小国家，由于船舶资本的巨额性，造船和买船资金不足，吸引国外的船舶来本国登记，即可以满足本国沿海运输的需求，也可以扩大第三国航线的运输活动。

（2）增加本国船员的就业机会。一些方便旗国家要求来本国登记的船舶要雇用本国籍船员，以此来增加本国船员的就业机会。

（3）增加国家财政收入、获取外汇和改善国际收支。开放登记国一般是没有或很少有自己船队的小国，用低吨税、低标准与宽松的登记条件吸引外国船东来登记方便旗船，形成庞大的开放登记船队，依靠吨税收入，作为国民经济重要的收入来源。

（4）增强国家影响力。一个国家船舶登记簿上拥有大规模的船队，无形中提高了该国家的国际地位。如巴拿马就凭借其方便旗船的地位，在国际海事组织中当选为 A 类理事国。现在许多海事条约都规定由国家和批约国家拥有的船舶吨位之和达到一定数量的生效要件，由于方便旗国家的船舶登记吨位占世界船舶总吨位的比例都很高，所以，它们的态度对公约生效条件的满足起到重要的作用。

3. 从发展中国家方面来看

在 20 世纪八九十年代，由于发展中国家船队在国际航运市场上的劣势地位和 WTO 的影响，发展中国家放弃航运保护政策，制定了特殊的航运、金融和税收政策，鼓励本国船舶入方便船籍。在提高本国航运企业在国际航运市场上竞争力的同时又减少了对它们的财政补贴。

4. 从战后国际政治格局的发展看

一些国家和地区为了避免与其政治敌对国家在贸易上的直接交往，它们往往借助方便旗船间接地与其进行贸易交往。

(四)方便旗船制度带来的法律问题

方便旗船制度在给相关方面带来一定利益的同时，也会带来一系列的问题，具体如下。

1. 降低船舶技术标准，危及海上安全及海洋环境

由于开放登记国无能力也无愿望对其船舶进行有效的安全检验、监督和管理，切实执行有关规范，必然导致方便旗船技术状况低下，航行事故多发。

2. 船员权益难以保障

船舶开放登记制度产生的原因之一就是船东为了降低船员的劳动条件，以节约成本支出，因此，受雇于方便旗船上的船员在工资、福利等方面都没有可靠的保障。

3. 海运欺诈频频发生，严重扰乱了国际航运市场秩序

海运欺诈案件有半数至 3/4 涉及悬挂开放登记国国旗的船舶。这种事实不是偶然的。一方面，方便船籍国在内部管理上受种种因素的影响，对申请登记船舶具体规范的真伪核实不严。一些船东肆无忌惮地公然伪造船名，提供有关船舶规范的全套假材料。另一方面，由于合法船东(也叫登记船东或注册船东，指在登记国船舶登记册上登记为船舶所有人的自然人或法人)、经营船东(指所有人或光船承租人，或经正式转让承担所有人或光船承租人的责任的其他任何自然人或法人)和实际受益船东的关系十分混乱。真正船东一般只是在方便船籍国设立的一个无资金信誉的"皮包公司"作为合法船东，而其自己的资产却在授籍国外，同时又可能把经营权授予经营船东，于是真正船东的身份很难确定。一旦欺诈事件发生后，真正船东很容易逃避法律制裁。

(五)对开放登记的限制

由于开放登记及方便旗船引起了上述诸多问题，在海洋法、海商法领域，各国

学者进行了大量研究工作，以期对其限制，同时有关立法，尤其是国际海事统一立法，也对此问题进行了法律方面的规制。

1. 联合国立法

《1958年日内瓦公海公约》、《1982年联合国海洋法公约》及《1986年联合国船舶登记条件》公约均规定了"真实联系"原则，强调船籍国与其船舶之间应存在真实的联系。船旗国要对其船舶在技术、行政和社会事项方面进行有效的控制。该原则是由欧洲经济合作组织（OEEC）在20世纪50年代酝酿并提出的，目的在于抑制或消灭方便旗船大量存在的现象。

2. 国内立法

部分国家，如瑞典，禁止其国家所有的船舶在开放登记国登记。

3. 国际海事组织和国际劳工组织的立法

国际海事组织已经在50多项公约中对船舶和船员进行法律规制，其中主要有《1974年国际海上人命安全公约》和经修订的《1972年国际海上避碰规则公约》以及经修订的《1978年海员培训、发证和值班标准国际公约》。这三大公约对于船舶安全、人身保安和船舶质量管理、海员培训和适任要求制定了统一的国际标准，并且通过港口国海上安全监督机关的监督检查方式，统一实施上述公约规定的统一标准。在一定程度上限制了开放登记。同时国际劳工组织和国际运输工人联合会等劳工组织，从维护船员利益角度出发，对方便旗船采取抵制态度，支持船员对船东提起劳动争议诉讼，也在一定程度上限制了开放登记的发展势头。国际劳工组织2006年通过的《海事劳工公约》也采用了不给非缔约国船舶以更优惠待遇的方式来促进公约的实施，该公约生效后对方便旗船也会起一定的约束作用。

（六）中国船舶海外登记的概况

近年来中资船舶在境外注册、悬挂外旗经营的比例也有所上升，占国际海运船队总吨位的56%左右。针对中资船舶在境外登记悬挂方便旗营运所引发的相关问题，中国采取了特案免税政策，对符合条件的船舶免征国税和进口环节增值税，鼓励中资船舶移回本国国籍。2008年6月12日，根据国务院批准的特案免税政策和财政部实施意见，交通部发布了《关于实施中资国际航运船舶特案免税登记政策的公告》，规定从2008年7月1日起，两年内申请办理报关进口的，免征关税和进口环节增值税。根据政策，申请特案免税的中资船舶应在2005年12月31日以前已在境外登记过；船龄限制在4—12年的油船（包括沥青船）、散装化学品船等、6—18年的散货船、矿砂船等、9—20年的集装箱船、杂货船、多用途船、散装水泥船等。这些船龄主要指船舶自建造完工之日起至2007年7月1日的年限。截至2008年11月4日，共44艘船舶获准享受特案免税登记政策，船舶吨位总数近200万载重吨。"中资国际航运船舶特案免税登记政策"实施两年半来，五星旗国际航行船舶的登记艘次增加了，中国船队规模扩大了，但还有1500多艘中资船舶在外国和地区注册。

六、中国船舶登记的程序

船舶登记行为是行政主体的行政行为，行政行为的合法性原则要求行政行为不仅要合乎实体法的规定，也要合乎程序法的规定，所以船舶登记必依据程序来进行。船舶登记的程序也是因为船舶登记的种类不同而不同，但因其属于依申请的行政行为，所以其基本程序就是申请和受理、审查与决定四个步骤。

(一)船舶所有权登记程序

1. 申请和受理

我国的船舶所有权人可以是中国公民或中国法人，也可以是中外合资企业，其中中方投资不得低于50％。所有权登记应提交下列文件。

(1)购船发票或船舶的买卖合同和交接文件。在建船舶仅需提供船舶的建造合同。船舶所有权的取得、转让和消灭，以及船舶共有的情况，都应向登记机关登记，否则，不得对抗第三人。因继承、赠与、依法拍卖以及法院判决取得的船舶申请船舶所有权登记的，应当提供具有相应法律效力的船舶所有权取得的证明文件。

(2)原船籍港船舶登记机关出具的船舶所有权登记注销证明书。

(3)未进行抵押的证明文件或者抵押权人同意被抵押船舶转让他人的文件。关于"未进行抵押的证明文件"，在国内买卖船舶时由原船籍港登记机关出具；从境外购进船舶时由境外原船籍港登记机关出具或由境外公证机关出具，并应经我国驻外使领馆签证。

2. 审查与登记

船舶登记机关应当对船舶所有权登记申请进行审查核实，按许可法的规定，登记机关在登记前，要对登记申请人提供的材料进行审查，以确定是否符合法定条件，并决定是否予以批准。行政机关在对许可申请进行审查时，采用两种方法，一为实质审查，二为形式审查。形式审查是就申请人的申请是否符合程序法上的形式条件进行的审查，如审查申请的文件、手续形式是否符合法律规定的要求，文件、手续是否齐全，文件、手续是否清楚明晰等。其特点是不对文件记载的实体权利状况进行实地核查；实质审查则是指登记机关就申请人的申请的真实性、合法性进行审查。如通过调查、了解、实地勘查、核对权利文件等方法，确定权利是否存在，权利的变更、移转是否合法，申请登记的权利与客观事实是否相符，权利要求的范围是否符合实体法的规定，并作出能否准予登记的结论。按许可法的要求，对于登记申请材料的审查只限于形式审查，申请人对材料的真实性负责。

我国船舶登记实行初审、复审和批准三级审批制度。且空白船舶登记证书保管人、船舶登记专用章保管人和船舶登记初审人分由不同的人员担任。实施三级审查的优势在于能有效维护船舶的安全营运，实现对船舶的监督管理，这也是与我国船舶登记采形式审查主义相适应的。

我国船舶登记机关受理申请人的申请后，由初审人确认申请填写的内容与所附材料相一致，并按照《条例》及相关文件的要求对申请人所提交的材料进行审核。签上初审意见后转由复审人审核，复审人确认申请书填写的内容与所附材料相一致，并按照《条例》及相关文件的要求对申请人所提交的材料进行审核，作出是否同意登记的意见，若同意则转入审批，若不同意则退回材料。审批人核查申请书主要内容及《审批单》，在确认有关内容准确无误的情况下审批发证。由此可见，虽然我国的船舶登记程序历经初审、复审和审批三级审核，该审查仍属形式审查。

对符合法定条件的，应当自收到申请之日起 7 日内向船舶所有人颁发船舶所有权登记证书，授予船舶登记号码，并在船舶登记簿中载明下列事项：

(1)船舶名称、船舶呼号；

(2)船籍港和登记号码、登记标志；

(3)船舶所有人的名称、地址及其法定代表人的姓名；

(4)船舶所有权的取得方式和取得日期；

(5)船舶所有权登记日期；

(6)船舶建造商名称、建造日期和建造地点；

(7)船舶价值、船体材料和船舶主要技术数据；

(8)船舶的曾用名、原船籍港以及原船舶登记注销或者中止的日期；

(9)船舶为数人共有的，还应当载明船舶共有人的共有情况；

(10)船舶所有人不实际使用和控制船舶的，还应当载明光船承租人或者船舶经营人的名称、地址及其法定代表人的姓名；

(11)船舶已设定抵押权的，还应当载明船舶抵押权的设定情况。船舶登记机关对不符合本条例规定的，应当自收到申请之日起 7 日内书面通知船舶所有人。

(二)船舶国籍登记的程序

1. 申请

船舶首先要进行所有权登记，然后持所有权证书办理船舶检验，获得船舶技术证书，在所有权证书和船舶技术文件齐备的情况下可办理国籍登记，由船籍港登记机关发给船舶国籍证书。船籍港确定的由船舶所有人依据其住所或者主要营业所在地方就近选择，但是同一船舶所有人对其全部所有或经营的船舶，都只能按地理概况就近选择同一个港口作为船舶登记港，并在同一个船舶登记机关办理船舶登记。

国际航行的船舶申请船舶国籍登记，应提交下列文件：

(1)国际吨位丈量证书；

(2)国际船舶载重线证书；

(3)货船构造安全证书；

(4)货船设备安全证书；

(5)客船定额证书；

（6）客船安全证书；

（7）货船无线电报安全证书；

（8）国际防油污证书；

（9）船舶航行安全证书；

（10）其他有关技术证书。

国内航行的船舶，应提供法定的检验机关签发的船舶检验证书和其他有效的船舶技术证书。

2. 审查与登记

我国船舶国籍证书的有效期是 5 年，临时船舶国籍证书的有效期是 1 年，光租船舶的临时证书最长不得超过 2 年，如合同超过 2 年，则需重新办理。临时国籍登记发生在向境外出售新船、从境外购进新船、境内异地造船、境外建造以及光船租进的情形。临时国籍证书与国籍证书有同等的法律效力。

（三）船舶抵押权登记程序

1. 申请

20 总吨以上的船舶抵押权登记应提交下列文件：

（1）抵押双方签字的申请书；

（2）船舶所有权登记证书或者建造合同；

（3）船舶抵押合同。共有船舶还应当提供 2/3 以上份额或约定份额的共有人的同意证明文件。船舶抵押金额不得超过船舶价值。

2. 审查与登记

主管机关对经审查符合法定条件的，船籍港船舶登记机关应当自收到申请之日起 7 日内将有关抵押人、抵押权人和船舶抵押情况以及抵押登记日期载入船舶登记簿和船舶所有权登记证书，并向抵押权人核发船舶抵押权登记证书。船舶抵押权登记，包括下列主要事项：

（1）抵押权人和抵押人的姓名或者名称、地址；

（2）被抵押船舶的名称、国籍，船舶所有权登记证书的颁发机关和号码；

（3）船舶登记机关应当允许公众查询船舶抵押权的登记状况，所担保的债权数额、利息率、受偿期限。

船舶抵押权转移时，抵押权人和承转人应当持船舶抵押权转移合同到船籍港船舶登记机关申请办理抵押权转移登记。对经审查符合法定条件的，船籍港船舶登记机关应当将承转人作为抵押权人载入船舶登记簿和船舶所有权登记证书，并向承转人核发船舶抵押权登记证书，封存原船舶抵押权登记证书。办理船舶抵押权转移前，抵押权人应当通知抵押人。同一船舶设定两个以上抵押权的，船舶登记机关应当按照抵押权登记申请日期的先后顺序进行登记，并在船舶登记簿上载明登记日期。登记申请日期为登记日期；同日申请的，登记日期应当相同。

(四)光船租赁登记

下列情形，出租人、承租人应办理光船租赁登记：

(1)中国籍船舶光租给本国企业；

(2)中国企业光船租进外籍船舶；

(3)中籍船舶光船租至境外的。

光船租入应提交下列文件：

(1)光船租赁合同正、副本；

(2)法定的船舶检验机构签发的有效船舶技术证书；

(3)原船籍港船舶登记机关出具的中止或注销船舶国籍证明文件或者将于重新登记时立即中止或注销船舶国籍的证明书。

对符合条件的，发给光船租赁登记证书，同时发给临时国籍证书，并在船舶登记簿上载明原登记国。由此可见，我国不允许船舶双重登记或平行登记。

(五)船舶登记费用

船舶登记时，应交纳登记费、证书费和公告费等。船舶所有权登记费按船舶，每0.5元/净吨计收(最低200元起)，无登记年费，船舶临时登记费为200元/次，抵押登记费按抵押金额的1‰计收，公告费按实际支付金额收取，以江苏为例。

(1)船舶所有权登记：基数200元(未满50净吨的船舶，基数为100元)，按船舶净吨加收，每净吨收1元。超过1万净吨的，超过部分减半收费；拖轮每千瓦收0.50元。

(2)船舶临时登记：未满1 000净吨船舶200元，1 000净吨(含1 000净吨)以上船舶400元。

(3)船舶抵押登记：按抵押总金额的0.5‰核收。

(4)船舶租赁登记：按租赁总金额的1‰核收。

(5)船舶烟囱标志或公司旗注册(自愿申请)每艘100元。

(6)船舶更名或船籍港变更100元。

(7)船舶登记项目变更50元。

(8)船舶国籍证书：大本：正本100元/本、副本25元/本。

小本：正本50元/本、副本15元/本(适用于未满50总吨或75千瓦的船舶)。

七、违反船舶登记制度的法律责任

依据《船舶登记条例》和《海事处罚规定》的规定，对于违反船舶登记制度的行为可处以警告、罚款、吊销其船舶国籍证书、没收船舶等处罚。

第一，假冒船舶国籍的。

外国船舶假冒中华人民共和国国籍，悬挂中华人民共和国国旗航行的，中国籍船舶假冒外国国籍，悬挂外国国旗航行的，由船舶登记机关依法没收该船舶。

第二，隐瞒事实的。

（1）隐瞒在境内或者境外的登记事实，造成双重国籍的，由船籍港船舶登记机关吊销其船舶国籍证书，并视情节处以下列罚款：

①500 总吨以下的船舶，处 2 000 元以上、10 000 元以下的罚款；

②501 总吨以上、10 000 总吨以下的船舶，处以 10 000 元以上、50 000 元以下的罚款；

③10 001 总吨以上的船舶，处以 50 000 元以上、200 000 元以下的罚款。

（2）在办理登记手续时隐瞒真实情况、弄虚作假的；隐瞒登记事实，造成重复登记的；伪造、涂改船舶登记证书的。

船籍港船舶登记机关可以视情节给予警告、根据船舶吨位处以隐瞒登记事实造成双重国籍行为的罚款数额的 50% 的罚款直至没收船舶登记证书。

第三，不按照规定办理变更或者注销登记的，或者使用过期的船舶国籍证书或者临时船舶国籍证书的，由船籍港船舶登记机关责令其补办有关登记手续；情节严重的，可以根据船舶吨位处以隐瞒登记事实造成双重国籍行为的罚款数额的 10% 的罚款。

第四，擅自雇用外国籍船员或者使用他人业经登记的船舶烟囱标志、公司旗的，由船籍港船舶登记机关责令其改正；拒不改正的，可以根据船舶吨位处以隐瞒登记事实造成双重国籍行为的罚款数额的 10% 的罚款；情节严重的，可以一并吊销船舶国籍证书或者临时船舶国籍证书。

第五，船舶无船舶国籍证书或使用虚假的船舶国籍证书航行的，给予下列行政处罚：

（1）属于非经营活动中的违法行为的，对船舶所有人或船舶经营人处以 200 元以上 1 000 元以下罚款；对船长处以 100 元以上 1 000 元以下的罚款，并扣留船员职务证书 3 个月至 6 个月；

（2）属于经营活动中的违法行为，有违法所得的，对船舶所有人或船舶经营人处以违法所得的 3 倍以下、最多不超过 30 000 元的罚款；对船长处以本人违法所得的 3 倍以下、最多不超过 20 000 元的罚款，并扣留船员职务证书 12 个月至 24 个月直至吊销船员职务证书；

（3）属于经营活动中的违法行为，无违法所得的，对船舶所有人或船舶经营人处以 300 元以上 10 000 元以下罚款；对船长处以 200 元以上 8 000 元以下的罚款，并扣留船员职务证书 6 个月至 12 个月。

八、船舶登记行为的法律救济

相对人在船舶登记法律关系中，对船舶登记机关的具体行政行为不服的，可以依照《行政复议法》及《行政诉讼法》的规定申请复议或者提起行政诉讼。

第三节　船舶航行管理制度

一、船舶交通管理制度

船舶航行管理制度也称船舶交通管理制度。船舶交通管理的主要内容是船舶航行水域的划定、航路确定、航行规则以及对船舶航行的服务与控制。因此可以说它是一项宏观的管理制度体系。

(一)船舶交通管理的概念

船舶在水上运动形成水上交通或船舶交通，水上交通按水域可划分为海上交通和内河交通。船舶交通管理则是指为保障水上交通安全和航行效率对船舶运动的组合和船舶行为的总体所实施的管理。国内外在涉及交通管理时也常常采用交通管制、交通控制、交通服务等概念和术语。船舶交通管理一般被认为包括交通规则和交通控制两大方面：实施船舶交通规则属于宏观、静态的管理，它是根据过去一段时间内船舶交通实际状况和水上交通事故实况所制定的原则，并借助于水上交通标志来规范船舶交通运行；进行船舶交通控制则属于微观的、动态的管理。它是指采用能够与时刻变化着的船舶交通状况相适应的设备和手段，随时采取和交换各种有关的交通信息，以不同的方式影响和控制船舶动态，甚至指挥船舶交通的行为。

(二)船舶交通规则

船舶交通规则通常集中体现在特定水域船舶安全航行规则之中，如《珠江口水域船舶安全航行规定》、《上海黄浦江航行安全管理规定》等，也包括在国家有关水上交通安全管理的综合性法律、行政法规中的规范交通安全的条款，还包括国际规则条款，如《1972年国际海上避碰规则》。作为地方政府规章性质的港口规章中有关船舶航行停泊的规范也构成船舶交通规则的渊源，如《福州港章程》等。

船舶的营运状态包括航行、停泊或作业。因此，从船舶各种动态来考虑，船舶交通管理规则主要包括以下内容。

1. 船舶航行规则

船舶航行是物理运动的具体形式，有其运动的空间、路线、速度、状态。对船舶航行行为或状态可归纳为船舶交通空间、路线、流向、流速、运行状态等。船舶航行规则就是对以上各方面加以规制的规范，具体包括指定船舶交通空间、指定船舶交通路线、指定行驶方向、规定船舶航行速度、禁止航行和限制航行、避碰规则等。

2. 船舶停泊规则

船舶停泊规则包括船舶停泊区域的指定、船舶停泊安全状态的维持和船舶停泊方法规定等。

(三)船舶交通控制

船舶交通控制是指根据特定水域交通安全环境及其变化，适时地对船舶交通实施的引导、协助和强制措施，如提供水上交通安全环境信息的引导，协助船舶航行的引航，信号标志引导下的单向通航，因恶劣天气而禁航等。

各种措施都有适用的优势：通过视觉信号标志来引导船舶航行是一种传统的船舶交通手段，在水域自然环境受限区域作用很大；对进出港口的船舶提供专业化的引航服务或对外国籍船舶实施强制性引航也已成为国际上的通行做法；而禁止通航或封航是最强制性的管制措施，虽然保证了交通安全，但妨碍了交通的基本功能，因此对其决定权应由法律法规的明文规定并出于公共需要，因此实践中通常采取更为可行的单向自主与限时航行。

(四)船舶交通服务

船舶交通管理还包括对船舶航行适时的指示、协助和提示，即船舶交通服务。

1. 船舶交通服务的定义

IMOA.857(20)号决议将船舶交通服务定义为："是由主管机关实施的、用于增进交通安全和提高交通效率以及保护环境的服务。在船舶交通服务区域内，这种服务应能与交通相互作用并对交通形势变化作出反应。"我国《船舶交通管理系统安全监督管理规则》将船舶交通服务系统定义为："为保障船舶交通安全，提高交通效率，保护水域环境，由主管机关设置的对船舶实施交通管制并提供咨询服务的系统。"可见，IMO 的定义强调外在服务功能的目的，而我国的定义强调管制功能和系统性。综合二者，可以将船舶交通服务定义为：船舶交通主管机关为保障船舶交通安全，提高交通效率，保护水域环境，通过设置服务系统，对船舶实施交通管制并提供咨询服务的行为。我国的法律规定中对服务系统的概念赋予行政强制和行政指导的双重含义。

2. 船舶交通服务的目的

船舶交通服务目的是为了提高航行安全和效率以及保护海洋环境、邻近区域、施工现场和近海设施免受海上交通可能造成的负面影响。当然，任何船舶交通服务的明确目的应该根据船舶交通服务区域内的具体环境及海上交通容量及特性来确定。

3. 船舶交通服务的类型

根据船舶交通服务系统对船舶的不同管理程度，其对船舶服务的形式主要可分为以下三种类型：信息服务、助航服务、交通控制服务。对于不同类型的服务，该系统所提供信息的形式和内容也是不同的。

4. 船舶交通服务的功能

船舶交通服务系统的功能是指在进行船舶交通服务时为了达到服务区域的交通

安全和效率以及防治污染的目的，所应具有的与交通相互作用的方法或方式。

(1)内部交通服务功能。包括数据收集和数据评估、决策。为了实施水域内交通管理或船舶交通服务，首先应了解水域内交通形势，广泛搜集各种交通数据或信息，以便为船舶交通管理的正确决策提供依据。为此，收集的交通数据要尽可能全面、准确、实时。搜集交通信息对交通管理来说并不是目的，获得信息后，更为重要的工作是对信息进行分析、评估、处理，使这些信息成为船舶交通服务操作员制定船舶交通管理决策的基础和实施交通管理的依据。

(2)交通管理功能。此项功能包括空间分配、船舶常规控制和船舶避碰操纵。空间分配是指通过提早计划，对船舶或特定种类船舶在空间上和/或时间上有效管理，此功能是战略上的，可通过交通组织服务来执行；船舶常规控制是船舶交通服务系统通过提供与船方作出航行决定过程有关数据而促成的船上程序，此功能是与信息服务和/或助航服务有关；避免碰撞的操纵是有关船舶会遇情况下的船用功能，它可由船舶交通服务系统协商，此项功能是战术上的，与信息服务和/或助航服务有关。

(3)强制功能。此项功能的目的是鼓励和监督有关规则的遵守，以及在需要时在船舶交通服务系统授权范围内采取适当行动，交通组织服务包含了此项功能的某些方面。

(4)补救功能。此项功能的目的是减少意外事件(如搜救、打捞、污染)的影响和后果。

(5)其他功能。这些功能与船舶和第三方之间的协调和联络有关，它们可由船舶交通服务系统在支持联合行动时执行。

5. 船舶交通服务系统的运行程序

为了使该系统能更好地发挥其服务功能，必须建立切实可行的船舶交通服务的运行程序。IMO《船舶交通服务指南》指出，运行程序有内部程序和外部程序之分，日常程序和应急程序之分。每一个船舶交通服务当局应保证建立日常的和紧急状态下的运行程序。一般的日常外部程序如下：首先船舶交通服务中心与船舶之间应建立初始联系，并对船舶进行识别后，即可对其进行监视跟踪，船舶应该按照中心的要求主动地向其报告船舶动态。中心对从船舶或交通现场获得的信息进行分析处理后，再向船舶提供信息或建议，以协助船舶航行。当发现船舶有违反国际、国内和地方有关规则的行为时，应予以及时纠正。

(五)船舶的保安要求

在 2001 年 9 月 11 日的美国世贸大厦灾难事件之后，国际海事组织于 2001 年 11 月召开的第 22 届大会一致同意，制定关于船舶和港口设施保安的新措施，于 2002 年 12 月召开的《1974 年海上人命安全公约》缔约国政府大会(又称海上保安外交大会)通过。国际海事组织的海上安全委员会受到委托，在成员国、政府间海事组织和国际海事组织向有咨询地位的非政府组织提案的基础上进行外交大会的准备工作。为了加强海上保安，2002 年 12 月在伦敦召开的海上保安外交大会上通过了《1974 年海上人命安全公约》的新的第 XI－2 章"加强海上保安的特别措施"和《国际船舶和港口设施保安规则》。这些新要求构成了船舶和港口设施可以合作勘查并制止威胁海运的保安行为的国际框架。

1. 船舶保安规则的目标

建立一个缔约国政府、政府部门、地方行政机关和航运业以及港口业进行合作的国际框架，以探察保安威胁并针对影响到用于国际贸易的船舶或港口设施的保安事件采取预防措施；确立缔约国政府、政府部门、地方行政机关和航运业以及港口业各自在国内和国际层面上关于确保海上保安的作用和责任；确保及时有效地收集和交流与保安有关的信息；提供一套用于保安评估的方法，已具备对保安等级的变化作出反应的计划和程序；确保对具备充分和恰当的海上安全保安措施抱有信心。

2. 船舶保安规则的功能

其功能包括但不限于以下几项：搜集并评估与保安威胁有关的信息，并与有关缔约国政府交流信息；要求保持船舶和港口设施的通信协议；防止擅自进入船舶、港口设施及其限制区域；防止擅自将武器、燃烧装置或爆炸物带入船舶或港口设施；提供对保安威胁或保安事件作出反应的报警方式；要求在保安评估的基础上制定船舶或港口设施保安计划；要求进行培训、演练和演习，以确保熟悉保安计划和程序。

相应地关于保安声明、船舶保安行动、船舶保安计划、船舶保安员、船舶保安纪录以及船舶保安报警系统等方面的内容。

3. 我国政府对船舶保安的管理

在我国，国务院交通运输主管部门主管全国保安工作。中华人民共和国海事局负责履行保安规则规定的缔约国船舶保安主管机关的职责，根据中华人民共和国海事局的授权，各海事管理机构也可相应地履行一些职责。认可的保安组织应当经中华人民共和国海事局批准后，按照委托或者授权的事项实施船舶保安工作。中华人民共和国海事局值班室是全国船舶和港口设施保安联络点，负责全国船舶和港口设施的保安报警接受和保安信息联络。

二、船舶安全监督检查

(一)船舶安全监督检查的含义

船舶经过登记检验，取得航行权。所有人可以将其投入营运。在营运的过程中，为了保证船舶航行安全，主管机关仍不能放弃对其进行管理，此时最有效的管理手段就是安全监督检查。以此来督促船舶保持检验时的技术状态，保证运输的安全。这也是行政许可法"谁许可，谁监督"原则的体现。所谓船舶安全监督检查，就是指海上交通安全主管机关为保障海上人命财产安全，以及为了防止船舶污染水域而对船舶及其设备的技术状况和人员配备及其工作和生活条件等进行的检查监督活动。

水运生产的主要工具是船舶，主要过程是装卸及运输货物或使旅客上下船及运送旅客。水运企业生产活动的特殊危险性，决定了船舶必须能够抵御各种外来及人为的风险，以保证生产过程中的人命和财产安全。因此，船舶自建造到营运生产的整个过程都要具备安全运输的种种技术条件，这些条件的具备和保持一方面要靠企业的自身管理；另一方面主要靠国家主管机关的监督管理。因为船舶的技术状况，不仅与企业的自身利益有关，重要的是会影响到社会公共安全。因此，国家通过对船舶实施安全监督检查的方式发现船舶缺陷，在其开航前消除事故隐患，从而有效地预防危险局面的发生。

(二)船舶安全监督检查的法律依据和性质

行政管理活动具有日常性的特点，由船舶运输活动的特点所决定，船旗国对船舶的控制和管理活动不可能像对运输企业那样，经常地不间断地进行，所以各缔约国规定，缔约国有权对进入本国港口的外国籍船舶进行管理，以防止其因船舶管理方面存在的问题而导致事故的发生。因此，船舶安全监督检查的对象，包括本国船舶和外国籍船舶。同时，本国船舶也可能到外国港口，接受外国主管机关的监督检查。因此，在国际上应有统一的船舶安全监督检查规则。因此，船舶安全检查的法律依据，有很大一部分是国际公约。如《1974年国际海上人命安全公约》、《1960年船舶载重线公约》、《1970年国际防止船舶造成污染公约》等。除此之外，各国也都相应制定了国内法规。我国也先后制定了《海上交通安全法》(1983年9月)、《内河交通安全管理条例》(1987年1月，2008年修订)、《海洋环境保护法》(2000年4月)、《中华人民共和国水污染防治法》(2008年2月)、《中华人民共和国船舶安全检查规则》(2009年11月)。这些法律法规都为我国船舶安全主管机关实施安全监督检查提供了法律依据。

由于检查的对象不同，所以法律依据也不完全相同，对外国籍船舶的安全监督检查，以我国的法律、法规和有关的国际公约为依据，对中国籍船舶的安全监督检查，以我国的有关法律、法规和规章及技术规范和我国参加的国际公约为法律依据。

船舶安全检查行为在性质上是一种许可的事后监督行为。

(三)船舶安全监督检查的对象

按照《船舶安全检查规则》第二条的规定，安全监督检查适用于对中国籍船舶以及航行、停泊、作业于我国港口(包括海上系泊点)、内水和领海的外国籍船舶实施的安全检查活动，但不适用于军事船舶、公安船舶、渔业船舶和体育运动船艇。

(四)船舶安全监督检查的内容

行政许可法规定的监督检查的基本方式为核查有关资料和抽样检查，而船舶的安全监督检查既包括书面材料的核查，也包括对船舶设备的实地核查。

根据《船舶安全检查规则》第八条的规定，船舶安全检查的项目包括：

(1)船舶配员；(2)船舶和船员有关证书、文书、文件、资料；(3)船舶结构、设施和设备；(4)载重线要求；(5)货物积载及其装卸设备；(6)船舶保安相关内容；(7)船员对与其岗位职责相关的设施、设备的实际操作能力以及中国籍船员所持适任证书所对应的适任能力；(8)船员人身安全、卫生健康条件；(9)船舶安全与防污染管理体系的运行有效性；(10)法律、行政法规、规章以及国际公约要求的其他检查内容。

(五)船舶安全监督检查的程序

检查人员进行船舶安全检查时，应向船方出示检查工作证件。先进行初步检查，对船舶进行巡视，核查船舶证书、文书和船员证书。船长应如实报告船舶的安全状况，并指派有关船员陪同检查。陪同人员应当如实回答检查人员提出的问题，并按照检查人员的要求测试和操纵船舶设施、设备。

有下列情形之一的，检查人员应当对船舶实施详细检查，并告知船方进行详细检查的原因：

(1)巡视或者核查过程中发现在安全、防污染、保安、劳工条件等方面明显存在缺陷或者隐患的；

(2)被举报低于安全、防污染、保安、劳工条件等要求的；

(3)两年内未经海事管理机构详细检查的；

(4)中华人民共和国海事局要求进行详细检查的。

(六)处理措施

检查人员应当运用专业知识对船舶存在的缺陷作出判断，并按照有关法律、行政法规或者国际公约的规定，提出下列一种或者几种处理意见：

(1)开航前纠正缺陷；

(2)在开航后限定的期限内纠正缺陷；

(3)滞留；

(4)禁止船舶进港；

(5)限制船舶操作；

(6)责令船舶驶向指定区域；

(7)驱逐船舶出港；

(8)法律、行政法规或者国际公约规定的其他措施。①

船舶有权对海事管理机构实施船舶安全检查时提出的缺陷以及处理意见当场进

---

① 中华人民共和国船舶安全检查规则,中华人民共和国扬州海事局,http://www.yzmsa.gov.cn/art/2011/5/13/art_3759_242863.访问日期:2011-08-12。

行陈述和申辩，海事管理机构应当充分听取船方意见。

实施船旗国监督检查结束后，检查人员应当签发《船旗国监督检查记录簿》；实施港口国监督检查结束后，检查人员应当签发《港口国监督检查报告》。检查人员应当在《船旗国监督检查记录簿》或者《港口国监督检查报告》中标明缺陷及处理意见，签名并加盖船舶安全检查专用章。对于缺陷处理意见为滞留的，检查人员应当在《船旗国监督检查记录簿》或者《港口国监督检查报告》中注明理由。

海事管理机构采取以上第（3）、（4）、（7）项所列处理措施之一的，对于中国籍船舶应当通报船籍港海事管理机构；对于外国籍船舶应当通过中华人民共和国海事局通报其船旗国政府、国际海事组织。船舶在纠正导致海事管理机构采取以上第（3）、（4）、（5）、（7）项所列处理措施之一的缺陷后，应当向海事管理机构申请复查。对其他缺陷纠正后，船舶可以自愿申请复查。海事管理机构接到自愿复查申请，决定不予复查的，应当及时通知申请人。

（七）行政处罚

关于法律的制裁措施问题，《船舶安全监督检查规则》规定了有下列行为之一的，由海事管理机构对违法船舶或者其所有人、经营人、管理人处 1 000 元以上 1 万元以下的罚款；情节严重的，处 1 万元以上 3 万元以下的罚款。对违法人员处以 100 元以上 1 000 元以下的罚款；情节严重的，处 1 000 元以上 3 000 元以下的罚款。

（1）拒绝或者阻挠检查人员实施船舶安全检查的；

（2）弄虚作假欺骗检查人员的；

（3）未按照《船旗国监督检查记录簿》或者《港口国监督检查报告》的处理意见纠正缺陷或者采取措施的；

（4）船舶在纠正按照第十九条规定应当申请复查的缺陷后未申请复查的；

（5）未按照第二十条第一款、第二十一条第一款规定将船舶在境外接受检查和处罚的情况向船籍港海事管理机构报告的；

（6）涂改、故意损毁、伪造、变造《船旗国监督检查记录簿》或者《港口国监督检查报告》的；

（7）以租借、骗取等手段冒用《船旗国监督检查记录簿》或者《港口国监督检查报告》的。

中国籍船舶未按照规定携带《船旗国监督检查记录簿》的，海事管理机构应当责令改正，并对违法船舶处 1 000 元罚款。

三、防治船舶污染海洋环境管理

水运生产过程中可能给海洋环境带来污染，并给他人的生命和财产造成损害。为防治船舶在运输过程中污染海洋环境，海事局依据法律的授权，对防治船舶污染海洋环境进行监督管理。船舶营运过程中可能因下列污染物造成海洋环境污染：第一，石油污染；第二，散装有毒液体物质污染、包装运输的有害物质污染、生活污水污染、船舶垃圾污染等。其中石油和散装有毒有害液体是可能造成海洋环境的主要物质。因此，对防治船舶油类污染和有毒液体货物的污染的监督管理，是主管部门防治船舶污染海域监管工作的主要内容。

(一)防治船舶污染海洋环境管理的法律依据

防治船舶污染管理是一种环境保护工作，与一般环保工作所不同的是，管理区域为水域，污染的来源为商船的排放和泄漏，相对人为船舶运输企业及为其提供服务的相关企业。主管部门为交通运输部，海事局为具体的监管部门。防污管理的法律依据包括：《1973 年国际防止船舶造成污染公约》及其议定书、《海洋环境保护法》(2000 年 4 月)、《防治船舶污染海洋环境管理条例》(2010 年 3 月)、《海上海事行政处罚规定》(2003 年 9 月)、《内河海事行政处罚规定》(2005 年 1 月)等法律、法规、规章。随着我国相继加入了一些国际公约及其议定书，我国在国际海洋事务中的法律地位发生了变化：一方面我们享有公约赋予我们的权利和利益；另一方面我们也必须履行相应的国际义务和承诺，并应当在我国的相关法律中予以体现。对于这些问题，需要修改相关法律规定予以解决。

1999 年 9 届全国人大常委会修订了《海洋环境保护法》，于 2000 年 4 月 1 日起施行，它成为规范我国 300 万平方千米管辖海域环境保护行为的重要法律。该法对海洋环境保护管理的分工更加明确，强调了对海洋生态的保护，确立了一些新的环境保护管理制度，如海洋环境监测和监视信息管理制度、海洋污染事故应急制度、现场检查制度、船舶保险和油污损害赔偿基金制度等，并与《联合国海洋法公约》、《国际油污损害民事责任公约》等国际海洋法律确定的制度接轨。

修订后的《中华人民共和国海洋环境保护法》共十章，98 条，其中第八章确立了防治船舶污染海洋环境的法律制度，规定了各相关主体的法律义务。

2009 年 9 月 2 日国务院第 79 次常务会议通过了《中华人民共和国防治船舶污染海洋环境管理条例》(以下简称《条例》)，自 2010 年 3 月 1 日起施行。1983 年 12 月 29 日国务院发布的《中华人民共和国防止船舶污染海域管理条例》同时废止。《条例》共七章，78 条，更为具体地规定了防治船舶污染海洋环境的管理制度。

(二)防治船舶污染海洋环境的义务主体

随着船舶运输活动的繁忙，参与海上运输及为海上运输提供事前与事后服务的主体也在增加，每一主体的活动都可能带来海洋环境污染，为此，《条例》规定了"预防为主、防治结合"的原则，为防治船舶污染海洋环境，《条例》在第一章就对参与海上运输及运输服务活动的主体，以及对上述活动进行管理的行政主体的责任进行了划分。

1. 行政主体职责

行政主体的职责主要在于事前预防，以及事故发生后能够及时有效地处理，为此，法律对行政主体的职责做了三方面规定。

（1）确定应急反应机制。国务院交通运输主管部门、沿海设区的市级以上地方人民政府，应当根据防治船舶及其有关作业活动污染海洋环境的需要，组织编制防治船舶及其有关作业活动污染海洋环境应急能力建设规划，建立健全防治船舶及其有关作业活动污染海洋环境应急反应机制，制定相应的应急预案。

（2）建立健全监测、监视机制。海事管理机构应当建立健全船舶及其有关作业活动污染海洋环境的监测、监视机制，加强对船舶及其有关作业活动污染海洋环境的监测、监视。

（3）建立专业应急队伍和应急设备库。国务院交通运输主管部门、沿海设区的市级以上地方人民政府应当按照防治船舶及其有关作业活动污染海洋环境应急能力建设规划，建立专业应急队伍和应急设备库，配备专用的设施、设备和器材。

2. 海洋环境污染目击者的义务

事故发生或可能发生情况下，能得到有效的控制是防治海洋环境污染的关键一环，所以，作为主管部门能够及时得到相关信息是及时采取措施的一个前提。为此，法律规定任何单位和个人发现船舶及其有关作业活动造成或者可能造成海洋环境污染的，应当立即就近向海事管理机构报告。

3. 船舶的义务

（1）一般船舶的义务。船舶是从事海上运输的生产工具，当配备船员之后，其上的航行组织与作为生产工具的船舶结合，构成一定的生产单位，因此，立法上把其作为约束对象成为可能，许多法律条文是以船舶为规范对象的，这既可以使船舶的直接操纵者（船长、船员等）能够受到法律约束，也可以使其间接的支配者（所有人、经营人等）能够承担法律责任。为此，在行政立法中很多条文是以船舶为规范对象的，《条例》也是如此。其规定船舶在海洋环境保护中的义务是：船舶的硬件设备要符合公约及国内法的要求，要防止发生海上运输中发生污染事故，必须在硬件设施上合乎法律的要求。为此，《条例》规定，船舶的结构、设备、器材应当符合国家有关防治船舶污染海洋环境的技术规范以及中华人民共和国缔结或者参加的国际条约的要求。合乎法律要求是一种实质性的规定，但证明上述合乎要求的外部证明就是许可证，为此《条例》规定了船舶要取得并随船携带相应的防治船舶污染海洋环境的证书、文书。这些文书的取得是船舶航行并营运的必备条件，是为防治船舶污染海域而采取的事前控制措施。这些文书是：《油类记录簿》、《国际防止油污证书》、《船上油污应急计划》，这三种证书是150总吨以上的油船和400总吨以上的非油船必备的文书。《垃圾记录簿》、《船舶垃圾管理计划》（此两种适用于400总吨及以上的船舶和核载15人及以上人员的船舶）、《船上有毒液体物质污染应急计划》（150总吨及以上散装运输有毒液体物质船舶），《油污损害民事责任证书》或《油污损害民事责任信用证书》，这两种证书是在中华人民共和国管辖海域内航行的载运油类物质的船舶和 1 000 总吨以上载运非油类物质的船舶所必须具备的证书。参加保险是一种民事行为，行政机关无权干涉，但大吨的货油船和大吨位船舶一旦发生事故会造成重大的损害，可能要承担巨额的赔偿责任，如不进行保险，船公司难以承担如此巨额的赔偿费用。为使受害者能够得到有效的赔偿，国家对保险行为进行干预，不进行保险并取得有效证书的，不得进港。《条例》规定已经投保船舶油污损害民事责任保险或者取得财务担保的中国籍船舶，其所有人应当持船舶国籍证书、船舶油污损害民事责任保险合同或者财务担保证明，向船籍港的海事管理机构申请办理船舶油污损害民事责任保险证书或者财务保证证书。关于投保的额度在交通运输部 2010 年 10 月 1 日起实施的《中华人民共和国船舶油污损害民事责任保险实施办法》作出了具体的规定。

（2）特殊船舶的义务。为了在发生船舶污染事故后，充分发挥社会专业清污力量的作用，《条例》借鉴美国、欧盟等发达国家和地区的经验，规定载运散装液体污染危害性货物的船舶和 1 万总吨以上的其他船舶，其经营人应当在作业前或者进出港口前与取得污染清除作业资质的单位签订污染清除作业协议，明确双方在发生船舶污染事故后污染清除的权利和义务。发生船舶污染事故后，污染清除作业单位应当按照协议及时进行污染清除作业。

4. 航运企业建立防治船舶污染管理体系的义务

船舶是航运企业的生产工具，管理并运营船舶是航运企业赚取利润的必要手段，但其生产经营活动不能以牺牲环境为代价，为此，必须建立健全防治船舶污染管理体系，以防止事故的发生，并能够在事故发生后将损害减少到最小的程度。上述义务也以许可的方式实现，是通过海事管理机构对安全营运和防治船舶污染管理体系进行审核，对于合格者，发给其符合证明和相应的船舶安全管理证书的方式实现的。

5. 港口等岸线企业的义务

港口、码头、装卸站等是为船舶运输提供服务的企业，其以岸线为依托为船舶提供服务，使船舶运输顺利进行。港口等岸线企业的服务行为也可能造成海洋环境污染事故，为此，也规定了其防治污染海洋环境的义务，《条例》第十二条规定："港口、码头、装卸站以及从事船舶修造的单位应当配备与其装卸货物种类和吞吐能力或者修造船舶能力相适应的污染监视设施和污染物接收设施，并使其处于良好状态。"港口、码头、装卸站以及从事船舶修造、打捞、拆解等作业活动的单位应当制定有关安全营运和防治污染的管理制度，配备相应的防治污染设备和器材，并通过海事管理机构的专项验收。应当定期检查、维护配备的防治污染设备和器材，确保防治污染设备和器材符合防治船舶及其有关作业活动污染海洋环境的要求。

6. 船舶所有人、经营人或者管理人等制定应急预案的义务

应急预案指面对突发事件如自然灾害、重特大事故、环境公害及人为破坏的应急管理、指挥、救援计划等。它一般应建立在综合防灾规划上，其几大重要子系统为：完善的应急组织管理指挥系统；强有力的应急工程救援保障体系；综合协调、应对自如的相互支持系统；充分备灾的保障供应体系；体现综合救援的应急队伍等。①

船舶从事海上运输具有特殊的风险，特别是对环境污染的风险，为了预防事故的发生，《条例》规定了船舶所有人、经营人等制定应急预案的义务，《条例》规定，船舶所有人、经营人或者管理人以及有关作业单位应当制订防治船舶及其有关作业活动污染海洋环境的应急预案，并报海事管理机构批准。港口、码头、装卸站的经营人应当制定防治船舶及其有关作业活动污染海洋环境的应急预案，并报海事管理机构备案。各单位应当按照应急预案，定期组织演练，并做好相应记录。

（三）船舶污染物排放和接收的监管

船舶在生产过程中会产生不同程度的污染物，包括船舶垃圾、生活污水、含油污水、含有毒有害物质污水、废气等污染物以及压载水，这些污染物的排放必须符合法律、行政法规和相关标准以及我国缔结或者参加的国际公约的要求。如船舶排放含油污水的要求是船舶在距最近陆地 12 海里以外的海域航行时可将机器处所产生的油类和含油混合物通过滤油设备向船舷外排放，排出物含油量不得超过 15ppm。油船航行于距最近陆地 50 海里以外海域且排油监控系统处于正常运转时，可将货油区域污油水舱内的油类或者含油混合物排入海中，但油量瞬时排放率不大于 30 升/海里。此外，对于船舶排放含有毒液体物质的污水，船舶排放垃圾、生活污水都规定了排放标准。对于不符合这些标准的污染物，船舶应当将其排入港口接收设施或者由船舶污染物接收单位接收。且船舶不得向依法划定的海洋自然保护区、海滨风景名胜区、重要渔业水域以及其他需要特别保护的海域排放船舶污染物。

船舶处置污染物，应当在相应的记录簿内如实记录。如 150 总吨以上的油船和 400 总吨以上的非油船应该将含油污水的处理情况记录在《油类记录簿》中，150 总吨及以上的载运散装有毒液体物质的船舶应该将散装有毒液体物质的处理情况记录在《货物记录簿》中。而对于 400 总吨及以上或载客 15 人以上的船舶应该将垃圾的处理情况记录在《垃圾记录簿》中。为了便于主管机关对船舶进行监督，《条例》规定船舶《垃圾记录簿》要在船舶上保留 2 年；含油污水、含有毒有害物质污水记录簿在船舶上保留 3 年。

（四）防治船舶污染海洋环境许可

许可以禁止为前提，通过有条件地解除禁止来防止危害公共利益的行为发生，为了体现"预防为主"的原则，《条例》对于从事船舶运输及相关作业活动的主体规定

---

① http://baike.baidu.com/view/163669，访问日期：2012-04-17。

了申请许可的义务。《条例》规定，船舶不符合污染危害性货物适载要求的，不得载运污染危害性货物，码头、装卸站不得为其进行装载作业，从事船舶清舱、洗舱、油料供受、装卸、过驳、修造、打捞、拆解，污染危害性货物装箱、充罐，污染清除作业以及利用船舶进行水上水下施工等作业活动的，应当遵守相关操作规程，并采取必要的安全和防治污染的措施。

1. 船舶载运污染危害性货物进出港口的许可

载运污染危害性货物进出港口的船舶，其承运人、货物所有人或者代理人，应当向海事管理机构提出申请，经批准方可进出港口、过境停留或者进行装卸作业，并应在海事管理机构公布的具有相应安全装卸和污染物处理能力的码头、装卸站进行装卸作业。货物所有人或者代理人应当确保货物的包装与标志等符合有关安全和防治污染的规定，并在运输单证上准确注明货物的技术名称、编号、类别（性质）、数量、注意事项和应急措施等内容。

2. 船舶载运污染危害性货物过驳作业的许可

《条例》第二十六条规定，进行散装液体污染危害性货物过驳作业的船舶，其承运人、货物所有人或者代理人应当向海事管理机构提出申请，告知作业地点，并附送过驳作业方案、作业程序、防治污染措施等材料。海事管理机构应当自受理申请之日起2个工作日内作出许可或者不予许可的决定。2个工作日内无法作出决定的，经海事管理机构负责人批准，可以延长5个工作日。

3. 污染物接收作业许可

船舶污染物接收单位从事船舶垃圾、残油、含油污水、含有毒有害物质污水接收作业，应当依法经海事管理机构批准。接收船舶污染物应当向船舶出具污染物接收单证，并由船长签字确认。船舶凭污染物接收单证向海事管理机构办理污染物接收证明，并将污染物接收证明保存在相应的记录簿中，每月将船舶污染物的接收和处理情况报海事管理机构备案。

4. 船舶修造的许可

船舶修造、水上拆解的地点应当符合环境功能区划和海洋功能区划，由海事管理机构征求当地环境保护主管部门和海洋主管部门意见后确定并公布。

5. 拆船的许可

从事船舶拆解的单位在船舶拆解作业前，应当对船舶上的残余物和废弃物进行处置，将油舱（柜）中的存油驳出，进行船舶清舱、洗舱、测爆等工作，经海事管理机构检查合格，方可进行船舶拆解作业。应及时清理船舶拆解现场，并按照国家有关规定处理船舶拆解产生的污染物。

6. 船舶经过中华人民共和国内水、领海转移危险废物的许可

船舶经过中华人民共和国内水、领海时，禁止转移危险废物。经过中华人民共和国管辖的其他海域转移危险废物的，应当事先取得国务院环境保护主管部门的书面同意，并按照海事管理机构指定的航线航行，定时报告船舶所处的位置。使用船舶向海洋倾倒废弃物的,应当向驶出港所在地的海事管理机构提交海洋主管部门的批准文件,经核实方可办理船舶出港签证,并应当如实记录倾倒情况。返港后,向驶出港所在地的海事管理机构提交书面报告。

7. 倾废船的出港许可

使用船舶向海洋倾倒废弃物的,应当向驶出港所在地的海事管理机构提交海洋主管部门的批准文件,经核实后方可办理船舶出港签证。船舶向海洋倾倒废弃物,应当如实记录倾倒情况。返港后,应当向驶出港所在地的海事管理机构提交书面报告。

8. 船舶载运散装液体污染危害性货物作业的许可

载运散装液体污染危害性货物的船舶和 1 万总吨以上的其他船舶,其经营人应当在作业前或者进出港口前与取得污染清除作业资质的单位签订污染清除作业协议,明确双方在发生船舶污染事故后污染清除的权利和义务。与船舶经营人签订污染清除作业协议的污染清除作业单位应当在发生船舶污染事故后,按照污染清除作业协议及时进行污染清除作业。

9. 污染清除作业资质的许可

清污单位的服务区域与清污能力大小直接关系到船舶污染事故应急处置的效果,因此,对从事清污作业的单位要进行资质许可,防止不具备该能力的单位进入清污行业造成不应有的损失,《条例》规定,申请取得污染清除作业资质的单位应当向海事管理机构提出书面申请,并提交其符合下列条件的材料:

(1)配备的污染清除设施、设备、器材和作业人员符合国务院交通运输主管部门的规定;

(2)制定的污染清除作业方案符合防治船舶及其有关作业活动污染海洋环境的要求;

(3)污染物处理方案符合国家有关防治污染的规定。海事管理机构应当自受理申请之日起 30 个工作日内完成审查,并对符合条件的单位颁发资质证书;对不符合条件的,书面通知申请单位并说明理由。

(五)船舶污染事故的分级及处理

船舶污染事故,是指船舶及其有关作业活动发生油类、油性混合物和其他有毒有害物质泄漏造成的海洋环境污染事故。为了加强船舶污染事故的应急处置,确保发生船舶污染事故时能够及时有效地开展相关工作,《条例》根据有关安全生产管理的法律、行政法规的规定,总结多年来我国船舶污染事故应急处置的实践经验,按照船舶溢油量、事故造成的直接经济损失数额,将船舶污染事故分为特别重大、重大、较大和一般事故四个等级,并明确规定,船舶在中华人民共和国管辖海域发生污染事故,或者在中华人民共和国管辖海域外发生污染事故造成或者可能造成中国管辖海域污染的,应当就近向有关海事管理机构报告;接到报告的海事管理机构应当立即核实有关情况,并向上级海事管理机构或者国务院交通运输主管部门报告,同时报告有关沿海设区的市级以上地方人民政府。此外，为了有效处置船舶污染事故，《条例》还对不同等级事故的应急指挥机构作了明确规定，发生特别重大船舶污染事故，国务院或者国务院授权交通运输主管部门成立事故应急指挥机构；发生重大、较大和一般船舶污染事故，由有关省、自治区、直辖市人民政府或者设区的市级人民政府会同海事管理机构成立事故应急指挥机构。

具体分为以下等级：

(1)特别重大船舶污染事故，是指船舶溢油1 000吨以上，或者造成直接经济损失2亿元以上的船舶污染事故；

(2)重大船舶污染事故，是指船舶溢油500吨以上不足1 000吨，或者造成直接经济损失1亿元以上不足2亿元的船舶污染事故；

(3)较大船舶污染事故，是指船舶溢油100吨以上不足500吨，或者造成直接经济损失5 000万元以上不足1亿元的船舶污染事故；

(4)一般船舶污染事故，是指船舶溢油不足100吨，或者造成直接经济损失不足5 000万元的船舶污染事故。

船舶污染事故的调查处理依照下列规定进行：

(1)特别重大船舶污染事故由国务院或者国务院授权交通运输主管部门等组织事故调查处理；

(2)重大船舶污染事故由国家海事管理机构组织事故调查处理；

(3)较大船舶污染事故和一般船舶污染事故由事故发生地的海事管理机构组织事故调查处理。

船舶污染事故给渔业造成损害的，应当吸收渔业主管部门参与调查处理；给军事港口水域造成损害的，应当吸收军队有关主管部门参与调查处理。组织事故调查处理的机关或者海事管理机构应当及时、客观、公正地开展事故调查，勘验事故现场，检查相关船舶，询问相关人员，收集证据，查明事故原因。根据事故调查处理的需要，可以暂扣相应的证书、文书、资料；必要时，可以禁止船舶驶离港口或者责令停航、改航、停止作业直至暂扣船舶。自事故调查结束之日起20个工作日内制作事故认定书，并送达当事人。事故认定书应当载明事故基本情况、事故原因和事故责任。

(六)防治船舶污染海洋环境的行政处理行为

行政处理是行政主体为了实现相应法律、法规和规章确定的行政管理目标和任务，应行政相对人申请或依职权处理涉及特定行政相对人特定权利义务事项的具体行政行为。

船舶发生海难事故造成或者可能造成海洋环境重大污染损害的，国家海事行政主管部门有权采取强制处理措施避免或者减少污染损害的发生。对在公海上发生海难事故，造成中华人民共和国管辖海域重大污染损害后果或者具有污染威胁的船舶和海上设施，国家海事行政主管部门有权采取与实际的或者可能发生的损害相称的必要措施，也可以对发生危害行为的相对人实施行政处罚。

1. 行政征用

行政征用是指行政主体为了公共利益的需要，依法以强制方式有偿取得行政相对人的财产使用权或劳务的一种具体行政行为。《条例》规定，当发生船舶污染事故或者船舶沉没，可能造成中华人民共和国管辖海域污染的，有关沿海设区的市级以上地方人民政府、海事管理机构根据应急处置的需要，可以征用有关单位或者个人的船舶和防治污染设施、设备、器材以及其他物资，有关单位和个人应当予以配合。被征用的船舶和防治污染设施、设备、器材以及其他物资使用完毕或者应急处置工作结束，应当及时返还。船舶和防治污染设施、设备、器材以及其他物资被征用或者征用后毁损、灭失的，应当给予补偿。对于补偿有异议的，相对人可以申请行政复议或提起行政诉讼。

2. 行政处罚

此法中规定了罚款的处罚种类。罚款是一种通常使用的行政行为，《条例》中规定的处罚方式多数为罚款。《条例》针对不同的行为规定了不同的罚款数额：

［1］船舶的结构不符合国家有关防治船舶污染海洋环境的技术规范或者有关国际条约要求的，由海事管理机构处 10 万元以上 30 万元以下的罚款；

［2］船舶未取得并随船携带防治船舶污染海洋环境的证书、文书的，处 2 万元以下的罚款；

［3］船舶、港口、码头、装卸站未配备防治污染设备、器材的，处 2 万元以上 10 万元以下的罚款；

［4］船舶向海域排放本条例禁止排放的污染物的，处 5 万元以上 20 万元以下的罚款；

［5］船舶未如实记录污染物处置情况的，处 2 万元以下的罚款；

［6］船舶超过标准向海域排放污染物的处 2 万元以上 10 万元以下的罚款；

［7］从事船舶水上拆解作业，造成海洋环境污染损害的，处 5 万元以上 20 万元以下的罚款；

［8］船舶违反污染物处置记录规定的，由海事管理机处 2 万元以上 10 万元以下的罚款；

［9］船舶污染物接收单位未经许可擅自营业的，船舶污染物接收单位未经海事管理机构批准，擅自从事船舶垃圾、残油、含油污水、含有毒有害物质污水接收作业的，由海事管理机构处 1 万元以上 5 万元以下的罚款；造成海洋环境污染的，处 5 万元以上 25 万元以下的罚款；

［10］违反污染物接收管理规定的，船舶未按照规定办理污染物接收证明，或者船舶污染物接收单位未按照规定将船舶污染物的接收和处理情况报海事管理机构备案的，由海事管理机构处 2 万元以下的罚款；

[11]船舶未按照规定保存污染物接收证明的；船舶燃油供给单位未如实填写燃油供受单证的；船舶燃油供给单位未按照规定向船舶提供燃油供受单证和燃油样品的；船舶和船舶燃油供给单位未按照规定保存燃油供受单证和燃油样品的，处2 000元以上1万元以下的罚款；

[12]载运污染危害性货物的船舶不符合污染危害性货物适载要求的，载运污染危害性货物的船舶未在具有相应安全装卸和污染物处理能力的码头、装卸站进行装卸作业的，货物所有人或者代理人未按照规定对污染危害性不明的货物进行危害性评估的，处2万元以上10万元以下的罚款；

[13]未经海事管理机构批准，船舶载运污染危害性货物进出港口、过境停留、进行装卸或者过驳作业的，由海事管理机构处1万元以上5万元以下的罚款；

[14]船舶发生事故沉没，船舶所有人或者经营人未及时向海事管理机构报告船舶燃油、污染危害性货物以及其他污染物的性质、数量、种类、装载位置等情况的；未及时采取措施清除船舶燃油、污染危害性货物以及其他污染物的，处2万元以上10万元以下的罚款；

[15]载运散装液体污染危害性货物的船舶和1万总吨以上的其他船舶，其经营人未按照规定签订污染清除作业协议的，未取得污染清除作业资质的单位擅自签订污染清除作业协议并从事污染清除作业的，处1万元以上5万元以下的罚款；

[16]发生船舶污染事故，船舶、有关作业单位未立即启动应急预案的，对船舶、有关作业单位，由海事管理机构处2万元以上10万元以下的罚款；对直接负责的主管人员和其他直接责任人员，由海事管理机构处1万元以上2万元以下的罚款，直接负责的主管人员和其他直接责任人员属于船员的，并处给予暂扣适任证书或者其他有关证件1个月至3个月的处罚；

[17]发生船舶污染事故，船舶、有关作业单位迟报、漏报事故的，对船舶、有关作业单位，由海事管理机构处5万元以上25万元以下的罚款；对直接负责的主管人员和其他直接责任人员，由海事管理机构处1万元以上5万元以下的罚款，直接负责的主管人员和其他直接责任人员属于船员的，并处给予暂扣适任证书或者其他有关证件3个月至6个月的处罚，瞒报、谎报事故的，对船舶、有关作业单位，由海事管理机构处25万元以上50万元以下的罚款；对直接负责的主管人员和其他直接责任人员，由海事管理机构处5万元以上10万元以下的罚款，直接负责的主管人员和其他直接责任人员属于船员的，并处给予吊销适任证书或者其他有关证件的处罚；

[18]未经海事管理机构批准使用消油剂的，由海事管理机构对船舶或者使用单位处1万元以上5万元以下的罚款；

[19]船舶污染事故的当事人和其他有关人员，未如实向组织事故调查处理的机关或者海事管理机构反映情况和提供资料，伪造、隐匿、毁灭证据或者以其他方式妨碍调查取证的，由海事管理机构处1万元以上5万元以下的罚款；

[20]在中华人民共和国管辖海域内航行的船舶，其所有人未按照规定投保船舶油污损害民事责任保险或者取得相应的财务担保的；船舶所有人投保船舶油污损害民事责任保险或者取得的财务担保的额度低于《中华人民共和国海商法》、中华人民共和国缔结或者参加的有关国际条约规定的油污赔偿限额的，由海事管理机构责令改正，可以处 5 万元以下的罚款；拒不改正的，处 5 万元以上 25 万元以下的罚款。

3. 行政强制执行

行政强制执行，是指行政机关或者行政机关申请人民法院，对不履行行政决定的公民、法人或者其他组织，依法强制履行义务或达到与履行义务相同状态的行政行为。在《条例》中规定了三种强制执行行为，一种是执行处罚，一种是强制卸载，再一种是代履行。

(1)执行处罚。是指义务人逾期不履行行政法义务，由行政机关强制义务人履行新的金钱给付义务以促使其履行义务的行政强制执行制度。执行罚主要适用于当事人不履行不作为义务、不可由他人替代的义务。货物所有人或者代理人逾期未缴纳船舶油污损害赔偿基金的，应当自应缴之日起按日加缴未缴额的 5‰的滞纳金。

(2)强制卸载。此种行为应该属于直接强制执行，所谓直接强制执行是指法定义务人不履行法定义务，在无法采用代执行、执行罚等间接强制手段促使其履行义务的情况下；或因情况紧迫，来不及运用间接强制的方法，行政强制执行机关依法对法定义务人的人身、行为或财产实施直接强制，以迫使其履行义务的执行方法。《条例》第五十八条规定，船舶、有关作业单位违反条例规定的，海事管理机构应当责令改正；拒不改正的，海事管理机构可以责令停止作业、强制卸载，通过强制卸载防止污染损害的发生。

(3)代履行。代履行是指义务人逾期不履行行政法义务，由他人代为履行可以达到相同目的的，行政机关可以自己代为履行或者委托第三人代为履行，向义务人征收代履行费用的强制执行制度。代履行主要适用于该行政法义务属于可以由他人代替履行的作为义务，例如排除障碍、强制拆除等。对于不能够由他人替代的义务和不作为义务，特别是与人身有关的义务，不能适用代履行。《条例》第四十二条规定发生船舶污染事故，海事管理机构可以采取清除、打捞、拖航、引航、过驳等必要措施，减轻污染损害；相关费用由造成海洋环境污染的船舶、有关作业单位承担；需要承担前款规定费用的船舶，应当在开航前缴清相关费用或者提供相应的财务担保。

4. 行政强制措施

行政强制措施，是指行政机关在行政管理过程中，为制止违法行为、防止证据损毁、避免危害发生、控制危险扩大等情形，依法对公民的人身自由实施暂时性限制，或者对公民、法人或者其他组织的财物实施暂时性控制的行为。

(1)扣押。扣押是指有管辖权的行政机关把当事人的可作为必要证据的物品、文件及依法应当予以没收的财物转移至另外场所，加以扣留，防止当事人占有、使用或处分的行为。《条例》在第四十六条中规定了组织事故调查处理的机关或者海事管理机构根据事故调查处理的需要，可以暂扣相应的证书、文书、资料；必要时，可以禁止船舶驶离港口或者责令停航、改航、停止作业直至暂扣船舶。上述行为应该属于行政强制措施中的扣押行为。

（2）行政强制检查。行政强制检查是行政主体在进行监督检查过程中实施的强制行为，《条例》规定了海事管理机构认为交付船舶载运的污染危害性货物应当申报而未申报，或者申报的内容不符合实际情况的，可以按照国务院交通运输主管部门的规定采取开箱等方式查验。这是为了防止污染事故发生的必要措施，为此，相对人必须容忍和配合。因此，《条例》也规定，海事管理机构查验污染危害性货物，货物所有人或者代理人应当到场，并负责搬移货物，开拆和重封货物的包装。海事管理机构认为必要的，可以径行查验、复验或者提取货样，有关单位和个人应当配合。

5. 行政事故调查

为了实现行政目的，由行政主体依据其职权，对一定范围内的行政相对人进行的，能够影响相对人权益的检查、了解等信息收集活动。《条例》对船舶污染事故调查处理权限做出了明确的规定，调查机关在调查的过程中可采取强制措施，被调查人有配合的义务。组织事故调查处理的机关或者海事管理机构应当自事故调查结束之日起 20 个工作日内制作事故认定书，并送达当事人。事故认定书应当载明事故基本情况、事故原因和事故责任。从上述规定中可以看出，《事故认定书》具有准行政行为的法律性质。

6. 限令停止行为

这是一种行为罚，相当于行政处罚各类的责令停产停业行为。《条例》第五十八条规定："船舶、有关作业单位违反本条例规定的，海事管理机构应当责令改正；拒不改正的，海事管理机构可以责令停止作业、强制制裁，禁止船舶进出港口、靠泊、过境停留，或者责令停航、改航、离境、驶向指定地点。"

在中华人民共和国管辖水域接收海上运输的持久性油类物质货物的货物所有人或者代理人，未按照规定缴纳船舶油污损害赔偿基金的，由海事管理机构责令改正；拒不改正的，可以停止其接收的持久性油类物质货物在中华人民共和国管辖水域进行装卸、过驳作业。

四、船舶装运危险货物的监督管理

（一）危险货物的定义

危险货物是具有自燃、易燃、爆炸、腐蚀、毒害、放射性等性质的货物，一般分为以下几种：爆炸品、氧化剂、压缩气体、自燃物体、遇水燃烧物体、易燃液体、毒害品、腐蚀性品、放射性物品等。

对于不同的行业，危险品有不同的定义和物质类别。按 IMO《港区危险品装卸、储存和运输建议书》对危险品的定义，是指具有 IMO《国际海运危险货物规则》中所列货物类别的性质而准备运输的包装或散装的任何物品。其中所述"《国际海运危险货物规则》中所列货物类别的性质"包括具有爆炸、易燃、腐蚀、毒害、放射性辐射以及污染环境等特性的货物。我国原交通部 1996 年第 10 号令发布的《水路危险货物运输规则》和交通部 2003 年第 10 号令发布的《船舶载运危险货物安全监督管理规定》都从危险性质角度对危险货物加以定义。2003 年第 10 号令的定义如下："危险货物"是指具有爆炸、易燃、毒害、腐蚀、放射性、污染危害性等特性，在船舶载运过程中，容易造成人身伤害、财产损失或者环境污染而需要特别防护的物品。

船舶从事海上运输本身就具有很多外来的风险，再加上运输货物自身的危险性，其发生事故的可能性非常大。在运输过程中，任何一个环节出现问题，都会出现船毁人亡的恶性事故。因此，加强对船舶装运危险货物的监督管理是十分重要的，法律授权海事主管部门和港口管理部门对船舶装运危险货物实施监督管理。海事局对船舶装运危险货物的监督管理，除通过审查批准船舶进港装卸危险货物及过境停留外，还对船舶的装卸工作进行现场监督检查。

（二）船舶装运危险货物监督管理的法律依据

1. 国际法

（1）《1960 年国际海上人命安全公约》。1960 年，政府间海事协商组织修改《1948 年海上人命安全公约》，产生了《1960 年国际海上人命安全公约》，其中第Ⅶ章对危险货物运输的问题作出了规定。该章适用于 500 总吨及以上的从事国际航线运输的船舶。该公约于 1965 年 5 月 26 日生效。

1974 年，IMCO 又一次对公约进行了大幅度的修改，产生了《1974 年国际海上人命安全公约》，扩大了第Ⅶ章的适用范围。此后，公约经过了多次修订，在 2000 年 12 月 6 日结束的 IMO 海上安全委员会第 73 届会议上，最终通过了公约第Ⅱ—2 章的正式修改文本，并于 2002 年 7 月 1 日起生效。

（2）MARPOL73/78 附则Ⅲ。MARPOL73/78 附则Ⅲ是公约的非强制性附则，各成员国可以选择性的加入。该附则是关于防止包装有害物质污染的规则，对包装形式运输的有害物质在包装、标记和标志、单证、积载、限量、港口国对操作性要求的监督等方面作出了规定，于 1992 年 7 月 1 日起开始生效，1994 年 9 月 13 日对我国生效。

（3）联合国危险货物运输建议书。根据运输的需要，1954 年联合国经社理事会成立了"危险货物运输专家委员会"，经过一段时间的工作，1956 年提出了第一份工作报告，即《联合国危险货物运输建议书》，该建议书在 1957 年经社理事会的第 23 次会议上获得通过。为适应危险货物运输的发展，该建议书在此后历次的危险货物运输专家委员会上进行修订和更新，并根据经社理事会随后作出的决议予以出版。

2005 年出版了第 14 版《联合国危险货物运输建议书》。

该建议书在国际上极具权威性，涉及各种运输方式和各类运输工具，包装危险货物的运输，国际海事组织的《国际海运危险货物规则》就是以该建议书作为依据而制定的，且其内容有越来越贴近的趋势。

(4)《国际海运危险货物规则》。《国际海运危险货物规则》(IMDG Code)的第 1 版于 1965 年第 4 次海事协商大会予以通过，我国从 1982 年 10 月 2 日起正式在国际航线和涉外港口适用该规则。近几十年来，该规则经历了一系列的重大修改，2002 年，包含第 31 版修正案的 IMDG Code 版本出台，该修正案的生效时间是 2003 年 1 月 1 日，对我国的生效时间是 2004 年 1 月 1 日。目前最新版本为 IMDG Code34－08 版，于 2010 年 1 月 1 日生效。

2. 国内法

(1)《中华人民共和国海上交通安全法》。该法第三十二条规定，船舶设施储存、装卸、运输危险货物，必须具备安全、可靠的设备和条件，遵守国家关于危险货物管理和运输的规定；第三十三条规定，船舶装运危险货物必须向主管机关办理申报手续，经批准后，方可进出港口或装卸。

(2)《中华人民共和国海洋环境保护法》。该法第六十七条规定了载运具有污染危害性货物进出港口的船舶的申报制度，第六十八条要求交付船舶装运污染危害性货物的单证、包装、标志、数量限制等，必须符合对所装货物的有关规定。

(3)《中华人民共和国水污染防治法》。该法第四条第二款规定，各级交通部门的航政机关是对船舶污染实施监督管理的机关；第二十八条规定，船舶造成污染事故的，应当向就近的航政机关报告，接受调查处理。

(4)《中华人民共和国港口法》。该法于 2003 年 6 月 28 日第 10 届全国人大常委会第 3 次会议通过，2004 年 1 月 1 日起施行。

第十七条规定，港口危险货物作业场所应符合港口总体规划和国家有关安全生产、消防、检验检疫和环境保护的要求，其与人口密集区客运设施的距离应当符合国务院的有关部门的规定，依法办理有关手续，并经港口行政管理部门批准后方可建设；第三十二条规定，港口经营人应当依法制定本单位的危险货物事故应急预案；第三十条规定，在港口内进行危险货物的装卸、过驳作业，应按照国务院交通主管部门的规定将危险货物的名称、特性、包装和作业时间、地点报告港口行政管理部门，由该部门在规定的时间作出是否同意的决定，通知报告人，并通报海事管理机构。

(5)《中华人民共和国内河交通安全管理条例》。该条例于 2002 年 8 月 1 日起实施，其中第四章对危险货物监管作出了规定，主要内容是禁止在内河运输法律、行政法规以及国务院交通主管部门规定禁止运输的危险货物。载运危险货物的船舶，必须持有经海事管理机构认可的船舶检验机构依法检验并颁发的危险货物适装证书，并按照国家有关危险货物运输的规定和安全技术规范进行配载和运输。船舶装卸、过驳危险货物或者载运危险货物进出港口，应事先向海事主管机关申报。载运危险货物的船舶，在航行、装卸或者停泊时，应当按照规定显示信号；其他船舶应当避让。从事危险货物装卸的码头、泊位和载运危险货物的船舶，必须编制危险货物事故应急预案，并配备相应的应急救援设备和器材。

(6)《防治船舶污染海洋环境管理条例》。该条例对危险货物的进出港口，过驳作业等都作出了明确的规定。

(7)《船舶载运危险货物安全监督管理规定》。交通部颁布的《船舶载运危险货物安全监督管理规定》于 2004 年 1 月 1 日起实施，适用于在我国港口和水域从事危险货物装卸和运输的船舶及有关单位和人员。

为加强船舶载运危险货物监督管理，保障水上人命、财产安全，防止船舶污染环境，依据《中华人民共和国海上交通安全法》、《中华人民共和国海洋环境保护法》、《中华人民共和国港口法》、《中华人民共和国内河交通安全管理条例》、《中华人民共和国危险化学品安全管理条例》和有关国际公约的规定，制定了该规定。

(三)船舶装运危险货物监督管理的内容

1. 主管机关

交通部主管全国船舶载运危险货物的安全管理工作。中华人民共和国海事局负责船舶载运危险货物的安全监督管理工作。交通部直属和地方人民政府交通主管部门所属的各级海事管理机构具体负责本辖区船舶载运危险货物的安全监督管理工作。港口行政管理部门负责载运危险货物的船舶在港口水域内从事危险货物过驳作业的审批工作。但港口行政管理部门在审批时，应当就船舶过驳作业的水域征得海事管理机构的同意。

2. 管理手段

主管机关对于危险货物的管理主要采取许可、监督检查、行政强制和行政处罚的手段来进行管理，许可申报是主管机关实现对船舶装载危险货物管理的重要手段。包括危险货物安全适运申报，申报的信息主要包括危险货物的正确运输名称、联合国标号、危险类别等；船舶载运危险货物申报，即传递船舶载运危险货物的基本信息并报经主管机关审核批准，其申报的主要内容为船舶作业、运输以及危险货物在船上的积载位置等。

监督检查是保证获得许可的船舶能够切实遵守法律的重要手段，船舶经获准进港后，为安全起见，海事局还要进行现场监督检查，检查的项目包括：第一，进一步核实船舶技术状况是否符合适装条件；第二，检查装卸的货物与申报的是否相符；第三，货物的包装、标志是否完整无损，配载隔垫是否符合要求；第四，消防应急设备和安全措施是否落实，作业机具是否符合要求；第五，作业人员是否作了安全防护工作，作业是否正确；对进口卸货船舶应检查包装，标志是否符合要求。发现包装破损可能造成危险时，应责令船方及时处理。标志不正确或脱落的，应责令船方补贴。对过境船还应检查积载状况，不符合安全积载要求的应责令船方改善，合格后方能准其继续航行；船舶违反监督管理规定的，由海事机构给予行政处罚。

3. 船舶载运危险货物的禁止事项

禁止利用内河以及其他封闭水域等航运渠道运输剧毒化学品以及交通部规定禁止运输的其他危险化学品。禁止在普通货物中夹带危险货物，不得将危险货物匿报或者报为普通货物。禁止未取得危险货物适装证书的船舶以及超过交通部规定船龄的船舶载运危险货物。

4. 载运危险货物船舶的通航安全和防污染管理

(1)通航及作业环境的选择。载运危险货物的船舶应当选择符合安全要求的通航环境航行、停泊、作业，并顾及在附近航行、停泊、作业的其他船舶以及港口和近岸设施的安全，防止污染环境。

(2)特殊条件下的安全与防污措施。海事管理机构规定危险货物船舶专用航道、航路的，载运危险货物的船舶应当遵守规定航行。载运危险货物的船舶通过狭窄或者拥挤的航道、航路，或者在气候、风浪比较恶劣的条件下航行、停泊、作业，应当加强瞭望，谨慎操作，采取相应的安全、防污措施。必要时，还应当落实辅助船舶待命防护等应急预防措施，或者向海事管理机构请求导航或者护航；载运爆炸品、放射性物品、有机过氧化物、燃点28℃以下易燃液体和液化气的船，不得与其他驳船混合编队拖带。

(3)船舶接受交通管制的义务。

[1]在一般水域的义务。对操作能力受限制的载运危险货物的船舶，海事管理机构应当疏导交通，必要时可实行相应的交通管制；载运危险货物的船舶在航行、停泊、作业时应当按规定显示信号；其他船舶与载运危险货物的船舶相遇，应当注意按照航行和避碰规则的规定，尽早采取相应的行动。

[2]在船舶交通管理(VTS)中心控制的水域的义务。在船舶交通管理(VTS)中心控制的水域，船舶应当按照规定向交通管理(VTS)中心报告，并接受该中心海事执法人员的指令。对报告进入船舶交通管理(VTS)中心控制水域的载运危险货物的船舶，海事管理机构应当进行标注和跟踪，发现违规航行、停泊、作业的，或者认为可能影响其他船舶安全的，海事管理机构应当及时发出警告，必要时依法采取相应的强制措施。船舶交通管理(VTS)中心应当为向其报告的载运危险货物的船舶提供相应的水上交通安全信息服务。

[3]在实行船舶定线制和船位报告制的水域的义务。在实行船舶定线制的水域，载运危险货物的船舶应当遵守船舶定线制规定，并使用规定的通航分道航行。在实行船位报告制的水域，载运危险货物的船舶应当按照海事管理机构的规定，加入船位报告系统。

(4)过驳作业的许可。

[1]过驳作业区域的选择。载运危险货物的船舶从事水上过驳作业，应当符合国家水上交通安全和防止船舶污染环境的管理规定和技术规范，选择缓流、避风、水深、底质等条件较好的水域，尽量远离人口密集区、船舶通航密集区、航道、重要的民用目标或者设施、军用水域，制定安全和防治污染的措施和应急计划并保证有效实施。船舶从事水上危险货物过驳作业的水域，由海事管理机构发布航行警告或者航行通告予以公布。

[2]过驳作业的审批机构。过驳作业的区域不同，许可机构不同，具体划分如下。

①在港口水域内。载运危险货物的船舶在港口水域内从事危险货物过驳作业，应当根据交通部有关规定向港口行政管理部门提出申请。港口行政管理部门在审批时，应当就船舶过驳作业的水域征得海事管理机构的同意。

②在港口水域外。载运散装液体危险性货物的船舶在港口水域外从事海上危险货物过驳作业，应当由船舶或者其所有人、经营人或者管理人依法向海事管理机构申请批准。

[3]过驳作业申请的时间及内容。申请从事港口水域外海上危险货物单航次过驳作业的，申请人应当提前24小时向海事管理机构提出申请；申请在港口水域外特定海域从事多航次危险货物过驳作业的，申请人应当提前7日向海事管理机构提出书面申请。

申请书中应当申明船舶的名称、国籍、吨位，船舶所有人或者其经营人或者管理人、船员名单，危险货物的名称、编号、数量，过驳的时间、地点等，并附表明其业已符合作业区域选择的相应材料。

[4]过驳作业的批准。海事管理机构收到齐备、合格的申请材料后，对单航次作业的船舶，应当在24小时内作出批准或者不批准的决定；对在特定水域多航次作业的船舶，应当在7日内作出批准或者不批准的决定。海事管理机构经审核，对申请材料显示船舶及其设备、船员、作业活动及安全和环保措施、作业水域等符合国家水上交通安全和防治船舶污染环境的管理规定和技术规范的，应当予以批准并及时通知申请人。对未予批准的，应当说明理由。

[5]洗（清）舱、驱气或者置换作业的许可。船舶进行洗（清）舱、驱气或者置换，应当选择安全水域，远离通航密集区、船舶定线制区、禁航区、航道、渡口、客轮码头、危险货物码头、军用码头、船闸、大型桥梁、水下通道以及重要的沿岸保护目标，并在作业之前报海事管理机构核准，核准程序和手续按单航次海上危险货物过驳作业的规定执行。

船舶从事上述作业活动期间，不得检修和使用雷达、无线电发报机、卫星船站；不得进行明火、拷铲及其他易产生火花的作业；不得使用供应船、车进行加油、加水作业。

(5)船舶进出港口的许可。

[1]船舶进出港口及过境停留的许可。载运危险货物的船舶进出中国港口时，应该获得批准，以便港口做好危险的防范准备工作，具体要求如下。

①申报时间。船舶载运危险货物进、出港口，或者在港口过境停留，应当在进、出港口之前提前24小时，直接或者通过代理人向海事管理机构办理申报手续，经海事管理机构批准后，方可进、出港口。国际航行船舶，应当在船舶预计抵达口岸7日前（航程不足7日的，在驶离上一口岸时），填写《国际航行船舶进口岸申请书》，报请抵达口岸的海事机构审批。拟进入长江水域的船舶，船方或其代理人应当在船舶预计经上海港区7日前（航程不足7日的，在驶离上一口岸时），填写《国际航行船舶进口岸申请书》，报请抵达口岸的海事机构审批。

定船舶、定航线、定货种的船舶可以办理定期申报手续。定期申报期限不超过一个月。

船舶载运尚未在《危险货物品名表》（国家标准GB12268）或者国际海事组织制定的《国际海运危险货物规则》内列明但具有危险物质性质的货物，应当按照载运危险货物的管理规定办理进、出港口申报。海事管理机构接到报告后，应当及时将上述信息通报港口所在地的港口行政管理部门。办理申报手续可以采用电子数据处理（EDP）或者电子数据交换（EDI）的方式。

②申报时间及内容。载运危险货物的船舶办理进、出港口申报手续，申报内容应至少包括：船名、预计进出港口的时间以及所载危险货物的正确名称、编号、类别、数量、特性、包装、装载位置等，并提供船舶持有安全适航、适装、适运、防污染证书或者文书的情况。

对于装有危险货物的集装箱，船舶需提供集装箱装箱检查员签名确认的《集装箱装箱证明书》。对于易燃、易爆、易腐蚀、剧毒、放射性、感染性、污染危害性等危险品，船舶应当在申报时附具相应的危险货物安全技术说明书、安全作业注意事项、人员防护、应急急救和泄漏处置措施等资料。

[2]船舶进出港口及过境停留的许可。海事管理机构收到船舶载运危险货物进、出港口的申报后，应当在24小时内作出批准或者不批准船舶进、出港口的决定。对于申报资料明确显示船舶处于安全适航、适装状态以及所载危险货物属于安全状态的，海事管理机构应当批准船舶进、出港口。对有下列情形之一的，海事管理机构应当禁止船舶进、出港口：船舶未按规定办理申报手续；申报显示船舶未持有有效的安全适航、适装证书和防污染证书，或者货物未达到安全适运要求或者单证不全；按规定尚需国家有关主管部门或者进出口国家的主管机关同意后方能载运进、出口的货物，在未办理完有关手续之前；船舶所载危险货物系国家法律、行政法规禁止通过水路运输的；本港尚不具备相应的安全航行、停泊、作业条件或者相应的应急、防污染、保安等措施的；交通部规定不允许船舶进出港口的其他情形。

[3]有害废料进出口的许可。船舶从境外载运有害废料进口，国内收货单位

应事先向预定抵达港的海事管理机构提交书面报告并附送出口国政府准许其迁移以及我国政府有关部门批准其进口的书面材料，提供承运的单位、船名、船舶国籍和呼号以及航行计划和预计抵达时间等情况。船舶出口有害废弃物，托运人应提交我国政府有关部门批准其出口，以及最终目的地国家政府准许其进口的书面材料。

[4]核动力等具有重大危险隐患船舶进入我国领海的许可。核动力船舶、载运放射性危险货物的船舶以及5万总吨以上的油轮、散装化学品船、散装液化气船从境外驶向我国领海的，不论其是否挂靠中国港口，均应当在驶入中国领海之前，向中国船位报告中心通报：船名、危险货物的名称、装载数量、预计驶入的时间和概位、挂靠中国的第一个港口或者声明过境。挂靠中国港口的，应当履行国际航行船舶的申报手续。这一规定体现了预防为主防患于未然的安全管理精神。

5. 载运危险货物船舶的管理

对于载运危险货物的船舶，相关的当事人都有义务采取措施预防危险事故的发生。

(1)经营企业的义务。船舶的所有人等企业主体是对船舶采取措施的首要责任人。其应当根据国家水上交通安全和防治船舶污染环境的管理规定，建立和实施船舶安全营运和防污染管理体系，并应使船舶及相关集装箱等经检验合格后方可使用。

(2)船舶的义务。船舶的操纵及驾驶人员对船舶的安全营运负有责任，为此，载运危险货物的船舶应当制定保证水上人命、财产安全和防治船舶污染环境的措施，编制应对水上交通事故、危险货物泄漏事故的应急预案以及船舶溢油应急计划，配备相应的应急救护、消防和人员防护等设备及器材，并保证落实和有效实施。船舶载运危险货物，应当符合有关危险货物积载、隔离和运输的安全技术规范，并只能承运船舶检验机构签发的适装证书中所载明的货种。

国际航行船舶应当按照《国际海运危险货物规定》，国内航行船舶应当按照《水路危险货物运输规定》，对承载的危险货物进行正确分类和积载，保障危险货物在船上装载期间的安全，对不符合国际、国内有关危险货物包装和安全积载规定的，船舶应当拒绝受载、承运。

(3)强制保险。载运危险货物的船舶应当按照国家有关船舶安全、防污染的强制保险规定，参加相应的保险，并取得规定的保险文书或者财务担保证明。

载运危险货物的国际航行船舶，按照有关国际公约的规定，凭相应的保险文书或者财务担保证明，由海事管理机构出具表明其业已办理符合国际公约规定的船舶保险的证明文件。

6. 从业人员的义务

航运企业的从业人员是否正确操作是防止事故发生的关键要素，为此，法律也规定了相关从业人员的义务。

（1）船员的义务。船员是海运企业的一线劳动者，危险货物装载运输都是与船员的管理工作分不开的，因此，规定船员的责任，是防止事故发生的重要一环。

载运危险货物船舶的船员，应当持有海事管理机构颁发的适任证书和相应的培训合格证，熟悉所在船舶载运危险货物安全知识和操作规程，并应当事先了解所运危险货物的危险性和危害性及安全预防措施，掌握安全载运的相关知识。发生事故时，应遵循应急预案，采取相应的行动。

（2）原油洗舱作业指挥人员的义务。从事原油洗舱作业的指挥人员，应当按照规定参加原油洗舱的特殊培训，具备船舶安全与防污染知识和专业操作技能，经海事管理机构考试、评估，取得合格证书后，方可上岗作业。

（3）办理船舶申报手续人员的义务。办理船舶申报手续的人员，应当熟悉船舶载运危险货物的申报程序和相关要求。

7. 责令改正和行政处罚

（1）责令改正。海事管理机构依法对载运危险货物的船舶实施监督检查，对违法的船舶、船员实施相应的行政强制措施。

［1］停航、停止作业、停航、禁止进出港、滞留船舶。海事主管机构发现载运危险货物的船舶存在安全或者污染隐患的，应当责令立即消除或者限期消除隐患；有关单位和个人不主动及时消除或者逾期不消除的，海事管理机构可以采取责令其临时停航、停止作业、禁止进港、离港，责令驶往指定水域，强制卸载，滞留船舶等强制性措施。在一些情形下，海事管理机构应当责令当事船舶立即纠正或者限期改正，如危险货物的积载和隔离不符合规定等。核动力船舶、载运放射性危险货物的船舶以及 5 万总吨以上的油轮、散装化学品船、散装液化气船从境外驶向我国，违反国家水上交通安全和防治船舶污染环境的法律、行政法规以及《联合国海洋法公约》有关规定的，海事管理机构有禁止其进入中国领海、内水、港口，或者责令其离开或者驶向指定地点。载运危险货物的船舶违反国家水上交通安全、防止船舶污染环境的规定，应当予以行政处罚的，由海事管理机构按照有关法律、行政法规和交通部公布的有关海事行政处罚的规定给予相应的处罚。涉嫌构成犯罪的，由海事管理机构依法移送国家司法机关。

［2］限期改正。对有下列情形之一的，海事管理机构应当责令当事船舶立即纠正或者限期改正：

①经核实申报内容与实际情况不符的；

②擅自在非指定泊位或者水域装卸危险货物的；

③船舶或者其设备不符合安全、防污染要求的；

④危险货物的积载和隔离不符合规定的；

⑤船舶的安全、防污染措施和应急计划不符合规定的；

⑥船员不符合载运危险货物的船舶的适任资格的。

（2）行政处罚。

[1]无证上岗的行为。违反《危险化学品安全管理条例》的规定，从事危险化学品运输船舶的船员，未经考核合格，取得上岗资格证的，依照《危险化学品安全管理条例》第六十六条的规定，处 2 万元以上 10 万元以下的罚款。

[2]船舶、设备及包装材料不合格的。违反《危险化学品安全管理条例》的规定，有下列行为之一的，依照《危险化学品安全管理条例》第五十九条的规定，责令立即或限期改正，处 2 万元以上 20 万元以下的罚款；逾期未改正的，责令停产停业整顿：

①运输危险化学品的船舶及其配载的容器，未按照国家有关规范进行检验合格；

②船舶运输危险化学品，使用的包装的材质、形式、规格、方法和单件质量（重量）与所包装的危险化学品的性质和用途不相适应；

③船舶运输危险化学品，重复使用的包装物、容器在使用前，不进行检查；

④船舶运输危险化学品，使用未经检验合格的包装物、容器包装、盛装、运输。

[3]运输、装卸行为违法。违反《危险化学品安全管理条例》的规定，船舶运输、装卸危险化学品不符合国家有关法律、法规、规章的规定和国家标准，并按照危险化学品的特性采取必要安全防护措施的，依照《危险化学品安全管理条例》第六十六条的规定，处 2 万元以上 10 万元以下的罚款。

所谓不符合国家有关法律、法规、规章的规定和国家标准，并按照危险化学品的特性采取必要安全防护措施，包括下列情形：

①装运危险化学品的船舶未按有关规定编制应急预案和配备相应救援设备和器材；

②装运危险化学品的船舶进出港口，不依法向海事管理机构办理申报手续；

③装运危险化学品的船舶擅自在非停泊危险化学品船舶的锚地、码头或其他水域停泊；

④船舶所装运的危险化学品，包装标志不符合有关规定；

⑤船舶装运危险化学品发生泄漏或意外事故，不及时采取措施或不向海事管理机构报告；

⑥其他不符合国家有关危险化学品法律、法规、规章的规定和危险化学品国家标准的情形。

[4]储存、装卸、运输危险化学品以外危险货物的。船舶、设施储存、装卸、运输危险化学品以外的危险货物，有下列情形之一的，视为不具备安全可靠的设备和条件：①装运危险化学品以外的危险货物的船舶，未按有关规定编制应急预案和配备相应救援设备和器材；②装运危险化学品以外的危险货物的船舶及其配载的容器，未按照国家有关规范进行检验合格；③船舶装运危险化学品以外的危险货物，

所使用包装的材质、形式、规格、方法和单件质量（重量）与所包装的危险货物的性质和用途不相适应；④船舶装运危险化学品以外的危险货物，包装标志不符合有关规定；⑤装运危险化学品以外的危险货物的船舶，未按规定配备足够的取得相应的特殊培训合格证书的船员。

船舶、设施储存、装卸、运输危险化学品以外的危险货物，有下列情形之一的，视为不遵守国家关于危险化学品以外的危险货物管理和运输的规定的行为：①使用未经检验合格的包装物、容器包装、盛装、运输；②重复使用的包装物、容器在使用前不进行检查；③不按规定显示装载危险货物的信号；④未按照危险货物的特性采取必要安全防护措施；⑤不按照有关规定对载运中的危险货物进行检查；⑥装运危险货物的船舶擅自在非停泊危险货物船舶的锚地、码头或其他水域停泊；⑦船舶装运危险货物发生泄漏或意外事故，不及时采取措施或不向海事管理机构报告；⑧不遵守国家关于危险化学品以外的危险货物管理和运输规定的其他行为。

有上述行为之一的，给予下列行政处罚：

①属于非经营活动中的违法行为的，对船舶、设施所有人或经营人处以300元以上1 000元以下罚款；对船长或设施主要负责人和其他直接责任人员处以200元以上1 000元以下罚款，并扣留船员职务证书3个月至12个月；

②属于经营活动中的违法行为，有违法所得的，对船舶、设施处以违法所得的3倍以下、最多不超过3万元的罚款；对船长或设施主要负责人和其他直接责任人员处以本人违法所得的3倍以下、最多不超过3万元的罚款，并扣留船员职务证书12个月至24个月或吊销船员职务证书；

③属于经营活动中的违法行为，无违法所得的，对船舶、设施处以300元以上1万元以下罚款；对船长或设施主要负责人和其他直接责任人员处以200元以上1万元以下罚款，并扣留船员职务证书6个月至24个月。

[5]不向海事管理机构办理申报手续的。违反《海上交通安全法》第三十三条规定，船舶装运危险化学品以外的危险货物进出港口，不向海事管理机构办理申报手续，依照《海上交通安全法》第四十四条的规定，行政处罚如下：

①属于非经营活动中的违法行为的，对船舶、设施所有人或经营人处以300元以上1 000元以下罚款；对船长或设施主要责人和其他直接责任人员处以200元以上1 000元以下罚款，并扣留船员职务证书3个月至12个月；

②属于经营活动中的违法行为，有违法所得的，对船舶、设施处以违法所得的3倍以下、最多不超过3万元的罚款；对船长或设施主要负责人和其他直接责任人员处以本人违法所得的3倍以下、最多不超过3万元的罚款，并扣留船员职务证书12个月至24个月或吊销船员职务证书；

③属于经营活动中的违法行为，无违法所得的，对船舶、设施处以300元以上1万元以下罚款；对船长或设施主要负责人和其他直接责任人员处以200元以上1万元以下罚款，并扣留船员职务证书6个月至24个月。

五、国际航行船舶进出口岸管理

口岸是由国家指定对外往来的门户，是国际货物运输的枢纽。从某种程度上说，它是一种特殊的国际物流联结点。口岸管理就是对口岸建设与开放的规划、对口岸入出境活动的监管、对口岸各部门单位关系的协调，进行计划、组织和控制。

国家出于维护海上交通安全的需要，对国际航行船舶进行安全检查，同时出于保证港口船舶的安全，维护国家主权和国境治安，查禁走私，防止疫病传播的需要，对进出我国口岸的国际航行船舶及其所载船员、旅客、货物和其他物品实施检查。检查检验是维护国家主权和祖国尊严的重要体现，也是保障国家安全、方便合法入出境的必要措施。

(一)船舶进出口岸检查的法律性质及法律依据

进出口岸检查的法律同国内航行船舶签证的法律性质相同，也是一种依申请的行政行为，只不过管理的对象是国际航行船舶。关于实施检查的法律依据有很多，其中包括实体法和程序法。实体法有《海上交通安全法》(以下简称《海安法》)和《内河交通安全管理条例》(以下简称《内河条例》)。此外，还有《海关法》、《动植物检疫法》、《国境卫生防疫法》、《国际航行船舶进出中华人民共和国口岸检查办法》(以下简称《检查办法》)。这些法律规定了实施船舶检查的主体及其权限、实施检查的程序等。

(二)船舶进出口岸检查的主体

船舶进出口岸检查的主体包括海事部门、海关、边防检查机关、国境卫生检疫机关、动植物检疫机关，统称为检查机关。

(三)船舶进出口岸检查的制度

船舶进出口岸检查制度，基本上是一种许可制度，同时也包括监督检查。检查的对象既包括本国的船舶及其所载的人员、货物和物品，也包括外国的船舶及其所载的人员及货物及物品。《检查办法》规定，船方或其代理人应当在船舶预抵口岸7日前办理进港申请。在离港前4小时内办理必要的出口岸手续。

实际上进出口岸检查的内容包括五个方面的内容。

1. 船舶安全的监督检查由海事部门进行

2. 进出边境的检查由海关进行

3. 进出边防检查

由公安部门进行，边防检查是指对出入国境人员的护照、证件、签证、出入境登记卡、出入境人员携带的行李物品和财物。交通运输工具及其运载的货物等的检查和监护，以及对出入国境上下交通运输工具的人员的管理和违反规章行为的处理等。边防检查是为了保卫国家的主权和安全，而对出入国境的人员等进行的检查。

边防检查的内容包括：护照检查、证件检查、签证检查、出入境登记卡检查、行李物品检查、交通运输工具检查等。

1995 年颁布的《中华人民共和国出境入境边防检查条例》第三章，交通运输工具的检查和监护中规定，出境、入境的交通运输工具离、抵口岸时，必须接受边防检查。对交通运输工具的入境检查，在最先抵达的口岸进行；出境检查，在最后离开的口岸进行。在特殊情况下，经主管机关批准，对交通运输工具的入境、出境检查，也可以在特许的地点进行；边防检查站根据维护国家安全和社会秩序的需要，可以对出境、入境人员携带的行李物品和交通运输工具载运的货物进行重点检查。边防检查站根据维护国家安全和社会秩序的需要，可以对出境、入境人员携带的行李物品和交通运输工具载运的货物进行重点检查。出境、入境的人员和交通运输工具不得携带、载运法律、行政法规规定的危害国家安全和社会秩序的违禁物品，任何人不得非法携带属于国家秘密的文件、资料和其他物品出境。

4. 卫生检疫

由质量监督检验检疫部门进行，中华人民共和国质量监督检验检疫总局是中华人民共和国国务院授权的卫生检疫涉外执法机关，检疫总局及其下属的各直属检验检疫局在对外开放的国境口岸，对入出境人员依法实施卫生检疫，目的是为了防止传染病由国外传入或者由国内传出，实施国境卫生检疫，保护人体健康。检查的对象是：入境、出境的人员、交通工具和集装箱，以及可能传播检疫传染病的行李、货物、邮包等。上述检查对象要经卫生检疫机关许可，方准入境或者出境。

根据国家质量监督检验检疫总局 2002 年发布的《国际航行船舶出入境检验检疫管理办法》的规定：国际航行船舶的卫生检疫分为入境检验检疫、出境检验检疫。

（1）入境检验检疫。

①申请。入境的船舶必须在最先抵达口岸的指定地点接受检疫，办理入境检验检疫手续。船方或者其代理人应当在船舶预计抵达口岸 24 小时前（航程不足 24 小时的，在驶离上一口岸时）向检验检疫机构申报，填报入境检疫申报书。如船舶动态或者申报内容有变化，船方或者其代理人应当及时向检验检疫机构更正。受入境检疫的船舶，在航行中发现检疫传染病、疑似检疫传染病，或者有人非因意外伤害而死亡并死因不明的，船方必须立即向入境口岸检验检疫机构报告。

办理入境检验检疫手续时，船方或者其他代理人应当向检验检疫机构提交《航海健康申报书》、《总申报单》、《货物申报单》、《船员名单》、《旅客名单》、《船用物品申报单》、《压舱水报告单》及载货清单，并应检验检疫人员的要求提交《除鼠/免予除鼠证书》、《交通工具卫生证书》、《预防接种证书》、《健康证书》以及航海日志等有关资料。

②审核并确定检疫方式。检验检疫机构对申报内容进行审核，确定以下检疫方式：锚地检疫；电讯检疫；靠泊检疫；随船检疫。及时通知船方或者其代理人锚地检疫的适用船舶；来自检疫传染病疫区的；来自动植物疫区，国家有明确要求的；

有检疫传染病病人、疑似检疫传染病病人，或者有人非因意外伤害而死亡并死因不明的；装载的货物为活动物的；发现有啮齿动物异常死亡的；废旧船舶；未持有有效的《除鼠/免予除鼠证书》的；船方申请锚地检疫的；检验检疫机构工作需要的。

电讯检疫适用的船舶：我国检验检疫机构签发的有效《交通工具卫生证书》，且没有适用锚地检疫船舶的情形的，经船方或者其代理人申请，检验检疫机构应当实施电讯检疫。船舶在收到检验检疫机构同意电讯检疫的批复后，即视为已实施电讯检疫。船方或者其代理人必须在船舶抵达口岸 24 小时内办理入境检验检疫手续。

靠泊检疫适用的船舶：未持有有效《交通工具卫生证书》，且没有锚地检疫船舶的情形的或者因天气、潮水等原因无法实施锚地检疫的船舶，经船方或者其代理人申请，检验检疫机构可以实施靠泊检疫。

随船检疫：检验检疫机构对旅游船、军事船、要人访问所乘船舶等特殊船舶以及遇有特殊情况的船舶，如船上有病人需要救治、特殊物资急需装卸、船舶急需抢修等，经船方或者其代理人申请，可以实施随船检疫。

③船舶的义务。接受入境检疫的船舶，必须按照规定悬挂检疫信号，在检验检疫机构签发入境检疫证书或者通知检疫完毕以前，不得解除检疫信号。除引航员和经检验检疫机构许可的人员外，其他人员不准上船；不准装卸货物、行李、邮包等物品；其他船舶不准靠近；船上人员，除因船舶遇险外，未经检验检疫机构许可，不得离船；检疫完毕之前，未经检验检疫机构许可，引航员不得擅自将船舶引离检疫锚地。

关于检疫信号，法律规定，昼间在明显处所悬挂国际通语信号旗：

第一，"Q"字旗表示：本船没有染疫，请发给入境检疫证；第二，"QQ"字旗表示：本船有染疫或者染疫嫌疑，请即刻实施检疫。

夜间在明显处所垂直悬挂灯号：

第一，红灯三盏表示：本船没有染疫，请发给入境检疫证；

第二，红、红、白、红灯四盏表示：本船有染疫或者染疫嫌疑，请即刻实施检疫。

④实施检疫并发证。检验检疫机构实施登轮检疫时，应当在船方人员的陪同下，根据检验检疫工作规程实施检疫查验。对经检疫判定没有染疫的入境船舶，签发《船舶入境卫生检疫证》；对经检疫判定染疫、染疫嫌疑或者来自传染病疫区应当实施卫生除害处理的或者有其他限制事项的入境船舶，在实施相应的卫生除害处理或者注明应当接受的卫生除害处理事项后，签发《船舶入境检疫证》；对来自动植物疫区经检疫判定合格的船舶，应船舶负责人或者其代理人要求签发《运输工具检疫证书》；对须实施卫生除害处理的，应当向船方出具《检验检疫处理通知书》，并在处理合格后，应船方要求签发《运输工具检疫处理证书》。

(2)出境检验检疫。出境的船舶在离境口岸接受检验检疫，办理出境检验检疫手续。

①申请。出境的船舶，船方或者其代理人应当在船舶离境前 4 小时内向检验检疫机构申报，办理出境检验检疫手续。已办理手续但出现人员、货物的变化或者因其他特殊情况 24 小时内不能离境的，须重新办理手续。船舶在口岸停留时间不足 24 小时的，经检验检疫机构同意，船方或者其代理人在办理入境手续时，可以同时办理出境手续。

办理出境检验检疫手续时，船方或者其代理人应当向检验检疫机构提交《航海健康申报书》、《总申报单》、《货物申报单》、《船员名单》、《旅客名单》及载货清单等有关资料(入境时已提交且无变动的可免予提供)。有第十九条所列情况的，应当提交相关检验检疫证书。

②审核并发证。经审核船方提交的出境检验检疫资料或者经登轮检验检疫，符合有关规定的，检验检疫机构签发《交通工具出境卫生检疫证书》，并在船舶出口岸手续联系单上签注。

(3)检疫处理。

①卫生除害处理。对有下列情况之一的船舶，应当实施卫生除害处理：第一，来自检疫传染病疫区；第二，被检疫传染病或者监测传染病污染的；第三，发现有与人类健康有关的医学媒介生物，超过国家卫生标准的；第四，发现有动物一类、二类传染病、寄生虫病或者植物危险性病、虫、杂草的或者一般性病虫害超过规定标准的；第五，装载散装废旧物品或者腐败变质有碍公共卫生物品的；第六，装载活动物入境和拟装运活动物出境的；第七，携带尸体、棺柩、骸骨入境的；第八，废旧船舶；第九，国家质检总局要求实施卫生除害处理的其他船舶。

②隔离、扑杀、排放等措施。对船上的检疫传染病染疫人应当实施隔离，对染疫嫌疑人实施不超过该检疫传染病潜伏期的留验或者就地诊验；对船上的染疫动物实施退回或者扑杀、销毁，对可能被传染的动物实施隔离。发现禁止进境的动植物、动植物产品和其他检疫物的，必须作封存或者销毁处理；对来自疫区且国家明确规定应当实施卫生除害处理的压舱水需要排放的，应当在排放前实施相应的卫生除害处理。对船上的生活垃圾、泔水、动植物性废弃物，应当放置于密封有盖的容器中，在移下前应当实施必要的卫生除害处理；对船上的伴侣动物，船方应当在指定区域隔离。确实需要带离船舶的伴侣动物、船用动植物及其产品，按照有关检疫规定办理。

5. 动植物检疫

由国务院农业行政主管部门主管全国进出境动植物检疫工作。

1991 年颁布的《中华人民共和国进出境动植物检疫法》第六章，运输工具检疫中规定了来自动植物疫区的船舶、飞机、火车抵达口岸时，由口岸动植物检疫机关实施检疫。发现有法律规定的一类、二类动物传染病、寄生虫病植物危险性病、虫、杂草的，作不准带离运输工具、除害、封存或者销毁处理。进出境运输工具上的泔水、动植物性废弃物，依照口岸动植物检疫机关的规定处理，不得擅自抛弃，装载出境的动植物、动植物产品和其他检疫物的运输工具，应当符合动植物检疫和防疫的规定。进境供拆船用的废旧船舶，由口岸动植物检疫机关实施检疫，发现有法律规定的名录所列的病虫害的，作除害处理。

对于国际航行船舶进出港口的检查部门虽然很多，但为了提高行政效率，国家逐渐合并上述行政机关。1999 年之前，进行进出口贸易活动时，外贸企业在向海关申报前，首先要申请商品检验、动植物检疫和卫生检疫，俗称"一关三检"。1999年，全国各地的进出口商品检验局、动植物检疫局、卫生检疫局陆续合并，成立各地"出入境检验检疫局"，全名是"中华人民共和国××出入境检验检疫局"。在国家层面，组建了"国家出入境检验检疫局"，垂直管理各地的出入境检验检疫局，内地31 个省级的检验检疫局和深圳、珠海、厦门、宁波共 35 个局被称作"直属检验检疫局"，其下隶属的分布在各地各口岸的出入境检验检疫局或办事处被称作"检验检疫分支机构"。2001 年，原"国家出入境检验检疫局"和原"国家质量技术监督总局"合并组建"国家质量监督检验检疫总局"，简称"国家质检总局"，为国务院直属机构，主管全国质量、计量、出入境商品检验、出入境卫生检疫、出入境动植物检疫、进出口食品安全和认证认可、标准化等工作，并行使行政执法职能。国家质检总局对省(自治区、直辖市)质量技术监督机构实行业务领导，对出入境检验检疫机构实施垂直管理。

上述机构中的海事机构负责召集有其他检查机关参加的船舶进出口岸检查联席会议，研究、解决船舶进出口岸检查的有关问题。

(四)船舶进出港口许可的程序

1. 进港申请

外国籍船舶应委托具有相应代理权的船舶代理，中国籍船舶由船舶或其代理向口岸所在地海事机构申请办理。在办理时，船舶或代理人应在船舶预计到达港口 7日前(航程不足 7 日的，在驶离上一口岸时)填写《国际航行船舶进口岸申请书》；拟进入长江水域的船舶，应在船舶预计经过上海港区的上述时间内向抵达地的海事机构递交申请书。[①] 除此之外还应准确填报规定的文书材料，由海事机构进行审查。船方或其代理人应当在船舶预计抵达口岸 24 小时前(航程不足 24 小时的，在驶离上一口岸时)，将抵达时间、停泊地点、靠泊移泊计划及船员、旅客的有关情况报告检查机关，船方或其代理人在船舶抵达口岸前未办妥进口岸手续的，须在船舶抵达口岸 24 小时内到检查机关办理进口岸手续。

《中华人民共和国国境卫生检疫法实施细则》规定，船舶代理应当在受入境检疫的船舶到达以前，尽早向卫生检疫机关通知下列事项：(1)船名、国籍、预定到达检疫锚地的日期和时间；(2)发航港、最后寄港；(3)船员和旅客人数；(4)货物种

---

① 郑中义、杨丹：《水上安全监督管理》，大连，大连海事大学出版社，1999，第 146 页。

类。海事部门应当将船舶确定到达检疫锚地的日期和时间尽早通知卫生检疫机关。

申请入境检疫的船舶，在航行中，发现检疫传染病、疑似检疫传染病，或者有人非因意外伤害而死亡并死因不明的，船长必须立即向实施检疫港口的卫生检疫机关报告下列事项：(1)船名、国籍、预定到达检疫锚地的日期和时间；(2)发航港、最后寄港；(3)船员和旅客人数；(4)货物种类；(5)病名或者主要症状、患病人数、死亡人数；(6)船上有无船医。

申请电讯检疫的船舶，首先向卫生检疫机关申请卫生检查，合格者发给卫生证书。该证书自签发之日起12个月内可以申请电讯检疫。

持有效卫生证书的船舶在入境前24小时，应当向卫生检疫机关报告下列事项：(1)船名、国籍、预定到达检疫锚地的日期和时间；(2)发航港、最后寄港；(3)船员和旅客人数及健康状况；(4)货物种类；(5)船舶卫生证书的签发日期和编号、除鼠证书或者免予除鼠证书的签发日期和签发港，以及其他卫生证件。经卫生检疫机关对上述报告答复同意后，即可进港。

2. 出港许可

船舶进入一国港口时，港口国均要求其出示上一国政府核发的出口许可证。出港许可证是国际航行船舶进出一国口岸的必备单证，船舶驶入我国口岸应办理有关手续以及申请出港许可证。船舶或其代理应在船舶驶离口岸前4个小时之内办理必要的出口岸手续，以及申请海事机构办理出口许可证。船舶在口岸停泊时间不足24小时的，经检查机关同意，船方或其代理人在办理进口岸手续时，可以同时办理出口岸手续。

船舶领取出口岸许可证后，情况发生变化或者24小时内未能驶离口岸的，船方或其代理人应当报告海事机构，由海事机构商其他检查机关决定是否重新办理出口岸手续。定航线、定船员并在24小时内往返一个或者一个以上航次的船舶，船方或其代理人可以向海事机构书面申请办理定期进出口岸手续。受理申请的海事机构商其他检查机关审查批准后，签发有效期不超过7天的定期出口岸许可证，在许可证有效期内对该船舶免办进口岸手续。

船舶代理应当在受出境检疫的船舶启航以前，尽早向卫生检疫机关通知下列事项：(1)船名、国籍、预定开航的日期和时间；(2)目的港、最初寄港；(3)船员名单和旅客名单；(4)货物种类。港务监督机关应当将船舶确定开航的日期和时间尽早通知卫生检疫机关。

船舶的入境、出境检疫在同一港口实施时，如果船员、旅客没有变动，可以免报船员名单和旅客名单；有变动的，报变动船员、旅客名单。

受出境检疫的船舶，船长应当向卫生检疫机关出示除鼠证书或者免予除鼠证书和其他有关检疫证件。检疫医师可以向船长、船医提出有关船员、旅客健康情况和船上卫生情况的询问，船长、船医对上述询问应当如实回答。

对船舶实施出境检疫完毕以后，检疫医师应当按照检疫结果立即签发出境检疫证,如果因卫生处理不能按原定时间启航,应当及时通知海事机关。对船舶实施出境检疫完毕以后,除引航员和经卫生检疫机关许可的人员外,其他人员不准上船,不准装卸行李、货物、邮包等物品。如果违反上述规定,该船舶必须重新实施出境检疫。

3. 许可前的检查

船舶在取得进出口岸许可前,船舶及其所载船员、旅客、货物和其他物品接受我国主管机关的检查。检查一般仅限于对船舶或其代理人按规定提交的报表、单证和有关资料的书面审查,除某些特殊情况外,检查机关不登轮检查,除外情况包括:对来自疫区的船舶,载有检疫传染病染疫人、疑似检疫传染病染疫人、非意外伤害而死亡且死因不明尸体的船舶,未持有卫生证书或者证书过期或者卫生状况不符合要求的船舶,卫生检疫机关应当在锚地实施检疫;动植物检疫机关对来自动植物疫区的船舶和船舶装载的动植物、动植物产品及其他检疫物,可以在锚地实施检疫。

悬挂检疫信号的船舶,除引航员和经卫生检疫机关许可的人员外,其他人员不准上船,不准装卸行李、货物、邮包等物品,其他船舶不准靠近;船上的人员,除因船舶遇险外,未经卫生检疫机关许可,不准离船;引航员不得将船引离检疫锚地。

对船舶的入境检疫,在日出后到日落前的时间内实施;凡具备船舶夜航条件,夜间可靠离码头和装卸作业的港口口岸,应实行 24 小时检疫。对来自疫区的船舶,不实行夜间检疫。

受入境检疫船舶的船长,在检疫医师到达船上时,必须提交由船长签字或者有船医附签的航海健康申报书、船员名单、旅客名单、载货申报单,并出示除鼠证书或者免予除鼠证书。在查验中,检疫医师有权查阅航海日志和其他有关证件;需要进一步了解船舶航行中卫生情况时,检疫医师可以向船长、船医提出询问,船长、船医必须如实回答。用书面回答时,须经船长签字和船医附签。

船舶实施入境查验完毕以后,对没有染疫的船舶,检疫医师应当立即签发入境检疫证;如果该船有受卫生处理或者限制的事项,应当在入境检疫证上签注,并按照签注事项办理。对染疫船舶、染疫嫌疑船舶,除通知海事机构外,对该船舶还应当发给卫生处理通知书,该船舶上的引航员和经卫生检疫机关许可上船的人员应当视同员工接受有关卫生处理,在卫生处理完毕以后,再发给入境检疫证。

船舶领到卫生检疫机关签发的入境检疫证后,可以降下检疫信号。

六、行政处罚

主管机关发现船舶有违反中国法律法规行为的,有权对船舶及其上人员进行处罚。

1. 违反边防检查行为的,由边防检查站按《边防检查条例》进行行政处罚

(1)出境、入境的交通运输工具载运不准出境、入境人员,偷越国(边)境人员

及未持有效出境、入境证件的人员出境、入境的，对其负责人按每载运一人处以5 000元以上10 000元以下的罚款。

(2)交通运输工具有下列情形之一的，对其负责人处以10 000元以上30 000元以下的罚款：

[1]离、抵口岸时，未经边防检查站同意，擅自出境、入境的；

[2]未按照规定向边防检查站申报员工、旅客和货物情况的，或者拒绝协助检查的；

[3]交通运输工具在入境后到入境检查前、出境检查后到出境前，未经边防检查站许可，上下人员、装卸物品的；

[4]出境、入境的船舶，由于不可预见的紧急情况或者不可抗拒的原因，驶入对外开放口岸对外地区，没有正当理由不向附近边防检查站或者当地公安机关报告的；或者在驶入原因消失后，没有按照通知的时间和路线离去的，对其负责人处以10 000元以下的罚款。

2. 违反动植物检疫规定的行为，由质量监督检验检疫处罚

有下列违法行为之一的，由口岸动植物检疫机关按《中华人民共和国进出境动植物检疫法实施条例》，处3 000元以上3万元以下的罚款：

(1)未经口岸动植物检疫机关许可擅自将进境、过境动植物、动植物产品和其他检疫物卸离运输工具或者运递的；

(2)擅自调离或者处理在口岸动植物检疫机关指定的隔离场所中隔离检疫的动植物的；

(3)擅自开拆过境动植物、动植物产品和其他检废物的包装，或者擅自开拆、损毁动植物检疫封识或者标志的；

(4)擅自抛弃过境动物的尸体、排泄物、铺垫材料或者其他废弃物，或者未按规定处理运输工具上的泔水、动植物性废弃物的。

3. 违反《国境卫生检疫法》和及其实施本细则的，由卫生检疫机关处罚

(1)有下列行为之一的，处以警告或者100元以上5 000元以下的罚款：

[1]应当受入境检疫的船舶，不悬挂检疫信号的；

[2]入境、出境的交通工具，在入境检疫之前或者在出境检疫之后，擅自上下人员，装卸行李、货物、邮包等物品的；

[3]拒绝接受检疫或者抵制卫生监督，拒不接受卫生处理的；

[4]伪造或者涂改检疫单、证，不如实申报疫情的；

[5]瞒报携带禁止进口的微生物、人体组织、生物制品、血液及其制品或者其他可能引起传染病传播的动物和物品的。

(2)有下列行为之一的，处以1 000元以上1万元以下的罚款：

[1]未经检疫的入境、出境交通工具，擅自离开检疫地点，逃避查验的；

[2]隐瞒疫情或者伪造情节的；

〔3〕未经卫生检疫机关实施卫生处理，擅自排放压舱水，移下垃圾、污物等控制物品的；

〔4〕未经卫生检疫机关实施卫生处理，擅自移运尸体、骸骨的。

(3)有下列行为之一的，处以 5 000 元以上 30 000 元以下的罚款：

〔1〕废旧物品、废旧交通工具，未向卫生检疫机关申报，未经卫生检疫机关实施卫生处理和签发卫生检疫证书而擅自入境、出境或者使用、拆卸的；

〔2〕未经卫生检疫机关检查，从交通工具上移下传染病病人造成传染病传播危险的。

七、船舶签证管理

国家通过对船舶的登记检验及六个月一次的安全检查，防止不具备技术条件的船舶投入营运，影响交通安全。此外，为了保证船舶安全航行及遵守各项法律，国家还进一步制定了对船舶进行安全监督的制度，即船舶签证制度。

签证制度，是指海事主管部门依据船舶的申请，对进出我国港口或在港内停泊作业的中国籍船舶的适航性及其遵守法律的情况进行检查并予签注，准许其航行的行政行为。签证的目的有两个方面，一方面是维护水上交通秩序，保障船舶和财产的安全；另一方面，就是促使船舶履行各项法律义务，保障各关系方的利益。船舶运输生产的过程中，除可能破坏行政管理秩序，危及公共安全之外，还可能侵犯民事法律关系对方当事人的民事权利。如未参加保险的船舶发生事故，会使受害方的利益得不到保障，未按规定交纳港务费，使港方的利益得不到保证，所以签证的目的也在于促使船舶履行其应当履行的民事义务。

(一)船舶签证的法律性质及法律依据

船舶签证行为，是海事机关的一种监督检查行为，但具体到执法手段上，却是通过许可的方式实施的。实质上，是行政机关的一种依申请的行政行为。因为，签证是中国籍船舶的一种普遍义务，未履行此义务的船舶不得出港航行，只有符合法定条件或免除此项义务的船舶才能准予航行，否则，将会受到行政处罚。

《海安法》和《内河条例》都规定中国籍船进出港必须办理签证。1993 年 5 月 7 日，交通部又制定了《中华人民共和国船舶签证管理规则》，同时废除了《中华人民共和国船舶进出港签证管理办法》。结束了对海船和内河船的两种签证制度的局面。将船舶签证制度进一步具体化，规定了船舶签证的条件、程序等，2007 年又修正了该规则。

(二)船舶签证的种类

船舶签证分为航次签证、定期签证，定期签证又分为短期和年度签证，不同的种类适用于不同的船舶。

1. 航次签证的适用对象和程序

航次是船舶完成一次航运任务的周期，指船舶从装货或载客时始，至抵达最终目的港卸货或下客完毕时止，包括装货、上客、运送、卸货、下客的整个营运过程。① 航次签证是船舶在完成一个航次之前及之后的签证，其中又分为进港签证和出港签证。

（1）航次签证适用的对象：

[1]由港内驶出港外；

[2]由港外驶入港内；

[3]因作业需要在港内航行驶出港内泊位；

[4]因作业需要在港内航行驶入港内泊位；

[5]驶出船舶修造（厂）点、港外作业点、海上作业平台；

[6]驶入船舶修造（厂）点、港外作业点、海上作业平台。

其中[1][3][5]项船舶签证统称出港签证，申请人应当在船舶开航前 24 小时内办理。[2][4][6]项船舶签证统称进港签证，申请人应当在船舶抵达后 24 小时内办理。船舶抵达前 24 小时内已经向拟抵达地海事管理机构报告船舶情况的，进港签证可以与出港签证合并办理。

（2）申请航次签证应提交的材料。依申请该行政行为的证据提供人在于相对人，依据的充足与否决定其是否能够获得许可。申请航次签证应提交以下材料：

[1]船舶签证簿；

[2]船舶电子信息卡（适用的船舶）；

[3]船舶国籍证书；

[4]船舶检验证书；

[5]船舶最低安全配员证书；

[6]船员适任证书；

[7]防止油污证书（适用的船舶）；

[8]船舶安全管理证书和公司安全管理体系符合证明副本（适用的船舶）；

[9]船舶安全检查记录簿；

[10]船舶港务费缴纳或者免于缴纳证明；

[11]经批准的船舶载运危险货物申报单（适用的船舶）；

[12]船长开航前声明和车辆安全装载记录（适用的船舶）；

[13]护航申请书（适用的船舶）；

[14]船舶营运证。

第[3]项至第[8]项所列证书信息已经由海事管理机构在船舶签证簿内记载或者存储在船舶电子信息卡的，可以免于提交。第[14]项所指船舶营运证仅要求从事国内运输的老旧运输船舶在办理船舶签证时提供。船舶营运证的发证机关应当向海事管理机构提供船舶营运证的相关信息。

---

① 司玉琢主编：《海商法大辞典》，北京，人民交通出版社，1998，第 648 页。

2. 定期签证的适用对象和程序

为了提高航行效率，简化签证的手续，海事管理机构可以实行定期签证。定期签证又分为短期签证和年度签证，但客滚船、高速客船不适用定期签证。

（1）短期定期船舶签证的适用对象和程序。短期定期船舶签证适用的船舶为在固定水域范围内航行的船舶和定线航行的船舶。在固定水域范围内航行的船舶，应当向对该固定水域有管辖权的任一海事管理机构提出申请；定线航行的船舶应当向航线始发港和终点港所在地海事管理机构分别提出申请。海事管理机构应当在受理申请之日起 7 个工作日内办结短期定期船舶签证。短期定期船舶签证的有效期限最长不超过 3 个月，客船、载运危险货物的船舶只能办理有效期限不超过 1 个月的短期定期船舶签证。

申请短期定期签证需要提交的材料：船舶签证簿、船舶电子信息卡（适用的船舶）、船舶国籍证书、船舶检验证书、船舶最低安全配员证书、船员适任证书、防止油污证书（适用的船舶）、船舶安全管理证书和公司安全管理体系符合证明副本（适用的船舶）、船舶安全检查记录簿、船舶港务费缴纳或者免于缴纳证明、船舶营运证（老旧船舶）。

（2）年度签证的适用对象和程序。对于安全诚信船舶、安装并按规定使用船舶自动识别系统的船舶，在前一个年度签证期内按照规定递交进出港报告的船舶，已经与有关金融机构签订船舶港务费交纳协议的船舶，可以实行年度签证。

安全诚信船舶是指具备一定条件并通过海事局评定的船舶。其条件包括：第一，12 个月内最近一次船舶安全检查或者港口国监督检查记录良好，无严重缺陷；第二，取得船舶安全管理证书（SMC）2 年以上，且在最近 3 年内未被实施跟踪审核或者附加审核；第三，最近 3 年未发生安全、污染责任事故；第四，最近 3 年未受到海事行政处罚；第五，船龄为 12 年及以下的船舶，最近 3 年内船舶安全检查或者港口国监督检查中未发生滞留；船龄为 12 年以上的船舶，最近 5 年内船舶安全检查或者港口国监督检查中未发生滞留。

年度签证的受理机关是船籍港所在地的交通部直属的海事管理机构或者省级交通主管部门所属的海事管理机构。

需要提交的申请材料包括：航次签证的材料；诚信船舶的证明材料或短期定期签证的证明材料。年度定期船舶签证在全国范围内有效，有效期限为 12 个月。

（三）船舶签证的方式

1. 申报

船舶或者其经营人可以通过传真、电子邮件、电子数据交换（EDI）等方式办理船舶签证，可以采用电报、电传、传真、手机信息、电子邮件、电子数据交换（EDI）等方式报告船舶进港情况，并在船舶航海（行）日志内作相应的记载。报告的内容应当包括船舶名称、种类、尺度、总吨、吃水、客货载运情况、拟靠泊地点。

2. 审查

海事管理机构负责审查船舶签证的申请材料是否齐全、是否符合申报要求，是否有明显涂改或者伪造现象、是否在有效期内等形式要件。海事管理机构对船舶签证申请材料内容的真实性有怀疑或者接到相关举报的，应当派执法人员进行现场核查。签证人员应当在船舶签证簿内签注是否准予签证的意见、海事行政执法证编号、日期并加盖船舶签证专用章。不予签证的，还应当在船舶签证簿内签注不予签证的理由。

（四）船舶签证的时间

出港签证在船舶开航前 24 小时内办理。进港签证在船舶抵达后 24 小时内办理。船舶抵达前 24 小时内已经向拟抵达地海事管理机构报告船舶情况的，进港签证可以与出港签证合并办理。

（五）船舶签证的几种特殊情形

1. 签证的重办

船舶有下列情形之一的，应当重新申请出港签证：

（1）船长或者履行相应职责的船员发生变动；

（2）船舶结构、有关航行安全的重要设备发生重大变化；

（3）改变船舶航行区域、航线；

（4）出港签证办妥后 48 小时内未能出港。

2. 临时进港的签证

船舶因避风、候潮、补给等原因临时进港或者航经港区水域的，免于办理船舶签证。但有下列情形之一的除外：（1）船长或者履行相应职责的船员发生变动；（2）上下旅客；（3）装卸货物。

3. 拖轮船队中途加解驳船的签证

拖驳船队在中途要加解驳船时，加、解的船舶应当申请船舶签证，拖驳船队其他船舶不再办理船舶签证。

4. 紧急出港船舶的签证

船舶由于抢险、救生等紧急事由，不能按照规定程序办理船舶签证的，应当在开航前向海事管理机构报告，并在任务完成后 24 小时内补办船舶签证。

（六）行政强制和行政处罚

船舶签证是一种行政许可行为，违反船舶签证管理规定的行为按照《船舶签证管理规则》和《行政许可法》等规定予以行政处罚。

海事管理机构若发现船舶未按照规定办理船舶签证的，应当责令船舶在规定的时间内办理签证，并可以责令船舶到指定地点接受查处；拒不改正的，可以根据情节轻重采取禁止进港、离港或者停止航行等强制措施。

海事管理机构发现船舶不再满足办理定期船舶签证条件，应当要求船舶按照规定办理航次船舶签证，并通知准予定期船舶签证的海事管理机构撤销有关船舶的定期船舶签证。

船舶若以不正当手段取得船舶签证，尚未出港时被发现，海事管理机构应当撤销船舶签证，并在船舶签证簿内签注撤销的原因、日期，加盖印章；已经出港的，海事管理机构应当进行调查处理追求责任或者通知下一抵达地的海事管理机构进行调查处理。

根据《船舶签证管理规则》第 31 条规定，海事管理机构在监督检查过程中对下列事项应当在船舶签证簿中予以记载，并通报船籍港海事管理机构：

（1）船舶受到海事行政处罚的；

（2）船舶发生水上交通事故和船舶污染事故的；

（3）船舶被禁止离港的。

船籍港海事管理机构对收到的上述信息应当予以记录，并协助调查处理。

第五章
船员管理法

第一节　船员管理法概述

一、船员管理的概念和特征

（一）船员及船员管理的概念

行政管理法中的船员概念应该从船员执业资格的角度进行定义，具体是指具备法律规定的船员注册条件，经海事管理机构注册，取得海事管理机构颁发的船员服务簿的人员。

船员管理是行政管理的一部分，是指行政机关为提高船员的从业水平，保障海上交通安全，依法对船员的从业资格和从业行为的管理。其主要目的是提高海员的技术素质；保障水上人命与财产安全；保护海洋环境；维护国家主权。

水上交通运输的实践表明，船员的数量和质量是水上交通安全的关键。国际上关于海上事故原因中分析的数据也一再说明，船员素质的高低直接影响着航运安全和水域环境。因此，对船员进行管理一直是航政管理工作中非常重要的一个方面。

（二）船员管理的特征

船员管理的含义广泛，从狭义上，是指法律和法规授权的航政管理机构对船员所实施的安全监督管理。从上述概念中可以归纳出船员管理的特征如下。

（1）船员管理是国家行政管理的一部分，属于航政管理的范畴。亦即船员管理所依据的法律规范是行政法律规范。

（2）船员管理的主体是国家海事管理机关或经法律授权的组织。在我国是指中华人民共和国海事局及其派出机构。

(3)管理行为的法律依据包括国内法和国际法,其管理行为具有涉外性。

①作为国内法的法律、法规和规章,可适用于本国管理水域内航行、停泊和作业的外国船舶以及船上的人员。例如我国《海上交通安全法》第二条规定:"本法适用于中华人民共和国沿海水域航行、停泊和作业的一切船舶、设施和人员……"

②作为国际法的国际公约。主要包括《国际海上人命安全公约》(简称 SOLAS 公约)和《海员培训、发证和值班标准国际公约》(简称 STCW 公约),此二公约成为国际范围内关于船员管理的基本规则。

(4)船员管理法律规范技术性较强,因其内容大部分是对船员提出的技术标准和要求。例如《海员培训、发证和值班标准的国际公约》为保证海船船员的适任,规定了不同等级船员的适任标准。

二、船员管理的内容和方式

(一)船员管理的内容

船舶管理以及通常所说的通航水域管理、船舶交通管理、危险货物运输管理、船舶防污染管理、海事调查处理、水上搜寻与救助、航标管理、船舶法定检验等一起构成了航政管理的整体。但限于各国的不同情况,在船员管理的内容方面也不尽相同。在我国,根据《海上交通安全法》、《中华人民共和国内河交通安全管理条例》等有关船员管理的法律法规和我国加入的国际公约的规定船员管理工作主要包括以下方面。

1. 船员资质、资格的管理

这种管理主要是为了提高船员的从业水平,保障公共安全而进行的事前管理,通过许可的方式实施,包括考试和发证。具体为办理引航员、船员考试手续,签发船员适任证书、引航员等级证书;须发海员证书和船员服务簿、适任证书等。

2. 监督检查

这是指许可证颁发后的监督检查,主要监督船舶的人员配备,即对船舶配员的管理。

3. 劳动条件的监督管理

船员作为海上劳动者,必须适用特殊的劳动条件,包括职业介绍、就业条件、船上生活条件、劳动保障等方面的监督管理。如《船员条例》第二条规定:"在中华人民共和国境内的船员注册、任职、教育培训、职业保障以及提供船员服务等活动,适用本条例。"这说明,船员劳动条件的管理,也属于船员管理的内容。

前 2 项管理是针对船员上船前的管理,第 3 项管理是基于保护船员劳动权利而对船舶所有人的管理,虽然管理的对象不同,执法依据的部门属性也不相同,前者属行政法范畴,后者属于劳动法。但由于二者都与船员这一职业群体有关,且执法部门都属于行政机关,因此将二者都纳入船员管理中。

（二）船员管理的方式

纵观各国现状，对船员管理的方式主要是通过许可、监督检查、行政处罚等方式。许可是对船员就职前及职务晋升方面的管理，监督检查是对船员从业过程中的管理，是对船员及船舶所有人（雇主）是否履行了有关的法律义务作出评价。处罚是对未履行义务的相对人运用法律手段予以制裁的行为。

三、船员管理机构

船员管理机构是实现国家对船员管理的必要保障，因此，各国都设有行使船员管理的职能机构。我国的船员管理机构，主要是指船员安全监督管理机构，即中华人民共和国海事局，同时劳动保障部门也对船员的劳动条件负监察责任。《船员条例》第四条规定："国务院交通主管部门主管全国船员管理工作。国家海事管理机构依照本条例负责统一实施船员管理工作。负责管理中央管辖水域的海事管理机构和负责管理其他水域的地方海事管理机构（以下统称海事管理机构）依照各自职责，具体负责所辖区域内的船员管理工作。"第五十二条规定，劳动保障行政部门应当加强对船员用人单位遵守劳动和社会保障的法律、法规和国家其他有关规定情况的监督检查。

四、船员管理法的概念和性质

（一）船员管理法的概念

船员是一种特殊的职业，有陆上工作不可比拟的特点。因此，各国都制定专门法律、法规，以明确船员的法律地位、职责、资格和任免等重大事项。如韩国、日本等就制定了专门的《船员法》(Seaman's Act)，船员法即包括管理法，也包括劳动法，但以劳动法为主，此种立法称为混合式的立法，也有的国家将劳动法内容规定在《海商法》中，而管理方面的立法则另行立法，如美国、英国等。在我国船员管理属于行政管理范畴，该管理的主要依据是根据国家有关法律和行政法规以及国家参加的有关国际公约进行的，因此，船员管理法是指调整交通行政管理部门在其船员管理活动中与相对人之间形成的船员管理关系的法律规范的总称。

目前我国尚未制定统一的《船员法》，在《海商法》第三章中，对船员问题作了专门的规定。《船员条例》是一个内容较为全面的立法，但以管理为主要内容。此外，国家交通主管部门还制定了一系列的行政规章，其中涉及船员管理的法规和规章约有46件，为完善船员管理法系统奠定了基础。

我国加入的有关船员管理的国际公约有：《国际海上人命安全公约》、《海员遣返公约》、《海员协议条款公约》和《国际海员培训、发证、值班标准公约》等。《2006年海事劳工公约》尚未生效，中国正在进行批准并实施该公约的准备工作。

(二)船员管理法的性质

从中国船员立法的内容上看,具有混合法的性质。船员管理法主要是关于船员资格、录用、考核、培训等管理制度的法律、法规,同时也包括劳动保护方面的立法。

五、船员管理的法律依据

船员管理的法律依据包括两部分,一部分是国际法;另一部分是国内法,国际航行的船员要依据国际法规则进行管理,国内航行船舶的船员主要依国内法进行管理。

(一)国际船员法

国际船员法包括两部分,一部分是出于海上交通安全之目的对船员进行资格管理的国际法规则,即国际海事组织制定的公约;另一部分为国际劳工组织通过的海员劳工公约,目前为止共41项,最新的一项为《2006年海事劳工公约》。

1. 国际海事组织公约

国际海事组织为规范船员的资质、资格和工作过程,制定的公约主要是1978年的《船员培训、发证和值班标准国际公约》(Inernational Convention on Standards of Training, Certification and Watchkeeping for Seafarers,简称STCW公约)。该公约最初通过时间为1978年7月7日,生效日期为1984年4月28日,公约从通过至生效历经近6年的时间。

STCW公约主要用于控制船员职业技术素质和值班行为,公约的实施对促进各缔约国海员素质的提高,在全球范围内保障海上人命、财产的安全和保护海洋环境,有效地控制人为因素对海难事故的影响,发挥着积极的作用。

随着海运业的发展,船舶科技水平的提高,船舶配员的多国籍化,各国对海上安全和海洋环境的严重关注,以及一段时期内全球范围内发生几次比较重大的海难事故和通过对事故的统计分析,得出事故的发生有80%左右是人为因素所造成的结果。所以IMO在对其他公约进行不断修改的同时,也对STCW公约进行修改。1993年IMO着手对STCW公约进行全面修改,在STCW公约签字日十七周年的1995年7月7日,通过了1995年STCW公约修正案和STCW规则,即目前的《经1995年修正的1978年海员培训、发证和值班标准国际公约》,简称《STCW78/95公约》,其生效日期为1997年2月1日,过渡期为5年;对于我国的生效日期为1998年8月1日,过渡期至2002年2月1日。该公约除正文条款外,其他内容都作了全面的修改,并新增设了与公约和附则相对应的更为具体的《海员培训、发证和值班规则》(Seafares' Training, Certification and Watchkeeping Code,简称STCW规则)。

公约包括正文、附则、STCW规则。STCW规则分为A、B两部分,A部分为强制性标准，B 部分为建议和指导性守则。公约的附则、STCW 规则 A 部分、B 部分的章节均相对应，第 I 章　总则；第 II 章　船长和甲板部；第 III 章　轮机部；第 IV 章　无线电通信和无线电人员；第 V 章　特定类型船舶的船员特殊培训；第 VI 章　应急、职业安全、医护和救生职能；第 VII 章　可供选择的发证；第 VIII 章　值班。当引用公约和附则的规定时，就必须同时引用 STCW 规则 A 和 B 部分的相应规定。

公约对海员安全和健康的十分关注，在原 1978 年公约的"个人求生技能"、"防火和灭火"、"基本急救"培训的基础上增加了"个人安全和社会责任"培训；新增加了"高级消防"、"精通急救"、"船上医护"的培训项目；通过了"制定海员健康国际标准"的决议，敦请 IMO、ILO 和 WHO 联合制定海员健康国际标准。

STCW78/95 公约将船员分为三个级别，并列出了每一级别的适任标准。这三个级别为：管理级、操作级、支持级。管理级指：船长、大副、轮机长、大管轮［不包括未满 500 总吨（750 千瓦）的大副、大管轮］。操作级：二副、三副、二管轮、三管轮［包括未满 500 总吨（750 千瓦）的大副、大管轮］。支持级：值班水手、值班机工。

公约生效后，仍还在不断的修改。2010 年 6 月 25 日，在菲律宾马尼拉召开的《海员培训、发证和值班标准国际公约》缔约国外交大会上通过了《〈1978 年海员培训、发证和值班标准国际公约〉马尼拉修正案》（以下简称《STCW 公约马尼拉修正案》）。《STCW 公约马尼拉修正案》对《1978 年海员培训、发证和值班标准国际公约》95 修正案进行了全面回顾和修订，涉及的海员培训、发证和值班标准均发生了较大调整。因此，此次修订后，对船员的基本安全技能要求有所提高，对高级船员的适任能力也提高了要求；培训机构设备购置负担加重，新增培训要求、培训项目可能需要培训机构配置额外的设备，诸如 ECDIS、ERM、BRM 培训所需要的实际操作、演练、模拟器等设备，对于此次修订明确的需要在岸上进行的基本安全培训项目，培训机构需要有针对性地增加设施和设备，以应对未来将增加的基本安全技能更新培训。特别是对船员素质及船员的责任增加了新的规定。此次修订使高级船员的有关适任能力表中新增了多项有关管理技能方面的适任能力项目，这些修订将对高级船员的素质要求有所提高，具体表现在管理技能方面、船上沟通能力方面、信息处理方面，对外沟通联系方面等。另外，对第 VI 章基本安全训练明确了每 5 年进行保持技能训练，以提升船员的基本安全适任能力。因此，此次修订后，对船员的基本安全技能要求有所提高，对高级船员的适任能力也提高了要求。同时，船员参加培训的义务也将增加，除了将需要参加必须在岸上进行的第 VI 章中基本安全训练外，同时也应积极接受公司提供的培训等。

2. 国际劳工组织公约

国际劳工组织自 1919 年成立到 2000 年就船员的劳动关系方面制定了 80 多项公约和建议书（其公约的具体内容请参见第二章第二节）。

(二)国内船员法

1. 法律和行政法规

我国自 1995 年履行 STCW78/95 公约以来，制定了一系列关于船员培训、考试、评估和发证方面的法规和规章，加上 1995 年以前制订的法规，现已初步形成了较完整的法规体系。包括《海上交通安全法》、《内河交通安全条例》、《海商法》、《船员条例》(以下本章中简称《条例》)等。此外，还应该包括《劳动法》、《劳动合同法》、《就业促进法》、《社会保险法》、《工伤保险条例》等一般劳动法律和法规。

2. 行政规章和行政规范性文件

《海船船员值班规则》、《海船船员适任考试、评估和发证规则》、《海船船员考试大纲和评估大纲》、《办理船员证件管理规则》、《海船船员适任证书全国统考实施办法》、《海船船员考试、发证分工授权有关问题的通知》、《全球海上遇险和安全系统船舶无线电人员考试发证办法》、《海船船员适任证书和培训合格证制作细则(试行)》、《海港引航员考试大纲(试行)》、《海港引航员晋级问题的通知》、《磁罗经校正师(员)考试、发证办法》、《海船船员体检要求》、《航海院校在校学生参加海船船员适任证书全国统考管理办法》、《内河船舶船员申请海船船员适任考试、评估和发证管理办法》、《海洋渔业船舶船员申请海船船员适任考试、评估和发证管理办法》、《军事船舶复转军人参加海船船员适任考试、评估和发证办法》、《船员档案管理暂行规定》、《船员考试、评估和发证质量管理规则》及其实施细则。《内河船舶船员考试发证规则》及其实施细则、《船员教育和培训质量管理规则》及其实施细则、《散装液体货船船员特殊培训、发证办法及培训纲要》、《客船和滚装客船船员特殊培训、考试和发证办法及培训纲要》、《大型船舶操纵特殊培训、发证办法及培训纲要》、《高速船船员特殊培训、考试发证办法及培训纲要》、《船舶装载散装固体或包装危险和有害物质作业船员特殊培训、发证办法及培训纲要》、《海员熟悉和基本安全专业培训、发证办法及培训纲要》、《海员精通救生艇筏和救助艇专业培训、发证办法及培训纲要》、《海员高级消防专业培训、发证办法及培训纲要》、《海员精通急救和船上医护专业培训、发证办法及培训纲要》、《海员雷达操作和模拟器专业培训、发证办法及培训纲要》、《关于签发船员培训许可证有关事宜的通知》、《海船船员船上培训管理办法》、《内河滚装船船员特殊培训、考试和发证办法》、《船员教育和培训质量管理规则》及其实施细则、2004 年交通部制定的《船舶最低安全配员规则》等。

上述法律法规和规章的制定，对加强在该领域的管理，保护船员权益，提高船员素质和技能，保障水上交通安全，维护航运正常秩序起到了重大作用。但是，从总体上看，船员管理法律体系仍存在许多问题，主要表现在：第一，船员管理法律、法规体系尚不完整；第二，船员管理法律体系立法层次偏低，据统计，新中国成立以来，制定的有关船员管理方面规范性文件约有 30 多件，但迄今为止尚无一件法律出台。现行的规定大多是行政规章，甚至有些还是不具有法律效力的规定。

第二节　船员资格管理

为了保证船舶的航行安全，世界各国除对船舶的技术条件进行严格的管理和控制外，还对船员的资格进行严格的限定和管理。限定和管理的主要办法之一就是实行船员考试制度，经考试合格者，发给相应的职务证书。这种管理制度属于行政许可种类的认可。从这个意义上来说，持有合格职务证书的船员，才准许在船上工作及担任相应的职务。《1978 年海员培训、发证和值班标准国际公约》（1978STCW）自生效以来，我国根据该公约，陆续制定了《海船船员适任考试、评估和发证规则》（1997 年 11 月 5 日实施 2004 年修订）、《内河船舶船员考试发证规则》（1993 年 1 月 1 日实施）、《船员培训管理规则》（1997 年 10 月 30 日实施）等规章，对我国船员的培训、考试、发证及证件管理工作进行规范。2007 年的《船员条例》和《船员注册管理规定》对船员资格管理作出了全面的规定，根据条例的规定，船员资格的管理包括安全培训、注册登记和适任证书的管理。

一、船员基本安全专业培训的管理

水上运输有其鲜明的行业特点，如航程时间较长、运量大、船货价值较高、运输环节多、风险较大等，这就对船员提出了较高的素质要求。因而，世界各海运国家及国际海事组织等历来对船员的培训问题十分重视。此外，由于航海科学技术迅速发展，船舶及仪器设备日益趋于现代化，从而要求船员不断更新知识和技能。鉴于此，国际海事组织及世界各国海运主管机构均对船员培训从法律上加以规范，船员培训已成为保证船舶始终配有合格船员的根本措施。

关于船员专业技能的要求。依照条例规定申请船员注册的公民应参加船员教育和培训机构组织的"船员熟悉和基本安全培训"，并经海事管理机构考试、评估合格，取得"熟悉和基本安全培训合格证"。

为了履行 STCW78/95 公约，提高船员基本素质和专业技能，海事主管部门根据 1997 年 10 月颁发《船员基本安全专业培训、考试和发证办法》，对申请参加熟悉和基本安全专业培训的船员、在船上工作的其他人员和接受航海教育的学生以及开展熟悉和基本安全专业培训的培训机构进行管理。

（一）熟悉培训和基本安全培训的内容

熟悉培训，是指船员在上船任职前接受的海上安全、救生、求生、应急、急救等基本知识和技能方面的专业培训，适用于所有在船上工作的人员。同时在于使船员了解工作环境掌握海上劳动基本知识和技能等。基本安全培训，是指船员在任职前接受的个人求生技能、防火和灭火、基本急救和个人安全和社会责任方面的专业培训，适用于在船上列入编制并且担任职务的船员。

(二)受训人员条件及申请材料

参加熟悉和基本安全专业培训的受训人员应符合下列条件:(1)年龄不小于 16 周岁;(2)身体健康,符合作为一名船员的基本条件。

凡参加培训的人员应向海事主管部门提交下列材料:(1)填妥的《船员培训申请表》一份;(2)《海员船员体格检查表》;(3)近期 2 寸免冠、正面、光纸证件相片 4 张。

(三)培训机构的培训规定

培训机构开展熟悉培训应遵守下列规定:(1)培训时间应不少于 24 小时(其中操作时间不少于 9 小时);(2)每班培训人员不得超过 30 人;(3)实操训练时每组不得超过 6 人;(4)每一实操小组必须配备一名助理教员。

培训机构开展基本安全专业培训时应遵守下列规定:(1)培训时间不应少于 90 小时;(2)每班培训人数不得超过 30 人;(3)实操训练和小组讨论时每组不得超过 6 人;(4)每一实操小组必须配备一名助理教员;(5)至少有 4 名教员分别执行理论授课的全过程。

(四)考试项目和证书

熟悉培训的理论考试和技能考试包括:船舶的安全、初步个人救生技能、防火和灭火的基本知识和行动以及船上急救的初步知识和行动。基本安全专业培训的理论考试和技能考试分为"求生技能"、"基本急救"、"防火和灭火"以及"个人安全和社会责任"4 项。

完成并通过熟悉培训的人员,由主管机关授权的海事机关签发《船员熟悉培训合格证》。完成并通过熟悉和基本安全专业培训者,由主管机关授权的海事机关签发《船员熟悉和基本安全培训合格证》。

在特殊情况下,经主管机关授权的海事机构批准,熟悉培训可以在中国籍船上由船长和合格的高级船员负责实施。船长负责按主管机关规定的培训纲要进行培训,将培训情况和结果记入《航海日志》,并将考试结果报相应的海事管理机构。

二、执业资格管理

(一)概念

执业即从事的行业,国家基于公共安全的需要,依法对从事可能产生公共利益影响的从业行为进行资格管理,属于行政许可的一种,在许可法中称为认可。船员执业资格管理是指海事主管机关根据相对人的申请准予其从事船员职业的行政行为。

船员取得基本的安全培训合格证后要进行注册登记。船员注册是与全球各航运国家接轨的一项制度。船上的岗位种类比较复杂，但不论担任船上什么岗位的职务，都必须经过船员注册，船员的注册仅表明注册人是船员，具备作为一名船员最基本的水上安全知识和技能，至于其在船上能够担任什么职务，并不能由船员注册决定，而取决于船员具备何种岗位的任职资格。

(二)船员注册的作用

第一，掌握船员的总体情况，国家对船员劳动力市场的管理与调控，有赖于依据数据资料，国家通过注册，建立档案资料，掌握船员的人数、分布、职务结构等总体情况，便于为国家确定培养船员等战略方针提供科学依据。

第二，便于取得联系，由于船员长期远离单位和家乡，并且工作危险性较大，需要掌握船员的家庭、近亲的联系渠道。

第三，使船上不同岗位的工作人员都具备作为船员最基本的个人水上安全知识和技能。

第四，跟踪船员的船上任职资历、适任情况、安全记录、违章记录等。

全世界的船员经过注册，都持有海事主管当局颁发的《船员服务簿》，各国互相承认，并由海事主管当局、船员工作所在船舶的船长和船员当时服务船舶所在的船公司分别在《船员服务簿》上记载相应的情况。中国船员不论在中国籍船上还是在外国籍船上工作，中国或者外国船长，中国或者外国的船公司，都会在《船员服务簿》上按照全球航运界通行的做法对船员进行考核管理并作出相应的记载。

(三)申请船员注册的条件

许可是有条件地解除禁止，作为船员资格的许可，其条件如下。

1. 年龄条件

申请船员注册的公民最低年龄是 18 周岁，到船上见习或实习的人员由于不能参加独立值班，最低年龄可放宽到 16 周岁。申请船员注册的最大年龄是 60 周岁，年龄超过 60 周岁的申请人不予注册。《劳动法》中规定禁止用人单位招用未满 16 岁的未成年人，对年满 16 岁未满 18 岁的未成年工人实行特殊的劳动保护。《国务院关于工人退休、退职的暂行规定》中规定男性年满 60 岁，女性年满 55 岁应该退休。船员注册是公民从事船员职业的许可，应该遵守国家有关从业人员年龄的规定。

2. 健康条件

船员在船上任职期间，船舶经常远离陆地，在大洋中长时间航行，食品的供应难以确保新鲜、充足和品种多样；船舶航行期间，船员经常要面临着与恶劣的天气和海况搏斗；船员在船舶航行期间受伤、生病，往往很难及时得到陆地医疗机构的救助，船上的医疗条件仅仅能对一些小的疾病和受伤进行简单的处理。船员的职业特点要求船员必须具有健康的体魄，才能胜任海上劳动。因此，从事船员职业的人员应符合法定的船员健康要求，具体的健康要求由国务院交通主管部门根据行业特点制定。交通部制定的《海船船员体检要求》对健康条件作出如下规定。

(1)身高。新录：驾驶员身高应大于等于 1.65m，其他海员应大于等于 1.55m。

(2)脊柱、四肢。五官端正，四肢无残缺。双下肢不等长不超过 2cm，脊柱侧变不超过 4cm 并无后凸畸形。

(3)远视力。采用标准对数视力表或国际标准视力表，按其岗位需要分别规定如下。

[1]船长、驾驶员及值班水手。

新录：双眼裸视力均在 5.0(1.0)或以上，或者一眼达 4.9(0.8)、另一眼达 5.1(1.2)者为合格。

现职：双眼裸视力均在 4.8(0.6)或以上，或者一眼达 4.8(0.6)、另一眼达 5.0(1.0)者为合格。

[2]轮机长、轮机员及值班机工、报(话)务员和电机员。

新录：双眼裸视力均在 4.8(0.6)或以上，或者一眼达 4.6(0.4)、另一眼达 4.9(0.8)者；或者双眼均在 4.6(0.4)以上，但经矫正后(即戴眼镜)双眼视力均能达 5.0(1.0)者为合格。

现职：双眼裸视力均在 4.6(0.4)或以上，或者一眼达 4.5(0.3)、另一眼达 4.7(0.5)者；或者双眼均在 4.5(0.3)以上，但经矫正后(即戴眼镜)双眼视力均能达 4.9(0.8)者为合格。

[3]船舶甲板部或轮机部的其他船员及见习人员，可对应(1)或(2)中"现职"的标准检验合格。

(4)色觉。船长、驾驶员及值班水手：辨色完全正常；轮机长、轮机员、报(话)务员和电机员：无红、绿色盲。

(5)视野。船长、驾驶员及值班水手：水平视野大于等于 150°，垂直视野大于等于 115°。

(6)立体视觉。立体视觉锐度值小于等于 60°。

(7)听力。

[1]在不戴任何助听器和无视觉辅助时，两耳能分别听清距离 50 厘米的机械秒表声者为合格。

[2]轮机长、轮机员及值班机工以纯音听力计测定，两耳听力在 0.5、1.0、2.0 kH 频段上损失均小于等于 25dB，在 3.0、4.0、6.0kH 频段上损失均小于等于 30dB 者为合格。

(8)血压。

新录：不高于 18.66/12.0kPa（140/90mmHg），不低于 12.0/8.0kPa（90/60mmHg）。

现职：不高于 21.3/12.6kPa（160/95mmHg），不低于 12.0/8.0kPa（90/

60mmHg）。

3. 专业技能要求

规定申请船员注册的公民应参加船员教育和培训机构组织的"船员熟悉和基本安全培训"，并经海事管理机构考试、评估合格，取得"熟悉和基本安全培训合格证"，以满足船员能够胜任海上工作专业能力要求。

4. 英语条件

国际航行船舶的船员，具有较强的涉外性，无论是在中国籍国际航行船舶上工作的船员还是派往外国籍船舶上工作的船员，在工作和生活中都不可避免地要和不同国家的有关人员进行交流和沟通，英语是国际交往的通用语言，能够较熟练地用英语进行沟通和交流是国际航行船舶的船员必须具备的能力。申请船员注册的公民在申请注册前应通过海事管理机构组织的船员专业英语考试。

（四）注册的程序

1. 申请

申请船员注册，可以由本人或者其代理人向海事管理机构提出书面申请，并附送符合相应的证明材料。

船员注册是对船员实行跟踪管理的基础工作，需要对注册申请人准确资料进行登记和备案，如申请人的近期照片、身份证号码、家庭住址、联系人、联系方式等，为确保申请人提交的资料准确无误，一般情况下，应由申请人本人到海事管理机构办理注册。为方便船员注册申请人，申请人本人因故不能亲自前来办理的，可由其代理人持申请人的委托书代为办理。办理船员注册应向海事管理机构提交如下材料：

（1）办理船员证件工作单位；

（2）填妥的《〈船员服务簿〉登记表》；

（3）有效身份证件及其影印件；

（4）两张近期直边正面 2 寸免冠白底彩色照片；

（5）船员基本安全培训合格证或影印件；

（6）船员专业外语考试证明或合格证（申请注册国际航行船舶船员者）。

2. 审查及时限

海事管理机构应当自受理船员注册申请之日起 10 日内作出注册或者不予注册的决定。对符合法定规定条件的，应当给予注册，发给《船员服务簿》。但是申请人依法被吊销船员服务簿未满 5 年的，不予注册。

海事管理机构收到船员注册申请材料后，应对提交的材料是否齐全、是否真实有效进行认真审核。审核的具体内容包括申请人是否符合本条例规定的年龄要求；申请人的健康状况是否满足交通主管部门公布的船员体检标准；申请人是否经过船员基本安全培训，取得海事管理机构签发的《熟悉和基本安全培训合格证》；申请人是否有被依法吊销《船员服务簿》未满 5 年的情况；申请注册国际航行船舶船员的是否通过了海事管理机构组织的船员专业外语考试。

为了督促海事管理机构尽快办理船员注册，防止在船员注册过程中出现办事拖拉、效率低下的现象，为管理相对人提供方便快捷的服务，条例中规定了海事管理机构应当自受理船员注册申请之日起 10 个工作日内作出注册或不予注册的决定。即海事管理机构要在自受理船员注册申请之日起 10 个工作日内完成申请材料的审核，并作出批准或不予批准的决定。

3. 船员职业资格许可证—船员服务簿

（1）船员服务簿的定义。

注册申请合格并由海事主管机关批准的船员，应给予注册并签发《船员服务簿》；不予批准的，应退回申请材料并说明理由。

船员服务簿是船员的职业身份证件，是由海事主管机关核发的准予申请人从事船员职业的、表明持证人满足作为船员的基本条件的许可文书。《船员服务簿》记载的事项发生变更的，当事人应当向海事管理机构办理变更手续。

（2）船员服务簿的作用和记载事项。

世界各国海事主管机关对持有船员服务簿人员的船员职业身份都予以认可。海船船员和内河船员都应依法取得《船员服务簿》，并在船上任职期间随身携带，也是在申请适任考试、评估和发证时必须向海事管理机构提交的证明文件之一。

《船员服务簿》中记录了船员本人的服务资历、安全记录、参加有关专业、特殊培训、体格检查和跟踪管理等情况。船员上船任职或解职离船，均需由船长或船东在《船员服务簿》内如实填写船员所服务的船舶名称、总吨位和主机功率，船员在实际担任的职务、任职和解职时间与地点。海事管理机构对船员实行跟踪管理时，对船员的违法处理情况、违法计分情况要如实记入船员服务簿中。

此外服务簿还要记载船员的个人信息，主要包括，船员的姓名、姓名的汉语拼音、性别、出生日期、身份证号码、家庭住址、主要联系方式、联系人等。目的是海事管理机构掌握注册船员的基本信息，对船员实行跟踪管理。一旦需要与船员或其亲人联系时，海事管理机构、船公司、船员服务机构或工会组织可以方便地及时与船员或其亲人取得联系。

（五）船员登记的注销

当注册船员的情况发生变化，不再满足船员从业条件时，应及时注销船员注册，并予以公告，保证船员注册的严肃性、有效性和准确性。被注销船员注册的人员同时就不再具有船员的权利和义务。

船员有下列情形之一的，海事管理机构应当注销船员注册，并予以公告：

（1）死亡或者被宣告失踪的；

（2）丧失民事行为能力的；

（3）被依法吊销船员服务簿的；

（4）船员本人申请注销注册的。

第（1）、（2）项表明船员履行职责的能力丧失了，为保证船员注册的准确性，应及时将其从注册中注销。船员被依法吊销船员服务簿是对船员违法行为的处罚，实际上吊销了船员服务簿就是取消了船员的执业资格，而船员注册是对船员从事船员职业的许可，因此，海事管理机构对受到吊销船员服务簿处罚的船员及时注销其船员注册。被吊销船员服务簿并被注销船员注册的人员并不是永远不能再从事船员职业，条例第七条第二款规定，申请人被依法吊销船员服务簿未满 5 年的，不予注册。意味着公民的《船员服务簿》被吊销 5 年后，仍然可以重新申请船员注册，若条件符合船员注册条件的规定，业经海事管理机构的船员注册，可以重新取得船员服务簿。当船员选择不再从事船员职业时，向海事管理机构提出注销申请，海事管理机构应及时给予办理注销船员注册，这体现了公民择业自由的原则。

三、船员职务资格的管理

船员职业的危险性和技术要求的复杂性，要求船员在取得执业资格证书后，要从事某一特定职务时，还要取得相应的职务证书，也就是适任证书。这是适应海上劳动的特殊危险性要求而设置的船员从业行为多重许可的管理制度。

船员适任证书（certificate of competency）指海事主管机关应相对人的申请，依法经核查颁发的证明船员具体从事相应职务能力的许可证书。具体讲指海事主管机关应相对人的申请，按照有关国际公约和国内法规的要求，由船员考试发证机关签发的，认可合法持证人在特定种类、吨位、推进功率和推进方式的船上以所指定的责任等级和功能从事航行服务的证书。

（一）船员职务资格许可的范围

船舶技术的复杂性，使得海上劳动人员在船上的岗位分工是十分明确的，其中一部分人是对船舶航行负主要责任的人员，这些人必须参加航行值班，其他的职务则只起到保障和支持的作用。只有参加航行值班的人员才需要取得适任证书。如《条例》第十条规定，参加航行和轮机值班的船员，应当依照条例的规定取得相应的船员适任证书。这是保障航行安全的必要。为此，国际和国内法规都作出了相应的规定。

《1978 年海员培训、发证和值班标准公约》中规定，船舶在一缔约国的港口时，应接受该缔约国正式授权官员的监督，以核实船上公约要求持证的船员是否持有证书或持有适当的特免证明。《中华人民共和国海上交通安全法》规定，船长、轮机长、驾驶员、轮机员、无线电报务员、话务员以及水上飞机、潜水器的相应人员，必须持有合格的职务证书。其他船员必须经过相应的专业技术训练。《海商法》规定，船长、驾驶员、轮机长、轮机员、电机员、报务员，必须由持有相应适任证书的人担任；国际航行船舶上的中国籍船员，必须持有中华人民共和国海事管理机构颁发的海员证和有关证书。《内河交通安全管理条例》规定，船员经水上交通安全专业培训，其中客船和载运危险货物船舶的船员还应当经相应的特殊培训，并经海事管理机构考试合格，取得相应的适任证书或者其他适任证件，方可担任船员职务。严禁未取得适任证书或者其他适任证件的船员上岗。由此看来，参加航行值班和轮机值班的船员应持有相应的适任证书是国际公约和国内法律、法规的强制性要求，是船员到船上担任职务的必备条件。各国海事主管机构在对到港船舶进行检查时，对船员是否持有相应适任证书的检查是法定的必查项目。相应的适任证书是指船员所持有的适任证书应与所服务船舶的航区、种类、等级或主机类别以及在船上所担任的职务相符合。持有较高航区、等级和职务适任证书的船员可以在较低航区、等级的船舶上担任同等或较低等的职务，但担任值班水手和值班机工职务的船员必须持有相应的值班水手和值班机工适任证书。

参加航行值班的船员包括：船长及高级船员和普通船员。高级船员包括大副、二副、三副、轮机长、大管轮、二管轮、三管轮，GMDSS 一级无线电电子员、二级无线电电子员、通用操作员。普通船员包括值班水手、值班机工和 GMDSS 限用操作员。

根据条例的和交通部的《海船船员适任考试、评估和发证规则》的规定，相关定义如下：

(1)船长，是指依法取得船长任职资格，负责管理和指挥船舶的人员；

(2)大副系指级别仅次于船长，并且在船长不能工作时替代船长指挥船舶的甲板部高级船员；

(3)轮机长是指主管船舶机械推进以及机械和电气装置的操作和维护的轮机部高级船员；

(4)大管轮是指级别仅次于轮机长，并且在轮机长不能工作时替代轮机长负责船舶机械推进以及机械和电气装置的操作和维护的轮机部高级船员；

(5)高级船员是指大副、二副、三副、轮机长、大管轮、二管轮、三管轮、GMDSS 一级无线电电子员、GMDSS 二级无线电电子员和 GMDSS 通用操作员的统称。

(二)船员职务资格许可的条件

根据《1978 年海员培训、发证和值班标准国际公约》的规定，船长、高级船员或普通船员的证书，应签发给主管机关满意地认为在服务、年龄、健康状况、培训、资格和考试各方面都符合要求的证书申请人。公约对申请不同类别、航区、等级和职务的适任证书提出了相应的要求。条例对申请船员适任证书的条件规定采纳了公约的规定，主要有以下五个方面的内容。

1. 已经取得船员服务簿

2. 符合船员任职岗位健康要求

海员的健康状况是海上安全值班，抵抗海上恶劣环境，适应船上紧张工作，应付突发和危险局面，保障海上人命财产安全和保护海洋环境的基本保障。《1978 年海员培训、发证和值班标准国际公约》要求，各缔约国均应制定海员健康标准，特别是有关视力和听力的标准。证书申请人应提交能够证明其符合该缔约国制定的健康标准，特别是关于视力和听力的标准，并持有该缔约国认可的完全合格的开业医生签发的证明其健康的有效文书。我国船员健康标准由国务院交通主管部门制定，交通部依照国际公约的要求于 1993 年颁布了交通行业标准《海船船员体检要求》，该标准同时适合于海船船员和内河船员。

3. 经过船员适任培训

船员适任培训是船员在取得适任证书前接受的旨在提高船员适应拟任岗位所需的专业技术知识和专业技能的教育或培训。

(1)适任证书考前培训。包括船长、驾驶员考前培训；轮机长、轮机员考前培训；船舶无线电人员考前培训；组成值班的水手、机工适任培训等。

(2)船员专业培训。包括熟悉和基本安全培训；精通救生艇筏和救助艇培训；船舶高级消防培训；精通急救和船上医护培训；雷达操作和模拟器培训；船舶操纵模拟器培训；船舶轮机模拟器培训等。

(3)特定类型船舶船员特殊培训。包括散装液体货船船员特殊培训；客船及滚装客船船员特殊培训；大型船舶操纵特殊培训；高速船船员特殊培训；船舶装载散装固体或包装危险和有害物质作业特殊培训等。

(4)精通业务和知识更新培训。即申请适任证书再有效和申请船员特殊培训合格证再有效的船员为保持其适任能力而进行的培训。

(5)船上培训。即初次申请船长、三副、轮机长和三管轮者，为达到规定的适任标准，在船上有资格的人员指导下完成的技能训练。

4. 具备相应的船员任职资历，并且任职表现和安全记录良好

船员职业是一种操作性和实践性非常强的职业。尤其是船长和高级船员，不但要具备丰富的专业知识和较高的专业技能，还必须具有丰富的船上工作经历，以便于能够处理船舶在航行和停泊期间可能发生的各种各样的应急事故。国际航运界普遍认识到船员的船上工作经历对船员适任能力的影响是巨大的，因此《1978 年海员培训、发证和值班标准国际公约》中要求适任证书申请人必须具备申请证书所要求的船上服务资历，并且任职表现和安全记录良好。《海船船员适任考试、评估和发证规则》和《内河船舶船员考试、评估和发证规则》对海船船员和内河船员申请各类别、等级、职务的适任证书者，最近 5 年内船上相应的任职时间作出了相应的要求，并且要求任职表现和安全记录良好。对任职表现和安全记录不良者也作出了相应的处理措施。

5. 通过国家海事管理机构组织的船员任职资格考试

船员任职资格考试包括适任考试和适任评估两个方面的内容。适任考试是指采用书面或电子形式对船员进行理论知识、概念、原理等内容的考察，以考核船员的专业知识水平和应用能力。适任评估是指以综合运用能力和实际操作能力为主要目标，通过相应设备或模拟器操作、听力测验、口试、船上培训以及船上资历和业绩考核等，对船员进行的技能考核。海事管理机构通过对船员的适任考试和适任评估，判定船员是否达到相应的适任标准。

(三)申请适任证书的程序

1. 申请

适任证书的颁发也是一种依申请的行政行为，同样要经过申请、受理并审核及许可证颁发这几个程序。申请船员适任证书，应当向海事管理机构提出书面申请，并附送符合下列证明材料：

(1)海船船员适任证书申请表；

(2)船员服务簿；

(3)海船船员健康证书；

(4)身份证件；

(5)符合海事管理机构要求的照片；

(6)岗位适任培训证明或者航海教育毕业证书；

(7)船上见习记录簿；

(8)现持有的适任证书；

(9)专业技能适任培训合格证；

(10)适任考试的合格证明。

船员所在单位和船员本人应对所提交申请材料的真实性负责。这是依申请行政行为的要求。

2. 受理

海事管理机构收到船员适任证书申请后，应尽快对船员提交的申请材料作出初步处理。申请材料不齐全或者不符合法定形式的，应当当场或者在 5 日内一次性告知申请人需要补正的全部内容，逾期不告知的，自收到申请材料之日起即为受理。

海事管理机构应当按照有关法律、法规和规章规定，将有关船员适任证书签发的事项、依据、条件、程序、期限以及需要提交的全部材料的目录和申请书的示范文本等在办公场所公示。

3. 审核与批准

海事管理机构应尽快对申请人提交的材料进行审核。海事管理机构对船员适任证书的申请实行初审、复审和审批三级审核制度，自受理申请之日起 20 个工作日内完成三级审核。申请材料齐全，符合规定的，应当自受理申请之日起 20 个工作日内签发船员适任证书；经审核不符合本条例规定的，退回申请材料并说明理由。

海事管理机构应根据《1978 年海员培训、发证和值班标准国际公约》规定，建立质量管理体系，对证书受理、审核、审批、制作和发放的全过程进行质量控制，确保证书的合格性与有效性颁发。海事管理机构颁发《船员适任证书》，应当注明船员适任的航区(线)、船舶类别和等级、职务以及有效期限等事项。

船员适任证书的有效期不得超过 5 年。

4. 海船船员适任证书的类别、等级和适用范围

适任证书分为甲、乙、丙、丁类四种。

(1)甲类适任证书适用于：

[1]无限航区 3 000 总吨及以上船舶的船长、大副、二副和三副；

[2]无限航区主推进动力装置 3 000 千瓦及以上船舶的轮机长、大管轮、二管轮和三管轮，"无限航区"是指海上任何通航水域，其中包括世界各国的开放港口和国际通航运河及河流；

[3]GMDSS 一级无线电电子员；

[4]GMDSS 二级无线电电子员；

[5]GMDSS 通用操作员。

(2)乙类适任证书适用于：

[1]近洋航区 3 000 总吨及以上船舶的船长、大副、二副和三副；

[2]近洋航区 500 至 3 000 总吨船舶的船长、大副、二副和三副；

[3]近洋航区主推进动力装置 3 000 千瓦及以上船舶的轮机长、大管轮、二管轮和三管轮；

[4]近洋航区主推进动力装置 750～3 000 千瓦船舶的轮机长、大管轮、二管轮和三管轮，"近洋航区"是指北纬 55°至北回归线之间与东经 142°以西的太平洋水域以及北回归线至赤道之间与东经 99°以东、东经 130°以西所包括的太平洋水域；

[5]无限航区 500 总吨及以上船舶的值班水手；

[6]无限航区主推进动力装置 750 千瓦及以上船舶的值班机工。

(3)丙类适任证书适用于：

[1]沿海航区 3 000 总吨及以上船舶的船长、大副、二副和三副；

[2]沿海航区 500～3 000 总吨船舶的船长、大副、二副和三副；

[3]沿海航区主推进动力装置 3 000 千瓦及以上船舶的轮机长、大管轮、二管轮和三管轮；

[4]沿海航区主推进动力装置 750～3 000 千瓦船舶的轮机长、大管轮、二管轮和三管轮；

[5]GMDSS 限用操作员；

[6]沿海航区 500 总吨及以上船舶的值班水手；

[7]沿海航区主推进动力装置 750 千瓦及以上船舶的值班机工。

"沿海航区"是指包括中国的近岸航区、黄海、东海、南海和中国各沿海港口的水域。

(4)丁类适任证书适用于：

[1]近岸航区未满 500 总吨船舶的船长、大副、二副和三副；

[2]近岸航区主推进动力装置未满 750 千瓦船舶的轮机长、大管轮、二管轮和三管轮；

[3]近岸航区未满 500 总吨船舶的值班水手；

[4]近岸航区主推进动力装置未满 750 千瓦船舶的值班机工。

"近岸航区"是指距中国海岸不超过 50 海里或按习惯航线航行在中国沿海各港口间的通航水域。

在拖轮上任职的船长和甲板部船员所持适任证书等级与该拖轮的主推进动力装置功率的等级相一致。

5. 内河船员适任证书的类别、等级和适用范围：

内河船员适任证书根据适用的船舶吨位或者主机功率分为 5 个等级。

(1)船舶等级按船舶总吨或者主推进动力装置总功率划分：

[1]一等船舶：1600 总吨以上或者 1500 千瓦以上；

[2]二等船舶：600 总吨以上至 1600 总吨以下或者 441 千瓦以上至 1500 千瓦以下；

[3]三等船舶：200 总吨以上至 600 总吨以下或者 147 千瓦以上至 441 千瓦以下；

[4]四等船舶：50 总吨以上至 200 总吨以下或者 147 千瓦以下；

[5]五等船舶：50 总吨以下。

船长和驾驶部船员所任职的船舶等级按船舶总吨位划分，轮机部船员所任职的船舶等级按船舶主推进动力装置总功率划分，但拖轮船长和驾驶部船员所适用船舶等级按船舶主推进动力装置总功率划分。

(2)适任职务按船舶等级设置：

[1]一、二等船舶设船长、大副、二副、三副；轮机长、大管轮、二管轮、三管轮；

[2]三、四等船舶设船长、驾驶员、轮机长、轮机员；

[3]五等船舶设驾机员。

一般情况下，适任证书有效期为 5 年，有效期截止日期不超过持证人 65 周岁生日。适任证书持有者应在证书有效期的最后 12 个月内，向海事管理机构申请证书再有效。申请适任证书再有效者，应完成国家海事管理机构规定的知识更新培训，并在最近 5 年内具有不少于 12 个月与其适任证书所载适用范围相应的船上服务资历，且安全记录良好。在最近 5 年内具有不少于 12 个月与其适任证书所载适用范围相应的船上服务资历，但安全记录不良，或在最近 5 年内不具有与其适任证书所载适用范围、相应的船上服务资历或证书失效者，应当参加并通过一定的抽查科目考试，具体的抽查考试科目由交通主管部门制定。申请适任证书再有效者应向海事管理机构提交专业技能适任培训合格证以外的材料。

6. 适任证书的承认

海运业的全球性使得船员的劳动力市场具有国际性的特点，即船员的劳动技能标准是全球统一的，这就为船员到非本国籍船舶上进行劳动提供了可能。中国是劳动力大国，所以，在劳动政策上是鼓励船员到外籍船舶上就业，原则上不接受外籍船员到本国籍船舶上就业，如《船舶登记条例》第七条规定，中国籍船舶上的船员应当由中国公民担任；确需雇用外国籍船员的，应当报国务院交通主管部门批准。但由于近年来中国经济发展水平的提高，中国的法律开始允许公司有条件地雇用外籍船员。如该条例第十三条规定："中国籍船舶的船长和高级船员应当由中国籍船员担任；确需外国籍船员担任高级船员的，应当报国家海事管理机构批准。"该条仅规定中国籍船舶上的船长和高级船员应由中国籍船员担任，而对外国籍船员到中国籍船舶上担任普通船员没有限制，如因工作的特殊需要，外国籍船员可以有条件的到中国籍船舶上担任高级船员，由船公司向海事管理机构提交申请，海事管理机构报国家海事管理机构批准。但船长必须由中国公民担任。

上述规定说明，外国籍船员到中国籍船舶上担任高级船员的必须申请批准，审批条件是：

(1)持有中国政府承认的、由《1978年海员培训、发证和值班标准国际公约》缔约国签发的相应的船员任职资格证书；

(2)符合《1978年海员培训、发证和值班标准国际公约》和交通部有关船员适任资格和培训的要求；

(3)经体检符合交通部公布的船员体检标准；

(4)具备相应的专业学历或者按照交通部的规定经过相应的适任培训；

(5)服务资历、适任表现和安全记录符合交通部的规定；

(6)船员用人单位有明确的需求和必要的理由；

(7)符合交通部关于在中国籍船舶上任用外国籍船员的规定。

凡具备上述条件的外国籍高级船员，由拟使用外国籍船员的航运单位将相应的证明材料报国家海事管理机构，经国家海事管理机构审核批准，签发中华人民共和国船员适任证书或证书认可签证后，方可到中国籍船舶上担任相应的职务。

证书认可签证是指海事主管机关对将在中国船舶上任职的外国籍船员持有的《1978年船员培训、发证和值班标准公约》缔约国签发的外国适任证书，签发的承认该证书的有效行为。

依据2012年的《海船船员适任考试和发证规则》第三十七条的规定，申请承认签证，申请人应向海事管理机构提交下列材料：

(1)所属缔约国签发的适任证书原件；

(2)表明申请者符合STCW公约和所属缔约国有关船员管理规定的证明文件；

(3)申请人的海船船员身份证件。

海事管理机构应对提交的材料进行审核，报经主管机关核准后，在受理申请之日起 10 个工作日内，对符合本章规定的申请人签发承认签证。不符合本章规定的，不予签发承认签证，并书面告知理由。

如果申请此种签证的海员所持的适任证书是管理级，则申请人按主管机关的规定参加相应的培训，以具备与允许其执行的职能或职务有关的海事法规知识。

7. 特免证明

(1)特免证明的定义和有效期。

为保证船舶的航行安全，船员必须持有适任证书，方可担任船上的职务。但在遇有特定事故等，特定职务的船员缺员时，法律允许下一级职务的船员接任上一级船员的职务。如我国《海商法》第四十条规定，船长在航行中死亡或者因故不能执行职务时，应当由驾驶员中职务最高的人代理船长职务。《海船船员适任考试、评估和发证规则》第六十六条也规定，中国籍船舶在国外港口遇有在职船员死亡或其他持证船员因故不能履行其职务的其他特殊情况而需要补充职位时，船员所服务的公司可向海事管理机构申请办理特免证明。从这一规定可以看出，特免证明就是海事主管机关在遇有特殊情况下，签发的允许持有低级别职务证书的船员担任高级别职务的证明。

受理申请的海事管理机构应当在受理之日起 3 个工作日内核实有关情况并报主管机关批准，符合本章规定条件的，可为该船舶上的高级船员签发为期不超过 6 个月的特免证明。但只有在不可抗力的情况下方能签发船长或轮机长特免证明，且船长或轮机长特免证明的有效期不得超过 3 个月。在任何情况下不得签发无线电人员适任证书的特免证明。海事管理机构对不符合本章规定条件的，不予签发特免证明，并应当在受理申请之日起 3 个工作日内告知不予签发的决定及理由。一艘船舶上同时持特免证明的船长和高级船员总数不得超过 3 名。当事船舶抵达中国第一个港口后，特免证明自动失效。失效的特免证明由船员所服务的公司负责收回并送交海事管理机构。

(2)特免证明的申请条件。

申请驾驶员和轮机员特免证明者，应符合下列条件：

第一，申请船长、轮机长特免证明的，应当持有大副或者大管轮适任证书并在自申请之日起前 5 年内，具有不少于 12 个月的不低于其适任证书所记载船舶、航区、职务的任职资历，任职表现和安全记录良好，且船长、轮机长不能履行职务的情况是因不可抗力原因造成；

第二，申请大副、大管轮特免证明的，应当持有二副、二管轮适任证书，并在自申请之日起前 5 年内，具有不少于 12 个月的不低于其适任证书所记载船舶、航区、职务的任职资历，且任职表现和安全记录良好；

第三，申请二副、二管轮特免证明的，应当持有三副、三管轮适任证书，并在自申请之日起前 5 年内，具有不少于 12 个月的不低于其适任证书所记载船舶、航区、职务的任职资历，且任职表现和安全记录良好；

第四，申请三副、三管轮特免证明的，应当持有高级值班水手、值班水手或者高级值班机工、值班机工适任证书，并在自申请之日起前5年内，具有不少于12个月的不低于其适任证书所记载船舶、航区、职务的任职资历，任职表现和安全记录良好。

8. 适任证书的监督管理

每个适任证书的持证人在船上任职期间，其适任证书的原件应保留在船上，并接受主管机关的监督检查。船员从事或者参与伪造、变造、出售、转让船员适任证书谋取非法利益，有违法所得的，海事管理机构对该船员处以不超过违法所得3倍的罚款，但最高不得超过3万元，没有违法所得的，可处以不超过1万元的罚款。

任何人不得以任何理由和方式伪造、变造、涂改、买卖、租借、转让、冒用适任证书。如有上述行为，海事管理机构可吊销证书，并处以罚款。如果适任证书的持证人受到刑事处分或违反国家有关法规受到其他处分，海事管理机构可扣留或吊销其适任证书。除海事管理机构外，任何单位不得以任何理由扣留或吊销适任证书。被海事管理机构宣布作废、扣留、吊销的适任证书，持证人或其所在的公司应在规定的时间内交还海事管理机构。

被吊销适任证书的海员，自被吊销之日起一年后，可按《海船船员考试、评估和发证规则》规定的程序和要求向原签发机关申请较低航区、等级或职务的适任证书。海事管理机构可根据申请情况采取以下措施签发较低航区、等级或职务的适任证书：①参加培训；②通过一定评估项目的评估；③通过一定考试科目的考试。

持有另一缔约国签发的承认《中华人民共和国海船船员适任证书》的签证在外国籍船上工作的中国籍船员，必须同时持有《中华人民共和国海船船员适任证书》。

未经主管机关批准，任何境外机构和人员不得在中华人民共和国境内设立办理或授权办理签发STCW78/95公约涉及的各种证书机构。

(1)适任证书的补发与换发和验证。

职务适任证书在其有效期内，如有毁损或遗失，经船员服务单位审查属实并出具证明，可向原考试发证机关申请补发。

持有《职务适任证书》的船员，应在其证书有效期满前的12个月内，向船员考试发证机关申请换证。符合下列条件并经考试发证机关审查合格的船员，可换发与原等级、职务相同的职务适任证书：

[1]在职务适任证书所载等级的船舶上实际担任所载职务或低一级职务满12个月；

[2]填具《船员职务适任证书申请表》并附4张近期2寸证件照片，递交《船员体格检查表》，交验船员服务簿和有关证明文件。

在下述情况下的船员，报考主管机关指定的考试科目合格后，换发与原等级、职务相同的职务适任证书：

　　[1]实际脱离水上服务超过 60 个月，但在不低于其职务适任证书所载等级的船舶见习满 12 个月；

　　[2]在职务适任证书有效期内担任所载等级、职务或低一级职务不足 12 个月，但满 6 个月。

　　领证人在领取新证书时，应将持证人原证书交考试发证机关打孔注销（圆孔直径为 5mm，打在证书的左上角），注销证交持证人留存。因填写错误或其他原因损坏的未签发的证书，由考试发证机关作好登记并保存。

　　年龄在 60 周岁以上的男性船员或 55 周岁以上的女性船员，如仍需在船上任职，应在年满 60 周岁（男性）或 55 周岁（女性）前一个月内申请办理验证手续，然后在每满两整年的前一个月内申办一次验证。验证合格的条件是体格检查合格、服务单位出具证明并能够签署意见、持证人任职情况良好。

　　对被吊销证书的船员，考试发证机关根据具体情况，在确认该船员技术水平的情况下，直接签发与原职务适任证书等级相同、职务低一级的证书，并在"签发机关签注（三）"栏注明，其有效期与原证书相同。否则，被吊销职务适任证书的船员，只能在自吊销之日起 24 个月后才有资格按《内河船员考试和发证规则》的相应规定申请与原职务适任证书等级、职务相同的船员考试。

　　(2)海船船员内河航线行驶资格证明。

　　海船船长、驾驶员经申请内河航线考试，并在笔试和所申请航线的实际操作考试成绩合格后，由考试发证机关发给《海船船员内河航线行驶资格证明》。持此证明的船长、驾驶员可驾驶海船在证书注明的内河航线上行驶。

　　海船船员内河航线行驶资格证明的有效期为 5 年。持证船员应在证明有效期满前，持船员服务簿和所在单位出具的内河航线行驶资历证明，到原考试发证机关办理换证手续。持证船员连续 24 个月没有在证明所载航线上航行的，其证明即无效。

　　海船船员内河航线行驶资格证明的编号由一个大写英文字母和 7 位阿拉伯数字组成。前两位数字为省代号，第 3、4 位数字为考试发证机关代号，后 3 位数字为证明序号。

四、海员证的管理

(一)海员证的概念和适用范围

　　各国法律大都规定外国公民及本国公民进出本国国境时，均须持有有效的身份证，一般情况下，这种有效身份证件即为护照。国际航行船舶上的船员由于其经常性地进出国外港口，因此，他们必须持有正当身份证件，而由于其职业的长期性、进出国境的经常性、不定期性，以及访问国外港口的随意性等多方面的原因，就使得这些国际航行船舶上的海员应持有一种更为方便有效的身份证件，这就是通常所说的海员证。

　　一方面，世界各海运国家为加强对本国船员的管理和适应国际形势的需要，大都指定主管机关对船员的身份进行检查，对符合要求的船员核发身份证件，准予从事海上航行和在船上从事适当的工作。另一方面，各国的港口主管机关在对进出本国港口的外国籍船舶实施监督管理时，一项很重要的任务就是检查船员的身份证件，如果发现有人未持有效的身份证件，就可能被视为偷渡，将按照国内法进行处理。在正常的航海活动中，海员证被认为是具有护照性质的正式文件，在一般情况下，持有海员证的船员，可在世界各港口之间通行。

　　我国人民代表大会常委会于 1985 年通过的《中华人民共和国公民出入境管理法》第七条规定："海员因执行任务出境，由海事管理机构或海事管理机构授权的海事管理机构办理出境证件。"这里所指的"出境证件"即指海员证。

　　海员证的名称在各国有所不同，在希腊、荷兰、比利时、瑞典、泰国、罗马尼亚、德国、扎伊尔等国称为"海员证"；日本则签发"船员手册"；挪威、丹麦为"海员身份证"；芬兰、保加利亚称为"海员护照"；巴西、阿根廷签发"海员登记证"；法国为"海员职业证书"；而美国则称为"商船船员证"。海员证的英文名称可为：Seaman's Book；Seaman Book；Seaman's Certificate；Seafarer's Certificate；Seafarer's Identity Certificate。我国航行国际航线的船员必须持有中华人民共和国海员证。《海商法》规定从事国际航行的中国籍船员，必须持有中华人民共和国海事管理机构颁发的海员证和有关证书。为了加强对海员证的管理，我国交通部、外交部、公安部根据《中华人民共和国公民出境入境管理法》的有关规定于 1989 年颁发实施了《海员证管理办法》，该办法对我国海员证的签发、使用和管理作出了一系列的规定。此后，中华人民共和国海事管理又签发了《关于规范海员出境证件管理工作的规定》、《关于简化海员出境手续有关问题的通知》等规章和文件。《中华人民共和国护照法》也规定，公民以海员身份出入国境和在国外船舶上从事工作的，应当向交通部委托的海事管理机构申请中华人民共和国海员证。《船员条例》第十六条又重申，以海员身份出入国境和在国外船舶上从事工作的中国籍船员，应当向海事管理机构申请中华人民共和国海员证。国际劳工组织 108 号公约《海员国籍证书公约》第二条和第三条也规定，公约生效的各会员国可以向在其领土上登记的船舶上工作的或在其领土上的职业介绍所登记的并申请此证的任何其他海员颁发海员身份证。海员身份证书应一直由海员持有。《2003 年海员身份证件公约》第六条也规定，就上岸休假而言，不应要求海员持有签证，在没有理由怀疑海员身份证的真实性的情况下，只要船舶抵达手续已经完成，且主管当局没有移民、卫生等方面的理由拒绝船员上岸的情况下，就应该允许持证的船员入境。

　　根据上述的法律规定，海员证是中国籍船员在境外执行任务时表明其中华人民共和国公民身份的证件。因此，海员证的适用范围是在航行国际航线上的中国籍船舶上工作的中国船员，其中船舶包括运输船、工程船、海洋科研船、从事远洋捕捞及需要停靠外国港口的渔船等，这里的海员也包括一些经交通部批准的需持海员证在船上临时工作的其他人员、由国内有关部门派往外国籍船舶上工作的中国海员。总之，凡出境在船上从事工作并编入船员名单的中华人民共和国公民，均应依法持有海员证。

(二)海员证的作用

中华人民共和国海员证是中国籍船员在境外履行船员职务、临时上岸休假、转船、过境上船、遣返时，表明其中华人民共和国公民身份的证件。

持有中华人民共和国海员证的船员，在其他国家、地区享有按照当地法律、有关国际公约以及中华人民共和国政府与有关国家签订的海运或者航运协定规定的权利和通行便利。

当船舶在国外港口时，只要船舶抵达手续已经完成，乘坐服务船舶上的持有海员证的船员无需签证可以出于以下目的而申请入境：临时上岸休假、回到船上、转到另一艘船上、过境到另一国上船、遣返等。港口国主管当局在没有影响公共卫生、公共安全、公共秩序或国家安全方面理由的情况下，应允许入境。

(三)海员证的申请条件

1. 基本条件

根据《船员条例》第十五条的规定申请海员证的船员应符合下列条件：

(1)必须是中华人民共和国公民，应持有能证明其中国国籍的证件或证明文件；

(2)已依法注册为国际航行船舶的船员，取得船员服务簿和相应的任职资格证书，或者有确定的船员出境任务；

(3)没有《中华人民共和国公民出境入境管理法》规定的禁止公民出境的情形。

2. 职业技术要求

申请海员证的普通船员应符合下列职业技术要求：

(1)担任水手或机工应满足的要求是：[1]具有在国内航线船舶担任水手、机工不少于12个月的服务资历；[2]完成海事管理机构规定的不少于6个月的海员职业培训并取得其签发或签证的培训合格证；[3]具有海事管理机构认可的航海类院校相应专业的资历。

(2)参加航行值班和轮机值班的普通船员应持有海事管理机构签发的国际航行船舶值班适任证书或签证。

(3)担任服务员或船上其他普通职务者，应持有认可的岗位培训证书并具有6个月以上相应岗位的服务资历，或毕业于相应的专业院校。

(4)渔船普通船员应具有不少于6个月的渔船服务资历；或者完成不少于3个月(渔工不少于1个月)相应的"渔业船员专业培训"，并取得海事管理机构或渔港监督签发或签证的培训合格证；或毕业于渔业院校的相应专业。

申请海员证的高级船员应符合的职业技术要求：

（1）持有海事管理机构颁发的相应船舶、等级、航区、职务的《中华人民共和国海船船员适任证书》；

（2）渔船高级船员应持有渔港监督签发的相应职务证书；

（3）船上非驾驶、轮机部门的高级船员不适用上述两项要求，但应具有相应的知识和经历。

3. 附加要求

在特殊船舶（如油船、液化气船、散装化学品船、滚装客船、高速船等）的甲板部、轮机部服务的高级和普通船员，应按规定持有海事管理机构颁发的相应的《特殊培训合格证》。

4. 外派船员申请海员证的要求

申请海员证的外派船员，应符合申请海员证船员基本要求的全部要求：

（1）申办单位为外派船员初次或再次申请海员证时，除应符合相应要求外，还应向办理海员证的海事管理机构提交外派船员劳务合同的副本和签约单位的经营许可证副本；

（2）外派船员劳务合同应由签约单位的法定代表人或其正式授权者签署。如系后者，外派船员劳务合同应附授权书；

（3）外派劳务合同应符合我国有关法律、法规的规定，并符合海运业的专业要求。在境外签订的此类合同应符合我国缔结或加入的有关国际公约的规定和国际航运界公认的习惯。临时随船工作人员申请海员证，如果确需随船工作的非职业船员申请办理海员证，应由其所在单位的上级主管部门向交通部主管部门递交申请报告。申请报告应说明上船的具体任务、船名及船舶所属单位、航行区域、执行任务的起止日期等，并附申办海员证人员名单，经交通部批准，可以办理有效期不超过18个月的短期海员证。

5. 申请办理海员证的手续

根据《船员条例》及《海员证管理办法》的规定，不同阶段申请办理海员证的手续有所不同，船员初次申请办理海员证应向海事管理机构提交如下资料：

（1）办理船员证件工作单位；

（2）有效身份证件及其影印件；

（3）按规定填具的海员证申请表；

（4）办理海员证批件；

（5）政审批件或公安机关出具的无法律、行政法规规定的禁止公民出境情形的证明；

（6）《船员服务簿》或《渔业船员服务簿》及其影印件；

（7）表明船员具有担任其拟任职务资格的证书或证明文件及其影印件；

（8）合法有效的劳动合同或管理协议及其影印件；

(9)申请人近期(12 个月以内)免冠正面半身头像白底彩色证件照片(必要时提供规定规格的数码照片);

(10)船员体检表及其影印件(仅限于初次申请)。

再次办理海员证的单位可免予提交第(2)、(6)、(10)项所要求的材料。航行于港澳航线的船员需提交其加盖"适用港澳航线"签证章的适任证书。

6. 申请补发海员证的手续

持证人确实遗失或损坏海员证的,可由原申办单位向原签发机关申请补发,申请补发应履行如下手续:

(1)持证人应书面向海事管理机构提交申请补发海员证的请求并陈述理由;

(2)原申办单位应书面向海事管理机构提交申请补发海员证的报告,该报告中应确认海员证遗失的情况;损坏海员证的,申办单位还应向海事管理机构交回被损的海员证;

(3)海事管理机构收到上述请求补发海员证的报告后,应向当地边防检查机关和有关海事管理机构发出海员证作废的通报,并抄报海事管理机构和公安部边防局;

(4)作废通报发出 60 天后,海事管理机构方可为其补发海员证,并按规定给予相应的处罚;

(5)对于遗失海员证又确因航运生产需要急需补发的,申办单位必须以书面提出充分理由,并由其法定代表人签字,表明愿意承担可能因此造成的不良后果的责任,经主管海事局批准,可视实际需要给予提前办理;

(6)特殊情况下,申办单位可向当时就近的、有权签发海员证的海事管理机构申请补发海员证。补发海员证的海事局应向原签发海员证的海事管理机构核实有关情况后,方可予以补发。

海员如果在国外遗失海员证,应由所在船船长持书面报告,向中国驻外国的外交代表机关、领事机关或者外交部授权的其他驻外机关申请补发海员证。所补发的海员证的有效期,以返回国内所需的时间来确定,但最长不得超过 6 个月,海员进入中国国境后,在国外补发的海员证立即作废。办理补发海员证的机关还应及时将补发的海员证的编号、有效期和海员姓名通告中华人民共和国海事管理机构。

船长在为海员申请补发海员证的同时,应将海员证遗失的情况电告海员所在单位或派出单位,由所在单位或派出单位将船舶名称、船员姓名、海员证号码报告原颁发机关和公安部边防局,原颁发机关应立即宣布该遗失海员证作废。

(四)海员证的签发

海事管理机构应当自受理申请之日起 7 日内作出批准或者不予批准的决定。予以批准的,发给中华人民共和国海员证;不予批准的,应当书面通知申请人并说明理由。

长期海员证的有效期限是 5 年，中期海员证的有效期为 2 年和 3 年两种，短期海员证的有效期为 18 个月、12 个月、6 个月和 3 个月四种。全部经营国际航线船舶（不含港澳航线）的国有大型海运企业，经海事管理机构批准，可申请办理长期海员证；经营国际航线（含港澳航线）的海运企业、所属或管理持有海员证的职业船员总数达到 300 人或以上的单位以及合同（包括外派船员劳务合同）确定船员出境执行任务达 2 年或以上的单位，经海事局批准，可申请办理中期海员证；船员出境执行任务，或航海类院校海上专业毕业生上国际航线船舶培训或见习，时间超过 1 年但少于 2 年以上的，可申请办理有效期不超过两年的海员证；其他上国际航线船舶上工作、实习或培训的人员，包括交通部批准的临时随船工作人员，可根据任务需要申请办理不超过 18 个月有效期的海员证；年满 60 周岁者，只能申请办理有效期不超过 18 个月的海员证，并且有效期不得超过其年满 65 周岁之日；补发海员证的有效期不得超过原海员证有效期的截止日期，短期海员证不予补发。

有效期为 2 年、3 年、5 年的海员证如在境外到期，持证人可凭所在船舶船长出具的证明，向就近的我国驻外使、领馆申请海员证有效期的延期，所延期限最长不得超过 3 个月。每本海员证只允许办理一次有效期的延期。

持有海员证的船员更换服务单位，应由原劳动或人事关系所在单位或派出单位在办理其离职手续时收回海员证并在 3 个月内送交签发海员证的海事局。所有到期的、或被海事管理机构宣布为注销或作废的海员证，申办单位负责收回并在 3 个月内送交签发海员证的海事管理机构。

(五)海员证的使用

《海员证管理办法》第三章、第四章对海员证的正确使用及使用不符合规定所应承担的责任作了具体的规定。

(1)海员证必须保持整洁，不得涂改或书写其他内容。对于遗失或损坏海员证的海员，颁发机关可视情节处以人民币 100 元以下的罚款。

(2)中国海员持海员证出入中国国境，无需办理签证；如果海员持海员证乘坐服务船舶以外的其他交通工具出境，必须在出境前办妥前往国家和地区的入境过境签证。如前往国家和地区不需办理签证，应由海员所属单位或派出单位向边防检查机关出具证明。证明内容应包括海员姓名、证件号码，前往国家和地区，海员证及其签证或证明经边防检查站查验后，可对持证人员放行。

(3)海员证仅限持证人在为其办理海员证的单位工作时使用，海员在脱离原所在单位或派出单位时，应将海员证交回，由所在单位或派出单位送交原颁发机关注销。如果海员脱离原工作单位时不按规定交回海员证，颁证机关有权处以人民币 500～3 000 元的罚款。

(4)申请办理海员证的单位应对所申请办理的海员证负责，有权向脱离本单位的海员收回为其办理的海员证，必要时，还可申请原颁发机关吊销该海员证或宣布该海员证作废。

（5）如果发现有伪造、涂改或转让海员证的，颁证机关应吊销该海员证，同时边防检查机关和颁发机关有权处以人民币 3 000～10 000 元的罚款，对于情节严重，已经构成犯罪的将由司法机关追究刑事责任。

第三节　船员纪律管理

随着通信技术手段的发展，船舶所有人、船舶经营人对船舶的控制和有关部门对船舶的监管，在范围、程度、时效上不断地克服着江河湖海的"距离"限制，但没有改变也不会改变：（1）船舶的水上流动性。（2）船员直接地最终地操纵、控制和管理船舶。（3）船长负责船舶的管理和驾驶。（4）船上劳动组织是由船长指挥、监督的、多部门多层次、有组织有纪律、分工协作的船上所有任职人员组成的①。在日本船员法学著作中，甚至形象地将船上的劳动组织称为"船舶共同体"。

许多水上交通事故、污染事故、事故隐患和险情的直接原因，就是船员未履行或未妥善履行其应尽的职责。正是由于船员海上劳动的上述特征，各国都以法律明确规定船员在船工作期间应尽的职责，并且规定了较严厉的处罚措施——刑罚。我国《船员条例》的颁布也改变了此前几乎由层次较低的规范性文件、企业纪律的形式规定船员职责的状况。

一、船长的职责

（一）船长的义务

船长是指依法取得船员资格，取得适任证书并受船舶所有人雇佣或聘用，主管船上的行政和技术事务的人，船长是船上的最高指挥者，具有特殊的职责和权限。

1. 备齐证书

船舶的技术密集性，财产额巨大性及活动范围的国际性都要求船舶必须配备一系列的证书方准航行。这些证书是证明船员的国别、所有权、技术状态等的有效文件，备齐并管理这些证书是船长的一项重要责任。船长保证船舶携带船舶登记、检验、安全、防污、卫生、口岸查验等证书，船舶载运客货文件、应急计划、保安计划、各类日志和记录簿等文书，以及有关航行资料；保证船员携带职业身份、国籍、适任资格、健康、就业许可等证件。这些证件、文书和资料，应当符合法律、法规、公约的要求。

2. 制订应急计划

应急计划，是针对可能发生的重大事故或灾害，为保证迅速、有序、有效地开

---

① 刘功臣主编：《船员条例释义》，北京，人民交通出版社，2007，第 5 页。

展应急与救援行动、降低事故损失而预先制订的有关计划或方案。它是在辨识和评估潜在的重大危险、事故类型、发生的可能性、发展过程、事故后果及影响严重程度的基础上，对应急机构与职责、人员、技术、装备、设施、物资、救援行动及其指挥与协调等方面预先作出的具体安排。船长要制定船舶消防、救生、堵漏、防污等应急计划，并从设备器材、措施、人员及任务分组等方面，保证应急计划的有效实施。

3. 保证船舶适航

适航指船东和承运人提供能够对抗海上危险的船舶和船员的义务。适航不但是承运人对货主应承担的安全责任，也是船舶对法律及社会应承担的公共责任。船长要在开航前通过全面核查、补正和确认，以保证在开航时"船舶适航、船员适任"；在船舶航行、停泊、作业时通过持续了解船员情况、调整船员安排或请求补足船员，以保障船舶的最低安全配员，保证船舶的正常值班，以此来保证船舶的安全航行。

4. 执行法律

海上交通安全方面的法律直接以船舶为规范对象，规定船舶应该履行的义务，但实际履行义务的责任应归属于船长。如果本船发生水上交通事故或者污染事故，应当由船长向海事管理机构提交事故报告。

5. 管理船舶日常事务

海运船舶生产过程中远离陆地及其所有人，具有相对的独立性，所以船舶的日常生产活动要由所有人雇用的船员负责管理，其中包括对船员的劳务管理和对船舶营运活动的管理。对船员的管理要求船长对本船船员实施或组织实施日常训练和考核，促进船员在船工作期间保持并提高业务技术、道德法纪、营运管理等素质。本船船员的服务资历和任职表现，由船长如实规范地记入该船员的船员服务簿，作为申请船员适任证书所需的一项证明材料。考察和记录船员任职表现，是船员跟踪管理的主要环节和重要措施。

6. 特定情形下的直接指挥船舶义务

船长是船舶的最高指挥者，其经验和技能是保证船舶安全航行的必要条件，在一般的航行情况下，可由航海值班人员负责值班，但在特定情形下，必须由船员亲自指挥船舶以确保船舶的安全航行。

在船舶进港、出港、靠泊、离泊，通过交通密集区、危险航区等区域，或者遇有恶劣天气和海况，或者发生水上交通事故、船舶污染事故、船舶保安事件以及其他紧急情况时，应当在驾驶台值班，必要时应当直接指挥船舶。"直接指挥"是指船长亲自发布操作指令、驾驶船舶等，即平时分派给高级船员的工作此时由船长亲自操作。

7. 保障在船人员安全的义务

船长还是船上的最高监督者，对船上人员的安全负责。船长应当保障本船船员、旅客和其他在编人员的安全，以及有关监管部门工作人员、引航员、码头装卸工人、代理等临时上船人员的安全。

8. 救助义务

船舶发生事故，危及船上人员和财产安全时，应当组织船员和船上其他人员尽力施救；船长负责组织本船人命财产的施救前提是船舶发生事故并且危及在船人员和财产安全。施救对象是在船人员和财产。施救行动由船长组织、由船员和其他在船人员实行。尽力施救是对努力程度的要求。要求船长用尽所有的技术手段及能够利用的人力和物力，也包括请岸上相关机构人员的技术指导。

9. 弃船时的义务

弃船时，应当采取一切措施，首先组织旅客安全离船，然后安排船员离船，船长应当最后离船，在离船前，船长应当指挥船员尽力抢救航海日志、机舱日志、油类记录簿、无线电台日志、本航次使用过的航行图和文件，以及贵重物品、邮件和现金。

（二）船长的权力

海上劳动独立完成运输任务的特点决定船长必须具有相应的权力，以保障海上公共安全。船长负责船舶的指挥和管理，由于船长职务与责任的关系，也由于船长专业判断能力与现场情况了解程度的关系，在保障水上人身与财产安全、船舶保安、防治船舶污染水域环境方面，船长具有独立决策权并负有最终责任。船长在上述三个方面而非所有的方面，有权独立地作出决策，不受任何组织和个人的非法干涉。与此相应，任何组织和个人不得妨碍船长行使独立决策权。

船长所作出的决策，即使受到了外界的干涉、妨碍，仍视为船长本人的决策。赋予船长以独立决策权，要求船长负有最终责任，体现了权力与责任相适应、行为与后果相关联的原则。

船长为履行职责，可以行使下列权力：

1. 航次计划的决定权

航次计划是指船舶在接受新的航次任务后，拟定从一个港口泊位航行到另外一个港口泊位的过程中，有关航行安全保证的具体措施与对策。船舶航次计划的制订不仅仅关系到船舶公司的经济效益，也关系到船舶和海上人命的安全，以及海洋环境的保护。船舶的航次计划由船长决定，变更计划亦同。船舶内部因素、外部环境不具备船舶安全航行条件的，船长有权拒绝开航或者续航。

2. 拒绝执行权

船长虽然是船舶所有人的雇员，但出于对公共安全的考虑，对公司违法或不当指令有拒绝执行权。船员用人单位或者船舶所有人所下达的指令，如果违法，或者是明显威胁有关人员、财产和船舶安全，或者是造成或者可能造成水域环境污染的，船长都有权拒绝执行。他人从船舶所有人手中取得了船舶实际控制权的，比如船舶的经营人、租赁人、管理人，视为船舶所有人。

3. 对引航员的监督权

在引航过程中，不解除船长驾驶和管理船舶的责任。船长应认真监督引航操纵指令，如果发现引航员的操纵指令对船舶航行安全或者水域环境构成威胁，有权及时纠正、制止，必要时可以要求更换引航员。"制止"是指不执行引航员的不正确操纵指令，甚至中止引航员的工作而临时改由船长亲自指令或操作。

4. 撤离船舶、弃船的决定权

撤离船舶是指当船舶遭遇危险时，船上全部人员从船上撤离，是临时性的避险措施。船长决定撤离船舶的前提条件是"船舶遇险并严重危及在船人员的生命安全"。

弃船是放弃船舶，是指当船舶客观上面临可能沉没、毁灭的情形下，对船舶负有管理及驾驶责任的人员放弃船舶，并不再进行操作以及施救的行为。船长在作出弃船决定前应当尽可能报告船舶所有人，听取船舶所有人的意见；除非情况紧急，一般应该取得船舶所有人的同意。

5. 责令不称职船员离岗的权力

船员由于业务知识与技能、工作质量与绩效、违章与事故、责任感、身心状态等原因，没有或者不能履行好本岗位的职责和义务时，船长有权责令该不称职的船员离开当前工作岗位。以此来保证船舶适航。

6. 警察权

亦称警察权力。一般是指主权国家用以维护国家安全和社会治安秩序，预防、制止和惩治违法犯罪活动而依法实行的强制力量。为防止警察权的滥用，侵犯公民的权益，法律只规定特定机关才拥有警察权力，如公安机关，安全机关等，船舶行驶在海上，为了保障船上公共秩序的安全，法律也赋予了船长对人身自由的限制权和特定事件的公证权，如《海商法》第三十六条规定："为保障在船人员和船舶的安全，船长有权对在船上进行违法、犯罪活动的人采取禁闭或者其他必要措施，并防止其隐匿、毁灭、伪造证据。"船长采取这一措施，应当制作案情报告书，由船长和两名以上在船人员签字，连同人犯送交有关当局处理。第三十七条规定："船长应当将船上发生的出生或者死亡事件记入航海日志，并在两名证人的参加下制作证明书。死亡证明书应当附有死者遗物清单。死者有遗嘱的，船长应当予以证明。死亡证明书和遗嘱由船长负责保管，并送交家属或者有关方面。"

二、船员在船工作期间的纪律要求

（一）在船劳动的义务

船舶航行在海上，不便及时更换适格的代替人员，为保证船舶的航行安全，法律规定了船员配备人数的要求，这是陆上产业部门所不具备的法律规定，当船员缺额时，船舶便处于不适航的状态，不适航的船舶是不允许航行的，为了不影响船舶所有人的营运利益，法律规定船员在航次中有必须在船的义务。

船长、高级船员在航次中，不得擅自辞职、离职或者中止职务。辞职指辞去职务，离职指离开服务船舶不再任职，中止职务指职务虽未解除却暂不实际履行。船长、高级船员在航次中应持续担任其职务，不得擅自辞职、离职或者中止职务。"不得擅自"并非"不得"。船长、高级船员如果经申报获准，或受公司、有关监管部门和其他有权者的指令，并且与接任者办理完毕交接手续，可以辞职、离职或者中止职务。这一规定旨在保障船舶最低安全配员和正常值班，保证船舶运输生产正常运转；对于船员培养诚信履约的敬业精神也有一定的促进作用。

普通船员对航行安全、运输生产的影响较小，补充较容易，法律没有对其设定与船长、高级船员同等严格的义务。其辞职、离职或者中止职务，应依照其他规范、企业内部管理规定办理。

（二）携带证书

船员职业是需要许可的职业，执业资格证书及适任证书是其获得许可的凭证，携带证书是其从事职务活动的必要条件。

（三）熟悉业务

证书仅仅是其从业能力的表面证据，必须拥有实际能力才能够胜任工作。所以，船员要掌握本船适航状况、预定航线通航保障情况以及有关航区气象、海况等。高级船员，特别是船长，必须具备此项能力。只有这样才能防止船舶在航行过程中发生事故。

（四）遵守操作规程

船舶技术密集性的特点要求其从业者必须严格遵守操作规程，否则，容易造成海上事故。船员要遵守水上交通安全和防治船舶污染的规定，遵守船舶安全操作规程，遵守船上的管理制度和值班规定，按照各项法规性、技术性的规则操纵、控制和管理船舶，如实地、规范地填写航行日志、轮机日志、电台日志、油类记录簿、垃圾记录簿、货物记录簿等船舶法定文书。这项要求是给企业纪律以法的地位，如"船上的管理规定"是可以包含企业所制订的船上管理制度的，但企业纪律不得违反国家有关规定。

（五）参加演习并提高应变能力

船舶运输的危险性，要求船员能随时应付各种可能发生的海上事故。这就要求船员严肃认真地参加船舶消防、救生、堵漏、防污、弃船以及其他项目的应急训练、演习，切实锻炼和提高应变技能。船舶应急部署的要求是强制性的，船员应该按照这些要求落实各项应急预防措施，以备迅速有效地应急应变危险，为此就必须定时训练，以使其保有必要的应变能力。

（六）报告义务

船舶在海上航行的过程中，为了保证船舶的安全航行及事故发生后能得到岸上的援助，必须保持与岸上主管部门的联系，并向其报告情况。同时由于海域地广人稀，执法巡逻船覆盖不到位的情况，也需要船员及时报告，以弥补执法人力配备的不足。

要求船员遵守船舶报告制度（无论是强制参加的，还是自愿参加的），直接或可通过合适的第三者向有关部门及时地、准确地报告本船动态，所发现或者发生的险情、水上交通事故、水域污染事故、保安事件，以及航标异位、漂流物、障碍物等影响航行安全的其他情况。报告包括常规和非常规报告。

（七）救助义务

船员要在不严重危及自身安全的情况下，尽力救助遇险人员，这不仅是国内法的要求，也是有关国际海事公约的要求，对于船员，救助水上遇险人员是全球普适的法定义务。这一规定隐含着道德的要求，也是人类维系海上人命安全的重要规定。

（八）不得私运货物

船员因受雇于船舶所有人，才上船工作的，不得通过船舶运输实现自己的不当或非法利益。所以，船员不得利用船舶私自搭载非经申报获准载运的或非客货运输合同项下的旅客、货物，不得携带枪支弹药、毒品和其他违禁物品，以保证船舶及船上人员、货物的安全。

（九）服从长上命令

船员海上劳动过程中，人数少、危险大，技术性要求高，要求船上要遵循严格的组织纪律，并做到指挥有效，令行禁止，才能保证船舶的航行安全。船长在其职权范围内发布的命令，船上所有人员必须执行。高级船员应当组织下属船员执行船长命令，督促下属船员履行职责。海上劳动的特点决定船员必须有严格的上下级关系，以保证指挥监督的有效性。船长全面负责船舶的管理和驾驶，是船上职务、地位最高，权力、责任最大的人。船长在其职权范围内发布的命令，船员、旅客和其他在船人员都必须执行。船东本人、船东代表属于在船人员的，同样如此。大副、轮机长、事务部（客运部）主管等高级船员应当组织带领所分管的低职务船员执行船长发布的命令，并督促低职务船员履行好自身职责。下级船员对上级船员依据有关规定所作出的职责安排、指令，有服从、执行的义务。上级船员督导不力造成不良后果的，应负一定责任。

第四节　船员劳动条件的管理

船员劳动条件的管理是对船舶所有人的管理，对于船员提供的是劳动保护，以此来形成劳动法律关系。具体应包括就业条件、生活条件和劳动保障三个方面。就业条件包括劳动合同、工资、劳动时间、休假、遣返等方面的管理；生活条件的管理，包括船员的起居舱室、膳食、娱乐设施等方面的管理；劳动保障，包括工作事故、疾病、劳动保险等方面的管理。《船员条例》第四章对船员的就业和保险作了部分规定。

一、船员劳动法律关系的内容

在船员劳动法律关系中，一方面，船员有将自己的劳动力交付给雇主使用的义务，其主要表现就是船员要作为航行组织的一员而配备于特定的船上，遵守船舶的各种法律和劳动纪律，并为雇主完成其职务范围内的劳动任务和船长代表所有人交给其的劳动任务。另一方面，船员在让渡自己劳动力的同时，仍然保留劳动力的所有权，这就要求船舶所有人对船员承担保障劳动力再生产和履行劳动义务以外的人身自由的义务，其主要表现就是向船员支付劳动报酬和其他物质待遇，保障船员在海上劳动过程中的安全和健康。船员劳动法律关系的内容，可以进一步具体分析如下。

（一）船员的义务

劳动关系具有从属性，船员劳动关系的从属性就是船员在具体的劳动过程中，必须服从雇主的安排，配乘于船上，或加入"航行组织"从事有组织的劳动。具体表现为船员在船内居住，关于船内居住的法律性质，仅从表面看，船员在船内居住只不过是伴随着合同规定劳动的一种单纯事实。从海上劳动特点分析，"船内居住"是一种履行劳动合同上的债务行为。

1. 提供乘务劳动

按照船方的命令，被配乘于特定的船舶，随着船舶的移动而进行劳动。也即船员按照所有人的要求乘船，并随着船舶的移动而进行劳动是劳动法律关系所不可缺少的内容。所以，从乘船到下船不管劳动内容和密度如何，都是劳动法律关系的展开和继续。

2. 随时支付劳动力

船舶在航行中，必然存在着紧急作业和变则作业。这些作业需要全员进行，而且，这些事态的发生没有时间上的规律，也就是说船舶所有人必须拥有在面临上述事态发生的场合下，在任何时候都可以命令船员劳动的权利。所以，为了在任何时候都可命令其进行劳动，必须让船员居住在船内，在任何时候都掌握着船员的劳动力。换言之，船员在船内居住，具有劳动合同的债务履行行为的性质。在船上，作业场所和居住区紧密相连，而且，由于 24 小时连续运行，工作和休息时间的界限有时是不清晰的。船员在乘船的过程中，原则上要抽象地、间接地、连续地提供自己的劳动力，在发生非常事态的情况下，负有按船舶所有人的指挥命令进行劳动的义务。

（二）雇主的义务

作为雇主的船舶所有人除必须支付劳动报酬外，还必须保障船员在海上劳动过程中的安全和健康。

1. 维持船内秩序

由于船内场所的狭窄，特别容易引起秩序的混乱，并会成为左右船舶航行安全的因素。所以船舶所有人有必要在可预测的范围内，采取各种安全措施，以保证船舶的航行安全。如果船舶所有人不能维持船内的生活秩序，则不能保证船舶的安全航行。关于这一义务的履行，即有海上交通安全等行政法规定的标准，也有船员法规定的标准。

2. 提供劳动条件

相对于船员的义务来讲，船舶所有人的义务就是提供法定的劳动条件和生活条件。如国际劳工组织的《2006 年海事劳工公约》的标题 2——就业条件中就包括："工资、工作或休息时间、休假的权利、遣返、船舶损失或沉没时对海员的赔偿、配员水平"等内容，在标题 3 中规定了"起居舱室、娱乐设施、食品和膳食"的内容。

二、船员劳动条件管理的具体内容

劳动条件的内容往往通过船员劳动合同进行约定。《船员条例》规定，船员用人单位应当与船员依照国家有关劳动合同的法律、法规以及中华人民共和国缔结或者加入的有关船员劳动与社会保障国际条约的规定，订立劳动合同。

（一）劳动合同的订立

劳动合同是劳动者与用人单位确立劳动关系、明确双方权利和义务的协议。包括船员与雇主间签订的就业协议与上船合同（劳动合同）。船员用人单位与船员建立劳动关系时，应按照《劳动法》、《劳动合同法》及其他社会保障法律法规、我国缔结或加入的船员劳动与社会保障国际公约的要求，遵循合法、公平、平等自愿、诚实信用、协商一致的原则与船员订立劳动合同，约定劳动合同期限、工作内容、劳动保护和劳动条件、劳动报酬、劳动纪律、劳动合同终止的条件、违反劳动合同的责任及其他有关内容。船员用人单位与船员个人订立的劳动合同中的劳动条件和劳动报酬等标准不得低于集体合同的规定。劳动合同依法订立即具有法律约束力，当事人必须履行劳动合同规定的义务。

船员与境外船员用人单位之间直接建立劳动关系时，可能面临着与境内截然不同的法律法规和制度体系，其权益的维护更复杂、更专业。船员工会组织作为船员权益的代表者和维护者，应充分发挥自身优势，深入研究境外的法律法规和制度体系，在充分考虑我国法律法规各项规定的前提下，参考有关国际公约和行业惯例，研究、制定并适时修订劳动合同示范文本，供船员与境外船员用人单位订立劳动合同时使用，为船员权益的有效维护打下良好的基础。船员以个人名义与境外船员用人单位订立劳动合同时，有权使用船员工会组织推荐的劳动合同示范文本，并通知船员工会组织，以利于及时、有效维护自身权益。

中国海员建设工会与船东协会签订了《中国船员集体协议》（2010年1月），其后，每年修改一次，其中就船员的最低工资标准作出了规定，船员待派期间的工资不低于船东所在地的最低工资标准。

（二）工资及其他劳动报酬

船员法上所讲的报酬是指所有人作为劳动的对偿而支付给船员的金钱，具有劳动的对偿性。而工资则是所有人以一定的金额定期向船员支付的劳动报酬的一部分，是基本的、固定的报酬。《2006年海事劳工公约》导则B2.2.1规定："基本报酬或工资是指正常工作时间的报酬，无论这一报酬如何构成；它不包括加班支付款、奖金、津贴、带薪休假或任何其他额外酬劳。"关于报酬的支付方法，应本着保障船员及其家属生活安定为原则，以流通货币直接向船员支付。如公约导则B2.2.2第4款（c）规定："工资应以法定货币支付；凡适宜时，可以通过银行转账、银行支票、邮政支票或汇款支付工资。"《船员条例》第二十九条也规定："船员用人单位应当根据船员职业的风险性、艰苦性、流动性等因素，向船员支付合理的工资，并按时足额发放给船员。任何单位和个人不得克扣船员的工资。船员用人单位应当向在劳动合同有效期内的待派船员，支付不低于船员用人单位所在地人民政府公布的最低工资。"

1. 工资标准

（1）上船船员。船员用人单位应参考本行业船员工资水平，充分考虑船员职业的风险性、艰苦性、流动性等因素，合理确定船员工资标准。船员工资标准不得低于船员用人单位所在地人民政府公布的最低工资标准，而且不得低于所适用的任何一个集体合同中规定的工资标准。

（2）待派船员。待派船员指实行综合计算工时工作制的船员在劳动合同有效期内应休公休期满后，因船员用人单位原因未能上船工作的船员。用人单位应当向在劳动合同有效期内的待派船员支付待派期工资，且待派期工资标准不应低于船员用人单位所在地人民政府公布的最低工资标准。待派期工资按月支付，待派期不满一个月的，按比例支付。

船员的待派与船员的工时制度密切相关。目前，经劳动行政部门批准，船员可以根据工作性质或生产特点主要实行标准工时制、不定时工时制、综合计算工时制三种工时制度，其中，实行标准工时制和不定时工时制的船员不存在待派工资问题。

按劳动部2004年《最低工资规定》的规定，最低工资标准的确定和调整方案，由省、自治区、直辖市人民政府劳动保障行政部门会同同级工会、企业联合会/企业家协会研究拟订，将拟订的方案报送劳动保障部，并可以二年调整一次。

2. 船员工资支付形式

船员工资应以货币形式支付，不得以实物及有价证券替代货币支付。船员工资的支付间隔不应超过一个月。船员用人单位应将工资支付给船员本人，也可根据船员本人意愿由其亲属或委托他人代领。船员工资可以现金发放，也可以银行转账、邮政汇款等形式发放。

船员工资应足额发放，任何单位和个人不得克扣。"克扣"指船员用人单位无正当理由扣减船员应得工资。不包括以下减发工资的情况：

第一，国家的法律、法规中有明确规定的；

第二，依法签订的劳动合同中有明确规定的；

第三，船员用人单位依法制定并经职代会批准的规章制度中有明确规定的；

第四，船员用人单位工资总额与经济效益相联系，经济效益下浮时，工资必须下浮的；

第五，因劳动者请事假等相应减发工资等。

有下列情况之一的，船员用人单位可以代扣船员工资：

第一，船员用人单位代扣代缴的个人所得税；

第二，船员用人单位代扣代缴的应由船员个人负担的各项社会保险费用；

第三，法院判决、裁定中要求代扣的抚养费、赡养费；

第四，法律、法规规定可以从劳动者工资中扣除的其他费用。

因船员本人原因给船员用人单位造成经济损失的，船员用人单位可按照劳动合同的约定要求其赔偿经济损失。经济损失的赔偿，可从船员本人的工资中扣除。但每月扣除的部分不得超过船员当月工资的20％。若扣除后的剩余工资部分低于船员用人单位所在地人民政府公布的月最低工资标准，则按最低工资标准支付。

（1）工资清单。船员用人单位在支付工资时应向船员提供其本人的工资清单。船员用人单位必须书面记录支付船员工资的数额、时间、领取者的姓名以及签字，并保存两年以上备查。

（2）船员的工时制度。

第一，标准工时制。根据《劳动法》和《国务院关于修改〈国务院关于职工工作时间的规定〉的决定》，我国境内的国家机关、社会团体、企业事业单位以及其他组织的职工实行每日工作8小时、每周工作40小时的工时制度。标准工时制的期间通常以日和周为单位，确定国家劳动时间，定时工作，定时休息的工时计算制度。是其他工时制的基础。有条件实行标准工时制的船员用人单位，应对本单位的船员实行标准工时制。

第二，不定时工作制。不定时工作制是针对因生产特点、工作特殊需要或职责范围的关系，无法按标准工作时间衡量或需要机动作业的职工所采取的一种工时制度。企业应当根据标准工时制度合理确定劳动者的劳动定额或其他考核标准，以便安排劳动者休息。其工资由企业按照本单位的工资制度和工资分配方法，根据劳动者的实际工作时间和完成劳动定额情况计发。部分船员，如辅助船船员，可以按有关规定报批后实行不定时工作制。

第三，综合计算工时工作制。综合计算工时工作制是针对因工作性质特殊，需连续作业或受季节及自然条件限制的企业的部分职工，采用的以周、月、季、年等为周期综合计算工作时间的一种工时制度。在综合计算周期内，平均日工作时间和平均周工作时间应与法定标准工作时间基本相同。部分船员，如运输船员、施工船舶船员、救捞船员，可以按有关规定报批后实行综合计算工时工作制。

除以上三种工时制度，经按有关规定报批后，企业可根据生产特点，对船员实行其他工作和休息办法。

中央直属企业实行不定时工作制和综合计算工时工作制等其他工作和休息办法的，经国务院行业主管部门审核，报国务院劳动行政部门审批。地方企业实行不定时工作制和综合计算工时工作制等其他工作和休息办法的审批办法，由各省、自治区、直辖市人民政府劳动行政部门制定，报国务院劳动行政部门备案。船员用人单位可以根据本单位船员工作性质和生产特点，按有关规定报批后，实行不定时工作制或综合计算工时工作制。

(三)劳动时间、休息时间和配员

1. 劳动时间、休息时间

船员的劳动时间是指其依职务上的命令而从事航海值班及其他作业的时间。这是船员法中不可缺少的内容。《2006 年海事劳工公约》规则 2.3 第 1 款规定："成员国应确保对海员的工作时间或休息时间加以规范。"标准 2.3 第 1 款(a)规定"'工作时间'一词是指要求海员为船舶工作的时间。"(b)规定："'休息时间'一词是指工作时间以外的时间，不包括暂短的休息。"

船员劳动合同中的劳动时间不同于普通劳动合同中的劳动时间。这是因为，船员上船以后，一直在船舶所有人支配之下。所以，如果把船员的劳动时间理解为在船舶所有人的指挥下的劳动时间或让渡劳动力时间的话，法律就不能约束劳动时间了。因此，有必要把船员在船内的生活视为市民生活，把作业时间视为劳动时间。《1936 年工作时间和配员(海上)公约》对各类船舶的船员工作时间作了详细而具体的决定。其中规定船上的工作时间每周为 40 小时。《2006 年海事劳工公约》标准 A2.3 第 1 款中规定："批准本公约的成员国须承认，同其他工人一样，海员的正常工标准须以每天 8 小时，每周休息 1 天和公共节假日休息为依据。"第 5 款规定："对工作或休息时间应作如下限制：(a)最长工作时间应做到：(i)在任何 24 小时时段内不得超过 14 小时；和(ii)任何 7 天时间内不得超过 72 小时；或(b)最短休息时间应做到：(i)在任何 24 小时时段内不得少于 10 小时；和(ii)任何 7 天时间内不得少于 77 小时。"为了保证船员能够充分地休息，第 6 款又规定："休息时间最多可分为两段，其中一段至少要有 6 小时，且相连的两段休息时间的间隔不得超过 14 小时。"

　　船员在劳动合同中除负有正常的值班及夜间劳动的义务外，还负有当紧急、非常事件发生时进行必要作业的义务。所以，为了把一天的劳动时间作定量的规定，有必要把固定的或正常的劳动时间规定为基本的劳动时间，并以法律对基本的劳动时间进行规范。法律规定基本劳动时间以后，基本劳动时间以外的劳动就是时间外劳动，即"加班"。关于"加班"的定义，《2006 年海事劳工公约》导则 B2.2.1(e)规定："加班"是指在超出正常工作时间之外工作的时间。

　　如前文所述。船舶航行在海上，有可能发生紧急和非常事态，与此相适应的作业也不可避免，所以这种劳动不能说是时间外劳动，但从劳动保护的观点来看，这种劳动是变相的附加劳动，同时又因为这种作业是一种难度大、劳动密度高的作业，所以在考虑时间外劳动时，也应考虑这种作业，把其作为时间外劳动来予以处理。时间外劳动本来不合乎法的理念，而且为了保证船员能够从事紧急和非常的作业，以保障船舶的安全航行，就必须让船员得到充分的休息。通过紧急作业来保证船舶最低限度的安全航行。如《船上工作时间和配员公约》第 18 条第 2 款规定：

　　"就本公约本部分而言，下述工作占用的时间不应算入正常工作时间或被视为加班：

　　(a)为了船舶、船上货物和人员的安全，船长认为必要和迫切的工作；

　　(b)船长要求的旨在援助其他遇难船舶或人员的工作；

　　(c)《国际海上人命安全公约》规定的集合、消防、救生艇和类似的演习；

　　(d)办理海关或检疫或其他健康手续的额外工作；

　　(e)高级船员为船舶定位和气象观察所进行的正常和必要的工作；

　　(f)正常换班要求的额外时间。"

　　第 3 款"本公约的任何规定都不应被视为损害船长要求高级船员和普通船员进行他认为对船舶安全及高效率作业必要的任何工作的权利和义务，也不应被视为损害高级船员和普通船员进行任何这种工作的义务。"

　　《2006 年海事劳工公约》标准 A2.3第 14 款规定："本标准的任何规定不得被认为损害船长出于船舶、船上人员或货物的紧急安全需要，或出于帮助海上遇险的其他船舶或人员的目的而要求一名海员从事任何时间工作的权利。为此，船长可中止工作时间或休息时间安排，要求一名海员从事任何时间的必要工作，直至情况恢复正常。一旦情况恢复正常，船长应尽快地确保所有在计划安排的休息时间内从事工作的海员获得充足的休息时间。"

既然时间外劳动或"加班"是不可避免的，只能在工资或报酬方面予以补偿。如《2006 年海事劳工公约》导则 2.2.1第 1 款(b)项中规定："'基本报酬或工资'一词是指正常工作时间的报酬，无论这一报酬如何构成；它不包括加班报酬、奖金、津贴、带薪休假或任何其他额外酬劳。"导则 B2.2.2第 1 款"(a)出于计算工资之目的，在海上和港口的正常工作时间每天不应超过 8 小时……(c)加班补偿率不应低于每小时基本报酬或工资的 1.25 倍，该补偿率应由国家法律或条例或由适用的集体协议予以规定"。

2. 配员

配员是指船舶最低安全配员，是指为了保障船舶交通安全；在综合考虑船舶的种类、吨位、技术状况、主推进动力装置功率、航区、航程、航行时间、通航环境和船员值班、休息制度等因素基础上，由法律规定的船舶航行配备最低员额及岗位的法律制度。

陆地上的工业劳动无须把工厂的劳动配员法定化，但海运生产的船舶独立完成运输任务的特征，配员的多少，事关海上劳动的安全，此外，劳动时间制的实施，也有赖于船上的配员法定化。《1936 年船上工作时间和配员公约》第 4条规定，为了执行公约中劳动时间的规定应予以足够和有效地配备船员。从保证船员劳动权利的角度来讲，关于船员的配员应规定在船员法中，因为配员直接与劳动时间制的实施有关。如船舶要保证 24 小时运行，配备两个船员的话，每人每天的工作时间就是 12 小时，配备 4 个船员的话，每人每天的劳动时间就是 6 个小时。

关于配员的规定，目的有两个，一个是为了海上交通安全；另一个就是为了保证船员的休息，但二者是并行不悖的，为了保证船员的休息时间，以保障船舶航行安全，船舶必须配备必要的船员，在航行中发生缺员时，应尽速补足。《2006 年海事劳工公约》标准 A2.7第 1 款中规定："成员国应要求悬挂其旗帜的所有船舶在船上配有足够人数的海员，确保船舶得以安全和有效地操作，并充分注意到保障。各船舶均应根据主管当局签发的最低安全配员证书或等效文件，并满足本公约的标准，从人数和资格角度配备足够的船员，确保在各种操作情况下船舶及其人员的安全和保障。"虽然这些规定都是关于安全方面的规定，但作为劳工公约其主要目的是为了通过足够的配员来保障船员的休息权利，同时也是为了保障劳动场所——船舶的安全，进而保障船舶、人命和海洋环境等的安全。

关于最低配员的法定要求，依据交通部 2004 年发布的《中华人民共和国船舶最低安全配员规则》附录 1、2、3 的规定如下：

表 5.1　最低安全配员表

甲 板 部		
船舶种类、航区、吨位或功率	一般规定	附加规定
3000GT 及以上	船长、大副、二副、三副各 1 人，值班水手 3 人	航程不超过 300 海里或连续航行时间不超过 36 小时，可减免三副和值班水手各 1 人
500GT 及以上至未满 3000GT	船长、大副、二副各 1 人，值班水手 3 人	连续航行时间不超过 36 小时，可减免值班水手 1 人；连续航行时间不超过 8 小时，可再减免二副 1 人
100GT 及以上至未满 500GT	船长、三副各 1 人，值班水手 2 人	连续航行时间超过 36 小时，须增加驾驶员 1 人
未满 100GT	驾驶员（国际航行船舶为船长）1 人，值班水手 1 人	限白天航行且连续航行时间不超过 8 小时，夜间航行或连续航行时间超过 8 小时，须增加驾驶员 1 人
500GT 及以上	(1) 船长、大副、二副、三副各 1 人，值班水手 3 人。(2) 配有与救生艇数量相等的持有救生艇员证书的人员（不包括船长和大副）	连续航行时间不超过 8 小时，可减免三副和值班水手各 1 人
未满 100GT	(1) 船长 1 人，值班水手 1 人。(2) 同上	限白天航行且连续航行时间不超过 2 小时。连续航行时间超过 2 小时，须增加二副 1 人
3 000kW 及以上	船长、大副、二副、三副各 1 人，值班水手 3 人	连续航行时间不超过 36 小时，可减免二副、值班水手各 1 人；连续航行时间不超过 8 小时，可再减免三副 1 人
3 000kW 以下	船长、三副各 1 人，值班水手 2 人	连续航行时间超过 8 小时，须增加二副 1 人
750kW 及以上	船长、驾驶员各 1 人，值班水手 2 人	

续表

未满 750kW	驾驶员 1 人，值班水手 1 人	

<table>
<tr><td colspan="3" align="center">轮机部</td></tr>
<tr><td>航区和功率</td><td>一般规定</td><td>附加规定</td></tr>
<tr>
<td>3 000kW 及以上</td>
<td>轮机长、大管轮、二管轮、三管轮各 1 人，值班机工 3 人</td>
<td>（1）连续航行时间不超过 36 小时，可减免三管轮；
（2）轮机长和值班机工各 1 人；
（3）AUT－0 自动化机舱可减免二管轮、三管轮和值班机工 2 人；
（4）OAUT－1 自动化机舱可减免三管轮和值班机工 2 人；
（5）BRC 半自动化机舱可减免值班机工 2 人</td>
</tr>
<tr>
<td>750kW 及以上至未满 3000kW</td>
<td>轮机长、大管轮各 1 人、值班机工 2 人</td>
<td>连续航行时间超过 16 小时，须增加轮机员 1 人和值班机工 1 人（自动化机舱及 BRC 半自动化机舱除外）。</td>
</tr>
<tr>
<td>220kW 及以上至未满 750kW</td>
<td>轮机长、轮机员各 1 人，值班机工 2 人</td>
<td>连续航行时间超过 36 小时，须增加二管轮 1 人（自动化机舱及 BRC 半自动化机舱除外）。</td>
</tr>
<tr>
<td>未满 220KW</td>
<td>轮机长，值班机工各 1 人（机驾合一的免）</td>
<td>连续航行时间超过 4 小时，须增加轮机员 1 人（机驾合一的免）</td>
</tr>
<tr>
<td></td>
<td align="center">港内</td>
<td>三管轮 1 人，值班机工 1 人</td>
</tr>
</table>

<table>
<tr><td colspan="2" align="center">客 运 部</td></tr>
<tr>
<td>客船</td>
<td>按船舶载客定额，每 50 名乘客配客运部人员 1 名；航程不超过 40 海里或航行时间不超过 4 小时的，可按每 100 名乘客配客运部人员 1 名；航程不超过 10 海里或航行时间不超过 1 小时的，可按每 150 名乘客配客运部人员 1 名；航程不超过 5 海里或航行时间不超过 0.5 小时的，可按每 200 名乘客配客运部人员 1 名</td>
</tr>
</table>

注：1. 值班水手、值班机工均为持有值班水手、值班机工适任证书者。

2. 客运部人员包括乘警、船医、厨工及旅客服务员。

3. 国际航行船舶的机舱自动化程度按其轮机入级证书载明情况为准；国内航行船舶的机舱自动化程度按照船舶检验证书簿载明情况为准，主推进装置驾驶室遥控的可按半自动化机舱进行减免。

4. 轮机部可按航行时间减免，或按机舱自动化程度减免，但不应按航行时间和机舱自动化程度同时减免；

5. 核定乘客人数 12 人及以上的特种用途船舶，按客船要求核定配员。

6. 废钢船需航行时按其检验时的船舶种类及相关参数核定配员，不适用减免规定。

7. 船舶在中途港或海上作业点停留时间不超过 4 小时的，计入连续航行时间。

表 5.2　海船无线电人员最低安全配员表(修改对照表)

海区	GMDSS 设备	
A1	兼职 GMDSS 限用操作员 1 人	
A2	专职 GMDSS 通用操作员 1 人或兼职 GMDSS 通用操作员 2 人	
A3 和 A4	双套	专职 GMDSS 通用操作员 1 人或兼职 GMDSS 通用操作员 2 人
	单套	专职 GMDSS 无线电电子员 1 人

注：1. A1、A2、A3 和 A4 海区是指 1974 年国际海上人命安全公约 1988 年修正案所界定的区域。

2. 经船舶检验部门批准暂未配备 GMDSS 设备的，可暂不配备 GMDSS 操作员。

3. 船舶在未设有 GMDSS 岸上设施的水域航行，经该水域辖区的海事管理机构报主管机关批准后，可暂免予配备 GMDSS 操作员。

4. 500GT 以下船舶(仅航行在 A2 海区)可配兼职 GMDSS 通用操作员 1 人；300GT 及以下国内航行船舶免配 GMDSS 操作员。

表 5.3　内河船舶甲板部、轮机部和客运部最低安全配员表

	甲 板 部				
船舶等级	1600 总吨及以上	600 总吨及以上至未满 1600 总吨	200 总吨及以上至未满 600 总吨	50 总吨及以上至未满 200 总吨	未满 50 总吨
一般船舶		船长 1 人、大副、二副、三副各 1 人、水手 3 人	船长、大副、二副(三副)各 1 人、水手 2 人	船长 1 人、驾驶员 1 人、水手 1 人	驾驶员 1 人	驾机员 1 人
附加规定	(1)连续航行时间不超过 16 小时可减免驾驶员三副和水手各 1 人	连续航行时间不超过 16 小时的可减免驾驶员三副 1 人	连续航行时间不超过 68 小时的，可减免驾驶员 1 人	连续航行时间超过 8 小时的，须增加驾驶员 1 人	连续航行时间超过 8 小时的，须增加驾机员 1 人

续表

附加规定	(2)连续航行时间不超过8小时，可再减免驾驶员三副1人					
客船		船长、大副各1人、二副2人(JJ航段配船长1人、大副3人)、水手3人	船长、大副、二副各1人(JJ航段配船长1人、大副2人)、水手2人	船长1人，驾驶员2人、水手1人	船长1人，水手1人	驾机员1人
附加规定	(1)连续航行时间不超过8小时的可减免驾驶员二副和水手各1人。(2)连续航行时间不超过4小时，可再减免驾驶员二副1人	连续航行时间不超过8小时的可减免驾驶员二副(JJ航段为大副)1人。连续航行时间超过16小时，须增加二副(JJ航段为大副)、值班水手各1人	同左连续航行时间不超过8小时的可减免驾驶员1人	连续航行时间超过4小时的，须增加驾驶员1人	连续航行时间超过4小时的，须增加驾机员1人	
轮机部						
船舶	等级	1500千瓦及以上	441千瓦及以上至未满1500千瓦	147千瓦及以上至未满441千瓦	未满147千瓦	未满50总吨
一般规定	轮机长、大管轮、二管轮、三管轮各1人、机工3人。	轮机长1人、二管轮、三管轮各1人、机工2人。	轮机长1人、轮机员1人、机工1人。	轮机员(机驾合一的，为机工1人)1人	驾机员1人(机驾合一的可免)。	

续表

附加规定	（1）连续航行时间不超过16小时的可减免轮机员三管轮和机工各1人。（2）连续航行时间不超过8小时可再减免轮机员二管轮1人。（3）自动化机舱可减免轮机员2人二管轮、三管轮各1人、机工3人	（1）连续航行时间不超过16小时的可减免轮机员三管轮和机工各1人。（2）自动化机舱可减免轮机员三管轮1人、机工2人	（1）连续航行时间不超过8小时的可减免机工轮机员1人。（2）连续航行时间不超过4小时的可再减免机工1人。（3）机驾合一的可减免轮机员1人	连续航行时间超过4小时的，须增加轮机员1人（机驾合一的免）	
	客　运　部				
客船	按船舶载客定额，每50名乘客配客运部人员1名；航程不超过80公里或航行时间不超过4小时的，可按每100名乘客配客运间部人员1名；航程不超过20公里或航行时不超过1小时的，可按每150名乘客配客运部人员1名；航程不超过10公里或航行时间不超过0.5小时的，可按每200名乘客配客运部人员1名；航程不超过5公里或航行时间不超过0.5小时，且载客定额不足50名的，可不配客运部人员				

注　1. 驾驶员可由船长、大副、二副、三副担任。

2. 轮机员可由轮机长、大管轮、二管轮、三管轮担任。

3. 客运部人员包括乘警、船医、厨工及旅客服务员。

4. 200总吨及以上至未满600总吨或147千瓦及以上至未满441千瓦的港内作业船舶或航行时间不超过30分钟的，对江渡船可配备驾驶员、轮机员各1人、水手2人、机工1人。

5. 轮机部可按航行时间减免，或按机舱自动化程度减免，但不应按航行时间和机舱自动化程度同时减免。

6. 没有核定总吨的船舶参照载重吨与总吨的比例掌握。拖轮按主推进动力装置功率确定等级。

7. 核定乘客人数12人及以上的特种用途船舶，按客船要求核定配员。

8. 废钢船需航行时按其检验时的船舶种类及相关参数核定配员，不适用减免规定。

9. 船舶在中途港或海上作业点停留时间不超过2小时的，计入连续航行时间。

10. 未满50总吨及主机功率未满36.8千瓦的载客不超过12人的船艇（包括游艇、舷外挂机船舶、摩托艇、快艇、乡镇自用船舶、农用船舶），可只配1名驾驶员或驾机员。

11. 机驾合一指在驾驶室能直接操纵主机。

(四)带薪休假及公休时间计算

带薪休假,是指劳动者连续工作一定时间以上,就可以享受一定时间的带薪年假制度。对海上劳动的人员来说,在一定的期间内,将其从船内劳动解脱出来,给予精神及肉体上的休养,对于继续进行劳动和生活非常必要。因此,船员法应规定对在一定期间内从事海上劳动的船员,给予带薪休假的制度。如《1936 年带薪年度假公约》及其后的建议书都作出了详细的规定。

《船员条例》第三十条规定:"船员除享有国家法定节假日的假期外,还享有在船舶上每工作 2 个月不少于 5 日的年休假。船员用人单位应当在船员年休假期间,向其支付不低于该船员在船工作期间平均工资的报酬。"德国《船员法》第五十四条第一款规定:"休假日数必须适当。在确定休假日数时尤其应考虑船舶组成员在同一船东处工作的期间。每年休假的日数至少为 30 天。"

船员在满足法定的要件后,就取得带薪休假的权利。关于船员的带薪休假权包括如下内容:下船的权利;休假津贴请求权;抗辩权(是指休假终了以前,有拒绝船舶所有人命令其上船的权利)。但这种权利是否行使,取决于船员,当船舶所有人与船员经过协商,船员同意延期休假时,也可以延期休假。如《2006 年海事劳工公约》规则 2.4 第 1 款规定:"成员国应要求悬挂其旗帜的船舶所雇用的海员在适当的条件下根据守则的规定享受带薪年休假。"标准 A2.4 第 2 款规定:"带薪年休假的权利应以每服务两个月最低 2.5 日历天为基础加以计算。"第 2 款规定:"除非是主管机关规定的情况,否则禁止达成放弃享受本标准规定的最低带薪年休假的任何协议。"船员在船工作时间应当符合国务院交通主管部门规定的标准,不得疲劳值班。船员除享有国家法定的节假日外,还享有在船舶上每工作 2 个月不少于 5 日的年休假。

船员的年休假期应得到有效保障,等候遣返的时间和遣返旅行的时间不得从船员年休假期中扣除,船员用人单位只有在极端紧急情况下并取得船员的同意后,方可将处于年休假的船员召回。船员在年休假期间,船员用人单位应支付不低于船员在船服务期间平均工资报酬。本款提及的"在船服务期间工资报酬"指船员在船服务期间正常工作时间的报酬,不包括加班工资、奖金、津贴、劳务费等。

关于综合计算工时制下船员的应休公休期、实际公休期、待派期的计算。我国主要的船员用人单位中的运输船员实行以年为周期的综合计算工时制,实行轮班工作、集中公休方式;施工船舶船员、救捞船员实行以周、月、季、年为周期的综合计算工时工作制,实行集中工作、集中休息或轮休方式。船员在船工作期间遇到休息日、法定节假日应正常工作(其中法定节假日按加班处理),离船后集中休息。

应休公休期：按在船工作 5 天休息 2 天，再考虑法定节假日因素累计计算。船员在法定节假日轮班或集中工作时，按《中华人民共和国劳动法》第四十四条第三款的规定支付船员工资报酬。全年累计应休公休期＝年累计休息日天数（104 天）＋法定节假日总天数（11 天）－已按加班处理的法定节假日天数。根据《中华人民共和国劳动法》第四十条规定及其他相关规定，船员目前依法享有国家法定的节假日包括：元旦放假 1 天；春节放假 3 天；"五一"国际劳动节放假 1 天；"十一"国庆节放假 3 天；清明、端午、中秋各放假 1 天（农历节日如遇闰月，以第一个月为休假日）。

实际公休期：船员自离船后抵达遣返目的地的次日起算实际公休期，自船员按照船员用人单位指示上船工作的实际启程日期的前日止算实际公休期。

待派期：实际公休期超过应休公休期的，自超过之日起算待派期。

第一，船员用人单位与船员的初次劳动合同生效之日起，至船员按照船员用人单位指示首次上船工作的实际启程日期的前日止，可视为待派期，也可根据集体合同、劳动合同及船员用人单位与船员的约定视为实际公休期。

第二，船员应休公休期满后，未按船员用人单位指示上船工作且无正当理由的，自船员用人单位指示其上船工作所要求的启程之日起，止算待派期，且可以继续计算实际公休期计入下一个综合计算周期。

第三，以上情况未考虑船员年休假期因素。

（五）遣返

遣返也称船员遣返，日本船员法称为送还。是指船员在原受雇港以外的港口雇用关系终止，要求送回原受雇港的权利。遣返是船舶所有人的义务，遣返目的是确保船员能够返家，这对于航行于世界各地的、可能遭遇各类突发事件的船员具有十分重要的现实意义。鉴于船员遣返涉及船员切身利益及世界各国的合作，国际劳工组织就海员遣返以公约形式予以规范，中国加入了国际劳工组织《海员遣返公约》（第 23 号）。《船员条例》根据国际劳工组织第 23 号公约、参考国际劳工组织《2006 年海事劳工公约》有关规定，在第三十二条、第三十三条、第三十四条中，分别就船员遣返的情形、遣返地点、遣返费用、遣返权利的保障等作出规定。

1. 船员享有遣返权利的条件

船员在船工作期间，有下列情形之一时，可以要求遣返。

（1）船员的劳动合同终止或者依法解除的。即出现劳动合同约定的终止或解除条件，或出现符合依法解除劳动合同的条件，船员本人要求或被要求离船时，船员可以要求遣返。

(2)船员不具备履行船上岗位职责能力的。船员的履职能力达不到岗位要求，被要求离岗或离船时，船员可以要求遣返。对船员履职能力的认定须由船员所在船舶的船长书面确认。

(3)船舶灭失的。即船舶因拆解、沉没、损坏后无法修复等原因在实体或功能上消失时，船员失去工作的对象，无法付出劳动，可以要求遣返。

(4)未经船员同意，船舶驶往战区、疫区的。即船舶驶往可能对船员的人身、健康安全形成威胁的战区、疫区时，船员可以要求离船并遣返。"战区"指我国的法律法规、集体合同、劳动合同界定的战乱区域；"疫区"指我国的法律法规、集体合同、劳动合同界定的疫病区域。

(5)由于破产、变卖船舶、改变船舶登记或者其他原因，船员用人单位、船舶所有人不能继续履行对船员的法定或者约定义务的。船员用人单位、船舶所有人因经营状况、船员工作场所(船舶)发生重大变化，无法继续向在船船员提供工作机会或继续履行合同义务时，船员可以要求遣返。

2. 选择遣返地点

(1)船员接受招用的地点或者上船任职的地点。

(2)船员的居住地、户籍所在地或者船籍登记国。

(3)船员与船员用人单位或者船舶所有人协议约定的地点。

3. 遣返费用的承担

《船员条例》第三十四条规定，船员的遣返费用由船员用人单位支付。船员的遣返费用包括乘坐交通工具的费用和30公斤行李的运输费用、旅途中合理的食宿及医疗费用。

"医疗费用"为直到船员身体状况适于旅行到遣返目的地时为止的必要的医疗所产生的费用。交通工具乘坐标准、食宿标准、超标准费用的处理方式等，可以在集体合同、劳动合同中约定，也可由船员用人单位与船员协商确定。中国目前行业的通行做法是国际到国内交通工具为飞机，国内的旅行工具应该为火车的特快，也可经批准临时选择交通手段。

船员用人单位应承担船员遣返费用。当船员根据有关法律、法规、规则或集体合同等被视为严重失职，船员用人单位有权向船员收取全部或部分遣返费用。

4. 遣返权利的保障

船员的遣返权利受到侵害或者遣返被不合理延误的，船员当时所在地民政部门或者境外领事机构，应当向船员提供援助；必要时，可以直接安排船员遣返。民政部门或者境外领事机构为船员遣返所垫付的费用，船员用人单位应当及时返还。

当船员的遣返权受到侵害，或船员的遣返由于船员用人单位或船舶所有人的行为而造成不合理延误的，船员在境内时可向当时所在地的民政部门申请援助；船员在境外时，可向我国驻境外的领事机构申请援助。民政部门或领事机构应根据事实和保护劳动者合法权益的原则，按照相关法律法规调解双方的争议，向船员提供包括法律、生活方面的援助，必要时可安排船员直接遣返。保障船员及时顺利地遣返是船员用人单位的责任和义务，因船员正当遣返而产生的费用，如果由提供援助的民政部门或境外领事机构垫付时，船员用人单位应及时核对并返还。

（六）船上居住和膳食

上船期间居住和膳食的提供是船舶所有人的义务。这是由于船员的乘务劳动和海上劳动的船内居住性所决定的，为使船员劳动的"人性阻碍"减少到最小限度。船员法都规定了船舶所有人向船员提供生活条件的义务。并且要随着社会的发展而不断地提高，尽量保证船员过上作为人应该具有的生活方式。

要求船舶所有人作为船员用人单位应根据船舶工作的特点，为船员的身体健康和工作安全提供必要的物质和管理保障。在物质上为船员提供必要的食品、饮用水、膳食等生活用品，提供必要的劳动保护用品，提供迅速诊断和治疗所必需的药品、医疗设备设施等医疗用品；在管理上应关心船员健康，为船员定期进行健康检查并建立健康档案，坚持预防为主、防治结合的方针防治职业疾病。生活、防护和医疗用品的提供及管理、船员健康的检查及管理应符合有关法律法规、我国缔结或加入的国际公约的要求。

1. 完善船内居住设施的义务

根据劳动合同，船员有在船居住并从事劳动的义务。为此，船舶所有人的安全保护义务，不仅为船舶安全和船内作业安全，由此扩大为伙食的供给、居室、寝具的提供、设置食堂、浴室等广义的居住设施的义务。《1946 年船员在船上起居舱室公约》对起居舱室等的规格标准作出了具体的规定。第九条第 4 款"在卧室里，应在每个床头安一电动台灯"。第十三条"800 吨以下船舶应提供 3 个独立厕所"等。如《2006 年海事劳工公约》标题 3 关于"起居舱室、娱乐设施、食品和膳食"的规定，目的就是要确保海员在船上有体面的起居舱室和娱乐设施，以提高海员在船上的生活水平。这一部分的规定十分详细和明确。如标准 3.1 起居舱室和娱乐设施的第 4 款规定："主管当局应特别注意确保实施本公约关于以下方面的要求：（a）房间和其他起居舱室空间的尺寸；（b）取暖和通风；（c）噪音和振动及工作场所中的其他环境因素；（d）卫生设施；（e）照明；（f）医务室。"第九款关于卧室的要求中规定："（d）在所有情况下都应为每个船员提供单独的床位；（e）每个铺位的最小内部面积应为至少为 198×80 厘米；（f）在单床位的海员卧室，地板面积不得小于：（i）3 000 总吨以下的船舶 4.5 平方米；（ii）3 000 总吨或以上但低于 10 000 总吨的船舶 5.5 平方米；（iii）10 000 总吨或以上的船舶 7 平方米；"第十款，关于餐厅的要求中规定："（a）餐厅的位置应与卧室隔开，并应尽可能靠近厨房；（b）餐厅应足够大并且舒适，并在考虑到任一时间可能用餐的船员人数的基础上，配备适当的家具和设备（包括提供茶点的常开设施）。"

2. 提供膳食的义务

所有人必须向服务中的船员供应伙食，费用由所有人承担，并应按法定的食谱供应伙食。1957 年生效的《船上船员食品和膳食公约》第五条第一款规定："每一会员国应有效地维护关于食品供应及膳食安排的法律或条例……"《2006 年海事劳工公约》在标准 A3.2 食品和膳食部分中规定船东必须在船上配备合格的厨师，并保证提供优质的食品和饮用水。我国的《船员条例》第二十六条第二款规定："船员用人单位应当为船员提供必要的生活用品……"防护用品、医疗用品，建立船员健康档案，并为船员定期进行健康检查，防治职业疾病。

我国目前尚未制定法律明确规定船员的生活条件保障的规定，但在中华人民共和国海事局颁布的《船舶与海上设施法定检验规则》中，对于船员舱室有所规定。如果公约生效后，其第三章的规定，将相应地在国内的船上得到落实。

（七）社会保险和船上医疗

《2006 年海事劳工公约》第四部分规定了船员的"健康保护、医疗、福利和社会保障保护"，其目的是保护海员健康并确保其迅速得到船上和岸上医疗。其中包括：船上和岸上医疗、船东的责任、卫生与安全保护及事故预防、福利和社会保护、获得使用岸上福利设施、社会保护这五方面的内容。

1. 保险义务

（1）社会保险义务。社会保险是国家立法保障劳动者在因年老、患病、生育、伤残、死亡等原因，永久或暂时丧失劳动能力或失业，本人和家属失去生活来源时，从国家和社会获得物质帮助的一种社会保障制度。社会保险是国家对劳动者履行的社会责任，它具有强制性、保障性、福利性和普遍性，对于保障广大劳动者的合法权益，维护社会安定，促进社会经济发展具有重要作用。《中华人民共和国宪法》第四十五条规定，"中华人民共和国公民在年老、疾病或者丧失劳动能力的情况下，有从国家和社会获得物质帮助的权利。国家发展为公民享受这些权利所需要的社会保险、社会救济和医疗卫生事业。"《中华人民共和国劳动法》第七十一条规定，

"国家发展社会保险事业，建立社会保险制度，设立社会保险基金，使劳动者在年老、患病、工伤、失业、生育等情况下获得帮助和补偿。"近年来，随着《社会保险》、《社会保险费征缴暂行条例》、《失业保险条例》、《工伤保险条例》等一系列法规的相继颁布实施和修订，相关规范性文件的出台，我国的社会保险体系正在得到不断的规范、完善和发展。

社会保险是我国宪法、法律、法规赋予每一个劳动者的基本权利和义务。我国的社会保险目前具体分基本养老保险、基本医疗保险、失业保险、工伤保险、生育保险五个险种。参加社会保险，既是每个劳动者应该享有的权利，也是用人单位和劳动者必须承担的义务。《社会保险法》第六十条规定，用人单位应当自行申报、按时足额缴纳社会保险费，非因不可抗力等法定事由不得缓缴、减免。职工应当缴纳的社会保险费由用人单位代扣代缴，用人单位应当按月将缴纳社会保险费的明细情况告知本人。根据《中华人民共和国劳动法》第七十二条、《社会保险费征缴暂行条例》第十二条的规定，用人单位和劳动者必须依法参加社会保险，缴纳社会保险费。缴费单位和缴费个人应当以货币形式全额缴纳社会保险费。缴费个人应当缴纳的社会保险费，由所在单位从其本人工资中代扣代缴，社会保险费不得减免。

根据本条规定，船员用人单位与船员应当依法严格履行社会保险义务，按照有关规定参加工伤保险、医疗保险、养老保险、失业保险以及其他社会保险。船员用人单位应依法按时足额缴纳社会保险费用并依法按时足额代扣代缴船员的社会保险费用。任何单位和个人都不能以任何形式减免社会保险费，禁止任何形式的协议性缴费；任何单位和个人都不能以任何理由拒绝履行社会保险费缴纳义务，因船员职业特点遇到缴费方面的操作性困难时，应在依法按时足额缴纳的原则下，与社会保险主管机关或经办机构协商解决。

（2）特别保险义务。船员用人单位应当为驶往或驶经战争、疾病危险地区的船舶上和在运输有毒、有害物质船舶上工作的船员，提供人身、健康保险和相应的防护措施的规定。船舶驶往或驶经战区、疫区时，或船舶运输有毒、有害物质时，船舶所有人作为船员的用人单位应当为船员提供除本条第一款所述社会保险以外的保险，确保船员在可能受到人身、健康伤害时因投保该保险而获得相应赔偿。同时，为防止船员可能受到的人身、健康伤害，船舶所有人要为船员提供必要的防护措施，这些防护措施应当是切实有效并符合国家有关法律法规、有关国际公约的规定。船舶所有人如未能有效履行上述义务，应自行承担船员的人身、健康伤害赔偿责任。

2. 保障医疗的义务

陆上工人的医疗工作，由劳动关系以外的医疗机关提供，不会出现什么问题。海上不存在医疗机构，所以船舶所有人应负担医疗事项。标准 A4.2第 1 款要求各成员国应通过国内法要求船东履行公约对船东的基本要求："（a）对于在其船上工作的海员，船东应有责任对海员从开始履行职责之日起到其被视为妥善遣返之日期间所发生的，或源自其在这些日期间的就业的疾病和损伤承担费用；（b）船东应提供财务保障以确保在发生因工伤、疾病或危害而死亡或长期残疾的情况时提供国家法律、海员就业协议或集体协议确定的赔偿；（c）船东应有责任支付医疗费用，包括治疗及提供必要的药品和治疗设备，以及在外的膳宿，直到该患病或受伤海员康复，或直到该疾病或机能丧失被宣布为永性。"

船舶所有人所负有的安全保护义务不只是预防劳动灾害的义务，在劳动的过程中发生伤病员的时候，应采取适当的处置措施。这其中也包含着防止损害扩大的义务。进而，由于船员基于劳动合同而脱离医疗机构，船舶所有人还应负责向医疗机关移送。《1987 年海员医疗保健公约》规定："各会员国应通过国家法律或条例使船东负责保持船舶适当的卫生环境。"并对船舶的药品箱及船医的配备等作出了具体规定。《2006 年海事劳工公约》标准 A4.1第 4 款（b）规定："载有 100 名或以上海员且通常从事 3 天以上国际航行的船舶应配备一名医生负责提供医疗。"还规定，在不配备船医的情况下，应保证有一名船员能够胜任医疗急救和负责医疗或药品管理的船员。

（八）劳动灾害赔偿

灾害赔偿制度是规定所有人在船员发生因工负伤、患病、下落不明或死亡的情况下，所承担的为其治疗或支付医疗费、抚恤金义务的制度。如果依据民法的过错责任原则，所有人对灾害无过失则不负赔偿责任。但要证明所有人的过失极为困难，往往会使船员受到损失或牺牲。因此，船员法不将船舶所有人的过失作为承担责任的要件。不仅如此，船员在合同存续期间负伤或患病，只要没有重大故意或过失，都应由所有人负担其医疗费用。这是由海上劳动的特殊性所决定的。如《船东在海员患病、受伤或死亡时的责任公约》第二条规定："船东应对下述情况负责：（a）从协议条款规定的任职那天起到雇用期终止间所发生的疾病和受伤；（b）由这种疾病和负伤所导致的死亡……"

从理论上讲，要取得灾害赔偿，就必须确认此种灾害是职务上的灾害，并且与职务有因果关系。所以，关于"职务"的理解，在劳动灾害赔偿中占有重要的地位。前述已提及，由海上劳动的特点所决定，船员劳动合同的履行过程，是从上船到下船的整个过程。因此，在船上的生活也应属于履行职务，换言之，原则上，乘船中的伤病，都构成职务上的伤病。如由于原因不明的船舶沉没而导致的死亡，睡眠中由于与他船碰撞而致伤亡，由于船上没有配备医生，致使治疗机会丧失而造成后遗症或死亡，由于船上设施管理上的瑕疵而造成的伤害等等，都应属于职务上的灾害。除上述情况之外，船员通勤途中的伤病也应理解为与职务有关的伤病。虽然船员劳动合同的期间为从上船到下船的整个期间。但船员为了上船，从住所到上船的港口，或从下船港口到住所的旅行过程也应理解为合同期间的延伸，所以其间所发生的灾害也应是与职务有关的灾害。

我国《船员条例》也规定了船舶所有人的疾病及工伤事故的救治义务。要求船员用人单位应以人为本，发扬人道主义精神，采取能够做到的一切措施，积极救治在船工作期间患病、受伤的船员，使其能够及时得到船上和岸上医疗；确认船员失踪或死亡时，应按照有关法律法规、集体合同、劳动合同的规定及时作好善后有关工作，包括船员安葬、进行或协助进行赔偿或保险索赔、家属安抚等。

(九)安全保护

在劳动法上，船舶所有人负有保护船员劳动和生活安全的义务。这是因为：首先，在雇用劳动关系中，劳动手段和劳动对象都由雇主提供，工人无权，也没有能力选择、改善和设置防护设施；其次，工人在没有特殊情况的时候，负有服从其雇主指挥的义务；最后，因为人身和生命在法律上具有至高无上的价值，所以雇主不得作出有害工人生命健康的命令，为了不发生危险，除设置必要的设施外，还必须进行必要的教育和实施必要的训练。当劳动灾害发生的时候，如果是雇主作出劳动合同以外的命令而造成，则是雇主的违法行为。如果是由于设施不足或教育训练措施不够，则雇主要承担法律责任。

船员的劳动灾害率要比陆地灾害率高，船员法应规定船舶所有人必须保证所提供的船舶符合法律规定的安全和卫生标准。1973年生效的《防止海员工伤事故公约》要求会员国采取立法手段制定防止工伤事故的法律、条例等，并"应采取必要的措施，保证对工伤事故进行充分报告和调查，并对这种事故进行充分统计和分析"。《2006海事劳工公约》标准 A4.3第 3 款规定："各成员国应通过国家法律和条例及其他措施处理守则中规定的事项，同时考虑到相关的国际文书，为悬挂其旗帜的船舶规定职业安全与卫生保护及事故预防的标准。"导则 B4.3.4第 2 款规定："……雇主有责任确保符合对使用的机器进行适当防护、防止使用无保护装置机器的要求。"

《船员条例》第二十七条规定，船舶上的船员生活和工作场所应当符合国家船舶检验规范中有关船员生活环境、作业安全和防护的要求。船员用人单位应当为船员提供必要的生活用品、防护用品、医疗用品，建立船员健康档案，并为船员定期进行健康检查，防治职业疾病。《工伤保险条例》第三十条规定，职工因工作遭受事故伤害或者患职业病进行治疗，享受工伤医疗待遇。《社会保险法》第三十三条规定，职工应当参加工伤保险，由用人单位缴纳工伤保险费，职工不缴纳工伤保险费。

第五节　违反船员管理法的法律责任

《船员条例》及相关法律对违反船员法的行为规定了法律责任，从责任形式的角度划分，可分为行政法律责任和刑事法律责任，其中行政法律责任又分为财产罚和行为罚。前者包括罚款、没收；后者包括暂扣或吊销许可证。情节严重，构成犯罪的，依法追究刑事责任。涉及需要追究刑事责任的犯罪主要包括：伪造、变造、买卖国家机关公文、证件罪；交通肇事罪；重大环境污染事故罪；危险物品肇事罪；行贿罪；受贿罪；滥用职权罪；玩忽职守罪等。其中涉及船员的犯罪主要有交通肇事罪；重大环境污染事故罪；危险物品肇事罪。

从责任主体的角度划分，可分为船员的法律责任、用人单位的法律责任、船员培训和服务机构和派遣机构及海事管理机构的法律责任。

一、船员的法律责任

（一）违反船员许可证管理行为的处罚

1. 违法取得许可证的

以欺骗、贿赂等不正当手段取得船员服务簿、船员适任证书、船员培训合格证书、中华人民共和国海员证的，由海事管理机构吊销有关证件，并处 2 000 元以上 2 万元以下罚款。

2. 不依法使用许可证的

伪造、变造或者买卖船员服务簿、船员适任证书、船员培训合格证书、中华人民共和国海员证的，由海事管理机构收缴有关证件，处 2 万元以上 10 万元以下罚款，有违法所得的，还应当没收违法所得。

3. 不依法变更许可证的

船员服务簿记载的事项发生变更，船员未办理变更手续的，由海事管理机构责令改正，可以处 1 000 元以下罚款。

4. 不依法携带许可证的

船员在船工作期间未携带本条例规定的有效证件的，由海事管理机构责令改正，可以处 2 000 元以下罚款。

5. 无证上船工作的

2003 年 9 月 1 日起施行的《中华人民共和国海上海事行政处罚规定》第三十一条规定，未取得合格的船员职务证书或未通过船员培训，擅自上船服务的，要依不同情形处以罚款，"未取得合格的船员职务证书"，包括下列情形："(一)无船员职务证书；(二)持采取弄虚作假的方式取得的船员职务证书；(三)持伪造、变造的船员职务证书；(四)持转让、买卖或租借的船员职务证书；(五)所服务的船舶的航区、种类和等级以及所任职务超越所持船员职务证书限定的范围；(六)持已经超过有效期限的船员职务证书；(七)其他不符合法律、行政法规和规章规定情形的船员职务证书。"(二)项、(四)项规定的违法行为，除处以罚款外，并处吊销船员职务证书。对(五)的违法行为，除处以罚款外，并处扣留船员职务证书 3 个月至 12 个月的处罚。

(1)在非经营性船舶上服务的，处以 200 元以上 1 000 元以下罚款。

(2)在经营性船舶上服务，有违法所得的，处以本人违法所得的 3 倍以下、最多不超过 3 万元的罚款。

(3)在经营性船舶上服务，无违法所得的，处以 300 元以上 1 万元以下罚款。

其中上述的(二)、(三)、(四)项与《船员条例》规定的违法取得许可证的和不依法使用许可证的行为的处罚重复，按法律的效力等级和新法优于旧法的原则，应依《船员条例》的规定处罚，条例未规定的，依《中华人民共和国海上海事行政处罚规定》处罚。

(二)船员不履行法定职责行为的处罚

船员有下列情形之一的，由海事管理机构处 1 000 元以上 1 万元以下罚款；情节严重的，并给予暂扣船员服务簿、船员适任证书 6 个月以上 2 年以下直至吊销船员服务簿、船员适任证书的处罚：

(1)未遵守值班规定擅自离开工作岗位的；

(2)未按照水上交通安全和防治船舶污染操作规则操纵、控制和管理船舶的；

(3)发现或者发生险情、事故、保安事件或者影响航行安全的情况未及时报告的；

(4)未如实填写或者记载有关船舶法定文书的；

(5)隐匿、篡改或者销毁有关船舶法定证书、文书的；

(6)不依法履行救助义务或者肇事逃逸的；

(7)利用船舶私载旅客、货物或者携带违禁物品的。

(三)船长不履行法定职责行为的处罚

船长有下列情形之一的，由海事管理机构处 2 000 元以上 2 万元以下罚款；情节严重的，并给予暂扣船员适任证书 6 个月以上 2 年以下直至吊销船员适任证书的处罚：

(1)未保证船舶和船员携带符合法定要求的证书、文书以及有关航行资料的；

(2)未保证船舶和船员在开航时处于适航、适任状态，或者未按照规定保障船舶的最低安全配员，或者未保证船舶的正常值班的；

(3)未在船员服务簿内如实记载船员的服务资历和任职表现的；

(4)船舶进港、出港、靠泊、离泊，通过交通密集区、危险航区等区域，或者遇有恶劣天气和海况，或者发生水上交通事故、船舶污染事故、船舶保安事件以及其他紧急情况时，未在驾驶台值班的；

(5)在弃船或者撤离船舶时未最后离船的。

船员适任证书被吊销的，自被吊销之日起 2 年内，不得申请船员适任证书。

二、船员用人单位的责任

船员用人单位、船舶所有人有下列行为之一的，由海事管理机构责令改正，处 3 万元以上 15 万元以下罚款：

(1)违法招用船员的，招用未依照本条例规定取得相应有效证件的人员上船工作的；

(2)擅自招用外国籍船员的，中国籍船舶擅自招用外国籍船员担任船长或者高级船员的；

(3)船员劳动和生活条件不符合法律规定的，船员在船舶上生活和工作的场所不符合国家船舶检验规范中有关船员生活环境、作业安全和防护要求的；

(4)不履行遣返义务的；

(5)不及时救治伤病船员的，船员在船工作期间患病或者受伤，未及时给予救治的。

三、船员培训机构的法律责任

无证经营的，未取得船员培训许可证擅自从事船员培训的，由海事管理机构责令改正，处 5 万元以上 25 万元以下罚款，有违法所得的，还应当没收违法所得。

不按规定培训的，船员培训机构不按照国务院交通主管部门规定的培训大纲和水上交通安全、防治船舶污染等要求进行培训的，由海事管理机构责令改正，可以处 2 万元以上 10 万元以下罚款；情节严重的，给予暂扣船员培训许可证 6 个月以上 2 年以下直至吊销船员培训许可证的处罚。

四、船员服务机构的法律责任

（1）无证经营的，未经批准擅自从事船员服务的，由海事管理机构责令改正，处 5 万元以上 25 万元以下罚款，有违法所得的，还应当没收违法所得。

（2）不进行备案的，船员服务机构和船员用人单位未将其招用或者管理的船员的有关情况定期报海事管理机构备案的，由海事管理机构责令改正，处 5 000 元以上 2 万元以下罚款。

（3）有欺诈行为的，船员服务机构在提供船员服务时，提供虚假信息，欺诈船员的，由海事管理机构责令改正，处 3 万元以上 15 万元以下罚款；情节严重的，并给予暂停船员服务 6 个月以上 2 年以下直至吊销船员服务许可证的处罚。

（4）向未与船员签订劳动合同的单位提供船员的，船员服务机构在船员用人单位未与船员订立劳动合同的情况下，向船员用人单位提供船员的，由海事管理机构责令改正，处 5 万元以上 25 万元以下罚款；情节严重的，给予暂停船员服务 6 个月以上 2 年以下直至吊销船员服务许可的处罚。

五、海事管理机构工作人员的法律责任

海事管理机构工作人员有下列情形之一的，依《公务员法》给予处分：

（1）违反规定签发船员服务簿、船员适任证书、中华人民共和国海员证，或者违反规定批准船员培训机构、船员服务机构从事相关活动的；

（2）不依法履行监督检查职责的；

（3）不依法实施行政强制或者行政处罚的；

（4）滥用职权、玩忽职守的其他行为。

第六章
航运管理法

第一节 航运管理法概述

一、航运业的概念与特点

(一)航运业的概念

交通运输业是国民经济的命脉。自从人类有了产品的生产和交换,作为流通环节的运输便产生了,并且在社会物质生产的过程中发挥着越来越重要的作用。所谓的运输,是指人和物的载运和输送,其中包括铁路、公路、水路和航空及管道运输。水路运输是指以船舶为工具,以水体为通道所进行的港口间的运输。水路运输又包括内河运输和海洋运输。海洋运输还可划为沿海运输和远洋运输,同时还可根据船舶是否从事本国港口和外国港口间的运输,而分为国内海上运输和国际海上运输。海上运输及与海上运输相关的辅助性行业,称为海运业或航运业。

(二)航运业的分类

航运业可按不同的标准进行分类。按其经营活动的地域和对象不同,可分为国际航运业和国内航运业;按其经营的业务范围不同,分为海上运输业和海上运输服务(辅助)业,海上运输业又可分为船舶运输业、无船承运业。海上运输服务业(辅助业),包括船舶代理、货运代理、船舶管理、国际海运货物仓储、国际海运集装箱站与堆场业者;船舶运输又可分为定期航线和不定期航线。按运输对象不同,分为旅客运输和货物运输。规范上述主体的法律主要有《中华人民共和国国际海运管理条例》及其实施细则、《水路运输管理条例》及其实施细则等。

（三）航运业的特点

海上运输管理是一种行业管理，而海上运输业是一种服务产业。这里所讲的服务，是指服务者以活动的形式，提供给顾客，以满足顾客需求的活动。服务作为交换对象，不同于产品，即服务是非实物形态的，无法储存，其生产与消费同时进行，服务者和消费者发生交换关系之后，生产和消费即告完成。服务者提供服务的过程也就是消费者进行消费的过程。因此，当消费者与服务者未发生任何关系之前，服务生产就不可能进行，生产能力处于闲置状态。消费者的介入是服务生产的起点，消费者的离去就是服务生产的终点。由此便决定了服务生产与产品生产相比，前者对消费者的依赖性更大。而海上运输业作为一种服务业，既包括对生产者的服务，也包括对一般消费者的服务，而前者是主要的，即大宗的生产性物资和产品运输占运输的主体。所以，水运业对生产企业、商业企业的依赖性极大。海运业直接受到生产、贸易发展的影响。

海上运输主体与货主及旅客构成水运市场，海上运输市场也受市场一般规律的支配，受供求关系影响的价值规律仍起着作用。但是由于运输作为交换对象有其特殊性，水运市场与产品市场相比，特点如下：

第一，海上运输服务市场的服务供给表现为提供服务的能力，而不是表现为一定量的现有服务。因此，服务市场的供求关系就是服务生产能力与消费者购买能力的关系。当供过于求时，表现为生产能力的闲置；当供不应求时，表现为生产能力的超负荷利用。而这种供求关系也必然在供求价格即运价上得到反映。

第二，供求矛盾具有隐蔽性和表现的滞后性。运输市场的供求矛盾不同于产品市场。当产品市场出现矛盾时，表现为产品的积压和脱销，而运输服务市场出现供求矛盾时，很难及时表现出来。一方面在供不应求时，部分需求会转向其他的运输形式，如航空和铁路等。当供过于求时，水运经营者会用降低运费甚至以亏损经营的方式等待需求的增长。而且，当供求矛盾出现时，水运经营者要作出反应，增加运力或减少运力时，往往会受到其他市场的制约，如金融市场、造船市场、船舶买卖市场、租赁市场、船员劳务市场等的制约。所以，这种运输市场机制作用过程与作用效果是间接、滞后并且隐蔽的。

二、航运管理法的概念

航运业是交通运输业的重要组成部分，承担着内外贸运输的主要任务。因此，运用法律手段，促进航运业的发展，对发展国民经济是十分重要的。国家管理经济离不开经济干预和法律调整两种手段。国家运用法律手段规范并调整经济时，往往会采用民事、行政和刑事的法律措施。但以前两者居多，这两种手段针对领域的划分，受经济体制的影响。在市场经济体制下，当主体的行为只涉及法律关系主体双方的利益，而不影响不特定多数人利益时，国家就采取民商事法律手段调整。反之，当主体的行为可能影响到不确定的多数人利益时，国家即采用行政法律手段。在此种领域，主体无意思表示的自由，必须履行强制性的法律义务，以此来建立一个良好的竞争环境，促进经济的发展。当然，这种划分不是绝对的，即便在民事领域，当主体双方的经济实力相差悬殊时，国家为保护弱势一方的利益，也往往制定一些强制性的规范，强迫另一方当事人履行。如《海商法》第四章对承运人义务的规定就是如此。国家采用行政法律手段对航运业实施管理时，基本上采取四种手段，即行政许可、行政监督、行政处罚及行政强制。许可是保证合格的运输主体进入运输市场从事经营活动的有效手段，而监督是保证运输主体依法经营的管理手段，处罚和强制是纠正运输主体违法行为，使其回到正确法制轨道上来的制裁措施。这四种手段是主管机关日常的管理手段。许可用于对海上航运主体设立的管理。后三种手段主要用于对经营活动的管理。因此，行政法律手段通常称为航运管理，是指国家交通主管部门依法对航运业所实施的组织、协调、监督与指导行为。调整国家交通主管部门在其管理活动中所形成的与相对人间航运管理关系的法律规范的总体，为航运管理法。构成航运管理法的主要规范性法律文件有：《国际海上运输管理条例》及其实施细则、《水路运输管理条例》、《国内船舶管理业规定》、《水路服务业管理规定》等。

三、航运管理的原则

航运管理的基本原则就是宏观调控原则。航运管理工作，是交通行政主管机关代表国家对航运经济及经营活动主体进行监督管理。本质上是一种宏观控制，但这种控制不是简单盲目的控制，必须在充分把握航运市场经济发展规律及未来发展动向的基础上，通过这种宏观上的控制来促进航运市场经济的发展，避免人力物力资源的巨大浪费。因为航运业是资金及技术密集型的产业，同时又受到经济、政治等诸种因素的制约，如果国家不在充分把握航运市场规律及整个世界经济态势的情况下，予以宏观控制，势必会导致航运主体在不了解行情的情况下，盲目投资而造成资金的巨大浪费。所以国家必须在充分把握市场行情的基础上，加强对航运经济的宏观管理。所以，即使在市场经济成熟的国家，也都设置专业交通运输管理部门来管理航运业。

第二节 中国航运行业管理机关

一、中国航运管理机关的历史发展

1949 年新中国成立前夕，在中国人民政治协商第一次会议上设立了中央人民政府交通部，负责全国水运、公路和民间交通运输工作。1949 年 11 月 19 日至 12 月 28 日全国第 1 届航务会议召开，会后中央人民政府交通部设立航务总局负责水路运输管理工作。

1949 年新中国成立以后，中央人民政府在交通部海运总局设立航政室，负责海上交通安全监督管理。随着航运的发展，海事管理得到不断发展。1951 年 5 月 4 日，国务院发布《关于划分中央与地方在财政经济工作上管理职权的决定》，水运管理体制开始分为中央和地方两类管理机构。1951 年 8 月 1 日全国第 2 届航务会议召开，会议决定交通部部内分设海运管理总局和河运管理总局，沿海设立北洋、华东、华南三个海运管理局，长江、黑龙江、珠江设立三个航务管理局，作为中央管理机构，其余为地方交通部门管理。1953 年北洋、华东海运管理局合并为上海海运管理局，华南海运局改为广州海运管理局。

1966 年和 1981 年，分别在长江干线和广东省成立航政管理局。1980 年，经国务院、中央军委批准，对海区航标管理体制进行改革，主要是将海军管理的海上干线公共航标移交交通部管理（沿海短程航线的航标于 1958 年移交交通部管理）。

20 世纪 80 年代初，在交通部内设水上安全监督局，沿海各主要港口设港务监督，在长江、黑龙江分别设长江航政管理局、黑龙江港航监督局，各省、自治区、直辖市在交通厅或交通厅航运局设置港航监督处（室）或车船监理处，在主要港口设置港航监督或车船监理，县市交通局一般也设有统一管理运输业务和航政管理的航管站。

继 1982 年国务院机构改革后，1988 年 4 月 9 日七届全国人大一次会议通过的国务院机构改革方案中继续设立交通部作为国务院组成部门，负责公路、水路运输管理。交通部内设工程管理司，负责公路、水运工程和基础设施管理；内设运输司，负责公路、水路运输的管理。1998 年 6 月 18 日国务院办公厅印发了《交通部职能配置、内设机构和人员编制规定》（国办发［1998］67 号文），在交通部部内设立水运司，其职能为：拟定水运基础设施建设、水路运输的行业政策、规章和技术标准；维护水路交通行业的平等竞争秩序；负责水运基础设施建设有关项目的管理；负责水运设施的维护和管理；负责水运规费稽征和国际国内水路运输、港口、船舶代理、外轮理货及其他水运服务业的管理；组织实施国家重点物资运输和紧急运输。长江、黑龙江、珠江航务管理局为交通部派出机构，对所在内河行使航运行政主管部门职责。其中，黑龙江航务管理局在政企分开、减员增效、逐步扭亏的基础上下放给地方管理。

二、中央航运管理机关

依据宪法和国务院组织法的规制要求，国务院行政管理体制中的政府组成部门是由全国人大决定的。例如 2008 年《国务院机构改革方案》是第十一届全国人民代表大会第一次会议通过的，根据该《方案》：为优化交通运输布局，发挥整体优势和组合效率，加快形成便捷、通畅、高效、安全的综合运输体系，组建交通运输部。将交通部、中国民用航空总局的职责，建设部的指导城市客运职责，整合划入该部。交通运输部的主要职责是，拟订并组织实施公路、水路、民航行业规划、政策和标准，承担涉及综合运输体系的规划协调工作，促进各种运输方式相互衔接等。同时，新成立国家民用航空局，由交通运输部管理。为加强邮政与交通运输统筹管理，国家邮政局改由交通运输部管理。考虑到我国铁路建设和管理的特殊性，保留铁道部。同时，要继续推进改革。但部委管理的国家局职能是由中央编制委员会决定的，例如根据《国务院办公厅关于印发交通运输部主要职责内设机构和人员编制规定的通知》规定，中华人民共和国海事局（交通运输部海事局）及直属海事机构履行水上交通安全监督管理、船舶及相关水上设施检验和登记、防止船舶污染和航海保障等行政管理和执法职责。交通运输部长江航务管理局、交通运输部珠江航务管理局为交通运输部派出机构，在所管辖的范围内履行航运行政管理职责。

根据上述规制，中央层级的航运管理体制决策权是由全国人大、中央编制委员会行使，其行使方法为：通过体制改革方案、制定法律、发布内设机构和人员编制规定等政策。

（一）交通运输部

中央的航运管理由国务院交通运输主管部门主管，交通运输部的主要职责如下。

（1）承担涉及综合运输体系的规划协调工作，会同有关部门组织编制综合运输体系规划，指导交通运输枢纽规划和管理。

（2）组织拟订并监督实施公路、水路、民航等行业规划、政策和标准。组织起草法律法规草案，制定部门规章。参与拟订物流业发展战略和规划，拟订有关政策和标准并监督实施。指导公路、水路行业有关体制改革工作。

（3）承担道路、水路运输市场监管责任。组织制定道路、水路运输有关政策、准入制度、技术标准和运营规范并监督实施。指导城乡客运及有关设施规划和管理工作，指导出租汽车行业管理工作。负责汽车出入境运输、国际和国境河流运输及航道有关管理工作。

（4）承担水上交通安全监管责任。负责水上交通管制、船舶及相关水上设施检验、登记和防止污染、水上消防、航海保障、救助打捞、通信导航、船舶与港口设施保安及危险品运输监督管理等工作。负责船员管理有关工作。负责中央管理水域水上交通安全事故、船舶及相关水上设施污染事故的应急处置，依法组织或参与事故调查处理工作，指导地方水上交通安全监管工作。

（5）负责提出公路、水路固定资产投资规模和方向、国家财政性资金安排意见，按国务院规定权限审批、核准国家规划内和年度计划规模内固定资产投资项目。拟订公路、水路有关规费政策并监督实施，提出有关财政、土地、价格等政策建议。

（6）承担公路、水路建设市场监管责任。拟订公路、水路工程建设相关政策、制度和技术标准并监督实施。组织协调公路、水路有关重点工程建设和工程质量、安全生产监督管理工作，指导交通运输基础设施管理和维护，承担有关重要设施的管理和维护，按规定负责港口规划和岸线使用管理工作。

（7）指导公路、水路行业安全生产和应急管理工作。按规定组织协调国家重点物资和紧急客货运输，负责国家高速公路及重点干线路网运行监测和协调，承担国防动员有关工作。

(8)指导交通运输信息化建设，监测分析运行情况，开展相关统计工作，发布有关信息。指导公路、水路行业环境保护和节能减排工作。

(9)负责公路、水路国际合作与外事工作，开展与港澳台地区的交流与合作。

(10)指导航运、海事、港口公安工作，管理交通直属公安队伍。

(11)承办国务院交办的其他事项。

(二)水运局

水运局是交通运输部下设的 12 个内设机构之一，其主要职责如下：

(1)拟订水路工程建设、维护、运营和水路运输、水路运政、港口行政、航道行政管理相关政策、制度和标准，起草相关法律、行政法规和规章草案，并监督实施。

(2)拟订水路运输发展战略，提出水路建设规划、计划和国家重点水路建设项目立项审核工作的建议；提出有关物流规划、政策和标准的建议。

(3)起草水路运输、港口和航道管理体制改革方案，并组织实施；提出有关水路建设和运输信息化项目建议并组织实施，指导交通电子口岸建设。

(4)承担水路运输、港口经营市场监管工作；承担无船承运、船舶交易、船舶代理、船舶管理业、理货等管理工作；承担引航的有关管理工作。

(5)承担水路建设市场监管工作，承担水路工程勘察设计、施工、维护等的市场管理工作，核准、审核从业单位资质；承担国家重点水路工程和部门管理的支持系统有关建设项目设计审批、招投标管理、施工许可、实施监督和竣工验收工作；指导水路行业基础设施建设、运营和维护管理。

(6)拟订水路工程标准、规范和定额，并监督实施。

(7)承担航道及有关航道设施、通航建筑物的管理工作；承担国际和国境河流运输及航道管理；会同有关司局承担跨临拦河建筑物通航净空尺度和技术要求审批。

(8)起草水路有关规费政策，提出有关收费政策建议，并监督实施；提出有关价格政策建议；组织协调国家重点物资运输和紧急客货水路运输。

(9)拟订水路运输应急预案，起草港口安全生产政策和应急预案，组织协调应急处置工作；拟订水路危险货物运输政策和标准；承担港口设施保安管理工作。

(10)承担对台运输管理工作和涉台有关事务工作。

(11)拟订政府间水路双边合作协定，参与政府间多边水路协定的有关工作，并组织实施；承担有关危险品和水路运输国际公约、规则制定和修订的相关工作；承担相关国际公约的履约工作。

(12)配合部总工程师做好相关工作，承办为总工程师服务的日常工作。

(13)承办部领导交办的其他工作。

（三）中央航运管理机构的法律地位

根据国务院《水路运输管理条例》第四条："交通运输部主管全国水路运输事业，各地交通主管部门主管本地区的水路运输事业"的规定，结合《水路运输管理条例》第二条适用范围的规定，沿海、江河、湖泊及其他通航水域内从事水路运输和水路运输服务业的行业管理由交通运输部主管，交通运输部是国务院组成部门，属于政府序列的行政机关，具有行政管理主体资格。

长江、珠江航务管理机构是代表交通运输部在长江、珠江水系的派出航务行政管理机构，是以交通运输部名义进行的，具有行政管理主体资格。但是水运局属于内设机构，不具有行政管理主体资格。

三、地方航运管理机关

2007 年 5 月 1 日《地方各级人民政府机构设置和编制管理条例》实施，它是专门规定地方行政管理体制的主要法规。根据该《条例》全面履行职能的要求，只要有水路运输的地方，都应当有航运管理机构。

（一）地方航运管理体制

各地交通主管部门可以根据水路运输管理业务的实际情况，设置航运管理机构。因此，地方的航运管理体制呈现出多样化的特点。

以是否设置独立的航运管理机构为标准来划分，有两种模式：一是交通运输主管部门内设模式：即在交通运输主管部门内设立航运管理机构，行使有关航运管理职能，对外以交通运输主管部门名义进行；二是独立设置模式：即在交通运输主管部门下设立独立的航运管理机构。例如南京市交通运输局下设专门的航运管理机构负责航运管理。

以是否与道路运输管理机构合署设置为标准来划分，有两种模式：一是水陆合署模式：即在交通运输主管部门下设立航运管理机构与道路运输管理机构，两块牌子，一套人马，合署办公。如北京市和江苏省运输管理局既负责道路运输，又负责航运管理；二是单独设置航运管理机构的模式。

以是否与水路运输管理的其他机构合署设置为标准来划分，有两种模式：一是合署模式，例如江西省交通运输厅设立的港航管理局，负责港政、航运、航道、海事和船检进行行业管理；二是单独设置航运管理机构的模式。

在水运发达地区设置省、市、县三级地方航运管理机构，水运不发达地区采用水陆合署模式，大多数是属地管理体制，但也有垂直领导。安徽省是垂直领导的典型省份，省厅下设港航管理局、地方海事局、船舶检验局。江西省采取省、市两级属地管理，但市、县中有的采取垂直领导，有的采取属地领导。

（二）地方航运管理机构的法律地位

各地交通主管部门根据水路运输管理业务的实际情况设置的航运管理机构，除地方法规授权外，多数是交通运输主管部门委托进行行政管理，自身不具有独立主体的法律资格。但个别地方通过地方性法规获得授权，取得行政管理主体资格。

第三节 国际航运管理法

一、国际航运管理法概述

2001 年，联合国正式文件中首次提出了"21 世纪是海洋世纪"。今后 10 年甚至 50 年内，国际海洋形势将发生较大的变化。海洋经济正在并将继续成为全球经济新的增长点。发展前景看好的世界四大海洋支柱产业已经形成，即海洋石油工业、滨海旅游业、现代海洋渔业、海洋交通运输业。2007 年中国港口集装箱吞吐量首次突破 1 亿标准箱，为 1.14 亿标准箱，2008 年中国港口集装箱吞吐量达到 1.3 亿标准箱，连续六年位居世界第一。[①] 自 20 世纪 90 年代以来，我国海洋经济也得到了迅速发展，"九五"期间，海洋产业增加值增长速度为年均 15.7％。其中海洋交通货物运输量持续稳定增加，占海洋经济总产值比重位居第二，为 18％。"十五"期间，我国海洋经济以年均 11.1％，始终高于同期国民经济发展的速度快速稳定增长，累计实现总产值达 57 499 亿元，比"九五"期间翻了一番。海洋交通运输业继续保持良好的发展态势，沿海港口吞吐能力不断增强。2010 年我国海洋生产总值超过 3.8 万亿元，占到 GDP 近一成；海洋经济已经高度渗透国民经济体系，涉及 20 个门类；主要海洋产业在世界举足轻重，海盐产量、港口货物吞吐量和集装箱吞吐量连续多年居世界首位。2010 年海洋油气产量首次超过 5 000 万吨，跨入海洋油气生产大国的行列；全国造船完工量、新接订单量和手持订单量三项指标均位居世界第一。除此之外，2010 年我国涉海就业人口已达 3 350 万，这意味着沿海地区每 10 个人中有一个是涉海就业人员。[②] 自新中国成立以来，特别是改革开放以来，国家已逐渐认识到以法律手段管理航运业的重要性，在立法方面，国务院和交通运输部先后制定和发布了一系列的法规、规章，如《国际海上集装箱运输管理规定》、《国际班轮运输管理规定》、《国际船舶代理管理规定》。其中前一项为国务院颁布的行政法规，后三项为交通部颁布的行政规章。在我国国际航运业的迅速发展及加入 WTO 的新局势下，上述立法状况已不适应国际航运业发展的需要，为规范国际海上运输活动，履行我国加入 WTO 的承诺，维护国际海运市场秩序，保障国际海上运输各方当事

---

① http://www.caihuanet.com/finetnews/200810/t20081022_347362.shtml。

② http://www.soa.gov.cn/soa/news/importantnews/webinfo/2011/03/1300581620494597.htm。

人的合法权益，国务院于 2001 年 12 月 5 日公布了《中华人民共和国国际海运管理条例》(以下简称《海运条例》)。《海运条例》是对我国国际海上运输及其辅助业作出全面规范的行政法规，是在总结我国国际海运管理实践的基础上，按照建立社会主义市场经济法律体系的原则制定的，同时参考和借鉴了国际航运惯例和外国的航运立法实践，适应我国航运市场发展的需要，符合我国加入 WTO 后海运业改革开放的要求。因此，《海运条例》的颁布实施，有利于建立全国统一、竞争公平、规范有序的国际海运市场，对我国国际海运管理走向规范化、法制化起到了重要的作用。

二、国际航运主体的设立

(一)国际船舶运输主体的设立

1. 国际船舶运输主体的概念

航运市场是在不同国家或地区间，以航运服务需求与服务供给关系的结合、调整、运作等进行航运交易活动的市场。随着航运业的发展，为航运贸易服务的行业也得到相应的发展，称为海运辅助业。但这些行业的发展是以船舶运输业的发展为基础的，没有高素质的船舶运输业，航运业的发展是不完善的。所以，各国在航运管理法中，都将船舶运输业作为航运业的重要组成部分，置于首位予以规范。

国际船舶运输业务经营者，是指拥有船舶并以自有船舶或租用的船舶，经营国际船舶运输业务的人，包括中国国际船舶运输经营者和外国国际船舶运输经营者。其中，中国国际船舶运输经营者是指依法取得《国际船舶运输经营许可证》，经营国际船舶运输业务的中国企业法人；外国国际船舶运输经营者是指依据外国法律设立经营进出中国港口国际船舶运输业务的外国企业。

所谓的国际船舶运输业务，是指国际船舶运输经营者使用自有或者经营的船舶、舱位，提供国际海上货物运输和旅客运输服务以及为完成这些服务而围绕其船舶、所载旅客或者货物开展的相关活动，包括签订有关协议、接受订舱、商定和收取运费、签发提单及其他相关运输单证、安排货物装卸、安排保管、进行货物交接、安排中转运输和船舶进出港等活动。国际船舶运输业经营者和无船承运业经营者是从事国际海上运输经营活动的主要主体，国际船舶运输公司又是各类海运辅助业的主要合作伙伴。加强和完善对国际船舶运输业者的管理，是发展和提高我国在国际航运地位的必由之路。

2. 国际船舶运输业者设立的条件

国际船舶运输业涉及国家利益和社会公共利益，同时也属于社会的信用行业，因此，国家需要用行政许可手段，实行市场准入，以保证国家利益、社会公共利益的实现。因此，《国际海运管理条例》第五条规定了国际船舶运输公司设立的条件。

(1)有与经营国际海上运输业务相适应的船舶，其中必须有中国籍船舶。航运业是与国家和民族利益密切相关的事业，为了维护国家利益，各国都制定各种政策和法律以发展和壮大本国的船队，这条规定的目的是为了提高我国船队的数量和竞争力。

（2）投入营运的船舶符合国家规定的海上交通安全技术标准。船舶的技术标准即涉及运输服务质量，也事关海上人命和财产的安全。所以，投入营运的船舶必须符合海上交通安全的技术要求。

（3）有提单、客票或多式联运单证。海上运输活动虽然是民事活动，但该活动的特殊风险性及债务额的巨大性，仅仅以授权性规范予以规定，以民事损害赔偿或追究其他民事责任的事后裁决纠纷的方式还不能够解决所有的问题。为了规范国际海上经营行为，作为行政法的航运管理法也对其经营业务往来的各种单证，予以规范，以便于交通主管部门对企业经营行为进行有效的管理。

（4）有具备国务院交通主管部门规定的从业资格的高级业务管理人员。企业经营的效益不仅取决于物的要素，还受制于人的要素。为了确保资本的有效运营，《海运条例》在对上述三个物的条件作出规定的同时，也对经营者的资格作出了明确的规定。

从业资历证明文件，是指被证明人具有 3 年以上从事国际海上运输或者国际海上运输辅助性经营活动经历的个人履历表。个人履历表须经公证机关公证。经营国际船舶代理业务，应当具备下列条件：（1）高级业务管理人员中至少 2 人具有 3 年以上从事国际海上运输经营活动的经历；（2）有固定的营业场所和必要的营业设施。

海运业具有很强的资本沉淀性，资产投入后不易退出，为了避免过度竞争、适度保护国内市场和维护托运人及社会公共利益，条例规定交通主管部门审核设立船舶运输企业的申请时，应当考虑国家关于国际海上运输业发展和国际海上运输市场的竞争状况，也就是说具备上述四项条件的，并不当然获得设立运输业的许可。

3. 国际船舶运输主体的设立程序

（1）申请。设立国际船舶运输主体必须向交通主管部门提出申请，申请时须提交证明符合设立条件的各种证明材料。在中国境内设立企业经营国际船舶运输业务，或者中国企业法人申请经营国际船舶运输业务，申请人应当向交通运输部提出申请，报送相关材料，并应同时将申请材料抄报企业所在地的省、自治区、直辖市人民政府交通主管部门。申请材料应当包括：

［1］申请书；

［2］可行性分析报告、投资协议；

［3］申请人的企业商业登记文件(拟设立企业的，主要投资人的商业登记文件或者身份证明)，所谓企业商业登记文件，是指企业登记机关或者企业所在国有关当局签发的企业营业执照或者企业设立的证明文件，企业商业登记文件为复印件的，须有企业登记机关在复印件上的确认或者证明复印件与原件一致的公证文书；

［4］船舶所有权证书、国籍证书和法定检验证书的副本或者复印件；

［5］提单、客票或者多式联运单证样本；

[6]符合交通运输部规定的高级业务管理人员的从业资格证明，所谓从业资历证明文件，是指被证明人具有 3 年以上从事国际海上运输或者国际海上运输辅助性经营活动经历的个人履历表，个人履历表须经公证机关公证。

（2）受理和审批。国际船舶运输主体的许可部门是交通运输部，省级交通主管部门的意见对交通运输部的许可行为有一定的参考作用。有关省、自治区、直辖市人民政府交通主管部门自收到抄报材料后，应当就有关材料进行审核，提出意见，并应当自收到有关材料之日起 10 个工作日内将有关意见报送交通运输部。

交通运输部收到申请材料后，应当在申请材料完整齐备之日起 30 个工作日内按照法律规定的条件进行审核，作出许可或者不许可的决定。决定许可的，向申请人颁发《国际船舶运输经营许可证》；决定不许可的，应当书面通知申请人并告知理由。

关于许可的条件：其一为前述的法定（《海运条例》第五条规定）条件。其二为国际海运市场竞争状况和国家关于国际海上运输业发展的政策。即交通运输部在许可方面有一定的自由裁量权，但这种自由裁量权是有限的，即以市场竞争状况和国家的海运政策为由拒绝申请时，必须有公开的事实依据。这种依据是在交通运输部的政府网站和其他适当媒体上及时公布的国际海运市场竞争状况和国家关于国际海上运输业发展的政策。上述状况和政策未经公布，不得作为拒绝申请的理由。申请人或其他利害关系人对许可行为可以申请复议或提起行政诉讼，以此来保障竞争的公平性。

此外中国国际船舶运输业者在中国境内设立分支机构的，除应符合上述程序外，还要提交下列申请材料：申请书；可行性分析报告；母公司的商业登记文件；母公司的《国际船舶运输经营许可证》副本；母公司对该分支机构经营范围的确认文件；符合交通运输部要求的高级业务管理人员的从业资格证明。

（二）无船承运业者

1. 无船承运业者的概念

无船承运业者，在国内通常称为无船承运人，是指经营无船承运业务的主体。具体是指以承运人身份接受托运人的货载，签发自己的提单或其他运输单证，向托运人收取运费，通过船舶运输经营者完成国际海上运输，承担承运人责任的公共承运人。我国的无船承运业者，包括中国无船承运业者和外国无船承运业者。其中，中国无船承运业者是指依法取得无船承运业务经营资格的中国企业法人；外国无船承运业务经营者是指依照外国法律设立并依照中国法律取得经营进出中国港口货物无船承运业务资格的外国企业。无船承运人的业务范围包括：

（1）以承运人身份与托运人订立国际货物运输合同；

（2）以承运人身份接收货物、交付货物；

（3）签发提单或者其他运输单证；

(4)收取运费及其他服务报酬；

(5)向国际船舶运输经营者或者其他运输方式经营者为所承运的货物订舱和办理托运；

(6)支付港到港运费或者其他运输费用；

(7)集装箱拆箱、拼箱业务等。

无船承运人的概念最早在美国联邦海事委员会发布的第4号令中予以使用，认为"无船承运人是指建立并维持一定的费率表，以广告招揽或其他方式，提供州际或国际海上运输服务的受雇人；负担海上运输责任或依法负责货物的安全运输；以自己的名义使海上运输人运输货物，而不论是否拥有或控制该运输工具的企业法人。"以法律形式对无船承运人予以规范的是美国的《1984年航运法》，其规定："无船公共承运人，是指不经营用以提远洋运输服务的船舶的公共承运人，其与远洋公共承运人之间的关系属于托运人。"《1998年航运改革法》中将"无船公共承运人"改为"无船承运人"，并将远洋货运代理人纳入远洋运输中介人的范畴中。

无船承运人是从船舶货运代理人（Freight Forwarder）逐渐发展起来的。起初，它只是一个接受货主委托，代表货主安排运输，从中收取佣金、手续费的代理人。一旦在海上运输中发生各种经济损失，货代对货主并不负责任。在整个运输活动中，货运代理人基本上处于提供咨询和安排协调处理的从属地位。因此，其与货主提供服务过程中存在着许多不便之处，同时在经济利益的总收入方面，也仅限于收取以货运代理量的基数为比例的代理费而已。

为了改变这种经营上的不利地位，改善服务，提高收益，一部分货运代业者逐步将其业务从简单的受托订舱转向以"准承运人"的身份代签提单，全程安排运输与拼箱业务，并收取运费差价。按照美国海事委员会的规定，一旦货代从事上述超越原有"托运人"业务的范围时，必须向其申报运价，以取得事实上的无船承运人的资格。无船承运人制度随着经济及航运技术的发展并应船货双方的业务需求而逐渐产生的制度，该制度可以简化运输关系，明确责任主体。

2. 无船承运业者的设立条件

无船承运人本身并不拥有船舶，但又要承担承运人的责任，为使其能够承担在经营活动中所产生的民事责任，法律必须对其设立的条件作出明确的规定。《海运条例》规定了无船承运人设立的条件。

(1)申请提单登记。申请办理无船承运业务经营者提单登记的，应当向交通部提出提单登记申请，报送相关材料，并应当同时将申请材料抄报企业所在地或者外国无船承运业务经营者指定的联络机构所在地的省、自治区、直辖市人民政府交通主管部门。

(2)缴纳一定数额的保证金。为保护货物托运人和海运承运人的利益，确保无船承运人履约能力，法律要求设立无船承运业者时，应交纳一定数额的保证金，金额为80万元人民币。每设立一个分支机构，增加20万元人民币的保证金。外国无船承运业者按照外国法律已取得经营资格且有合法财务责任保证的，在按照《海运条例》及其实施细则申请从事进出中国港口无船承运业务时，可以不向中国境内的银行交存保证金。但为了保证我国交通主管部门能够对外国无船承运业者实施有效的监督，并能够承担因其民事违约或行政违法而产生的法律责任，该外国无船承运业者的政府主管部门与中国政府交通主管部门应就财务责任保证实现方式签订协议。

没有在中国港口开展国际班轮运输业务，但在中国境内承揽货物、签发提单或者其他运输单证、收取运费，通过租赁国际班轮运输经营者船舶舱位提供进出中国港口国际货物运输服务；或者利用国际班轮运输经营者提供的支线服务，在中国港口承揽货物后运抵外国港口中转的，应当依法取得无船承运业者的资格。但属于以共同派船、舱位互换、联合经营等方式经营国际班轮运输的，则应依法取得国际班轮运输业者的资格。

3. 无船承运业者设立的程序

（1）申请。申请办理无船承运业者提单登记的，应当向交通运输部提出提单登记申请，报送相关材料，并应当同时将申请材料抄报企业所在地或者外国无船承运业者指定的联络机构所在地的省、自治区、直辖市人民政府交通主管部门。

申请材料应当包括：申请书；可行性分析报告；企业商业登记文件；提单格式样本；保证金已交存的银行凭证复印件。

无船承运业者申请提单登记时，提单抬头名称应当与申请人名称相一致。提单抬头名称与申请人名称不一致的，申请人应当提供说明该提单确实为申请人制作、使用的相关材料，并附送申请人对申请登记提单承担承运人责任的书面申明。无船承运业者使用两种或者两种以上提单的，各种提单均应登记。无船承运业务经营者申请提单登记时，提单抬头名称应当与申请人名称相一致。提单抬头名称与申请人名称不一致的，申请人应当提供说明该提单确实为申请人制作、使用的相关材料，并附送申请人对申请登记提单承担承运人责任的书面申明。无船承运业务经营者使用两种或者两种以上提单的，各种提单均应登记。国际班轮运输经营者和无船承运业务经营者的登记提单发生变更的，应当于新的提单使用之日起15日前将新的提单样本格式向交通部备案。

申请人为外国无船承运业者的，还应当提交其指定联络机构的有关材料。这里的联络机构是指在中国港口开展国际班轮运输业务的外国国际船舶运输经营者，以及在中国委托代理人提供进出中国港口国际货物运输服务的外国无船承运业者，在中国境内委托的负责代表该外国企业与中国政府有关部门就《海运条例》及其实施细则规定的有关管理及法律事宜进行联络的机构。联络机构可以是该外国企业在中国境内设立的外商投资企业或者常驻代表机构，也可以是其他中国企业法人或者在中国境内有固定住所的其他经济组织。委托的联络机构应当向交通运输部备案，并提交下列文件：联络机构说明书，载明联络机构名称、住所，联系方式及联系人；联络机构的工商登记文件复印件。联络机构为该外国企业在中国境内的外商投资企业或者常驻代表机构的，无须提供委托书副本或者复印件及委托人与联络机构的协议副本。

（2）缴纳保证金。保证金应交存于交通运输部指定的商业银行开设的无船承运业务经营者专门账户上，利息按照中国人民银行公布的活期存款利率计息。保证金，受国家法律保护。可通过司法和行政程序予以划拨，司法程序开始之前，由交通运输部予以监督，具体用途如下。

第一，承担因无船承运业者不履行承运人义务或者履行义务不当，根据司法机关已生效的判决或者司法机关裁定执行的仲裁机构裁决的赔偿责任的。

第二，支付交通主管部门的行政罚款。出现上述事实后，金融机关依法从保证金中划拨的。无船承运业者的保证金不符合《海运条例》规定数额的，交通运输部应当书面通知其补足。无船承运业者自收到交通运输部书面通知之日起 30 日内未补足的，交通运输部应当按照《海运条例》第十五条的规定取消其经营资格。被取消经营资格、申请终止经营或者因其他原因终止经营的，可向交通运输部申请退还保证金。交通运输部应将该申请事项在其政府网站上公示 30 日。在公示期内，有关当事人认为无船承运业者依生效判决、裁决需要对其保证金采取保全措施的，应当在上述期限内取得司法机关的财产保全裁定。自保证金被保全之日起，交通运输部依照《海运条例》对保证金账户的监督程序结束。有关纠纷由当事双方通过司法程序解决。

（3）分支机构的设立。中国的无船承运业者在中国境内的分支机构，应增加 20 万元的交纳保证金，并履行母公司登记的手续，取得《无船承运业务经营资格登记证》。申请登记应当提交：申请书；母公司的企业商业登记文件；母公司的《无船承运业务经营资格登记证》副本；母公司确认该分支机构经营范围的文件；保证金已交存的银行凭证复印件。

（4）受理并审批。无船承运业的许可主体为交通运输部，交通运输部应当自收到无船承运业者提单登记申请并交纳保证金的相关材料之日起 15 日内审核完毕[①]。申请材料真实、齐备的，予以登记，并通知申请人；申请材料不真实或者不齐的，不予登记，书面通知申请人并告知理由。已经办理提单登记的无船承运业者，由国务院交通主管部门予以公布。

无船承运业务经营申请者交纳保证金并办理提单登记，依法取得无船承运业务经营资格后，交通运输部在其政府网站公布无船承运业者名称及其提单格式样本。登记提单发生变更的，应当于新的提单使用之日起 15 日前将新的提单样本格式向交通运输部备案。

---

① 中华人民共和国国际海运条例实施细则，中华人民共和国中央人民政府 http://www.gov.cn/gongbao/content/2003/content_62299. 访问日期：2011-08-10。

（三）国际船舶代理业者

1. 国际船舶代理业者的概念

国际船舶代理业者是指接受船舶所有人、船舶承租人或船舶经营人的委托，按照约定为其船舶提供服务的海运辅助业者。它是应船舶运输业者的业务需要而产生的，因为国际航运业的业务范围遍布国内外广大地区，不仅涉及面广、环节多，而且情况复杂多变，任何一个船舶所有人或经营人都不可能全面周到地处理每项具体业务。因此，船舶代理业便应运而生。

我国在1988年船舶运输代理业开放之前，从事船长代理业的只有中国外轮代理公司一家，船舶代理业属于国家的垄断行业，1990年以后，逐渐放开了船代和货代市场，1992年开始，允许外商在中国开办航运代理合营企业。在加入WTO的海运谈判中，我国已允许设立中外合资企业，从事船舶代理业务。

2. 国际船舶代理业的范围

国际船舶代理经营者接受船舶所有人或者船舶承租人、船舶经营人的委托，可以经营下列业务：

(1)办理船舶进出港口手续，联系安排引航、靠泊和装卸；

(2)代签提单、运输合同，代办接受订舱业务；

(3)办理船舶、集装箱以及货物的报关手续；

(4)承揽货物、组织货载，办理货物、集装箱的托运和中转；

(5)代收运费，代办结算；

(6)组织客源，办理有关海上旅客运输业务；

(7)其他相关业务。

3. 国际船舶代理业者的设立条件

(1)高级管理人员中至少2人具有3年以上从事国际海上运输经营活动的资历。作为为船舶运输企业服务的辅助业经营者，其管理人员必须了解和熟悉本行业的业务知识，具备相应的管理经验，才能做好管理工作。

(2)有固定的营业场所和必要的营业设施。

4. 国际船舶代理企业的设立程序

(1)申请。

[1]中国企业申请经营国际船舶代理业务。在中国境内设立企业法人，经营国际船舶代理业务或者中国企业申请经营国际船舶代理业务，应当向交通运输部提出申请，报送相关材料，并应当同时将申请材料抄报企业所在地的省、自治区、直辖市人民政府交通主管部门。申请材料应当包括：申请书；可行性分析报告、投资协议；申请人的商业登记文件；固定营业场所的证明文件；高级业务管理人员的从业资历证明文件；关于同港口和海关等口岸部门进行电子数据交换的协议。不具备电子数据交换条件的，应当提供有关港口或者海关的相应证明文件。

[2]国际船舶代理业者的分支机构申请经营相关业务。国际船舶代理业者在中国境内的分支机构经营相关业务的，应当符合代理业者设立的条件，并按照关于船舶代理业者的登记程序进行登记。申请材料应当包括：申请书；可行性分析报告；母公司的商业登记文件；母公司的《国际船舶代理经营资格登记证》或者《国际海运辅助业经营资格登记证》副本；母公司确定该分支机构经营范围确认文件；营业场所的证明文件；管理人员的从业资历或者资格的证明文件。

[3]国际船舶代理业者设立分支机构。国际船舶代理业者设立分支机构的，有关该分支机构同港口和海关等口岸部门进行电子数据交换的协议。不具备电子数据交换条件的，应当提供有关港口或者海关的相应证明文件。

(2)受理和审批。有关省、自治区、直辖市人民政府交通主管部门收到上述抄报材料后，应当就有关材料进行审核，提出意见，并应当自收到有关材料之日起7个工作日内将有关意见报送交通运输部。

交通运输部收到申请人的申请材料后，应当在申请材料完整齐备之日起15个工作日内审核是否具备设立的条件。符合条件的予以登记，并发给《国际船舶代理经营资格登记证》；不符合条件的，应当书面通知当事人并告知理由。申请人持交通运输部发给的《国际船舶代理经营资格登记证》向企业登记机关办理企业登记或者变更登记，向海关、税务、外汇等部门办理相关手续。

(四)国际船舶管理业者

1. 国际船舶管理业者的概念

国际船舶管理业者即国际船舶管理公司，是指船舶管理经营人根据约定，为船舶所有人或者船舶承租人、船舶经营人提供船舶机务管理、海务管理、检修、保养、船员配给、管理、船舶买卖、租赁、营运及资产管理等船舶管理服务的海运辅助企业。

国际船舶管理公司是海运国际化的产物，是本世纪50年代兴起的航运服务企业，是随着航运技术和航运资本由海运国家向新兴工业化国家和发展中国家转移，方便旗船队的大量出现，为适应船舶所有人管理方便旗船队的需要而发展起来的一种航运企业形式。

我国的船舶管理业务开始于20世纪70年代的海员外派合作业务，随着海运业的发展，专门从事船舶技术管理和船舶商务管理业务的船舶管理公司从20世纪90年代开始出现，主要由那些自己拥有船舶的船务公司投资设立，其所代管的船舶主要是母公司的船舶，从事第三人的管理业务并不多。为了适应海运行业专业化发展趋势和市场竞争的发展趋势，海运条例将这种企业形式予以确认，这一方面可以使管理公司提供的服务更符合国际标准，更加规范，另一方面航运公司在专业化服务的依托下，可以提高其竞争水平和经济效益。同时对提升我国海运业的整体竞争能力和管理水平也具有重要意义。

它在提高船舶经营的灵活性，降低船舶营运资本，维护海上安全，保护海洋环境等方面起到重要作用，称为"航运业发展的第四次浪潮"。国际船舶管理经营者的业务范围：

(1)船舶买卖、租赁以及其他船舶资产管理；

(2)机务、海务和安排维修；

(3)船员招聘、训练和配备；

(4)保证船舶技术状况和正常航行的其他服务。

2. 国际船舶管理经营者的设立条件

船舶管理公司的业务范围与船舶技术有关，所以，要求管理人员具有与所管船舶种类相适应的能力。经营国际船舶管理业务，应当具备下列条件：

(1)高级业务管理人员中至少2人具有3年以上从事国际海上运输经营活动的经历；

(2)有持有与所管理船舶种类和航区相适应的船长、轮机长适任证书的人员；

(3)有与国际船舶管理业务相适应的设备、设施。

3. 国际船舶管理业者的设立程序

(1)申请。

[1]中国企业申请经营国际船舶管理业务。经营国际船舶管理业务，应当向拟经营业务所在地的省、自治区、直辖市人民政府交通主管部门提出申请，并附送符合设立条件的相关材料。具体包括：申请书；可行性分析报告、投资协议；申请人的商业登记文件(拟设立企业的，主要投资人的商业登记文件或者身份证明)；固定营业场所的证明文件；高级业务管理人员的从业资历证明文件；船长、轮机长适任证书复印件。

[2]船舶代理经营者和国际船舶管理经营者分支机构申请经营相关业务。国际船舶代理经营者和国际船舶管理经营者在中国境内的分支机构经营相关业务的，应当符合船舶代理业和管理业者的条件，并按照法定的程序进行登记。登记申请材料应当包括：申请书；可行性分析报告；母公司的商业登记文件；母公司的《国际海运辅助业经营资格登记证》副本；母公司确定该分支机构经营范围确认文件；营业场所的证明文件；管理人员的从业资历或者资格的证明文件。

(2)受理和审批。有关省、自治区、直辖市人民政府交通主管部门收到申请人的申请材料后，应当在申请材料完整齐备之日起15个工作日内进行审核。材料真实且符合船舶管理业者设立条件的，予以资格登记，并颁发《国际海运辅助业经营资格登记证》；材料不真实或者不符合条件的，不予登记，书面通知申请人并告知理由。申请人持《国际海运辅助业经营资格登记证》向企业登记机关办理企业登记，向税务部门和外汇管理部门指定的银行办理相关手续。

(五)国际海运货物仓储业者和国际海运集装箱站与堆场业者

1. 概念

国际海运货物仓储业务经营者，是指依照中国法律设立，提供海运货物仓库保管、存货管理以及货物整理、分装、包装、分拨等服务的中国企业法人。国际海运集装箱站与堆场业务经营者，是指依照中国法律设立，提供海运货物集装箱的堆存、保管、清洗、修理以及集装箱货物的存储、集拼、分拨等服务的中国企业法人。

2. 设立条件

经营国际海运货物仓储业务或国际海运集装箱站与堆场业务的，应当具备下列条件：

(1)有固定的营业场所；

(2)有与经营范围相适应的仓库设施(国际海运货物仓储业务)；有与经营范围相适应的车辆、装卸机械、堆场、集装箱检查设备、设施(国际海运集装箱站与堆场业务)；

(3)高级业务管理人员中至少2人具有3年以上从事相关业务的经历；

(4)法律、法规规定的其他条件。

3. 设立程序

根据《中华人民共和国国际海运条例实施细则》，设立外商投资企业，经营国际海运货物仓储业务或者设立中外合资、合作企业经营国际集装箱站与堆场业务，应当通过拟设立企业所在地的省、自治区、直辖市人民政府交通主管部门向交通运输部提出申请。申请材料应当包括：(1)申请书；(2)可行性分析报告；(3)合资或者合营协议；(4)投资者的企业商业登记文件或者身份证件。

有关省、自治区、直辖市人民政府交通主管部门收到完整齐备的上述材料后，应当于10个工作日内将有关材料及意见转报交通运输部。交通运输部应当在收到转报的上述材料和意见之日起30个工作日内，依法审核，作出批准或者不批准的决定。决定批准的，予以登记，并发给相应的批准文件；不予批准的，应当书面通知申请人并告知理由。获得批准的申请人应当持交通运输部批准文件，按照国家外商投资企业的法律、法规的要求到商务部办理设立外商投资企业的审批手续，取得《外商投资企业批准证书》。取得相应的批准文件后，向交通运输部办理登记，换领《国际海运辅助业经营资格登记证》。

国际海运货物仓储业者、国际集装箱站与堆场业者，须持交通运输部颁发的资格登记证明文件，向监管地海关办理登记手续后，方可存放海关监管货物或者集装箱。

(六)外商投资企业

我国加入WTO以后，外商投资企业的准入范围也进一步放宽。外商投资企业可以通过采取合资、合营的形式在中国设立商业存在，成立公司从事国际海上运输。中国航运业有关外国航商商业存在的政策主要来自国家总体外商投资政策。为了加快现代化国际航运事业的建设步伐，我国政府根据世界经济逐步向全球化发展的趋势和国际航运惯例，在国际海洋运输和海运辅助服务方面，对外商制定了一系列的市场准入和国民待遇的政策和法规。

在(1985)交海字[754]号文件中首次正式规定，允许外资以合资方式在华设立船舶运输公司。1993年9月，我国政府在向关贸总协定递交的经修改的开单和申请免除最惠国待遇义务清单中表明：根据适度开放我国海运市场的原则，"有关方的航运公司可通过双边协议，按中国的有关独资和合资企业的法律为其自有或经营的船舶，从事正常的业务活动，在华成立企业或子公司"。1995年2月22日，原外经贸部和原交通部发布了《关于外国船舶公司在华设立独资船务公司有关问题的通知》，明确规定了外国航运公司在华设立独资船务公司的资格条件、审批手续和经营范围。经营范围是：为其母公司自有和经营的船舶提供揽货、签发母公司提单、结算运费、签订合同等业务服务。

《海运条例》在总结我国近10年管理外国航商在华独资子公司经验的基础上，对合资、合作、独资公司的设立条件和程序等作出了明确的规定。该法规定，经国务院交通主管部门批准，外商可以依照有关法律、行政法规以及国家其他有关规定，投资设立中外合资经营企业或者中外合作经营企业，经营国际船舶运输、国际船舶代理、国际船舶管理、国际海运货物装卸、国际海运货物仓储、国际海运集装箱站和堆场业务；并可以设立外资企业经营国际海运货物仓储业务。经营国际船舶运输、国际船舶代理业务的中外合资经营企业，企业中外商的出资比例不得超过49%。

根据2004年原交通部和商务部联合制定的《外商投资国际海运业管理规定》的要求，外商投资设立国际海运业者时，应当先根据《海运条例》及其《实施细则》获得交通部的许可文件，然后到商务部办理外商投资企业的设立审批手续，取得《外商投资企业批准证书》，最后依法向工商行政管理机关办理工商登记，领取营业执照。外商投资国际船舶运输及辅助企业依法设立后，申请人应当持工商行政管理机关颁发的营业执照向交通部申领《国际船舶运输经营许可证》及其他相应许可证，取得许可证书后方可从事国际船舶运输及其他经营活动。

与国际海上运输业有关的外商投资企业有三种类型，一是设立国际海上运输企业经营相关的业务；二是设立其他企业类型为其拥有或经营的船舶提供承揽货物、代签提单、代结运费、代签服务合同等日常业务；还有一种类型是外国航运企业在中国设立常驻代表机构。不同类型的企业设立的程序不完全相同。

1. 外商投资国际海上运输及其辅助企业的设立程序

(1)申请条件。设立中外合资、合作经营企业经营国际船舶运输业务应当通过拟设立企业所在地的省、自治区、直辖市人民政府交通主管部门向交通运输部提出申请。设立外商投资国际船舶运输企业，需符合如下条件：[1]有与经营国际海上运输业务相适应的船舶，其中必须有中国籍船舶；[2]投入运营的船舶符合国家规定的海上交通安全技术标准；[3]有提单、客票或者多式联运单证；[4]有具备交通部规定的从业资格的高级业务管理人员；[5]以中外合资或中外合作企业形式设立，外商的出资比例不得超过 49%；[6]企业的董事长和总经理，由投资各方协商后由中方指定；[7]法律、行政法规规定的其他条件。

设立国际船舶代理业务的应具备如下条件：[1]高级业务管理人员中至少 2 人具有 3 年以上从事国际海上运输经营活动的经历。高级业务管理人员是指具有中级或中级以上职称、在国际海运企业或者国际海运辅助企业任部门经理以上职务的中国公民；[2]有固定的营业场所和必要的营业设施，包括具有同港口和海关等部门进行电子数据交换的能力；[3]以中外合资或中外合作企业形式设立，外商出资比例不得超过 49%；[4]法律、行政法规规定的其他条件。

设立国际船舶管理业务的，应当具备下列条件：[1]高级业务管理人员中至少 2 人具有 3 年以上从事国际海上运输经营活动的经历；[2]有持有与所管理船舶种类和航区相适应的船长、轮机长适任证书的人员；[3]有与国际船舶管理业务相适应的设备、设施。设立外商投资企业，经营国际海运货物仓储业务或者设立中外合资、合作企业经营国际集装箱站与堆场业务，应该提交：申请书；可行性分析报告；合资或者合营协议；投资者的企业商业登记文件或者身份证件。

(2)受理和审批。有关省、自治区、直辖市人民政府交通主管部门应当自收到完整齐备的材料之日起 10 个工作日内将申请材料及意见转报交通运输部。

交通运输部应当自收到转报的上述材料和意见之日起 30 个工作日内，进行审核，作出批准或者不予批准的决定。关于审核的依据除有关外商投资企业的合资比例(外商出资比例为 49%)和企业负责人指定(双方在协商的基础上由中方指定董事会主席和总经理)特殊规定外，与中国相关企业法人的条件完全相同。认为符合条件的，予以批准，发给批准文件；不予批准的，应当书面通知申请人并告知理由。

2. 其他企业的设立

设立其他企业为其船舶代办海上运输业务的，许可主体为商务部和交通运输部门，所依据的法律是交通部和商务部 2004 年联合发布的《外商投资国际海运业管理规定》。

3. 外国航运企业常驻代表机构的设立

外国国际船舶运输经营者以及外国国际海运辅助企业，经国务院交通主管部门批准，可以依法在中国境内设立常驻代表机构。外国国际船舶运输经营者以及外国国际海运辅助企业在中国境内设立的常驻代表机构，不得从事经营活动。

(1)申请。外国国际船舶运输经营者以及外国国际海运辅助企业在中国境内设立常驻代表机构，应当通过拟设立常驻代表机构所在地的省、自治区、直辖市人民政府交通主管部门向交通运输部提交下列材料：申请书，申请书应当载明拟设机构名称、设立地区、驻在期限、主要业务范围等；企业商业登记文件；企业介绍，包括企业设立时间、主营业务范围、最近年份经营业绩、雇员数、海外机构等；首席代表授权书，由企业董事长或者总经理签署；首席代表姓名、国籍、履历及身份证件。

(2)受理和审批。有关省、自治区、直辖市人民政府交通主管部门收到完整齐备的上述材料后，应当于 7 个工作日内将有关材料及意见转报交通运输部。交通运输部应当在收到转报的上述材料和意见之日起 15 个工作日内，作出批准或者不予批准的决定。决定批准的，由交通运输部颁发《外国（境外）水路运输企业在中国设立常驻代表机构批准书》（简称批准书）；申请材料不真实的，不予批准，书面通知申请人并告知理由。获得批准的申请人应当自批准之日起 30 日内，持批准书向企业登记机关办理注册登记。逾期未办理相关手续的，批准书即自行失效。常驻代表机构变更名称、首席代表的，应当在变更后 15 日内向交通运输部备案。

变更首席代表的，备案时应当同时报送新任首席代表的履历及身份证件复印件，以及由企业董事长或者总经理签署的首席代表授权书。变更常驻代表机构名称的，备案时应当同时报送原名称与现名称关系的说明；属于外国企业名称变更或者因为企业合并、分立等原因变更常驻代表机构名称的，还应当报送相关法律证明文件。交通运输部收到报备材料后应当及时办理有关变更登记手续。

常驻代表机构的批准驻在期限为 3 年。常驻代表机构需要延长驻在期的，应当自期满之日 60 日前向交通运输部提出申请。申请材料包括：申请书；交通运输部颁发的批准书复印件；常驻代表机构工商登记文件复印件。每次延长驻在期限为 3 年。交通运输部应当自收到申请人齐备有效材料之日起 15 个工作日内办理变更登记手续，并出具相关登记证明文件。

常驻代表机构终止，应当在终止之日起 10 日前报告交通运输部，由交通运输部注销该常驻代表机构。常驻代表机构驻在期满未办理延期登记手续的，该常驻代表机构驻在资格自动丧失。常驻代表机构终止、自动丧失资格或者被注销，由交通运输部签发《外国（境外）水路运输企业在中国设立常驻代表机构注销通知书》，同时通知有关省、自治区、直辖市人民政府交通主管部门和企业登记机关。

三、国际海上运输主体经营活动的管理

"谁许可，谁监督"是行政许可的一项基本制度。目前行政机关重许可、轻监管或只许可、不监管的现象比较普遍。这也是导致行政管理秩序难以维持的重要原因之一。为强化监督、严格管理，行政机关应对被许可人是否依法从事行政许可事项的活动进行严格的监督管理。航运业作为一种服务业，服务质量、经营秩序和竞争环境是其生存和发展的关键所在，但由于企业受追求自身利益局限性的影响，往往会采取损害消费者和同业竞争者利益的方法进行经营活动。这种局限性靠企业自身的力量是无法克服的，必须靠企业的外部力量予以约束，即行政监督，分为两种：一种是事后监督，即事后追究其责任的方法；另一种是事中监督，即日常经营活动的管理，事后的监督主要是司法机关的监督，事中监督就是行政机关的监督和行业自身的监督，行政机关对航运企业的监督即是行政许可后续管理的需要，也是航运业自身发展的内在需求。交通主管部门对航运业的管理主要是对服务质量、价格和

经营秩序的管理。

（一）服务质量的管理

服务质量是企业的生命所在，船舶运输企业是航运业的主体，也是其辅助业赖以生存的主体，而班轮运输以其迅速、及时、适应性广和能够提供方便的运输为优势，成为海上运输的主要方式。所以，交通主管部门对国际航运业服务质量的管理主要是对国际船舶运输企业的班轮运输的管理。

国际班轮运输，是指用固定的船舶、按着固定的船期有规则地在固定航线和固定港口间的国际客货（集装箱）运输。船舶经纪人利用其自有的或者长期租用的运输性能相近船舶，在固定的航线上以固定的挂靠港口顺序，按照定期或者不严格定期的时间间隔船期表，较长期进行周而复始不断重复的航行，接受挂靠港口的货载，依固定的靠港顺序进行运营。班轮运输是国际海上运输中最为重要的方式，现今班轮运输已遍及世界各个主要港口。① 从事班轮运输业务必须具备一定的条件，如技术性能较高且设备齐全的船舶、技术和业务素质较高的船员、健全的货运程序等。所以，有权申请国际班轮运输经营的主体必须是国际船舶运输业者。其中包括经国务院交通主管部门批准设立的具有中国法人资格的国际船舶运输公司；依当地法律设立的香港、澳门和台湾的航运公司；依外国法律设立的外国航运公司。上述公司不一定具有当然的国际班轮运输的经营权，还必须进一步取得交通主管部门的许可，即取得航线的经营权，方能从事国际班轮运输。《海运条例》第十六条规定，国际船舶运输业者经营进出中国港口的国际班轮运输业务，应当依法取得国际班轮运输经营资格。否则，不得从事国际班轮运输经营活动，不得对外公布班期、接受订舱。航线的经营权，是指在特定航线上具有以投入的自有船舶或经营的船舶（舱位）并以承运人的身份承揽货物、接受订舱、对外报价、公布船期、签发单证、收取运费等经营的资格，是经营人从事班轮运输的前提条件。

班轮运输的特点：

（1）以市场宣传为主的业务开发；

（2）特别适合小批量货物的运输，能及时发运货物和运达；

（3）便于托运人联系和安排运输；

（4）有利于规范管理和统一商务程序；

（5）固定的运费制度，有利于商品贸易的成本核算；

（6）承运人承担港口作业委托。

1. 申请

经营国际班轮运输业务，应当向国务院交通主管部门提出申请，并附送下列材料：国际船舶运输经营者的名称、注册地、营业执照副本、主要出资人；经营者的

---

① 李永生：《水路运输与港口商务管理学》，北京，人民交通出版社，2007，第43页。

主要管理人员的姓名及其身份证明；运营船舶资料；拟开航的航线、班期及沿途停泊港口、运价本；提单、客票或者多式联运单证。

在中国港口开展国际班轮运输业务的外国国际船舶运输经营者，以及在中国委托代理人提供进出中国港口国际货物运输服务的外国无船承运业务经营者，应当在中国境内委托一个联络机构，负责代表该外国企业与中国政府有关部门就《海运条例》及其实施细则规定的有关管理及法律事宜进行联络。联络机构可以是该外国企业在中国境内设立的外商投资企业或者常驻代表机构，也可以是其他中国企业法人或者在中国境内有固定住所的其他经济组织。委托的联络机构应当向交通运输部备案，并提交下列文件：联络机构说明书，载明联络机构名称、住所，委托人与联络机构的协议副本；联络机构的工商登记文件复印件。

联络机构为该外国企业在中国境内的外商投资企业或者常驻代表机构的，不须提供联系方式及联系人、委托书副本或者复印件。联络机构或者联络机构说明书所载明的事项发生改变的，应当自发生改变之日起15日内向交通运输部备案。

2. 受理和审批

国务院交通主管部门应当自收到经营国际班轮运输业务申请之日起30日内审核完毕。申请材料真实、齐备的，予以登记，并通知申请人；申请材料不真实或者不齐备的，不予登记，书面通知申请人并告知理由。

3. 航线开航管理

取得国际班轮运输经营资格的企业必须依法从事经营活动，因为海上运输航线在特定的情况下属于有限的公共资源，已获得许可的经营人，不从事许可所赋予其的权利时，会影响到公共利益，所以法律对许可获得者的权利实施规定了时间限制。《海运条例》第十八条规定，取得国际班轮运输经营资格的国际船舶运输经营者，应当自取得资格之日起180日内开航；因不可抗力并经国务院交通主管部门同意，可以延期90日。逾期未开航的，国际班轮运输经营资格自期满之日起丧失。

4. 航运企业变更的登记管理

航运企业设立后，交通主管部门作为行政许可机关，必须进行各种后续管理工作，其中重要的一项就是当企业的登记事项发生变更后，要进行变更登记。及时掌握航运企业的各种数据，是政府进行宏观调控的必要手段。发生下列情形之一的要进行备案的登记管理。

（1）运力增减的。一个国家港口运力状况，反映出该国的航运市场竞争的状况，而航运市场的竞争状况是交通行政机关对航运业进行管理并作出决策的基本事实依据。如进行行政许可时，交通主管部门就要考虑国际航运市场的竞争状况。因此，当船舶运输企业的运力状况发生变化时，应向交通主管部门进行备案登记。

（2）在境外设立分支机构或子公司、拥有的船舶在境外进行登记的。船舶是航运发展的基础，掌握船舶国籍及时进行政策调整，是国际航运管理的必要手段。所以，航运企业或其他企业发生上述情况时，也应进行备案登记。

（3）变更各种营运单证的。各种营运单证是航运企业的信用保证，也是行政机关对航运企业的运价、信用状况等经营行为进行监督管理的一种必要手段。所以当航运企业的提单、客票、或多式联运单证发生变更时要进行备案登记。

（4）新开、停开国际班轮运输航线或变更国际班轮运输船舶、船期的。班轮运输业具有公益性，要按照事先预定的船期表运行，因此，其公信程度是其服务质量的关键。当上述情况发生变更时，应当提前15日予以公告。并向交通主管部门进行备案登记。

上述情况，应当自行为发生之日起15日内向国务院交通主管部门备案。国务院交通主管部门应当自收到备案材料之日起3日内出具备案证明文件。

5. 企业兼并、收购的许可

船舶运输企业的兼并、收购会导致原有企业的终止和新企业的产生，并对国际市场竞争状况有所影响，所以必须经原许可部门的重新许可，交通主管部门接到企业的申请后，自申请材料齐备之日起60日内，作出是否许可的决定。

（二）价格管理

实行固定的运费制度有利于商品贸易的核算。运输费用支出是在贸易合同订立之后发生的，在进行贸易时对运输成本的掌握是确定贸易价格和贸易能否得益的重要因素。班轮运输受到航运行政管理机关较为严格的管理，实行运价报备制度，承运人不能随意变动运价，运价制定之后在较长的一段时间内不变。托运人能准确地考虑运价因素确定货物价格或者确定售价，确保盈利。

经营国际班轮运输业务的国际船舶运输经营者的运价和无船承运业务经营者的运价，应当按照规定格式向国务院交通主管部门备案。国务院交通主管部门应当指定专门机构受理运价备案。

备案的运价包括公布运价和协议运价。公布运价，是指国际船舶运输经营者和无船承运业务经营者运价本上载明的运价；协议运价，是指国际船舶运输经营者与货主、无船承运业务经营者约定的运价。

公布运价自国务院交通主管部门受理备案之日起满30日生效；协议运价自国务院交通主管部门受理备案之时起满24小时生效。国际船舶运输经营者和无船承运业务经营者应当执行生效的备案运价。

四、法律责任

航运管理法的法律责任包括行政法律责任和刑事法律责任，其中以行政法律责任为主，其中对于相对人的法律责任，包括财产罚和行为罚，财产罚包括罚款、没收，行为罚包括责令停止营业，撤销许可证。此外，还包括伴随行政调查等行为的行政强制措施，包括拒绝进港、责令修改有关协议、限制班轮航班数量、中止运价本或者暂停受理运价备案、责令定期报送有关资料等。

按《行政处罚法》的规定，国家行政机关实施行政处罚的一般程序为：立案、调查、决定和执行。除简易程序外，任何一个行政处罚决定都应该有调查程序，但海运条例中规定的调查程序，从一般的行政处罚程序中独立出来，特指违反公平竞争法律规定的情形下，使用的特别调查程序，这一调查程序不论是从调查机关还是适用的法律都不仅仅是航运法本身规定的内容，要援引其他法律部门的规范才能满足调查程序的要求。

(一)调查的启动

1. 调查启动的主体

市场经济规则要求参与市场活动的主体要进行公平竞争，才能促进经济的发展，海运经营者也要通过公平的竞争才能保障航运秩序的形成，当经营者的行为被竞争对手或国家主管部门认为可能对公平竞争造成损害时，主管机关可应利害关系人的请求启动调查程序或自行启动调查程序。

调查启动的条件如下：国务院交通主管部门应利害关系人的请求或者自行决定，可启动调查程序。利害关系人请求调查时，应当提出书面调查申请，并阐述理由，提供必要的证据。国务院交通主管部门对调查申请应当进行评估，在自收到调查申请之日起 60 个工作日内作出实施调查或者不予调查的决定：[1]国务院交通主管部门认为调查申请理由不充分或者证据不足的，决定不予调查并通知调查申请人。申请人可补充理由或者证据后再次提出调查申请。[2]国务院交通主管部门根据评估结论认为应当实施调查或者按照自行决定调查的，应当将有关材料和评估结论通报国务院工商行政管理部门和价格部门。

2. 调查启动的条件

行政调查作为一种行政行为，必然对航运管理相对人的企业造成一定的影响，可能影响其正常的经营行为，甚至会造成重大的经济损失。所以，调查程序的启动要十分慎重，为此，法律规定了启动调查程序的条件，具体如下：

(1)经营国际班轮运输业务的国际船舶运输经营者之间订立的涉及中国港口的班轮公会协议、运营协议、运价协议等，可能对公平竞争造成损害的；

(2)经营国际班轮运输业务的国际船舶运输经营者通过协议产生的各类联营体，其服务涉及中国港口某一航线的承运份额，持续 1 年超过该航线总运量的 30%，并可能对公平竞争造成损害的；

(3)经营国际船舶运输业务和无船承运业务，有下列行为的：以低于正常、合理水平的运价提供服务，妨碍公平竞争；在会计账簿之外暗中给予托运人回扣，承揽货物；滥用优势地位，以歧视性价格或者其他限制性条件给交易对方造成损害；其他损害交易对方或者国际海上运输市场秩序的行为；

(4)可能损害国际海运市场公平竞争的其他行为。

（二）调查机关与调查组的组成

国务院交通主管部门实施调查，应当会同国务院工商行政管理部门和价格部门共同进行，三者统称调查机关。调查机关实施调查，应当成立调查组。调查组成员不少于 3 人。调查组可以根据需要，聘请有关专家参加工作。

（三）调查实施

1. 告知和答辩

调查机关应当将调查组组成人员、调查事由、调查期限等情况通知被调查人。被调查人应当在调查通知送达后 30 日内就调查事项作出答辩。

被调查人认为调查组成员同调查申请人、被调查人或者调查事项有利害关系的，有权提出回避请求。调查机关认为回避请求成立的，应当对调查组成员进行调整。

2. 调查机关的权力和义务

调查人员进行调查，可以向被调查人以及与其有业务往来的单位和个人了解有关情况，并可查阅、复制有关单证、协议、合同文本、会计账簿、业务函电、电子数据等有关资料；调查人员进行调查，应当保守被调查人以及与其有业务往来的单位和个人的商业秘密。被调查人接受调查时，应当根据调查组的要求提供相关数据、资料及文件等。属于商业秘密的，应当向调查组提出。调查组应当以书面形式记录备查。调查机关和调查人员对被调查人的商业秘密应当予以保密。被调查人应当接受调查，如实提供有关情况和资料，不得拒绝调查或者隐匿真实情况、谎报情况。

调查机关作出调查结论前，可举行专家咨询会议，对"损害公平竞争"或者"损害交易对方"的程度进行评估。

3. 调查结论

调查不得超过 1 年；必要时，经调查机关批准，可以延长半年。

调查结束，调查机关应当作出调查结论，书面通知被调查人、利害关系人。(1)基本事实不成立的，调查机关应当决定终止调查；(2)基本事实存在但对市场公平竞争不造成实质损害的，调查机关可决定不对被调查人采取禁止性、限制性措施；(3)基本事实清楚且对市场公平竞争造成实质损害的，调查机关应当根据《国际海运条例》的规定，对被调查人采取限制性、禁止性措施。

调查机关在作出采取禁止性、限制性措施的决定前，应当告知当事人有举行听证的权利；当事人要求举行听证的，应当在自调查机关通知送达之日起 10 日内，向调查机关书面提出；逾期未提出听证请求的，视为自动放弃请求听证的权利。

（四）行政法律责任

对于违反国际海运管理的行为，行政主体可根据不同的情况实施行政处罚。以此来维护航运竞争秩序。

(1)无证经营国际船舶运输业务的。未取得《国际船舶运输经营许可证》，擅自经营国际船舶运输业务的，由国务院交通主管部门或者其授权的地方人民政府交通主管部门责令停止经营；有违法所得的，没收违法所得；违法所得 50 万元以上的，处违法所得 2 倍以上 5 倍以下的罚款；没有违法所得或者违法所得不足 50 万元的，处 20 万元以上 100 万元以下的罚款。

(2)手续不全擅自经营无船承运业务的。未办理提单登记、交纳保证金，擅自经营无船承运业务的，由国务院交通主管部门或者其授权的地方人民政府交通主管部门责令停止经营；有违法所得的，没收违法所得；违法所得 10 万元以上的，处违法所得 2 倍以上 5 倍以下的罚款；没有违法所得或者违法所得不足 10 万元的，处5 万元以上 20 万元以下的罚款。

(3)未办理登记手续，擅自经营国际船舶代理业务或者国际船舶管理业务的。未办理登记手续，擅自经营国际船舶代理业务或者国际船舶管理业务的，由国务院交通主管部门或者其授权的地方人民政府交通主管部门责令停止经营；有违法所得的，没收违法所得；违法所得 5 万元以上的，处违法所得 2 倍以上 5 倍以下的罚款；没有违法所得或者违法所得不足 5 万元的，处 2 万元以上 10 万元以下的罚款。

(4)外国国际船舶运输经营者侵犯中国沿海运输权的。外国国际船舶运输经营者经营中国港口之间的船舶运输业务，或者利用租用的中国籍船舶和舱位以及用互换舱位等方式经营中国港口之间的船舶运输业务的，由国务院交通主管部门或者其授权的地方人民政府交通主管部门责令停止经营；有违法所得的，没收违法所得；违法所得 50 万元以上的，处违法所得 2 倍以上 5 倍以下的罚款；没有违法所得或者违法所得不足 50 万元的，处 20 万元以上 100 万元以下的罚款。拒不停止经营的，拒绝进港；情节严重的，撤销其国际班轮运输经营资格。

(5)未经批准擅自经营国际班轮运输的。未取得国际班轮运输经营资格，擅自经营国际班轮运输的，由国务院交通主管部门或者其授权的地方人民政府交通主管部门责令停止经营；有违法所得的，没收违法所得；违法所得 50 万元以上的，处违法所得 2 倍以上 5 倍以下的罚款；没有违法所得或者违法所得不足 50 万元的，处20 万元以上 100 万元以下的罚款。拒不停止经营的，拒绝进港。

(6)转借许可证的。国际船舶运输经营者、无船承运业务经营者、国际船舶代理经营者和国际船舶管理经营者将其依法取得的经营资格提供给他人使用的，由国务院交通主管部门或者其授权的地方人民政府交通主管部门责令限期改正；逾期不改正的，撤销其经营资格。

(7)不履行备案手续的。未履行备案手续的，由国务院交通主管部门或者其授权的地方人民政府交通主管部门责令限期补办备案手续；逾期不补办的，处 1 万元以上 5 万元以下的罚款，并可以撤销其相应资格。

(8)不履行运价备案手续或不执行备案运价的。未履行条例规定的运价备案手续或者未执行备案运价的，由国务院交通主管部门或者其授权的地方人民政府交通主管部门责令限期改正，并处 2 万元以上 10 万元以下的罚款。

（9）依据调查结论应当给予行政处罚由交通主管部门、价格主管部门或者工商行政管理部门依照《反不当竞争法》第 22 条规定，经营者采用财物或者其他手段进行贿赂以销售或者购买商品，构成犯罪的，依法追究刑事责任；不构成犯罪的，监督检查部门可以根据情节处以 1 万元以上 20 万元以下的罚款，有违法所得的，予以没收。

（10）国际船舶运输经营者与欠格无船承运业务经营者订立协议运价的。国际船舶运输经营者与未办理提单登记并交纳保证金的无船承运业务经营者订立协议运价的，由国务院交通主管部门或者其授权的地方人民政府交通主管部门给予警告，并处 2 万元以上 10 万元以下的罚款。

（11）擅自设立常驻代表机构的。未经国务院交通主管部门批准，外国国际船舶运输经营者以及外国国际海运辅助企业擅自设立常驻代表机构的，由国务院交通主管部门或者其授权的地方人民政府交通主管部门责令限期改正，并处 2 万元以上 10 万元以下的罚款。外国国际船舶运输经营者以及外国国际海运辅助企业常驻代表机构从事经营活动的，由工商行政管理部门责令停止经营活动，并依法给予处罚。

（12）拒绝调查的。拒绝调查机关及其工作人员依法实施调查，或者隐匿、谎报有关情况和资料的，由国务院交通主管部门或者其授权的地方人民政府交通主管部门责令改正，并处 2 万元以上 10 万元以下的罚款。

（五）刑事责任

违反《海运条例》规定，构成刑事犯罪的，要依据刑法来追究刑事法律责任。一个是非法从事进出中国港口的国际海上运输经营活动以及与国际海上运输相关的辅助性经营活动，扰乱国际海上运输市场秩序的，依照刑法关于"非法经营罪"的规定，追究刑事责任。依据《刑法》第二百二十五条规定，违反国家规定，扰乱市场秩序，情节严重的，处 5 年以下有期徒刑或者拘役，并处或者单处违法所得 1 倍以上 5 倍以下罚金；情节特别严重的，处 5 年以上有期徒刑，并处违法所得 1 倍以上 5 倍以下罚金或者没收财产。

再一个就是国家公务人员犯罪的刑事责任。国务院交通主管部门和有关地方人民政府交通主管部门的工作人员有下列情形之一，造成严重后果，触犯刑律的，依据《刑法》第三百九十七条规定，国家机关工作人员滥用职权或者玩忽职守，致使公共财产、国家和人民利益遭受重大损失的，处 3 年以下有期徒刑或者拘役；情节特别严重的，处 3 年以上 7 年以下有期徒刑。尚不够刑事处罚的，依法给予行政处分，或者依其他罪名的规定，依法追究刑事责任：

（1）对符合《海运条例》规定条件的申请者不予审批、许可、登记、备案，或者对不符合本条例规定条件的申请者予以审批、许可、登记、备案的；

（2）对经过审批、许可、登记、备案的国际船舶运输经营者、无船承运业务经营者、国际船舶代理经营者和国际船舶管理经营者不依照条例的规定实施监督管理，或者发现其不再具备条例规定的条件而不撤销其相应的经营资格，或者发现其违法行为后不予以查处的；

（3）对监督检查中发现的未依法履行审批、许可、登记、备案的单位和个人擅自从事国际海上运输经营活动以及与国际海上运输相关的辅助性经营活动，不立即予以取缔，或者接到举报后不依法予以处理的。

第四节　国内航运管理法

一、国内航运管理法概述

（一）水路运输的概念与分类

国内航运在我国的国内立法上称为水路运输，水路运输按照航行区域分为沿海运输和内河运输。水路运输是指人类利用船舶等水运工具，通过通航水域将货物和乘客安全、及时进行位移的活动。水路运输经营按照经营船舶的种类分为货船运输和客船运输。货船运输分为普通货船运输和散装液体危险品船运输，散装液体危险品船运输分为液化气体船运输、化学品船运输和油船（含沥青船）运输。客船运输分为普通客船（含客渡船、旅游客船）运输、客滚船（含车客渡船、载货汽车滚装船）运输和高速客船运输。

按运输是否发生费用结算，分为营业性运输和非营业性运输。营业性运输是指为社会服务，发生各种方式运费结算的旅客运输和货物运输，包括使用常规运输票据结算以及将运输费用计入货价内的运销结合、产销结合、取送货制度以及承包工程单位的原材料自运等各种结算方式的运输业务在内；非营业性运输是指为本单位或者本身服务，不发生各种方式运费结算的运输。水路运输法规范的主要是营业性运输，而营业性运输又包括水路运输企业和其他从事营业性运输的单位、个人从事的运输。

我国有着 18 000 公里的海岸线和 14 000 公里的岛岸线，水路运输对于经济的发展和文化生活的繁荣起着非常重要的作用。近年来水路运输业得到了相应的发展，到 2011 年 12 月"内河、沿海、远洋运输船舶的平均吨位分别达到 449 载重吨、4754 载重吨和 25423 载重吨，分别增长 96％、118％和 45％。沿海跨省运输油船、化学品船和液化气船的平均船龄为 8.2 年、6.8 年和 13.7 年，分别下降了 6.7 年、5.9 年和 7.9 年。"

（二）水路运输管理法的概念

新中国成立以来，尤其是实行改革开放政策以来国务院和交通运输部已经颁布了一系列法律、行政法规和规章，其中涉及沿海运输管理方面的主要规定有：《水路运输管理条例》(国务院 1987 年 5 月 12 日发布，并于 1997 年 12 月 3 日修正，2009 年第二次修订)、《水路运输管理条例实施细则》(交通运输部于 1987 年 9 月 22 日发布，并于 2009 年最新修正)、《水路货物运输规则》和《水路货物运输管理规则》(交通运输部[1995]交水发 221 号)、《国内水路集装箱货物运输规则》(交通运输部[1996]16 号令)、《水路运输服务业管理规定》(交通运输部于 1996 年 6 月 18 日发布，并于 1998 年 7 月 30 日修正，2009 年第二次修订)、《国内船舶运输资质管理规定》(2001 年交通运输部第 1 号令)。并于 2008 年 5 月 26 日颁布了新的《国内水路运输经营资质管理规定》废除了《国内船舶运输资质管理规定》。并且在 2009 年分别对《水路运输服务业管理规定》、《国内船舶管理业规定》、《水路运输违章处罚规定》进行了修改。上述法规、规章的制定和修改对于加强国内水路货物运输的管理，进一步完善国内水路运输管理的立法体系，建立全国统一、公平竞争、规范有序的沿海运输市场，对我国水路运输管理走向规范化、法制化起到了重要作用。

国内航运管理法或水路运输管理法是指调整国家水运管理主体在管理水路运输行业的过程中形成的航运管理关系的法律规范的总称。

二、国内航运主体的设立

航运主体从事运输行为的目的，是为了营利或满足单位生产的需要。在社会化大生产条件下，运输主体的设立、变更等，不仅是主体自己的事，还会涉及全社会的利益，涉及国家对社会利益的保护。因此，国家必须采取统一的手段，对运输主体的设立和开业进行管理，以达到对整个水运市场的调控，保持整个社会经济的平衡发展。海上运输主体的管理制度就是实现这一目标的法律手段。通过对主体资格的审批、登记，国家认可运输主体的合法资格，使其成为水运市场活动的主体，并通过进一步的管理，实现对市场的宏观调控。为此《水路运输管理条例》及其配套规章作出了详细的规定。将运输主体分为三类，即船舶运输业、水路运输服务业和船舶管理业。

（一）国内船舶运输业主体的设立

1. 国内船舶运输业主体设立的条件

国内船舶运输业务经营者，是指依法取得国内船舶运输经营资质，并在核定的经营资质范围内经营国内船舶运输业务的企业法人。所谓的国内船舶运输业务，是指国内船舶运输经营者使用自有或者经营的船舶、舱位，提供水路货物运输和旅客运输服务以及为完成这些服务而围绕其船舶、所载旅客或者货物开展的相关活动，包括签订有关协议、接受订舱、商定和收取运费、签发提单及其他相关运输单证、安排货物装卸、安排保管、进行货物交接、安排中转运输和船舶进出港等活动。

（1）沿海运输权。又称沿海贸易权，指在一国国内沿海从事运输贸易的权利。

一般而言，许多国家都通过立法，禁止悬挂外国旗的船舶在本国从事沿海运输贸易，而将沿海运输权赋予本国船队独享，因为沿海运输权不仅牵涉国家的经济利益，还关系到国家的主权和安全。目前世界上大多数国家均未开放沿海运输权，有的也只有在区域性集团的成员国之间相互开放。我国在《水路运输管理条例》对沿海运输权也作出了明确的规定，其中第七条规定："未经中华人民共和国交通部准许，外资企业、中外合资经营企业、中外合作经营企业不得经营中华人民共和国沿海、江河、湖泊及其他通航水域的水路运输。"《水路运输管理实施细则》第三条规定："中华人民共和国沿海、江河、湖泊以及其他通航水域中的旅客、货物运输，必须由中国企业、其他单位或者个人使用悬挂中华人民共和国国旗的船舶经营。未经中华人民共和国交通运输部批准，在中国注册登记的'三资企业'或者船舶，不得经营上述水域的旅客运输和货物运输。中国企业、其他单位和个人将运输船舶租赁给'三资企业'或者租用'三资企业'的船舶经营上述水域的旅客运输和货物运输的，亦应当按前款规定，经交通运输部批准。"《国海运条例》第28条第2款规定：只有本国承运人才能从事国内港口间的运输。

（2）取得法人资格。国内船舶运输业，立法中称为水路运输企业，因为按我国《国内水路运输经营资质管理规定》的要求，要取得国内船舶运输经营主体的资格，除经营单船600总吨以下的内河普通货船运输外，首先就要取得企业法人的资格。以此来引导船东向企业化方向发展，以解决国内航运业发展过程中组织化程度低的问题。但自然人经营单船600总吨以下的内河普通货船运输应当办理个体工商户登记。关于法人资格，按《民法通则》的规定，要具备依法成立，有必要的财产或者经费，有自己的名称、组织机构和场所，能够独立承担民事责任这四个要件，才能取得法人资格。关于个体工商户，是指有经营能力并依照《个体工商户条例》的规定经工商行政管理部门登记，从事工商业经营的公民。

（3）具有与经营范围相适应的运输船舶。船舶是水路运输企业进行生产活动的必要工具，不仅如此，船舶及其驾驶人员还要符合法定的安全标准，为此，法律也要求船舶要持有船检部门签发的有效船舶证书，其驾驶、轮机人员应当持有航政部门签发的有效职务证书；关于运输船舶的拥有量问题，《国内水路运输经营资质管理规定》第八条规定："（一）经营省、自治区、直辖市之间（以下简称'省际'）沿海普通货船运输的：普通货船2 000总吨；（二）经营省、自治区、直辖市内（以下简称'省内'）沿海普通货船运输的：普通货船1 000总吨；（三）经营内河普通货船运输的：普通货船600总吨；（四）经营省际沿海散装液体危险品船运输的：危险品船2 000总吨，其中经营液化气体船运输的：舱容3 000立方米；（五）经营省内沿海散装液体危险品船运输的：危险品船1 000总吨，其中经营液化气体船运输的：舱容1 000立方米；（六）经营省际内河散装液体危险品船运输的：危险品船1000总吨，其中经营液化气体船运输的：舱容500立方米；（七）经营省内内河散装液体危险品船运输的：危险品船500总吨，其中经营液化气体船运输的：舱容300立方米；

（八）经营省际沿海客船运输的：普通客船 400 客位，高速客船 200 客位，客滚船 3 000 总吨并且 400 客位；（九）经营省内沿海客船运输的：普通客船 200 客位，高速客船 100 客位，客滚船 1 000 总吨并且 100 客位；（十）经营省际内河客船运输的：普通客船 200 客位，高速客船 100 客位，客滚船 1 000 总吨并且 50 客位；（十一）经营省内内河客船运输的：普通客船 100 客位，高速客船 50 客位，客滚船 300 总吨并且 50 客位。同时经营油船和化学品船运输或者同时经营普通客船和高速客船运输的，总运力规模可以合并计算，但每一船舶种类应当至少拥有一艘自有并经营的适航船舶。交通运输部可以针对因市场需求有限，致使从事水路运输的企业运力规模无法满足第一款要求的情况，公布低于第一款规定的总运力规模的特定区域。"

（4）在要求经营的范围内有较稳定的客源或者货源。船舶运输企业投入的资金量大，如果企业成立后因客源或货源不足，而营业额较少，不能及时收回成本的话，就不能及时偿还贷款，会对国家的经济生活有所影响。

（5）经营客运航线的，应当申报沿线停靠港（站、点），安排落实船舶靠泊、旅客上下所必需的安全服务设施，并取得县以上航运管理部门的书面证明。客运航线经营者是具有公共服务性质的公用企业，其所提供的水路客运服务也是一个国家基本公共服务体系中的重要项目，作为交通运输业的重要一种，也是国家的基础性产业，以提供无形服务的方式为国民经济各部门和所有社会成员的发展创造基本条件和共同机会，是经济运行与发展的平台与载体。为了让客船能够满足上述要求，法律规定了这样的登记条件。

关于公用企业，按国家工商行政管理总局 1993 年 12 月 9 日发布的《关于禁止公用企业限制竞争行文的若干规定》将其界定为："是指涉及公用事业的经营者，包括供水、供电、供热、供气、邮政、电信、交通运输等行业的经营者。"

（6）有经营管理的组织机构、场所和负责人，并订有业务章程。管理人员的配备是防止企业经营过程中造成人命财产安全、环境污染等重大事故及保障资本运营的重要保障，为此《国内水路运输经营资质管理规定》要求水运企业要有满足经营需要和安全管理要求的经营、海务、机务、船员管理等组织机构、固定办公场所和国家规定的注册资本，其第九条规定："从事国内水路运输的企业应当至少配备 1 名经营专职管理人员，并配备满足下列数量要求的海务、机务专职管理人员：（一）经营沿海普通货船 1 至 10 艘的，至少分别配备 1 人；11 至 20 艘的，至少分别配备 2 人；21 至 30 艘的，至少分别配备 3 人；30 艘以上的，至少分别配备 4 人；（二）经营内河普通货船 1 至 10 艘的，至少分别配备 1 人；11 至 50 艘的，至少分别配备 2 人；51 至 100 艘的，至少分别配备 3 人；100 艘以上的，至少分别配备 4 人；（三）经营沿海散装液体危险品船或者客船 1 至 5 艘的，至少分别配备 1 人；6 至 10 艘的，至少分别配备 2 人；11 至 20 艘的，至少分别配备 3 人；20 艘以上的，至少分别配备 4 人；（四）经营内河散装液体危险品船或者客船 1 至 10 艘的，至少分别配备 1 人；11 至 20 艘的，至少分别配备 2 人；21 至 30 艘的，至少分别配备 3 人；30 艘以上的，至少分别配备 4 人……"

专职管理人员应当与企业签订一年以上全日制用工的劳动合同，在合同期限内不得在船上或者其他企业兼职。经营普通货船运输企业的海务、机务专职管理人员应当具有与所经营船舶种类和航区相对应的不低于大副、大管轮任职的从业资历。经营客船、散装液体危险品船运输企业的最高管理层中至少有 1 人。专职负责安全管理工作并具有与所经营船舶种类和航区相对应的船长或者轮机长任职的从业资历；其海务、机务专职管理人员应当具有与其所经营船舶种类和航区相对应的船长、轮机长任职的从业资历。

但如果从事国内水路运输的企业将其所属船舶的安全与防污染管理委托具有国内船舶管理业经营资格的船舶管理企业代管的，在有效代管期内，委托企业可以不按照经营船舶的规模配备相应数量的海务、机务专职管理人员，但是应当至少分别配备 1 人。

同时该规定还要求企业要有健全的安全生产责任制度、安全生产规章制度和操作规程，以及生产安全事故应急救援预案等安全管理与生产经营管理制度，并且要建立安全管理体系。水运生产的危险性大于陆上工业部门的生产，所以，预防事故的发生及事故发生后能够及时有效地采取相应的措施，是企业的一项重要责任。为此，《航运公司安全与防污染管理规定》的要求，建立安全管理体系。其中包括确定安全与防污染管理的方针和目标，指定本公司主要负责人为安全与防污染工作的第一责任人；确定防污人员，明确其岗位职责；船舶要配备足额船员；建立教育培训制度；制定安全与防污染操作规程；确保当发生事故、险情和不符合规定情况时得到报告、调查、分析和纠正；有效控制与安全管理体系有关的所有文件和资料；对安全管理体系进行内部审核、有效性评价和管理复查。

（7）有与运输业务相适应的自有流动资金。企业拥有一定数额的资金是进行生产经营活动的必要条件。企业的自有流动资金是指投资者本身的成本资金，而没有用来添置成本的资金。包括国家投入流动资金、企业资金、其他单位投入流动资金、集资人入股形成的流动资金。

水路运输企业以外的单位和个人从事营业性运输，必须具备上述（3）、（4）、（5）、（7）项条件，并有确定的负责人。个体（联户）船舶还必须具备船舶保险证明。

2. 国内船舶运输主体设立的程序

（1）申请。国内船舶运输主体资格的申请分为两种情况，一种情况是申请设立水路运输企业的；另一种情况是已经取得非水路运输企业资格，申请从事水路运输业务的。不管是哪种情况要从事水路运输都要取得许可。

属于第一种情况的，要首先提出筹建申请；申请经营国内水路运输业务的企业和个人，申请经营国内水路运输或者扩大国内水路运输经营范围，应当根据不同情况，向其所在地人民政府交通主管部门提交下列相应申报材料：

[1]申请书，包括申请的经营范围、运力规模及其来源；

[2]可行性报告，包括客货源市场分析及落实情况、资金来源及落实情况、营运经济效益分析；

[3]《企业法人营业执照》或《营业执照》（筹建提供的《企业名称预先核准通知书》即可）及其复印件；

[4]企业股东的基本情况和说明股东投资情况的证明文件，法人股东提供《企业法人营业执照》及其复印件，自然人股东提供身份证及其复印件；

[5]公司章程及其复印件，固定办公场所使用证明及其复印件；

[6]组织机构的设置和专职管理人员配备情况的证明文件，包括专职管理人员名单、任职文件、身份证、任职资历材料、劳动合同（筹建提供的意向协议即可）等原件及其复印件；

[7]包括生产经营管理与安全管理制度在内的企业基本管理制度；

[8]按照《航运公司安全与防污染管理规定》需要建立安全管理体系的，应当提供有效的"符合证明"或者"临时符合证明"证书及其复印件；符合[10]之项目规定的，应提供其与船舶管理企业签订的安全与防污染管理协议、船舶管理企业的《水路运输服务许可证》和有效的"符合证明"或者"临时符合证明"证书及其复印件；

[9]拟由其经营并投入国内水路运输的船舶来源证明文件和有效的《船舶所有权登记证书》、《船舶国籍证书》、《船舶检验证书》或者《船舶入级证书》、《船舶最低安全配员证书》及其复印件，《中华人民共和国航运公司安全与防污染管理规定》适用范围内的船舶还应当提供有效的"安全管理证书"或者"临时安全管理证书"及其复印件；

[10]经营客船运输的，应当提供与经营航线停靠站点的港口经营人达成的靠泊港航协议及其复印件，或者已经对客船靠泊、旅客上下船所必需的服务设施、安全设施作出安排的其他证明文件；

[11]个体运输经营者，提供本人身份证及其复印件和有效内河船员适任证书及其复印件。

企业筹建应当提交第[1]项至第[7]项、第[10]项规定的申报材料。

企业开业应当提交第[1]项至第[10]项规定的申报材料，有筹建环节的需要提供《水路运输许可证（筹建专用）》及筹建批准文件复印件。

已经取得国内水路运输经营资质的企业扩大经营范围，应当提交第[1]项、第[2]项、第[6]项至第[10]项规定的申报材料及原批准文件复印件和《水路运输许可证》（副本）。个体运输经营者申请从事国内水路运输应当提交第[1]项、第[9]项、第[11]项规定的申报材料。

（2）国内航运企业的筹建许可。

[1]设立水路运输企业或者以运输船舶经营沿海、内河省（自治区、直辖市，下同）际运输的，应当申报交通运输部批准。其中经营长江、珠江、黑龙江水系干线运输的（专营国际旅客旅游运输的除外），申报交通运输部派驻水系的航务管理局

批准。

[2]设立水路运输企业或者以运输船舶经营省内地(市)间运输的,应当申报省交通运输厅(局)或者其授权的航运管理部门批准;经营地(市)内运输的,应当申报所在地的地(市)交通运输局或者其授权的航运管理部门批准。

[3]个体(联户)船舶经营省际、省内地(市)间运输的,应当申报所在地的省交通运输厅(局)或者其授权的航运管理部门批准;经营地(市)内运输的,应当申报所在地的地(市)交通运输局或者其授权的航运管理部门批准。

[4]"三资企业"要求经营我国沿海、江河、湖泊及其他通航水域内的旅客和货物运输的,应当申报交通运输部批准。

(3)水路运输企业的开业许可。

[1]许可的时间,经批准同意筹建水路运输企业或者订造运输船舶后,方可在批准的范围内进行筹建、订造船舶。筹建完毕,具备开业条件后,应当再向原审批机关提交"水路运输企业(船舶)开业申请书"。审批机关应当于接到申请书的次日起20天内,对经审核符合条件,决定批准的,发给长期或者临时的"水路运输许可证";对不予批准的,给予答复。

水路运输企业以外的单位要求以现有船舶从事营业性运输,应当向规定的审批机关提交"水路运输企业(船舶)开业申请书",并抄报船舶所在地和航线到达地的交通运输主管部门。各抄报单位应当于接到申请书的次日起10天内向审批机关提出书面意见。审批机关应当于接到申请书的次日起20天内对经审核符合条件,决定批准的发给长期或者临时的"水路运输许可证";对不予批准的,给予答复。

[2]船舶运输业许可的条件。

第一,交通运输管理部门的许可。水路运输企业的许可不完全是羁束的行政行为,即不完全以法律法规规定的条件为准,即要看被审批的水路运输企业和其他从事营业性运输的单位和个人的管理水平、运输能力、客货源条件,还要看主要社会运力和运量总的平衡情况,审批其经营范围。对一省的船舶长期(半年以上)要求固定在外省境内营运的,应当征得外省交通运输厅(局)的同意后,方可批准。但由于历史原因形成的除外。

第二,工商行政管理部门的许可。企业得到许可后,要从事运输业务,还要到工商部门领取营业执照。交通主管部门的审批是工商部门审批的前置程序。

第三,船舶运输行为的许可。水运企业的生产工具是船舶,每一艘船舶从事运输,都要取得运输资格,其资格的证明文件就是《船舶营业运输证》。法律要求水路运输企业和其他从事营业性运输的单位和个人领取营业执照后,应当持营业执照向原签发运输许可证的机关,按照拥有船舶的艘数领取单船长期或者临时的"船舶营业运输证"。

签发水路运输许可证、船舶营业运输证和水路运输服务许可证,可收取工本费。

3. 水路运输主体的变更和终止

水路运输主体的变更，是指主体改变名称、分立、合并、迁移、运力增减、变更经营范围或其他的重大改变。这种情况属于许可的变更，要取得原许可机关的批准。

（1）增减运力管理。水路运输企业和其他从事营业性运输的单位和个人，需要增减运力或者变更经营范围的，应当申报下列机关审批。

[1]交通运输部直属企业、业经交通运输部准许从事国内水路运输的"三资企业"增加运力或者变更其经营范围以及其他企业和单位增加省际运输运力或者变更其省际经营范围的，由交通运输部审批。其中属于长江、黑龙江交通运输部直属企业的，由交通运输部委托其派驻水系的航务管理局审批，但国际旅客旅游运输除外；属于其他内河省际运输的，由交通运输部委托各省交通运输厅（局）在交通运输部或者交通运输部委托其派驻水系的航务管理局确定的年度新增运力额度内审批，但"三资企业"和国际旅客旅游运输除外。

[2]省内运输增加运力或者变更经营范围，按经营范围分别申报所在省、地（市）的交通运输厅（局）或者其授权的航运管理部门批准。

[3]水路运输企业和其他从事营业性运输的单位和个人，要求增加运力或者变更其经营范围，应当向规定的审批机关提交"增加运力、变更经营范围申请书"，并抄报单位所在地和航线到达地的交通运输主管部门。各抄报单位应当于接到申请书的次日起10天内向审批机关提出书面意见。审批机关应当于接到申请书的次日起20天内对经审核批准的，核发或者更换"船舶营业运输证"；对不予批准的，给予答复。

[4]各省交通运输主管部门或者航运管理部门和长江、珠江、黑龙江航务（运）管理局，应当对批准增加和变更的运力，每半年汇总一次报交通运输部，其中长江、珠江水系各省批准的，同时抄送所在水系的航务（运）管理局。

[5]停业管理。水路运输企业、从事营业性运输的其他单位和个人要求停业，应当向原审批机关和工商行政管理机关办理注销手续。要求转户时，原户主应当按停业办理，新户主应当重新办理审批和注册登记手续。

（二）海上运输服务企业的审批

国内船舶代理与货运服务统称为国内水路运输服务业。具体是指接受旅客、托运人、收货人以及承运人的委托，以委托人的名义，为委托人办理旅客或者货物运输、港口作业以及其他相关业务手续并收取费用的行业。

改革开放以来，国内水路运输服务业得到了长足的发展。国内水路运输服务业管理的发展经历了三个阶段：

第一阶段：1987年以前，国内水路运输服务业自发地形成，无章可循；

第二阶段：自1987年《中华人民共和国水路运输管理条例》正式颁布实施后，国内水路运输服务业逐步纳入法制轨道，并开始实行行业许可证制度。随着改革的不断深化和市场的逐步扩大，国内水路运输服务市场日趋活跃，无论是市场的经营主体总量与质量，还是市场的规模与范围，均有较大发展；

第三阶段：在 1996 年《中华人民共和国水路运输服务业管理规定》（以下简称《水路运输服务业管理规定》）颁布实施后，国内水路运输服务行业管理有章可循，各级航运管理部门按照"布局合理、服务方便、竞争有序、适应运输发展需要"的原则，加强了对国内水路运输服务业市场准入、行为监督等方面的管理，对国内水路运输服务市场进行了清理整顿，使国内水路运输服务业进一步规范化。同时，随着改革的深入，国内水路运输服务市场呈现投资主体多元化、多种经济成分并存的开放、竞争的格局。

随着改革开放的进一步深入和市场经济体制的逐步确立，1996 年制订、1998 年修改的《水路运输服务业管理规定》中一些不适用发展的问题逐渐表现出来，主要有：(1)《水路运输服务业管理规定》调整的范围太窄，只限于"船舶代理、客货运输代理"，而实际上，国内水路运输服务的范围和内容已扩大到如船舶管理、船舶经纪等方面；(2)收费标准和票据样式不统一。为此，交通运输部已于 2009 年完成对《水路运输服务业管理规定》的进一步修改，以适应国内新的水路运输形势的需要。

1. 水路运输服务企业设立的条件

水路运输服务业属于服务行业，涉及的法律关系较为复杂，为了提高其行业的服务水平，保障行业信誉，维护市场的交易安全，国家对其实行市场准入制度，也即许可管理。《水路运输服务业管理规定》第八条规定："任何企业从事水路运输服务业务，必须经过交通运输主管部门的批准，领取《水路运输服务许可证》后，方可经营。"许可是一种有条件解除禁止的行政行为，所以，许可条件是实施行政许可制度的一个核心内容。水路运输服务业行政许可的条件，在《水路运输管理条例》及《水路运输服务业管理规定》中作出了明确的规定。要求水路运输服务业务必须以设立法人的形式经营，依法取得中国企业法人资格，具体的设立条件是：

(1)有稳定的水路运输客源、货源和船舶业务来源；

(2)有与经营范围相适应的组织机构和专业人员；

(3)有固定经营场所和必要的营业设施；

(4)有符合下列规定的最低限额的注册资本：

[1]经营船舶代理业务的，为 20 万元人民币；

[2]经营客货运输代理业务的，为 30 万元人民币；

[3]同时经营船舶代理和客货运输代理业务的，为 50 万元人民币。

经营国内船舶管理业务的，应当具备下列条件：

[1]有符合国家规定的注册资本。

[2]有符合规定的管理人员。具体是指海务、机务专职管理人员，要求如下：

第一，管理沿海普通货船 1 至 10 艘的，至少分别配备 1 人；11 至 20 艘的，至少分别配备 2 人；21 至 30 艘的，至少分别配备 3 人；30 艘以上的，至少分别配备 4 人；

第二，管理内河普通货船 1 至 10 艘的，至少分别配备 1 人；11 至 50 艘的，至少分别配备 2 人；51 至 100 艘的，至少分别配备 3 人；100 艘以上的，至少分别配备 4 人；

第三，管理沿海散装液体危险品船或者客船 1 至 5 艘的，至少分别配备 1 人；6 至 10 艘的，至少分别配备 2 人；11 至 20 艘的，至少分别配备 3 人；20 艘以上的，至少分别配备 4 人；

第四，管理内河散装液体危险品船或者客船 1 至 10 艘的，至少分别配备 1 人；11 至 20 艘的，至少分别配备 2 人；21 至 30 艘的，至少分别配备 3 人；30 艘以上的，至少分别配备 4 人。

上述海务、机务专职管理人员应当具有与其所管理船舶种类和航区相对应的船长、轮机长任职的从业资历，并与该船舶管理企业签订一年以上全日制用工的劳动合同，在合同期限内不得在船上或者其他企业兼职。

[3]有与经营业务相适应的设备、设施。

[4]有符合国家规定的船舶安全管理和防止污染管理体系。

[5]法律、行政法规和交通部规章规定的其他条件。

2. 水路运输服务企业设立的程序

(1)申请。申请设立海上运输服务企业的，申请人应向拟设立企业所在地的县交通主管部门提出申请，由其审核后，转市交通主管部门审查批准，并报省级交通主管部门备案。设立"三资企业"的由交通运输部批准。

申请设立水路运输服务企业的，应向交通主管部门报送下列文件：[1]水路运输服务企业开业申请书；[2]可行性研究报告；[3]企业章程草案；[4]拟注册地方工商行政管理机关签发的"企业名称预先核准通知书"；[5]资信证明；[6]办公经营场所产权证明(或租赁证明、协议等)；[7]主要出资单位同意设立企业的文件(董事会决议、联营协议或经济担保人证明)；[8]企业负责人和主要业务人员姓名、职务和身份证明；[9]国务院交通主管部门规定的其他文件。

申请经营国内船舶管理业务，应当向其所在地人民政府交通运输主管部门提交下列材料：[1]申请书；[2]《企业法人营业执照》(筹建的提供《企业名称预先核准通知书》)及其复印件；[3]企业股东的基本情况和说明股东投资情况的证明文件，法人股东提供《企业法人营业执照》及其复印件，自然人股东提供身份证及其复印件；[4]公司章程及其复印件，固定办公场所使用证明及其复印件；[5]本规定要求的专职管理人员配备情况的证明文件，包括专职管理人员名单、任职文件、身份证、任职资历材料、劳动合同(筹建的提供意向协议)及其复印件；[6]覆盖其所管理船舶范围的有效船舶安全与防污染管理体系"符合证明"或者"临时符合证明"证书及其复印件。

(2)审批。县级交通主管部门应自收到申请书之日起 10 日内提出审核意见，并转报交通主管部门，审批机关应自收到申请之日起 30 日内，作出决定，对批准设立的颁发海上运输服务许可证。国务院交通运输主管部门和市(包括直辖市)交通运输主管部门(以下简称审批机关),应当自收到水路运输服务企业开业申请书和其他文件之日起 20 日内决定批准或者不批准。对批准设立的,颁发水路运输服务许可证书(以下简称许可证书)。

受理申请设立船舶管理企业的,交通运输主管部门应当在核实申报材料中的原件和复印件后,盖章确认复印件的内容与原件一致,将材料原件退还申请人;并在 15 日内完成初步审查,将初步审查意见和全部申请材料转报至省级人民政府交通运输主管部门。省级人民政府交通运输主管部门应当自收到转报材料之日起 20 日内完成审核,符合条件的,作出许可决定,向申请人颁发《水路运输服务许可证》并报交通运输部备案;不符合条件的,作出不予许可决定,并且应当书面通知申请人不予许可的理由。

申请人接到交通主管部门的批准决定后,还应到工商行政管理机关办理注册登记。

3. 水路运输服务许可证的期限与换证

申请人取得许可证书后,必须正常开业,无正当理由连续 180 日未营业的,审批机关应当撤销其许可证书。许可证书有效期限为 3 年。水路运输服务企业在许可证书有效期限届满时需要继续从事水路运输服务业务的,应当在许可证书届满之日前 30 日内,向审批机关申请换领许可证书;未按本规定申请换领许可证书的,其水路运输服务经营资格自许可证书届满之日起自动丧失,审批机关应当在办理注销手续后通知工商行政管理机关依法注销该企业营业执照或者营业执照中相关项目。

4. 水路运输服务许可证的变更

当水路运输服务企业出现变更事项时,必须向许可机关申请变更。如企业变更经营范围、企业名称、住所、法定代表人和经济类型等事项,应当申请办理变更审批手续。

申请变更经营范围的,应当报送下列材料:

(1)水路运输服务企业变更申请书;

(2)可行性研究报告;

(3)修改后的企业章程;

(4)原许可证书;

(5)国务院交通运输主管部门规定的其他文件。

申请变更企业名称、经济类型等事项的,应当报送第(1)、(3)、(4)项文件。

申请变更企业法定代表人、住所等事项的,应当报送第(4)项文件和拟变更项目的证明文件。

5. 水路运输服务许可证的注销

水路运输服务企业终止营业,应当按照《水路服务业管理规定》第十条的规定办理停业注销手续。原审批机关应当收回许可证书,并转请工商行政管理机关依法注销企业营业执照中相关项目。

三、水路运输主体营运的管理

通过对海上运输主体设立和开业管理,保证了运输主体的适格性。为防止运输主体设立后的营运行为违反法律规定，扰乱水运管理秩序，主管机关还应对其营运行为进行监督管理，其中包括客货运输管理，运价、费收管理和运输统计管理。

（一）旅客运输管理

根据《中华人民共和国水路运输管理条例实施细则》的规定，经营沿海水路营业性旅客运输的单位和个人，必须使用符合客船规范的船舶从事旅客运输，这里的"客船"是指载客超过十二人的船舶，不论其是否装货均视同"客船"。

经营水路营业性旅客运输的单位和个人，应按核定的航线、停留站点从事运输。开业后，未经批准，不得自行取消航线或随意减少班次和停靠港（站、口）。如需取消或变更时，必须向原审批机关申请批准，从批准之日起一个月后，方可取消或变更，并由沿线各客运站、点发布公告周知。水路运输企业根据需要开设临时性的客运航线，按隶属关系报上级交通主管部门备案。

对省际间有争议的客运航线，应本着共同经营，互惠互利，尊重历史，兼顾实际需要的精神，由相应的交通主管部门或其授权的航运管理部门共同协商解决；有分歧时，报请上级交通主管部门协调解决。

（二）货物运输管理

水路货物运输管理，实行分级综合平衡和市场调节相结合的原则。需要进行综合平衡的重点物资、联运物资、外贸进出口物资的运输计划，属于全国性的，由交通运输部负责按国家计划组织综合平衡；属于长江、珠江、黑龙江干线省际间的，由交通运输部派驻水系的航务（运）管理局组织综合平衡；属于上述水系干线以外省际间的，按有关省商定的办法组织平衡；属于省内的，由省交通厅（局）或其授权的航运管理部门组织平衡。

对综合平衡下达的运输计划，负责承运的水路运输企业、运输船舶和负责装卸的港埠企业，必须按照先重点，后一般，先计划内后计划外，先到先运的原则安排作业，并与托运人或其代理人根据《水路货物运输合同实施细则》及有关规定，签订货物运输合同，共同保证完成。

水路运输企业及其他从事营业性运输的单位和个人，在保证完成综合平衡下达的运输计划前提下，可以在批准的经营范围内，自行组织货物运输，任何单位和个人均不得实行地区或部门封锁，垄断货源。

（三）运价、收费管理

水路交通运输业是服务行业，作为其服务产品的价格是运价和其他各种提供服务后收取的费用。水路运输企业和其他从事营业性运输的单位和个人，必须按照交通运输部和省交通厅（局）制定的运价规章和费率计收运杂费用。以此来保障市场的稳定和社会服务需要的满足。为了平衡供需关系及根据各地的实际情况及时制定和调整运价，使运价更加适合市场规律，各级交通主管部门可以根据本地区的实际需要和价格管理权限，在国家价格管理所允许的范围内，制订最高限价和最低保护价。

(四)运输票据的管理

运输票据是具有运输合同、计费依据、货物交接等多功能的票据，除经交通运输部和省交通厅(局)批准的，财务管理制度较健全的全民所有制企业，可以按照统一规定的格式印制自用外，其余一律由省交通厅(局)或授权所属的航运管理部门按照有关规定统一印制、统一发放、统一管理。印制运输票据的单位，必须建立票据领用管理制度。所印制的运输票据应分类编号，列明数量，报上级交通主管部门和当地税务部门备案。

运输票据的管理是国家对水运主体营业行为的监督方式。为此法律规定水路运输企业和其他从事营业性运输的单位和个人计收客、货运输费用，必须使用交通运输部和省交通厅(局)规定的运输票据(货物运单、货票和客票)。任何单位和个人不得使用其他运输票据。

沿海水路运输票据的格式：水陆联运货物，按照全国统一规定的水陆联运货物运单、货票格式；水水联运及江海干线和跨省运输的，按照交通运输部统一规定的旅客、货物运输票据格式；省内运输的，按照省交通厅(局)统一规定的旅客、货物运输票据格式。渡运的票据格式，由省交通厅(局)或授权所属的航运管理部门统一规定。

(五)运输统计的管理

信息数据是国家对水运市场进行管理的依据，为了占有准确的数据，制定科学合理的法律制度及管理制度，法律要求沿海水路运输企业必须按隶属系统向规定的交通主管部门或其授权的航运管理部门和当地统计部门报送客、货运输统计表；石油、煤炭、冶金、商业(含粮食)、供销、外贸、林业、电力、化工、水产部门，必须按规定向当地的交通主管部门或其授权的航运管理部门和统计部门报送季度、年度营业性和非营业性客、货运统计表；从事营业性运输的其他单位，必须按规定向当地的交通主管部门或其授权的航运管理部门和统计部门报送季度、年度营业性客、货运输统计表；从事营业性运输的个人，必须按规定向当地的交通主管部门或其授权的航运管理部门报送季度、年度营业性客、货物运输统计表。

各级交通主管部门或其授权的航运管理部门，应负责组织督促主管范围内上述营业性和非营业性运输统计报表的及时填报，并负责逐级审核、汇总上报。长江、珠江、黑龙江水系沿线各省交通厅(局)或其授权的航运管理部门，应将汇总报送交通运输部的客货运输统计报表同时抄送交通运输部派驻水系的航务管理局。

(六)水路运输业者的竞争管理

水路运输主体的许可是建立和维护良好市场秩序非常重要的第一步。规范有序健康发展的水路运输市场和水路运输辅助业市场需要竞争法律规则的调整。为此，法律规定了水路运输主体在经营的过程中应该遵守的竞争规则。

1. 一般竞争规则

竞争法是市场经济的基本法，《反垄断法》被视为市场经济的宪章。但是，在我国反垄断法尚未达到如此高度。我国《反不正当竞争法》于 1993 年 8 月 2 日通过，自 1993 年 12 月 1 日起施行。在内容上，该法同时规定了部分垄断行为，如第六条"公用企业限制竞争行为"、第七条"行政垄断行为"、第十一条"低价倾销行为"、第十二条"搭售行为"和第十五条"串通招投标行为"。该法规定的属于典型的不正当竞争行为包括：第五条"假冒行为"、第八条"商业贿赂行为"、第九条"虚假宣传行为"、第十条"侵犯商业秘密行为"、第十三条"违法有奖销售行为"和第十四条"侵犯商业信誉行为"。

随着我国市场经济的不断发展，现行《反不正当竞争法》暴露出不少问题，迫切需要进行修改。《反不正当竞争法》的一些规定较为笼统，缺乏可操作性。2011 年初，有关部门已经完成了《反不正当竞争法》修改草案。

我国《反垄断法》于 2007 年 8 月 30 日通过，自 2008 年 8 月 1 日起施行。《反垄断法》规定的垄断行为包括：（1）经营者达成垄断协议；（2）经营者滥用市场支配地位；（3）具有或者可能具有排除、限制竞争效果的经营者集中。在《反垄断法》执法体制上，与价格有关的垄断协议和滥用市场支配地位行为由国家发改委负责实施，其他垄断协议和滥用市场支配地位行为由国家工商管理总局负责实施。经营者集中审查由商务部负责实施。由于水路运输企业规模相对较小，一般难以达到经营者集中审查的申报标准。《反垄断法》在水路运输业的适用主要是禁止垄断协议和滥用市场支配地位两种行为。

2. 水路运输市场竞争特别规则

《水路运输管理条例》及其实施细则对于水路运输市场竞争规则也作出了明确的规定。

《条例》第五条规定："水路运输在国家计划指导下，实行地区、行业、部门多家经营的方针。保护正当竞争，制止非法经营。"第二十二条："水路运输服务企业不得垄断货源，强行代办服务；不得超出规定的收费标准收取服务费用。"

《水路运输管理条例实施细则》没有就水路运输市场竞争规则进行具体化。可以说，水路运输市场竞争特别规则处于缺失状态。这是因为，前述《水路运输管理条例》涉及水路运输市场竞争规则的条文过于简单，而《反不正当竞争法》和《反垄断法》一般性规则有时不能直接适用于水路运输市场。比如，超限超载运输引起的不公平竞争，不公平定价行为（如低价竞争）可能既不属于低于成本的倾销行为，也不属于滥用市场支配地位的行为。这是水路运输市场竞争不规范的原因之一。

交通运输部《公路水路交通结构调整指导意见》（交规划发〔2008〕86 号）提出"营造公平、公正、规范的市场环境"建设目标，并提出以下具体措施：（1）梳理、协调和解决法规之间的冲突，消除地方和部门壁垒；（2）继续依法治理水路超限超载等各种违法违规行为，建立治理超限超载长效机制，维护良好的市场秩序；（3）保障守法经营业户和旅客、货主的合法权益；(4)强化执法监督，规范市场主体的行为，打击无序竞争、违法经营，保证市场公平交易，创造有利于市场机制有效发挥作用的外部环境；(5)设置控制安全、环保等负外部性影响的准入限制；(6)消除各地歧视性地方规章，消除地区间政策差异所形成的制度障碍和不公平竞争，促进市场的统一和开放。这一政策性文件在一定意义上为完善水路运输市场竞争规则指明了方向。

(七)水路运输服务业经营管理

水路运输服务企业应当在批准的经营范围内从事业务活动。

1. 船舶代理经营范围

水路运输服务企业接受承运人委托，可为其代办下列部分或者全部业务：

(1)承揽货源或客源(含旅游客源)；

(2)安排和联系货物配积载、船舶装卸或旅客乘降以及船舶作业所需拖轮、浮吊等；

(3)办理旅客中转、货物中转或储存；

(4)代售客票或签订运输合同，缮制运输单证、票据；

(5)结算、交付票款或运杂费；

(6)通报船期和货物到港情况，办理承运验收、货物交付手续；

(7)联系船舶修理和船舶燃物料及其他用品供应；

(8)协助处理属于承运人责任事宜和客货运事故；

(9)办理承运人委托的其他事项。

2. 客货运输代理经营范围

水路运输服务企业接受旅客或托运人、收货人委托，可为其代办下列部门或者全部业务：

(1)联系船舶，确定舱位，签订运输合同，代订客票；

(2)联系货物装卸、储存或驳运，签订装卸合同；

(3)办理货物提取、交付手续；

(4)结算、交纳运费票款和港口费；

(5)办理货物运输、作业所需证明；

(6)协助处理旅客或托运人、收货人责任事宜和客货运事故；

(7)办理旅客或托运人、收货人委托的其他事项。

经营港口业务的企业不得经营水路运输服务业务，但客运站除外。水路运输服务企业的分支机构不得从事经营活动。

3. 水路运输服务企业经营原则

(1)维护委托人的正当权益。水路运输服务企业不得以本人名义为他人托运、承运货物，收取运费的差价。不得就同一委托事项同时接受当事人双方的委托，与委托方应当本着协商自愿的原则订立合同，并认真履行。由于一方责任造成另一方损失，应当由责任方负责赔偿。

（2）禁止非法竞争。水路运输服务企业不得未受委托强行代办业务；不得以不正当竞争手段从事经营活动，不得出租、出借、转让或涂改许可证书和有关货运业务单证，不得为无水路运输经营资格或超越经营范围的经营人和船舶提供水路运输服务。

（3）服从国家统一管理。水路运输服务企业代办业务应当使用统一规定的单证和票据，应当根据国家有关规定缴纳运输管理费并接受年检年审，并应当分别于每年1月底和7月底以前向企业注册所在地的交通主管部门报送上一年度和上半年度统计报表与有关经营情况资料。

四、行政处罚

许可是行政管理的第一步，为了保证水路运输业者能够依法经营，行政管理部门要依法对运输业者进行经常性的监督检查。各级交通运输主管部门或者航管部门的检查人员可以对被检查单位或者运输船舶的负责人、当事人、见证人进行询问、调查；查阅被检查单位和个人、运输船舶的有关水路运输的证明、账册、单据及其他有关资料，必要时可抄录或者复制；向被检查单位和个人、运输船舶以及违章行为所涉及的单位、个人调取证据。发现违法行为的，要进行行政处罚。水路运输违法行为的处罚种类包括：警告、罚款、没收违法所得、暂扣或者吊销许可证。

因违章事实不清或者其他原因需要待后处理的，或者处罚决定需要报上级机关核准的，或者违章行为要由船舶单位所在地交通运输主管部门或者航管部门处理的，应当收存《船舶营业运输证》，签发《船舶营运待理证》，允许船舶继续运行，在限定期限内到指定交通运输主管部门或者航管部门接受处理。《船舶营运待理证》由县级以上交通运输主管部门或者航管部门签发。

（一）对违反经营管理行为的处罚

（1）未经批准，擅自从事水路运输、水路运输服务经营活动的，没收违法所得，并处违法所得1倍以上3倍以下的罚款；没有违法所得的，处3万元以上25万元以下的罚款。

（2）从事营业性运输的船舶未按规定办理《船舶营业运输证》的，属于非法营运，没收其非法收入，并视情节轻重，按船舶大小处以罚款：200载重吨以下的船舶，处100元以上500元以下罚款；200至1 000载重吨以下的船舶，处300元以上2 000元以下罚款；1 000至5 000载重吨以下的船舶，处1 000元以上5 000元以下罚款；5 000载重吨以上船舶，处3 000元以上2万元以下罚款。有《船舶营业运输证》而未随船携带的，并能提供确切证据的除外。

（3）非营业性运输船舶临时从事营业性运输，未按规定办理审批手续领取临时《船舶营业运输证》的，按非法经营行为处理。

(4)持涂改、伪造或者他人的《水路运输许可证》、《水路运输服务许可证》、《船舶营业运输证》的，属于非法经营，收缴有关证件，没收其非法收入，并处以非法收入额1至3倍的罚款。对收缴的涂改或者伪造的证件，由检查机关予以吊销；对收缴的他人的证件，由检查机关交原发证机关处理。

(5)持逾期《水路运输许可证》、《水路运输服务许可证》、《船舶营业运输证》，从事营业性运输或者服务的，给予警告，并限期补办证件。因不可抗力或者非当事人责任造成证件逾期的除外。

(6)水路运输企业、水路运输服务企业超越经营范围从事经营活动的，没收违法所得，并处违法所得1倍以上3倍以下的罚款；没有违法所得的，处2万元以上20万元以下的罚款。

(7)营运船舶超越核定范围从事营运的，没收违法所得，并处违法所得1倍以上3倍以下的罚款。

(8)营业性运输船舶转户时，原户主未按规定办理停业手续的，给予警告。新户主未按规定重新办理审批和注册登记手续无证经营的，按非法营运规定处理；使用原户主《船舶营业运输证》经营的，按4之规定处理。

(二)对违反客货运输管理行为的处罚

(1)在核定经营范围内从事旅客运输，未经批准自行取消或者增开航线的，应当做违章记录，限期改正，并视情节轻重，给予警告或者处以1万元以下的罚款。

(2)在核定经营范围内从事旅客运输，未经批准擅自减少班次、停靠港(站、点)或者变更停靠站点的，应当做违章记录，限期改正，并视情节轻重，给予警告或者处以100元以上1 000元以下的罚款。

(3)拒绝接受抢险救灾物资运输任务、不完成指令性物资运输计划或者不服从交通运输主管部门统一调度的，给予批评教育，情节严重的，给予警告。

(4)以不正当手段揽客、揽货的，给予警告。

(5)违反国家禁运物资规定实施运输的，给予警告，并没收其非法收入。

(三)对违反运输服务管理行为的处罚

垄断货源，强行代办服务的，处1万元以上10万元以下的罚款；情节严重的，并可以暂扣或者吊销许可证。

(四)对违反运输价格、运输票据管理行为的处罚

(1)哄抬运价、超出规定费用、费率收取服务费用或者其他违反价格管理规定，扰乱运输市场秩序的，按国家有关违反价格的处罚规定处理。

(2)违反运输票据管理规定，不使用有关部门统一规定的运输票据的，给予警告。

(3)使用废票、回笼票或者无票据运输的，处100元以上300元以下的罚款。

(4)伪造、私印、倒卖运输票据的，收缴其全部票据，没收其非法收入，并处以1 000元以上1万元以下的罚款。

(5)使用私印或者伪造票据的，收缴其票据，没收其非法收入。

(五)违反水运统计管理行为的处罚

不按规定向有关交通运输主管部门或者航管部门填报运输统计报表的，给予警告，并限期补报运输统计报表。

第七章

航道法

第一节　航道法概述

一、航道的概念和种类

(一)航道的定义

在不同国家和地区，对航道的定义不完全相同。例如，美国新哥伦比亚百科全书将"航道"定义为："用于运输的天然或人工的内陆可航行水体，或它所联结成的网系。"《中华人民共和国航道管理条例》(以下简称《航道条例》)第三十条规定："航道是指中华人民共和国沿海、江河、湖泊、运河内船舶、排筏可以通航的水域。"《中华人民共和国航道管理条例实施细则》(以下简称《航道实施细则》)第七条规定："航道是指中华人民共和国沿海、江河、湖泊、水库、渠道和运河内船舶、排筏在不同水位期可以通航的水域。"

航道是指在内河、湖泊、港湾等水域内供船舶安全航行的通道，由可通航水域、助航设施和水域条件组成。根据航道管理工作的实际情况，对航道定义的理解应当注意以下三个方面的问题。

1. 航道是一个在一定范围内变化的水域

由于"可以通航的水域"是随水位变化而变化的，高水位时可以通航的水域，在低水位时则可能不能通航，而低水位时不可通航的地方在高水位时则有可能可以通航。因此，这是从技术角度对航道定义的理解。

2. 航道是经有权的交通行政主管部门确认的可通航水域

所谓"可以通航"，是指经有权的交通行政主管部门确认的"可以通航"，换言之，不是所有已具备通航技术条件或已有船舶通行的水域都是"航道"。"航道须经有权部门确认"，这是航道定义的法律特征。

3. 分清"航道"与"河道"的区别

一般而言，河道是航道的基础，没有河道则没有航道。但是，"河道"是指两侧河岸之间可供水体流动的通道，其空间范围通常被局限于两侧堤岸之间、堤顶以下；而"航道"的空间范围则不仅包括两侧河岸之间水下一定深度的空间，还包括水上一定高度的空间。

(二)航道的种类

我国海岸线较长，内陆江河、湖泊、运河众多，航道所流经地域的地质、水量补给等因素差异很大，航道分类方法众多。

1. 国家航道、地方航道和专用航道

《航道技术政策》、《航道工程基本术语标准》、《航道管理条例实施细则》根据管理属性和航道的重要程度，将航道分为国家航道、地方航道和专用航道。

国家航道由五部分组成：构成国家航道网，可通航 500t 级以上船舶的内河干线航道、跨省、自治区、直辖市可常年通航 300t 级以上(含 300t)船舶的内河干线航道、可通航 300t 级以上(含 300t)海船的沿海干线航道、对外开放的海港航道、国家指定的重要航道；地方航道由四部分组成：可常年通航 300t 级以下(含不跨省的可通航 300t 级)船舶的内河航道、可通航 300t 级以下船舶的沿海航道和地方沿海中小港口间的短程航道、非对外开放的海港通道、其他属于地方航道主管部门管理的航道；专用航道是指由军事、水利电力、林业、水产等部门以及其他企事业单位自行建设、使用的航道。

相对于专用航道而言，国家航道和地方航道属于公用航道。

2. 内河航道和沿海航道

根据航道所处的区域，航道可分为内河航道和沿海航道。

内河航道是位于河流、湖泊、水库内的航道以及运河和通航渠道的总称；沿海航道是位于海岸线附近、具有一定边界、可供海船航行的航道。

3. 常年通航航道和季节性通航航道

按可通航时间的长短，可以将航道分为常年通航航道和季节性通航航道。常年通航航道是指可供船舶常年通航的航道，又称常年航道；季节性通航航道是指只能在一定季节(如非封冻期)或水位期(如中洪水期)内通航的航道，又称季节性航道。季节性航道主要因冰冻或枯水等原因，在一段时间内不可通航，例如黑龙江、松花江等我国北方航道。

4. 限制性航道和非限制性航道

根据航道断面尺度对航行有无明显限制作用，可以将航道分为限制性航道和非限制性航道。所谓限制性航道，是指由于航道断面系数小等原因，对船舶航行和航速等方面有明显限制作用的航道。

5. 天然航道和运河

根据航道是否由天然形成的区别，可以将航道分为天然航道和运河。运河是指由人工在陆地上开挖的、主要供船舶通航的水道，又称人工运河。运河在航道中数量很少，大多数航道是天然形成的，或者是在天然河流的基础上进行人工整治形成的、供船舶通航的水道。苏伊士运河、巴拿马运河、京杭大运河都是著名的人工运河。

6. 渠化航道和非渠化航道

根据航道是否经过渠化，可以将航道分为渠化航道和非渠化航道。渠化航道是指天然河流经梯级开发而形成的水深显著加大、流速明显减缓的航道。三峡枢纽工程、葛洲坝枢纽工程使长江上游水深显著加大，流速明显减缓，三峡枢纽工程、葛洲坝枢纽工程影响范围内的长江航道即为渠化航道。

二、航道规划

(一)航道规划的概念

航道规划是行政规划的一种，行政规划是指行政主体为了实现特定的行政目标，而作出的对行政主体具有约束力、必须采取具体措施在未来一定期限内予以实现的、关于某一地区或某一行业之事务的部署与安排。所谓航道规划，是指根据社会经济和水运发展的要求，在国家和区域水资源综合利用规划的指导下，制订有关航道开发建设的长远目标、任务、规模、标准和措施等事项的工作。

航道规划的主要任务是研究航道开发的经济意义、社会价值及技术上的可能性，制定近期与远景航道开发方案，并根据远景货流及运输组织提出适应远景发展的航道工程措施方案，拟定近期航道工程项目。

(二)航道规划的必要性

航道建设涉及的因素非常复杂，比如社会经济发展的水平、交通运输量及其预测、航道发展现状、投资的来源等，只有首先进行认真的研究，确定航道布局、航道建设标准、近期及远期建设目标等关于航道建设的重要因素，才能使航道建设有计划、有步骤地进行。航道建设所需要的资金投入较大，一般要分航线、分阶段逐步实施，建设的周期较长。在较长的建设周期内，为保证航道建设行为的一般性、一贯性，必须制定有权威的、具有指导性的规划成果。

为此，《中华人民共和国水法》第十四条规定，开发、利用、节约、保护水资源和防治水害，应当按照流域、区域统一制定规划。规划分为流域规划和区域规划。流域规划包括流域综合规划和流域专业规划；区域规划包括区域综合规划和区域专业规划。从《水法》的规定可以知道，航道建设是开发利用水资源的一部分，航道建设必须按流域或区域进行统一规划，航道建设应当依据批准的规划进行。

(三)航道规划的目标

所谓目标,是指个人、部门或整个组织所期望的成果。航道规划的目标是又快又好地建成我国现代化航道网。治理天然河流,开挖人工运河,沟通各个水系,统一航道标准,形成一个四通八达的航道网。这是内河运输现代化的基础,也是发挥内河水运优越性的必要条件。一个现代化的内河航道网主要应满足以下几方面的要求。

1. 航道成网、四通八达

凡具备一定自然地理条件的区域都应该重视航道的开发,尽可能做到各个水系相通,干支流相通,江河湖海相通,以形成一个四通八达的航道网。

2. 统一标准、降低运价

航道是重要的基础设施,投入大、使用时间长,应该在考虑经济发展的前提下,科学规则,以防止标准不符合船队发展,造成重建的浪费。所谓"统一标准"就是根据近期和远期船队船型、航行条件、运输状况及建设费用等因素,将航道划分成不同的等级,按照其级别规定相应的航道尺度和通航建筑物的尺度。

3. 统筹安排,综合利用

水资源是一种复合性资源,有多种用途,如果规划不当,就会妨碍其他用途。在开发和建设航道时,要统筹全局、全面安排,不仅要考虑水运的要求,而且应尽可能满足发电、防洪、灌溉、工业及民用供水、渔业、木材浮运以及旅游等部门的需要,做到一水多用,以期获得最大的经济效益。

4. 更新设施,科学管理

航道及通航建筑物设施现代化,营运管理科学化是现代化内河航道网的一项重要要求。航道设施应不断更新完善,以便保证船舶安全顺利地进行;船舶过闸的操作应自动化,以加速船舶过闸;管理机构要健全,营运要符合经济规律。

(四)航道规划的原则及应考虑的因素

航道规划工作应当依据全面规划、统筹兼顾、标本兼治、综合利用、讲求效益的原则进行,以保证发挥水资源的多种功能。

航道规划也是经济发展规划的一部分,首先应当考虑社会经济发展对航道开发利用的要求,认真分析腹地内自然资源条件、工农业生产的发展计划以及人民生活的需要,使航道建设与经济发展相适应。

其次,航道规划应当认真研究航道发展现状及其趋势。具体地说,航道规划应当详细分析规划范围内的主要航道的有关情况,研究主要航道之间的相互关系,合理确定它们在航道网络中的地位。

最后,航道规划必须考虑投资的来源。航道建设需要大量的建设资金,稳定连续的资金来源是保证航道规划成果变成现实的经济基础,没有可行的资金筹措方案,航道规划难以实现。

三、航道的重要设施

(一)船闸及建船闸的必要性

天然河道的河底高程随着地表地形的起伏而变化，我国总的地形变化是西高东低、北高南低，多数大江大河的流向一般都是从西向东入海，通常情况是河道下游的地形变化较上游为缓，因此下游河道水面的比降也远远小于河道上游的水面比降，下游的水深大于河道上游的水深，河口的水深又大于下游的水深。所以要增加上游河段水深，改善上游河段通航条件，就需要在河流中建造拦河闸、坝。

(二)船闸类型

船闸的类型和分类方式有多种多样，通常分为如下几类。

1. 内河船闸和海船闸

按船闸所处的地理位置和过闸船舶不同划分为内河船闸和海船闸。内河船闸，是指建于内陆的渠化河流及人工运河上的船闸，通行内河船舶；海船闸，是指建于封闭式海港港池口门，海运河及入河河口的船闸，通行海船。

2. 单级船闸和多级船闸

按纵向排列闸室数目划分，可分为单级船闸和多级船闸。沿船闸纵向建有一个闸室的船闸，船舶通过单级船闸时，只需进行一次灌泄水即可克服上下游水位的全部落差的为单级船闸；多级船闸中又可分上下级闸室相连和设中间渠道的两种。上下级闸室相连的多级船闸是指沿船闸纵向连续建有两个以上闸室的船闸。设中间渠道的多级船闸是指在水头很大，地形又比较平缓的地方，为避免建造井式船闸或上下级闸室相连的多级船闸需多挖很多土石方，而在这种条件下建造若干座相邻较近的单级船闸，并在各闸间用中间渠道把它们连接起来的船闸。

3. 单线船闸和多线船闸

按并列闸室数目划分，可分为单线船和多线船闸。单线船闸是指在一个枢纽内只建有一座船闸；多线船闸是指在一个枢纽内建有两座以上的船闸。

(三)船闸组成及功能

现代船闸由闸首、闸室、引航道、远方调度站等组成。

1. 闸首

闸首是连接闸室和引航道的建筑物，主要功能是可在其上安装闸、阀门，隔断闸室与上、下游引航道的水流，并实现控制闸室涨、落水的功能。

2. 闸室

闸室是指上下闸首和两侧闸墙之间的空间，是船舶克服集中落差的处所。闸室的功能是帮助过闸船舶克服集中落差。船舶停于其中，可随着闸室内水的涨落而升降。

3. 引航道

引航道是指连接船闸与河流主航道的一段过渡性航道。引航道由导航段、调顺段、停泊段、制动段和过渡段组成。导航段可引导和控制船舶进闸的航向。调顺段是供出闸船队调顺队形和准备避让靠船墩侧的船队之用。导航段和调顺段应禁止船舶停靠及交会。停泊段供待过闸船停泊和进出闸船舶交会之用。制动段供船舶减速之用。过渡段供引航道与航道平顺链接之用。过渡段和制动段是可以重合的。

4. 远方调度站

船闸远方调度站是为了方便船闸对船舶的运行调度和管理而设立的，是船闸对过闸船舶进行管理的第一站。它的位置一般设在船闸引航道的入口处，主要是为进闸船舶办理报到、登记、排号、编组以及收费等手续，然后依次进入引航道等待进闸。远方调度站的建筑有：站房、停靠码头、公告牌和道路等。

四、航道管理机构

(一)航道管理机构的概念及其设置情况

关于航道的管理机构，综合中国的及各级航道管理部门的实际情况，可定义如下：航道管理机构是指依法设置并具体履行航道建设、养护、管理、规费征收职能，按照法律、法规授权或依法接受县级以上各级交通主管部门委托对航道违法行为实施航道行政执法的事业组织。

航道管理机构一般是由交通主管部门依照法律规定设置的，并接受交通主管部门的领导、监督与指导，是交通主管部门的组成部分，不具有行政机关的地位，应该属于法律法规授权的组织，其职权来源于《航道条例》，其职权源于行政法规，而不是宪法和组织法。当该机构行使授权范围外的权力时，要接受机关部门的委托。

交通主管部门与航道管理机构的区别如下。

一是性质不同。县级以上各级交通主管部门是我国行使航道行政管理权的国家行政主管部门，是依《宪法》、《地方各级人民代表大会和地方各级人民政府组织法》和《航道管理条例》而享有航道行政管理权力的航道行政主体，是行政法人。航道管理机构是事业法人，虽然有部分航道行政管理权，但它不是行政机关，只是交通主管部门设置的交通管理机构的组成部分，在某些航道行政法律关系中不能独立成为行政主体。这是交通主管部门与航道管理机构的根本区别。航道管理机构受委托行使行政执法权的，只能以委托方的名义而不能以自己的名义进行执法。

交通运输部对全国航道事业的管理，是通过对沿海航道及内河主要航道的直接管理和对其他航道实行分级间接管理来实现的。由于各地的水运条件、航道经费等差别较大，航道管理体制和机构设置也不尽相同，归纳起来主要有以下四种。

1. 专设航道管理机构

这种模式是指设立单一航道管理职能的机构管理航道，机构名称一般为航道局

（处）。这种模式又可以分为垂直管理和双重管理两种。

2. 设立综合管理机构

这种模式是指设立港口、航道、船检、地方海事等职能合一的机构进行管理，机构名称一般为港航局、航务局。

3. 设立中央直属航道管理机构

交通部长江航务管理局（简称长航局）为交通运输部派出机构，是对长江干线航道行使政府行业管理职能的行政主管机构，受交通部委托和法规授权行使长江干线航道行政主管部门职责。长航局下辖长江航道局、长江三峡通航管理局、长江海事局等多个直属单位。

4. 设立中央海事管理机构下属的航标管理机构

天津、上海、广东、海南四个交通部直属海事机构，下设 17 个航标处负责部分沿海航道航标的维护管理，但不负责航道的其他管理工作。

（二）航道管理机构的主要职责

《航道条例实施细则》对各级航道管理机构的职责，作了明确、具体的规定，主要是：

（1）根据《航道条例》和《航道条例实施细则》以及国家其他有关规定和技术标准，对所辖航道及航道设施实施管理、养护和建设；

（2）审批与航道有关的拦河、跨河、临河、过河建筑物的通航标准和技术要求；

（3）参加编制航道发展规划，拟订航道技术等级，组织航道建设计划的实施；

（4）配合有关部门开展与通航有关河流的综合开发与治理，负责处理水资源综合利用中与航道有关的事宜；

（5）组织开展航道科学研究、先进技术交流和对航道职工进行技术业务培训；

（6）负责对航道养护费、船舶过闸费等航道行政性费用的征收、管理和使用；

（7）负责发布航道通告；

（8）负责航道及其航道设施的保护，制止偷盗、破坏航道设施、侵占和损坏航道的行为；

（9）接受交通主管部门的委托，对违反《航道条例》和《航道条例实施细则》规定，应受行政处罚的行为依法进行处罚。

各级航道管理机构的上述九项职责，概括起来主要是四个方面：一是航道管理；二是航道的规划与建设；三是航道养护；四是组织航道行政性收费的征收、管理和使用。

五、航道行政管理法律体系

（一）航道行政管理法律体系概述

我国的航道行政管理法律体系，是以宪法关于保护自然资源的规定为基础，由

法律、行政法规、地方性法规、部门规章、地方政府规章以及其他航道行政规范性
文件和通航技术标准等所组成的完整体系。这个体系可以分为三部分：第一部分是
航道法律、行政法规、航道地方性法规和规章、其他航道行政规范性文件；第二部
分是通航技术标准；第三部分是其他相关法律、法规、规章。

　　航道法律体系的第一部分主要由以下的法律、行政法规、地方性法规和规章组
成。法律主要是《水法》；行政法规主要有《航道管理条例》、《中华人民共和国航标
条例》（以下简称《航标条例》）、《内河交通安全管理条例》；地方性法规主要有《江苏
省内河交通管理条例》、《广东省航道管理条例》、《上海市内河航道管理条例》等；
全国性的规章主要有《航道管理条例实施细则》、《内河航标管理办法》、《交通行政
处罚程序规定》、《船闸管理办法》等。第二部分主要有 GB50139－2004《内河通航标
准》、GB5863—1993《内河助航标志》、GB5864—1993《内河助航标志的主要外形尺
寸》等一系列航道标准、规范。第三部分主要有《中华人民共和国刑法》（以下简称
《刑法》）、《中华人民共和国治安管理处罚法》等。

（二）航道法律、法规、规范和其他规范性文件

1. 宪法

　　宪法是我国的根本大法，宪法中关于自然资源开发利用与保护的法律规定，是
航道法律体系的基础。它将水流资源规定为国家所有，为保护和开发利用航道提供
了宪法保障，为制定航道法律、法规和规章提供了立法依据。

2. 法律

　　（1）《中华人民共和国水法》。该法是我国的第一部关于水资源利用的法律，对
合理开发利用和保护水资源、防治水害，充分发挥水资源的多种功能，适应国民经
济全面发展和人民生活需要，具有深远的意义，也是航道管理的重要法律依据。该
法已由第 9 届全国人民代表大会常务委员会第二十九次会议于 2002 年 8 月 29 日修
订通过，自 2002 年 10 月 1 日起施行。有关航道保护的内容主要集中在前四章。

　　（2）《中华人民共和国城市规划法》。该法在第七、十五、十九条中多次提及城
市规划。城市总体规划应当包括：城市的性质、发展目标和发展规模、城市主要建
设标准和定额指标、城市建设用地布局、功能分区和各项建设的总体部署，城市综
合交通体系和河湖等系统，各项专业规划，近期建设规划。

　　航道规划作为江河流域规划的一部分，城市总体规划应当与航道规划相协调；
对于经有权部门批准的航道规划，城市规划部门在编制城市规划时，应当充分考
虑，使城市规划符合航道管理的有关要求。上述规定对于协调城市建设与航道建设
的关系，搞好城市建设过程中的航道保护工作，具有重要意义。

　　另外，《中华人民共和国海上交通安全法》、《中华人民共和国渔业法》、《中华
人民共和国土地管理法》等也都规定了航道保护方面的法律规范。

3. 航道法规和规章

(1)航道行政法规。

[1]《航道管理条例》。中华人民共和国国务院令第545号文发布了《航道管理条例》，2009年1月1日起开始施行。《航道管理条例》包括总则、航道的规划和建设、航道保护、航道养护经费、罚则和附则，共6章32条。

[2]《内河交通安全管理条例》。2002年8月1日起施行的《内河交通安全管理条例》也包含了部分航道管理保护的内容。这部分内容主要集中在第六章通航保障部分。

第一，主管部门对航道通航保障方面的职责。该条例从保障通航安全的角度，要求内河通航水域的航道、航标和其他标志的规划建设设置维护，应当符合国家规定的通航安全要求。内河航道发生变迁，水深、宽度发生变化，或者航标发生位移、损坏、灭失，影响通航安全的，航道、航标主管部门必须及时采取措施，使航道、航标保持正常状态。

第二，沉船沉物所有人和经营人的义务。沉船沉物所有人和经营人对于内河通航水域内可能影响航行安全的沉没物、漂流物、搁浅物，必须按照国家有关规定设置标志，向海事管理机构报告，并在海事管理机构限定的时间内打捞清除；没有所有人或者经营人的，由海事管理机构打捞清除或者采取其他相应措施，保障通航安全。

[3]《航标条例》。航标是重要的航道设施，对于船舶的安全航行具有重要作用。为了加强对航标的管理和保护，保证航标处于良好的使用状态，保障船舶航行安全，国务院1995年以国务院令第187号颁布了《航标条例》。《条例》共二十五条，对航标管理机关和管理模式，航标管理和保护的原则，航标维护的方法，危害航标或影响航标效能等违法行为的查处等进行了规定。

(2)地方性法规。地方性法规是指地方立法机关制定或认可的，其效力不能及于全国，而只能在地方区域内发生法律效力的规范性法律文件。地方性法规在航道法体系中处于重要地位，虽然其位阶低，但其内容却具体、针对性强，且对航道立法有创新性的规定。

如1995年的《江苏省内河交通管理条例》规定，可以采取政府投资、社会集资、引进外资、贷款等方式筹集航道建设资金，拓宽了筹资渠道。对利用集资、贷款、外资修建的航道、船闸，经省人民政府批准，可以向过往船舶收取专项费用，用于偿还集资和贷款。新建船闸等过船设施，实行谁投资谁收益；对船闸的建设和管理作出新的规定。对通过能力严重不适应需要的，交通、水利部门应当筹集资金加以改建、扩建。船闸管理单位应当加强管理，改善服务，简化手续，提高船闸通过能力，缩短过闸时间。

又如1995年《广东省航道管理条例》，该条例主要在以下几个方面取得了突破：一是将航道行政管理执法权与处罚权直接赋予航道管理机构，航道管理机构具有行政执法和行政处罚主体资格；二是在航道的规划建设方面，规定开发利用内河、出海口门及沿海航道的滩涂，必须符合航道发展规划和航道技术等级的要求，并征得航道部门同意；三是在航道维护方面，开工前必须通知航道部门参与监督放线，工程竣工应有航道部门参加验收；四是在航道规费征收方面，规定航道部门对缴纳义务人的缴费情况有权进行监督检查或委托审计部门进行专项审计。航道行政执法人员在航道、码头、港区、船舶、缴费单位依法进行检查，港航监督等有关部门应予配合。

再如 2001 年的《上海市航道管理条例》。该条例的特点：一是航道管理机构具有行政处罚主体资格，可以自己的名义实施行政处罚；二是细化了与通航有关设施的审批规定。建设单位在申请建设工程许可证前，应将设计方案送航道管理机构审查。航道管理机构应当在接到申请之日起十五个工作日内，对设计方案作出同意、修改或者不同意的决定。建设单位在开工时应当通知航道管理机构，航道管理机构可以进行现场监督。工程竣工后，建设单位应将工程验收合格的资料报航道管理机构备案；三是明确规定，沿内河航道新建、扩建码头的，应当采用挖入式布置；四是征收内河航道岸线使用费，扩大了航道建设养护费用的来源。经批准使用内河航道岸线修建码头、仓库、堆场等进行生产经营活动的，应当按照规定向航道管理机构缴纳内河航道岸线使用费。

（3）部门规章。《中华人民共和国航道管理条例实施细则》。交通部根据《航道管理条例》等法律、法规，于 1991 年 8 月 29 日发布了《航道管理条例实施细则》，并于 2009 年进行了修改，其在《航道管理条例》的基础上，对航道保护作出更加明确、具体的规定。主要体现在：一是明确了航道管理机构的地位。第二条规定，"中华人民共和国交通部主管全国的航道事业。各级交通部门设置的航道管理机构是对航道及航道设施实行统一管理的主管部门。"这一规定，是航道管理机构接受各级交通主管部门委托行使航道行政执法和处罚权的法律依据。二是进一步明确了国家航道、地方航道及其划分。三是对各级交通主管部门管理航道的主要职责作出了规定。四是对各级航道管理机构的设置及其主要职责作出规定。五是对航道技术等级评定及审批程序作出规定。此外，还对航道管理机构在航道管理、保护、养护、航养费征收和使用等方面的职责作出了较为具体的规定。

《内河航标管理办法》。交通部根据《航标条例》等有关法规的规定，制定了《内河航标管理办法》，自 1996 年 8 月 1 日起实施，其适用范围是江河、湖泊、水库、运河等内河通航水域的航标管理。国境河流的航标管理，按照我国与有关国家签订的协议执行。主要内容有，进一步明确了航标管理机构和基层班组管理职责；规定了基本的航标配布原则以及航标配布图的编制和审批办法；提出了航标维护管理的检查考核手段和安全生产等方面的办法；细化了对专设航标的配布与维护管理规定。为加强和规范航道养护管理工作，保障航道畅通，提高航道养护质量和服务水平，交通运输部于 2010 年 12 月 21 日发布了《航道养护管理规定》。此外，交通部还发布了《船闸管理办法》、《内河航道养护费征收与使用办法》、《交通处罚程序规定》等规章。

4. 其他航道行政规范性文件

规范性文件，是各级机关、团体、组织制发的各类文件中最主要的一类，因其内容具有约束和规范人们行为的性质，故名称为规范性文件。规范性文件具有一定的强制性、约束力，是治理国家、管理经济和文化各项事业的重要手段，是经济活动、社会行为的重要规范。交通部发布的《内河航道管理和养护工作纲要》、《航道技术政策》、《跨越国家航道的桥梁通航净空尺度和技术要求的审批办法》都属于重要的航道行政规范性文件。

（三）内河通航标准

制定《内河通航标准》，是统一我国内河通航技术要求，促进内河通航的标准化、现代化，发挥内河水运优势，适应交通运输发展的迫切需要，对于强化内河航道建设管理、推进水资源综合利用具有重要意义。GB50139－2004《内河通航标准》在原 GBJ139—1990《内河通航标准》的基础上，总结和借鉴国内外通航技术研究成果和实践经验，通过大量调查分析、广泛征求意见和多项专题研究修订而成。经国家建设部公告第 214 号《关于发布国家标准（内河通航标准）的公告》批准自 2004 年 5 月 1 日起实施。GB50139－2004《内河通航标准》（以下简称《标准》）。《标准》主要内容由总则、术语、航道、船闸、过河建筑物、通航水位六大部分、三个附录、一个条文说明组成。这些标准经法律、法规和规章的认可，也同样具有法律的效力。

第二节　航道行政许可

一、航道行政许可的概念及意义

航道行政许可作为行政许可的一种，它是航道管理部门根据公民、法人或者其他组织的申请，经依法审查其通航标准和技术要求，准予其从事与通航有关设施的建设活动以及其他与通航有关活动的行为。航道行政许可是航道管理部门为履行维护航道通航条件的职能，达到保障航道畅通的目的，所采取的重要管理方式和手段。

航道行政许可作为一项重要的行政权力，意义在于通过事前控制的方式，执行通航标准与有关技术要求，最大限度地减少碍航设施的产生，避免事后监管的高成本与低效率，从而有效地实现保障航道畅通的目的。

二、航道行政许可的范围

（一）拦河、跨河、临河建筑物和其他工程设施

航道是由主体、空间及相关设施构成的，在可通航河段建设水上、水下设施，必然对航道的通航条件构成影响，为避免上述情况的发生，必须通过许可确定相关的设施的标准。《航道管理条例》及《航道管理条例实施细则》规定，建设对航道通航条件有影响的设施必须经过许可。与通航有关的设施，是指对航道通航条件有影响

的闸坝、桥梁、渡槽、架空电线、水下电缆、管道、隧道、码头、驳岸、栈桥、护岸码头、房屋、涵洞、抽(排)水站、固定渔具、贮木场等拦河、跨河、临河建筑物和其他工程设施。在通航河流上建设永久性跨河、拦河、临河建筑物，都属于对航道通航条件有影响设施的范畴。

与通航有关的设施，按其对通航条件的影响程度，大体上可分为三类。

(1)拦河建筑。主要是指水利、水电枢纽的拦河闸坝。由于水利、水电枢纽的设计目标常以防洪、发电、供水等作为主要目标，往往把航运放在次要乃至从属地位，导致枢纽的航运功能得不到应有的保证。兴建水利、水电枢纽对航道影响极大，有时甚至是阻碍作用，因此，为保障航道功能的正常发挥，保障航运正常。稳定发展，必须由航道管理部门实施对建设拦河闸坝的许可。

(2)跨河建筑物。主要包括桥梁、渡槽、架空电线、水下过河电缆、管道、隧道等。从航道上空跨越的桥梁、渡槽、缆线、管道等设施，以及从其河床底部穿过的涵管、管道、缆线、隧道等，同航道形成立体交叉，对航道的影响很大。如果选址不当、达不到通航净空尺度或者埋没过浅等都将给航道的畅通带来长时间的负面影响，这些设施将变成航道的"枷锁"，这种"瓶颈"效应将使整条航道的等级降低，削弱通航能力。

(3)临河建筑物。主要包括码头、驳岸、栈桥、护岸码头、滑道、房屋。涵洞、抽(排)水站以及其他工程设施。临河建筑物建设不当，可能直接或间接导致减小等级航道有效通航断面，缩小航道原有弯曲半径，引起水流紊乱，造成淤积，影响船舶航行安全。

(二)通航河流专设标志

专设航标是建设和管理单位为保障对通航有影响的拦河、跨河与临河建筑物施工期间及建成后的安全和船舶航行安全所设置的航标。专设航标的作用是保护对航道有影响的拦河、跨河、临河建筑物设施自身安全以及船舶航行安全，如果可以随意设置、移动和拆除，必然会造成重大安全隐患或者重大事故。因此专设航标的设置、移动和拆除必须遵循严格的标准和要求。

除上述两项航道行政许可事项外，一些地方性法规还设定了其他的航道行政许可项目，概括起来，主要有以下两项：①在航道及航道保护范围内取土、采挖砂石、取砂、淘金；②建设过船建筑物的通航标准和技术要求等。

三、航道行政许可程序

航道行政许可的程序即航道管理部门实施行政许可的步骤、方式、顺序和时限的总和，是航道行政许可制度中不可缺少的重要组成部分。航道行政许可程序主要包括受理申请、审查(核实)、作出许可决定三个步骤。

(一)受理申请

申请是航道管理部门实施行政许可的启动程序。作为相对方的个人、组织要取得某项航道行政许可证明，首先要向航道管理部门提出申请。申请人向航道管理部门申请航道行政许可，除提交申请书以外，还应同时提交有关文件材料，例如设施所处位置的航道平面图、断面图以及设施的总体布置图，以说明建筑物的种类、结构、规模、地点、位置等内容，反映拟建设施与航道的关系。

按照航道法规和规章的规定，建设单位在建设临跨河设施前，应当事先经航道管理部门许可。但实际上因种种原因，许多部门和单位在建设前并未征求航道部门意见，未经许可就擅自建设。航道管理部门发现在建设施的通航标准达不到规定要求，要求建设单位停工并修改设计时，建设单位一般不愿修改设计，管理难度很大。为使航道行政管理工作走出这种被动的局面，航道部门需要在项目建设的前期介入管理，及早对设施的通航尺度提出要求，进行提前控制。

一个建设项目从计划建设到建成投产，一般要经过建设决策、建设实施和交付使用三个阶段。其主要步骤：项目建议书、可行性研究报告、初步设计、施工图设计、年度投资计划、开工报告、竣工验收。基本建设前期工作是从建设项目酝酿决定到开工建设以前进行的各项工作，是基本建设程序中一个非常重要的阶段。基本建设前期工作主要包括：提出项目建议书、编制可行性研究报告、进行设计和编制工程概预算，以及按照管理权限提请有关单位许可等。

基本建设前期是航道行政管理介入的最好时期，这一阶段对有关通航标准和技术要求进行超前预控，可以取得较为理想的效果。所谓超前预控，是指在临跨河设施开工建设前的工程预可行性研究（即预可，项目建议书为其工作结果）、工程可行性研究（工可）及初步设计（初设）等工程前期阶段，主动上门，主动参与，提出桥梁等临跨河设施的通航标准与技术要求，与建设、设计单位研究解决设计方案中存在的问题，将通航标准等问题解决在建设单位报送许可资料前，并要求建设单位按时报批拟建设施。

（二）审查

航道管理部门收到航道行政许可申请后，应在法律、法规、规章规定的期限内对申请人的申请及所附材料进行实质审查，审查的内容主要包括有以下三个方面。

1. 申请材料的完整性与符合性审查

审查判定申请材料反映的情况与航道行政许可条件是否一致，通常采取书面审查为主的方式，逐条对照申请材料与许可条件的对应关系。

2. 真实性审查

对申请材料真实性的审查，可以采取以下方式：

（1）当面询问申请人及与申请材料内容有关的相关人员，并由申请人和相关人员书面承诺声明所提供的材料与所述情况的真实性；

（2）根据材料之间的内容进行相互印证或者根据掌握的信息与申请材料进行印证；

（3）请求其他行政机关协助审查申请材料的真实性；

（4）审查人员到申请人单位、场所或到与所审查材料内容有关的单位、场所调取查阅有关材料，审查核实材料的真实性；

(5)举行听证，听取利害关系人意见；召开专家论证评审会议来审查申请材料的真实性；

(6)对现场的设备、设施、工具等采取检验、检测、勘验、验收等核查措施。

需要到建设现场进行实地核查的，航道管理部门应当指派两名以上工作人员进行核查；了解申请建设的建筑设施在航道的具体位置是否与设计图一致，了解地理地貌的现状情况，了解建筑设施是否符合通航标准和技术要求等有关规定。

3. 关联性审查

对于申请事项直接关系到他人重大利益的，航道管理部门应当告知利害关系人，并可以采取举行听证、听取陈述申辩、召开专家论证评审会议等方式，听取利害关系人、申请人的意见。

利害关系人和申请人以口头方式陈述申辩，航道管理部门可以制作询问笔录，由利害关系人和申请人签名确认。利害关系人和申请人也可以用书面方式提出陈述申辩。

利害关系人和申请人对申请事项无意见或者不陈述申辩的，航道管理部门应当记录在案并由其签名确认。

(三)作出许可决定

航道管理部门经过对行政许可申请人的申请及有关材料进行审查后，若确认其符合许可条件，即应在规定期限内作出准予许可的决定。若经审查认为不符合许可条件，则应作出不予许可的决定，并向申请人说明理由，同时告知。不服许可决定的可依法申请复议或提起行政诉讼。

四、航道行政许可具体方法

航道行政许可工作涉及的对象很多，下面选择几种具有代表性的建筑设施进行介绍。所有的建筑设施许可程序基本上是相同的，但方法上又各有其特殊性。

(一)申请建设跨河桥梁的许可

桥梁是对航道通航条件影响最大的一种设施，桥梁许可极为重要，在航道行政许可中也最具代表性。

1. 桥址的要求

(1)桥址应选在河床稳定、航道水深充裕、水流条件良好的平顺河段。

(2)桥址应远离浅滩、弯道、汇流口、港口作业区及锚地。

(3)相邻两桥的轴向间距，二至五级航道不得小于船队长度加船队下水 5min 航程之和；六级至七级航道不得小于船队长度加船队下水 3min 航程之和。

2. 桥梁平面布置的审核

(1)桥梁轴线的法线方向应尽可能与水流方向一致，其偏角不得大于 5°，若超过 5°，净宽必须相应加大，应满足水流方向的法线方向上的投影值不小于等级航道净宽值的要求。在这种情况下，桥梁桥墩的布置形式主要有两种：一是同侧桥桩中心连线平行于航道中心线；二是同侧桥桩中心连线不平行于航道中心线，垂直于桥梁纵轴线。

（2）桥梁通航孔的布设是否与航道中心线一致，否则应调整通航孔中心线或航道中心线，对于有规划中心线的航道，在条件许可的情况下，通航孔净宽尚应同时满足规划中心线的要求。

3. 桥梁立面布置及通航尺度的审核

（1）桥址段航道设计最高、最低通航水位是否与等级航道设计水位相吻合。

（2）通航孔内不得有突出净空图的任何构件，特别应该注意的是突出的墩台，应要求设置在设计最高通航水位以上或航道设计底标高以下，如现有航道底标高低于航道设计底标高，以现有航道底标高计。

（3）桥梁不应过于缩小航道的过水断面，不得使通航孔附近产生危害船舶航行安全的不良水流。

（4）桥梁的通航尺度是否符合国家规定的等级航道通航净空标准和有关的技术要求。平板桥只需审查净宽与净高，拱桥等还需审核侧高与上底宽。

4. 现场的核查

核查图纸与实地一致。

(二)申请建设临河码头的许可

1. 码头位置的审核

（1）码头必须选择在水流平缓、河床稳定顺直河段。

（2）码头应远离航道交叉口和桥梁等通航条件较差的河段。

（3）如果是大型港口，其与桥梁距离应当符合桥梁许可时的有关要求。

2. 码头平面布置的审核

审查码头平面上是否建有其他的建筑设施，如有，则应当注意这些设施应当符合有关临河设施建设的标准，不得影响通航条件。有关图纸上应标明码头的平面尺度、码头翼墙与前沿的夹角等。

3. 通航尺度的审核

（1）码头应当或尽量采取挖入式。

（2）不能采取挖入式的，码头的前沿距离航道中心线要控制一个最小距离。

（3）对特殊航道有特殊规定的，应当执行特殊规定。

（4）为便利船舶停靠码头，挖入式港池或顺岸码头前沿水域边缘，一般与码头前沿成 $30°\sim45°$ 交角向外扩展，且扩展部分应达设计水深。

（5）码头前沿高程应在航道设计最高通航水位以上，以防止高水位时淹没码头，给船舶的航行带来危险。

4. 现场核查

在现场核查时，勘查实地是否与所报图纸一致，是否具有建设码头的条件，是否在弯道上，以及建设码头对今后航道发展、船舶航行安全是否存在不利影响等。

(三)申请建设过河管线的许可

1. 架空管线

架空管线分为架空线路和架空管道。架空管道的许可方法原则上与桥梁相同，不再赘述，此处仅介绍架空管线的许可。但须注意的是，架空的危险品管道如油管、煤气管等，应与桥梁保持一定距离，按交通部《桥涵设计通用规范》第1、4、5条要求，对于大桥应不小于100m，中桥不小于50m，小桥不小于10m。大桥为多孔跨径大于等于100m小于500m或单孔跨径大于等于40m小于100m的桥梁；中桥为多孔跨径大于30m小于100m或单孔跨径大于等于20m小于40m的桥梁；小桥为多孔跨径大于等于8m小于等于30m或单孔跨径大于等于5m小于20m的桥梁。另外，架空管道与桥梁不同的是，需要设置管线标，而不是桥涵标。

(1)线路位置的审核。架空电力、电信过河线的位置对航道没有大的直接影响，但在许可时要考虑其线路的位置对今后航道的发展是否会有影响。

(2)平面布置的审核。线路的杆件、拉线尽量避免设置在航道规划范围内，防止航道规划实施时产生矛盾及带来不必要的损失。

(3)通航尺度的审核。净空高度是否符合有关架空电力、电信线跨河净高尺度的规定。

(4)现场的核查。根据建设单位提供的申请报告和图纸，航道管理部门派员到沿线所跨航道现场，勘察实地是否与所报图纸一致，是否符合规定要求。

2. 河底管线

河底管线包括河底管道、河底线路、河底隧道等水下过河设施。

(1)河底管线位置的审核。河底管线必须设置在远离浅滩、锚地的稳定河段，同时应远离船闸引航道、弯道等河段。在浅滩处，管线埋设困难。在锚地、弯道、船闸引航道等处，管线易遭到破坏。

(2)通航尺度的审核。河底管线顶部标高，一至五级航道，根据《内河通航标准》的规定，应在规划航道底标高2m以下。六至七级航道及等级外航道可结合各地具体规定设定，但管线顶高在规划航道底标高以下的深度不应小于1m。

(3)现场的核查。根据建设单位提供的申请报告和图纸，航道管理部门派员到管线设置的航道现场实地勘察，了解有关事项是否与所报图纸一致，是否符合规定要求。

(四)申请建设驳岸(渡口)的许可

1. 驳岸、渡口位置的审核

这里主要讲渡口位置的审核，因为对于驳岸来讲，在符合通航标准、满足标准航道宽度的前提下，不存在建设位置的问题。渡口必须设置在远离桥梁、港区，航道顺直且视线良好的河段。

2. 驳岸、渡口平面布置的审核

(1)驳岸的线型是否与航道规划边线相吻合。当现有航道较宽,其边线在规划边线之外的,以现有边线为准。同时要注意驳岸之间、驳岸与现有航道边线之间的连接,做到线型流畅美观。

(2)渡口不得突出航道规划边线。

(3)驳岸及渡口前沿顶高程不宜低于设计航道最高通航水位以上50cm。

3. 通航尺度的审核

驳岸、渡口应设置在划定的通航水域外,并应满足安全通航要求,不得侵占航道水域,影响现有通航条件。

4. 现场的核查

根据建设单位提供的申请报告和图纸,勘查实地是否与所报图纸一致,是否符合规定要求。此时,要结合图纸中驳岸的设计标准,核查建设单位建设驳岸的真实目的。

(五)申请建设临河围墙(厂房、房屋)的许可

1. 围墙(厂房、房屋)位置的审核

(1)根据各地有关规定,房屋、厂房、围墙应从航道坡肩向岸内缩进一定距离。

(2)无论是城市还是农村,都要考虑航道发展规划,并结合城市发展规划,在规划线以内的不得批准。

(3)房屋、厂房、围墙等须建在航标等标志、标牌周围20m范围以外,不得影响航标和标牌功能的发挥。

2. 现场的核查

根据建设单位或个人的申请报告和图纸,勘察实地是否与所报图纸一致,是否符合规定要求,如河边是否已建有驳岸等。

(六)申请设置专设航标的许可

1. 专设航标位置的审核

专设航标的配布、设置、撤除、位置移动均需经航道管理部门许可,使得航标与专设航标保持一致,有利于船员辨认,防止船舶误碰、误认。

2. 技术标准的审核

专设航标的执行标准是国家标准GB5863—1993《内河助航标志》和GB5864—1993《内河助航标志的主要外形尺寸》。

3. 现场的核查

根据建设单位提供的申请报告和图纸,航道管理部门派员到专设航标设置的航道现场实地勘察,了解有关事项是否与所报图纸一致,是否符合规定要求。主要核查航标是否会受到附近建筑物或高大植物的遮挡,航标背景是否存在影响航道灯光效能发挥的各种灯光等。

第三节　航道行政征收

一、航道行政征收的概念

行政征收是行政机关或者法定授权的组织根据法律、法规的规定，向行政相对人强制无偿收取一定财物的行政行为。按我国法律的规定，行政征收包括税和费两种。航道行政征收在 2009 年以前包括两项，船舶吨税和行政事业收费，后者又包括航道养护费和船舶过闸费，2009 年 1 月 1 日国家推出"成品油价税费改革方案"后的航道养护费停止征收。航道养护经费按 2009 年修订的《航道法实施细则》第三十四条和第三十五条的规定，按原交通部、财政部发布的《港务费收支管理规定》从安全监督局（海事局）港务费中开支。港务费用于航标的比率应当有明确规定。外国籍船舶使用海区航标，应当缴纳船舶吨税。海港和内河港口进港航道的维护性挖泥和改善航道条件的费用；航道、泊位、港池、锚地的测量、破冰以及本港挖泥船进行维护性挖泥的费用；船闸管理费用；护岸、导流堤、船闸的修理、加固以及结合修理进行改造和增添的附属设备设施所发生的费用，按交通部、财政部发布的《港务费收支管理规定》从港务局港务费中开支。

二、船舶吨税

（一）征收依据

船舶吨税是海关对进入我国港口的国际航行船舶征收的一种税。其征收税款主要用于港口建设维护及海上干线公用航标的建设维护。根据 2011 年 11 月 23 日国务院第 182 次常务会议通过的《中华人民共和国船舶吨税暂行条例》（以下简称《吨税条例》）第一条，自我国境外港口进入境内港口的船舶，应当依法缴纳船舶吨税。

（二）征税主体与缴税主体

1. 船舶吨税征税主体

吨税由海关负责征收，海关征收吨税应当制发缴款凭证。

2. 船舶吨税缴税主体

《吨税条例》不再以船舶的国籍作为征税的标准，而只以从我国境外港口进入境内港口的、从事国际航行的船舶作为的缴税主体，充分体现了船舶吨税的属地性质。根据《吨税条例》第六条的规定，吨税的缴税主体为"应税船舶负责人"。这里的"负责人"应当是广义上的，通常包括船舶所有人、船舶经营人以及船舶承租人等主体。总之，负责船舶日常营运的主体均应是缴税主体。

（三）征收标准

根据《吨税条例》第二条，船舶吨税的税目、税率按照下表执行，《吨税税目税率表》的调整，由国务院决定。

税 目 （按船舶净吨位划分）	税 率 （元/净吨）						备 注
	普通税率 （按执照期限划分）			优惠税率 （按执照期限划分）			
	1 年	90 日	30 日	1 年	90 日	30 日	
不超过 2 000 净吨	12.6	4.2	2.1	9.0	3.0	1.5	拖船和非机动驳船分别按相同净吨位船舶税率的50%计征税款
超过 2 000 净吨，但不超过 10 000 净吨	24.0	8.0	4.0	17.4	5.8	2.9	
超过 10 000 净吨，但不超过 50 000 净吨	27.6	9.2	4.6	19.8	6.6	3.3	
超过 50 000 净吨	31.8	10.6	5.3	22.8	7.6	3.8	

（四）征收方式

吨税按照船舶净吨位和吨税执照期限征收。应税船舶负责人在每次申报纳税时，可以按照《吨税税目税率表》选择申领一种期限的吨税执照。应税船舶在进入港口办理入境手续时，应当向海关申报纳税领取吨税执照，或者交验吨税执照。应税船舶在离开港口办理出境手续时，应当交验吨税执照。应税船舶负责人申领吨税执照时，应当向海关提供下列文件：（1）船舶国籍证书或者海事部门签发的船舶国籍证书收存证明；（2）船舶吨位证明。

吨税纳税义务发生时间为应税船舶进入港口的当日。应税船舶在吨税执照期满后尚未离开港口的，应当申领新的吨税执照，自上一次执照期满的次日起续缴吨税。应税船舶负责人应当自海关填发吨税缴款凭证之日起 15 日内向指定银行缴清税款。未按期缴清税款的，自滞纳税款之日起，按日加收滞纳税款 0.5‰的滞纳金。

应税船舶到达港口前，经海关核准先行申报并办结出入境手续的，应税船舶负责人应当向海关提供与其依法履行吨税缴纳义务相适应的担保；应税船舶到达港口后，依照《吨税条例》的规定向海关申报纳税。

三、船舶过闸费征收管理

(一)征收依据

船舶过闸费,又称为过船建筑物维护费,属于事业性收费中的服务补偿费。所谓事业性收费是国家机关、事业单位为社会或个人提供特定服务所收取的费用。它不以盈利为目的,但有强制性、垄断性。

在全国范围内,除交通运输部门为改善通航条件建设并管辖的船闸以外,还有水利部门为防洪排涝建设并管辖的船闸,以及电力部门、民营企业为利用水电建设并管辖的船闸。因此,过闸费的征收依据是由各省交通、水利、水电等行政主管部门和物价部门根据上位法制定的。

《中华人民共和国航道管理条例实施细则》第三十三条规定:"除水利、能源部门在原通航河流建有水电站的船闸、升船机等按有关部门或地方人民政府规定免收费以外,船舶、排筏通过船闸、升船机等过船设施,应按国家规定缴纳过闸费。"对部分兴建在通航河流上的航电枢纽中的船闸,因为有发电收入,根据交通运输部或地方人民政府的有关规定,免收过闸费。

(二)征收主体与缴费义务主体

1. 过闸费征收主体

过闸费征收行为也属于行政性征收,其征收主体应当是行政主体。对于交通运输部门管辖的船闸,其征收主体应当是各级交通主管部门,但是为减轻交通主管部门具体征费的事务,《中华人民共和国航道管理条例实施细则》可授权各级航道管理机构(船闸管理机构)征收。

2. 过闸费缴费义务主体

过闸费缴费义务人是通过船闸的各类船舶、竹木排筏和浮运物体的所有人或经营人,使用船舶的人则是过闸费缴费主体。装货船舶的过闸费由货物托运单位负担,空船及客运船舶的过闸费由船舶所有权属单位负担,分别列入其成本开支。

(三)征收标准

过闸费征收标准一般在由各省、直辖市、自治区颁布的"过闸费征收和使用办法"中详细分类,明确征收标准。由船闸管理部门严格按标准征收。各省(市)征收标准不尽相同,随着经济的发展和形势的变化,也需要进行必要的修改。

（四）征收方式

船舶过闸费征收一般采取按通过次数征收的。正常情况征收地点设在船闸远方调度站、闸区或船闸指定地点。为确保征收标准和征收政策的执行到位，在过闸费征收中一般应遵守以下流程：

（1）船舶抵达船闸后，船员凭有效航行证件办理报到手续，申报缴费主体吨位、体积等计费基数；

（2）征收主体应对船员申报缴费主体的实际情况进行必要的核查；

（3）船员凭申报手续到船闸缴费处缴纳过闸费；

（4）收费人员出具有效票据交还船员；

（5）船舶缴纳过闸费后，因有特殊情况不再过闸，需向征收主体申明理由，经同意后方可凭据退款。船舶已进闸不再办理退票手续。

第四节　航道管理监督检查

一、航道管理监督检查概念

航道管理监督检查是各级航道管理机构依法对从事与航道有关活动的公民、法人或者其他组织履行航道法义务的情况进行的检查和督促活动，是各级航道管理机构为保证国家的航道法律、法规、规章和各项方针政策得以贯彻执行而采取的行政手段。航道管理监督是航道管理部门的一项重要职能，是开展航道日常管理，查处和制止航道违法行为，保护航道的直接手段，是保证航道管理工作全面展开，实现管理目标的重要方法。

二、航道监督检查的内容

（一）航道行政许可决定执行情况监督检查

航道行政许可决定执行情况监督检查，主要是检查与通航有关设施在建设过程中是否严格执行许可决定所确定的通航标准与技术要求。此种监督检查从有关设施开工之日起，至竣工之日止，主要内容如下。

1. 施工放样

对于经审查许可建设的设施，建设单位必须按照许可决定的要求进行放样，不得随意变动其平面位置和控制点的高程。航道管理机构应指派工作人员参加施工放样工作，确保许可决定从一开始就得到严格的执行。

2. 中间检查

航道管理部门还必须对许可在建的工程设施进行定期或不定期的检查，发现与审批要求不符的情况或问题，应立即责令建设单位或施工单位进行纠正，直至停止施工。

3. 竣工验收

有关设施竣工后，航道管理部门必须派员参加竣工验收。验收的内容主要是：设施是否严格按照许可的标准和要求建设，水上、水下施工遗留物和碍航物是否清除，因施工破坏的航道设施和绿化是否恢复，应当设置的标志与标牌是否设置等。对于未按许可标准和要求建设的，应责令其限期改正，并按有关法律、法规、规章的规定进行处罚。

（二）航道及其设施保护监督检查

航道及其设施保护监督检查，主要是检查航道及其设施是否遭到破坏，是否处于正常工作状态，是否能够保障船舶安全通行，检查是否有未经许可擅自进行的与通航有关设施的建设行为。其主要内容有航道及整治建筑物检查、航标检查、违法行为检查。

（三）船舶过闸情况监督检查

对船舶过闸情况实施监督检查是确保船闸安全生产秩序稳定、有效遏制船闸违法行为发生的重要手段。船舶过闸情况监督检查的内容，主要包括以下几个方面：过闸费征收检查；超载吨位、虚报吨位的检查；船舶过闸安全检查；船闸应设立安全员岗位，负责每闸次对值班人员安全工作情况的检查。主要检查值班人员在岗在位，引航道停靠秩序，涨泄水的安全宣传，船舶进出闸的秩序，船舶停靠闸室的安全措施以及有无"违章操作、违章指挥、违反劳动纪律"等情况；船闸助通航设施检查。船闸每运行一闸次，值班人员都应对所有供船舶安全航行的助通航设施进行检查，确保安全后方可进行下一闸次的运行。发现问题应立即汇报，修复后方可投入运行；执法公示情况检查。船闸违法行为在处罚或处理后，按要求必须在执法公示栏进行公示，以接受船员和社会监督，这也是船舶过闸情况监督检查的一项内容。

三、航道管理监督检查的方法

（一）书面核查

根据《行政许可法》第六十一条规定，航道管理机构在建立健全监督制度后，主要应当通过书面核查的方式进行监督检查，这个规定的初衷是为了减少行政执法成本，提高行政管理效率，避免执法扰民。

（二）实地勘查

实地勘查较多应用于航道行政许可过程中。根据《行政许可法》第十条规定，行政机关应当对公民、法人或者其他组织从事行政许可事项的活动实施有效监督。航道管理机构作出拦河、临河、跨河、过河等与通航有关设施许可决定后，为保证建设者按照批准的标准和要求施工，就应当采用实地勘查这一有效监督方法。

（三）日常巡查

日常巡查是航道管理工作中最常使用的方法。由于它能使航道管理人员随时掌握航道动态，及时发现损害航道及其他航道违法行为，为后续管理提供准确的基础信息，因而在整个航道管理中处于基础性地位。即使在信息化技术广泛运用于航道管理的今天，也是航道管理机构所常用的手段。

（四）举报专查

航道大多分散于农村、野外，航道管理监督检查是一项深入细致的工作，非常需要依靠人民群众、依靠社会力量才能取得成绩。实践证明，航道管理机构在对航道实施管理的过程中，很多违法行为和其他问题都是通过来自社会的反映和举报才得以发现并最终得到有效处理的。因此，航道管理机构对个人或者组织的反映和举报，应当及时进行核实和处理。

（五）依据法律、行政法规规定进行年检

上述五种方式，是航道管理部门实施监督检查的常规方法，随着电子政务的发展，监督检查的方式也将有新的发展。2005 年 3 月 18 日国家监察部下发《关于监察机关对行政许可法贯彻执行情况开展监督检查的意见》，其中要求各级监察机关研究和改进监督检查的方式方法，增强工作的有效性。有条件的地方要结合电子政务建设，建立行政许可电子监察系统，提高监督检查工作效率。

第五节　航道行政处罚与行政强制

一、航道行政处罚

航道行政处罚方式有警告和罚款两种，依据违法行为的种类不同，处罚方式与幅度也不同。

（一）违反航道和设施保护管理规定的处罚

航道及其设施属于国家的公共设施，侵占和破坏航道及有关设施的，不仅影响交通安全，也构成对国家财产的侵犯。为此航道法规定了对该类行为的责任承担方式，一方面是采用行政处罚的方式；另一方面也采用行政强制的方式。有时二者是分开的，有时二者合并使用。

1. 擅自兴建临、跨、过、拦河设施的

建设临、跨、过、拦河设施属于行政许可项目，未经许可不得兴建，任何单位和个人违反规定兴建的，航道主管机构除依法实施行政处罚外，又区分以下三种情况分别处理：对于符合有关技术要求的，应当责令限期补办手续；对于不符合有关技术要求、但尚可补救的，应当责令采取补救措施，并补办手续；对于严重恶化通航条件且无法补救的，应当限期拆除。

2. 兴建、设置碍航设施的

任何单位和个人不得在航标附近设置可能被误认为航标或者影响航标工作效能的灯光或者音响装置。在视觉航标的通视方向或者无线电导航设施的发射方向，不得构筑影响航标正常效能的建筑物、构筑物，不得种植影响航标正常工作效能的植物。违反上述规定的行为，航道主管机构有权责令限期改正或者采取相应的补救措施。

3. 危害航标及其辅助设施的

危害航标及其辅助设施的行为包括：盗窃、哄抢或者以其他方式侵占航标和航标器材；非法移动、攀登或者涂抹航标；向航标射击或投掷物品；在航标上攀架物品，拴系牲畜、船只、渔业捕捞器材、爆炸物品等；有上述违法行为的主管机构有权责令其限期改正，给予警告，可以并处 2 000 元以下的罚款。造成损失的，应当依法赔偿。

4. 在航道内倾倒、排放砂石、垃圾或其他废弃物的

责令立即停止作业，补办手续，限期清除碍航物体，并处以 1 000 元以上 2 000 元以下罚款。

5. 未清除围堰等施工遗留物的

施工单位在通航水域进行工程建设，施工完毕必须按通航要求及时清除遗留物，如围捻、残桩、沉箱、废墩、锚具、沉船残体、海上平台等，并经航道主管部门验收认可。没有清除的，航道主管部门有权责成其限期清除，或由航道主管机构强制清除，其清除费用由工程施工单位承担。

6. 擅自设置专用航标和未按规定设置标志或予以维护的

非航标管理部门在沿海和通航河流上设置专用航标，必须经航标管理部门的同意，标志设置单位应经常维护，使之保持良好技术状态。违反规定的，主管机构责

令限期补办手续或拆除标志,并处1 000元以上2 000元以下的罚款。

7. 侵占、破坏航道或者航道设施的

处以不超过损失赔偿费40%的罚款。

(二)违反船闸管理规定的处罚

船闸违法行为是指违反船闸行政法律、法规或规章的行为。不同的违法行为应当依法承担相应的法律责任,根据船闸行政违法行为内容的不同,可分为五类。

1. 擅自兴建临、跨河设施或兴建设置碍航设施等违法行为的

未经船闸管理部门批准,在船闸管理区域内兴建码头、渡口、栈桥、抽排水站、涵洞和其他设施,或者设置过河电缆或管道,违反了《船闸管理办法》第十二条第二款之规定,依据该法第三十三条第(三)项,对违反规定的单位或个人可根据情节轻重,给予警告或罚款的处罚,造成损失的船闸管理部门可责令赔偿损失。

2. 扰乱闸区管理秩序违法行为的处罚

(1)在船闸管理区域内取土、开山采石、淘金、捞沙、砍伐树木、抛弃砂石或堆放物料,违反了《船闸管理办法》第十二条第一款第(一)项之规定,可依据该法第三十三条,根据情节轻重给予警告或罚款的处罚,造成损失的责令赔偿损失。

(2)在船闸管理区域内停放竹木排筏等妨碍船闸通航的物体,违反了《船闸管理办法》第十二条第一款第(二)项之规定,可依据该法第三十三条,根据情节轻重给予警告或罚款的处罚,造成损失的责令赔偿损失。

(3)向船闸水域倾倒废渣、废物、废油及其他有害物质,违反了《船闸管理办法》第十二条第一款第(三)项之规定,可依据该法第三十三条,根据情节轻重给予警告或罚款的处罚,造成损失的责令赔偿损失。

(4)在船闸管理区域内设置渔网、鱼箅,捕鱼、炸鱼,违反了《船闸管理办法》第十二条第一款第(四)项之规定,可依据该法第三十三条,根据情节轻重给予警告或罚款的处罚,造成损失的责令赔偿损失。

(5)在船闸管理区域内摆摊设点,违反了《船闸管理办法》第十二条第一款第(五)项之规定,可依据该法第三十三条,根据情节轻重给予警告或罚款的处罚,造成损失的责令赔偿损失。

3. 扰乱船舶过闸管理秩序的

《船闸管理办法》第十五条规定了过闸船舶必须遵守的秩序:

(1)遵守水上交通管理规定,听从船闸值班人员的调度指挥,按照先出后进的原则,顺序慢速过闸,不准抢档超越;

(2)进闸前,应按指定停泊区顺序停靠,不得堵塞主航道;

(3)主动办理过闸手续,按规定缴纳过闸费用;

（4）进间后按指定地点停靠，不准超越安全停靠线，并随时注意闸室水位的涨落和缆绳系岸情况；

（5）进入闸室，严禁在甲板上生火、燃放鞭炮、敲凿或进行其他可能引起火花的作业；

（6）严禁在闸室倾倒垃圾粪便、排放污油污水及抛弃砂石泥土；

（7）不准在闸室内上下旅客或装卸货物，不准在爬梯上系缆；

（8）严禁在闸墙上涂写或钩捣闸门；

（9）装有危险货物的船舶，必须具有安全防护措施，按规定设置明显标志。

违反上述九项规定的，船闸管理部门可对违法单位或个人根据情节轻重，给予警告或罚款的处罚，因违法行为造成损失的，可责令赔偿损失。

4. 损坏船闸财产的

损坏船闸或船闸管理区域内设施隐瞒不报的，依据《船闸管理办法》第三十三条，对违法单位或个人可根据情节轻重给予警告或罚款的处罚，造成损失的责令赔偿损失。

5. 其他违反航道设施管理规定与船闸有关行为的处罚

船闸属于航道设施的一种，因此航道法规、规章中关于航道设施的规定也当然适用于船闸。因此行政相对人侵占、破坏、损坏船闸及其设施的行为可以适用航道设施保护的有关规定追究其法律责任。

二、航道行政强制

行政强制，是国家行政主体要求相对人为或不为一定行为的控制行为，是国家实现统治的有效手段。包括行政强制措施和行政强制执行。行政强制措施，是指行政机关在行政管理过程中，为制止违法行为、防止证据损毁、避免危害发生、控制危险扩大等情形，依法对公民的人身自由实施暂时性限制，或者对公民、法人或者其他组织的财物实施暂时性控制的行为；行政强制执行，是指行政机关或者行政机关申请人民法院，对不履行行政决定的公民、法人或者其他组织，依法强制履行义务的行为。

航道法也同样规定航道行政管理机关可以采取行政强制措施和行政强制执行手段，实现对航道管理的顺利进行。航道行政强制措施是指航道管理部门为了保障航道行政管理的顺利进行，维护航道通行秩序或保护船舶及公民人身健康、安全的需要，对船舶所有人及或在通航水域进行工程建设的施工单位予以暂时性限制，使其保持一定状态的各种方式和手段。如《航道条例细则》第十八条规定了制止违法行为。修建与通航有关的设施，或者治理河道、引水灌溉，不符合国家规定的通航标准和有关的技术要求，以及交通运输部和各省、自治区、直辖市人民政府颁发的有关技术标准、规范的规定，影响航道尺度，恶化通航条件，危害航行安全。与通航有关设施的设计文件中有关航道的事项不事先征得航道主管部门同意的，航道主管部门有权制止；如工程已经实施，造成断航或者恶化通航条件后果的，建设单位或者个人应当承担赔偿责任，并在航道主管部门规定的期限内拆除设施，恢复原有通航条件或者采取其他补救措施。第三十一条第三款规定，船舶、排筏在内河浅险段航行，因违章、超载或者走偏航道，发生搁浅，造成航道堵塞，航道条件恶化，航道主管部门采取疏浚，改道等应急措施，其经费由船舶、排筏所有人或者经营人承担。制止限期拆除设施，恢复原有通航条件或者采取其他补救措施。

此外，《航道条例》及其实施细则，多次提到了相对人"中断或者恶化通航条件的"或对主管部门可责由建设单位或者个人赔偿损失，这就是所谓行政立法中规定的"责令赔偿"。对于该行为的法律性质问题，学界有不同的观点，主要观点有"行政处罚说"、"行政制裁说"、"行政法律责任说"。胡建淼、吴恩玉撰写的《行政主体责任承担民事法律责任的法律属性》一文认为，该行为属于"责令改正"的一种具体形式，与责令停产停业等行为的性质相同，只不过是前者要求义务人承担积极的作为的义务，而后者要求义务人承担的义务是消极的不作为义务①。笔者同意这一观点，因此这里也应该是一种行政处罚行为，但却是通过行政强制的方式实现的。但是这里的责令赔偿损失的数额必须要依法定程序确定，防止行政机关通过执法营利或执法不公。

---

① 胡建淼、吴恩玉：《行政主体责令承担民事责任的法律属性》，载《中国法学》，2009(1)：86。

第八章

港口法

第一节　港口法概述

一、港口的概念和种类

（一）港口的定义

港口是指具有天然条件和人工设施，便于船舶停靠和上下客货的港湾。为了船舶的安全进出，稳妥停靠，迅速安全装卸货物，一个港口或海港均应具有航道、码头、港地或港池三个必要的组成部分，这三个部分的总和，称为港口结构。

航道是船舶进出港口的通道。它应具有一定的深度和宽度。一个优良的航道应在不良天气下保证船舶不受水位、风力、波浪的影响，安全无阻地航行；码头是船舶停泊靠岸用的建筑设备，用以将船舶和海岸连接起来。码头可以分为浮动码头和固定码头两种，装卸货物的各种设备，一般固定安装在码头上，所以，码头对充分发挥港口作用具有重大意义。

在国际海洋法上，港口的法律地位是明确的，世界各国一致公认，国家的港口和一般锚地的水域是内海水域，是国家领土的组成部分，受国家主权的管辖和支配。《海洋法公约》第八条规定："领海基线向陆一侧的水域构成国家内水的一部分。"被允许进入一国海港或港口的外国船舶、必须遵守该国的法律和法令，而首先必须遵守该国的港口法律制度。所谓的港口法律制度，是指一国颁布或认可的有关港口方面的法律、法令、规则、规章和惯例的总和。

我国《港口法》第三条第一款规定，港口是指具有船舶进出、停泊、靠泊、旅客上下、货物装卸、驳运、储存等功能，具有相应的码头设施，由一定范围的水域和陆域组成的区域。由此可以看出，我国港口法上的港口不包括渔港和军港。渔业港口，是指专门为渔业生产服务、供渔业船舶停泊、避风、装卸渔获物、补充渔需物资的人工港口或者自然港湾，包括综合性港口中渔业专用的码头、渔业专用的水域和渔船专用的锚地。根据上述定义可知，港口是一个区域概念，包括一定陆域和水域范围。必须具备以下三方面的要件。

1. 港口的功能要件

(1)供船舶进出、停泊、靠泊的功能。港口应有供船舶安全进出的航道，应有供船舶安全停泊、靠泊的水域和设施。

(2)供旅客上下、货物装卸、驳运和储存的功能。作为客运港口，应有供旅客上下船舶的码头和客运服务设施；作为货运港口，应有供船舶停靠装卸货物的泊位和货物装卸、储存的设施、设备。

2. 港口的设施条件

必须具有可供船舶停靠、旅客上下、货物装卸等使用的水工建筑物，即要有与港口功能相适应的码头设施(包括系船浮筒)。没有任何码头设施，船舶只是沿岸顺坡自然停靠进行货物装卸、人员上下的江河湖泊中的"小港点"，不属港口法所称的港口，不适用于港口法的规定。

3. 港口的范围要件

港口是由一定范围的水域和陆域组成的特定区域。港口水域，包括港口内的航道、港池、锚地等一定范围的水上区域；港口陆域，包括码头上的装卸作业区、港口堆场、候船室等发挥港口功能所必不可少的与码头前沿水域相连接的一定范围的陆上区域。没有固定的水域和陆域范围的船舶停靠点，不属于港口范畴。

(二)港口的种类

1. 世界大港、国际港和地区港

(1)世界大港是指那些面向大洋或地处世界海上航线要冲，各国货物汇聚，并可转运至世界各地的商港。例如，鹿特丹、汉堡、伦敦、热那亚、新加坡、中国香港、纽约等都是世界大港，或世界性贸易港。

(2)国际港是指那些仅作为邻近各国间与同一海域或邻近一些海上国家进出货物使用的港口。例如，地中海的贝鲁特，西非的达喀尔等都是国际港。

(3)地区港是指那些仅作为所在国使用，作为本国沿海航运的海港或港口。此种海港或港口是不开放的，非经该国政府许可，外国船舶不得进出或停靠。

2. 天然港和人工港、开敞港和闭合港、冻港和不冻港

(1)天然港是建筑在海岸上，具有天然防护屏障，不受海风巨浪影响的，或位于大河入海口，或位于河内，距海面尚有一定距离的港口。例如，我国的青岛港、湛江港都是天然良港。

(2)人工港是建筑在海岸上，而没有天然防护，需要人工修建防护建筑，以防止大风巨浪影响船舶停靠，上下客货的港口。例如法国的马赛港、意大利的热那亚港、山东的石臼港都是人工港。

（3）开敞港是建筑在海岸上的港口。要受潮汐的影响，有些地区潮差不大，港地水面与海面相通，潮汐涨落并不影响船舶的进出。这样的港口，叫做开敞港。

（4）有些地区潮差甚大，落潮时，港地水位甚浅，影响船舶进出，因而需要修建闸门，以便使港地水与海面隔离，以保持港内水位，保证船舶的进出。这样的港口叫做闭合港。

（5）由于自然条件位于北海地带的港口，每到冬季封冻的港口称为冻港。如加拿大港口、波罗的海港口、俄罗斯的北海和黑海港口、挪威港口都是冻港。没有破冰设备的港口冰冻期间只好停航；有破冰设备的港口，冰冻期间进出港口的，也相当困难，并且要缴付破冰费。因此，在对外贸易中，最好不在冰冻期间向冻港发运货物或少发运货物，或由冻港发出货物；冬季不结冰、不封冻，一年四季均可通航、上下客货的港口，就是不冻港。中国所有的港口都是不冻港。不过近些年气候异常及海水盐度的降低，冬季也有结冰的时候，但时间不会太长。

二、港口法概况

港口作为国民经济和社会发展的重要基础设施以及国际物流的主要平台，是交通运输的枢纽，是运输过程中不可或缺的环节，是对外贸易的主要途径，对国民经济的发展和国家的对外交往具有举足轻重的作用。

我国于 2003 年 6 月 28 日上午召开的第 10 届全国人民代表大会常务委员会第三次会议上通过了《港口法》，并于 2004 年 1 月 1 日起正式实施。《港口法》是我国第一部对港口事业进行全面、系统规范的法律，覆盖了港口规划、建设、维护、经营、管理及其他工作的各个方面，它的出台结束了我国港口行业长期以来无法可依的历史，填补了我国港口立法的空白。《港口法》的出台，不仅标志着中国港口行政管理工作进入了科学化、法制化、规范化管理的新阶段，是我国港口发展史上一个新的里程碑，而且是我国交通法制建设的重大成果。

《港口法》分为六章，六十一条，在宏观上确立了一系列基本制度：中央宏观调控、地方政府进行具体管理的港口管理体制；港口规划、岸线管理等合理利用港口资源的制度；港口多元化投资主体和经营主体建设和经营港口业务的制度；港口业务经营人的准入制度和公开公平竞争制度；港口基础设施的保护制度和安全管理制度。

随着经济的发展和立法经验的成熟，适应港口事业发展需要，我国又在《港口法》之下制定了一系列的配套规章，《港口建设管理规定》（2007 年 1 月 25 日通过，自 2007 年 6 月 1 日起施行）、《港口统计规则》（2005 年 12 月 15 日通过，自 2006 年 2 月 1 日起施行）、《港口经营管理规定》（2009 年 10 月 29 日经第 10 次部务会议通过，自 2010 年 3 月 1 日起施行）、《中华人民共和国船舶载运危险货物安全监督管理规定》（于 2004 年 1 月 1 日生效）、《港口危险货物管理规定》（2003 年 8 月 7 日通过，自 2004 年 1 月 1 日起施行）。除全国性的立法之外，各地方也制定了地方性法规如《上海港口条例》、《江苏省港口条例》等。

第二节　港口规划

一、港口规划的概念和性质

港口规划是行政规划的一种，行政规划对于行政目标的实现具有重要的意义，其作用表现在如下三个方面：一是有效地利用资源，实现总体目标；二是能够协调相关行政主体的活动；三是能够指导行政相对人的行为走向。

港口是国民经济和社会发展的重要基础设施，可以建设港口的岸线是国家的宝贵资源。为了加强港口建设的统一规划和合理布局，保障宝贵的岸线资源能得到有效利用，港口法对港口的规划和建设作了专章规定。

在交通部规划研究院所作的《港口规划体系研究报告》中对港口规划作了如下定义："港口规划是指根据经济与社会发展的要求，合理制定港口发展战略、发展目标和发展方向，对未来时期的港口设施布局及建设等作出综合部署和全面安排，是建设、管理港口的基本依据。"实质上，港口规划就是规划者严格根据客观条件，对全国港口的总体布局和某一港口的具体发展作出的在一定时期内的安排。从这一定义可以看出，港口规划属于抽象的行政行为。

二、港口规划的分类

(一)港口布局规划

港口布局规划，是指港口的分布规划，包括全国港口布局规划和省、自治区、直辖市港口布局规划。

(二)港口总体规划

港口总体规划，是指一个港口在一定时期的具体规划，包括港口的水域和陆域范围、港区划分、吞吐量和到港船型、港口的性质和功能、水域和陆域使用、港口设施建设岸线使用、建设用地配置以及分期建设序列等内容。港口布局规划的效力高于港口总体规划。

港口总体规划又分为主要港口的总体规划和重要港口的总体规划。

1. 主要港口的总体规划

对于全国来说，地理位置重要、吞吐量较大、对经济发展影响较广的港口，为主要港口。该港口由国务院交通主管部门征求国务院有关部门和有关军事机关的意见后，会同有关省、自治区、直辖市人民政府批准，并公布实施。主要港口名录由国务院交通主管部门征求国务院有关部门意见后确定并公布。

交通部 2004 年 10 月 26 日《关于发布中国主要港口名录的公告》中规定的沿海主要港口有 25 个：大连港、营口港、秦皇岛港、天津港、烟台港、青岛港、日照港、连云港港、上海港、南通港、苏州港、镇江港、南京港、宁波港、舟山港、温州港、福州港、厦门港、汕头港、深圳港、广州港、珠海港、湛江港、防城港港、海口港。

内河主要港口有 28 个：哈尔滨港、佳木斯港、济宁港、徐州港、无锡港、泸州港、重庆港、宜昌港、荆州港、武汉港、黄石港、长沙港、岳阳港、南昌港、九江港、芜湖港、安庆港、马鞍山港、合肥港、蚌埠港、杭州港、嘉兴港、湖州港、南宁港、贵港港、梧州港、肇庆港、佛山港。

2. 重要港口的总体规划

对省一级的行政区域来讲，地理位置重要、吞吐量较大、对经济发展影响较广的港口为主要港口，该港口由省、自治区、直辖市人民政府征求国务院交通主管部门的意见后确定。重要港口的总体规划由省、自治区、直辖市人民政府征求国务院交通主管部门意见后批准，公布实施。

港口是交通运输的枢纽，其合理的规划能够使所建成的港口与水路，陆路的铁路、公路的交通方式相互协调，充分发挥其应有的作用。

三、港口规划涉及的关系

在编制港口规划的内容时，要协调处理好各方面的关系。例如，要处理好港口规划与城市总体规划和土地利用总体规划的关系等。作为一个规划体系，《港口法》明确规定了与港口规划相关的三方面关系。

第一，港口规划与其他规划的关系。港口位于岸线上，必须与海域的其他产业用途，与陆地其他规划相互协调，为此，《港口法》第七条规定，港口规划应当符合城镇体系规划，并与土地利用总体规划、城市总体规划、江河流域规划、防洪规划、海洋功能区划、水路运输发展规划和其他运输方式发展规划以及法律、行政法规规定的其他有关规划相衔接、协调。

第二，港口总体规划与港口布局规划的关系。布局规划是总体规划的依据。总体规划是布局规划具体内容的实现。

第三，全国港口布局规划与省、自治区、直辖市港口布局规划的关系。省、自治区、直辖市港口布局规划一般不得与全国港口布局规划相抵触。

四、港口规划的编制和审批

（一）编制港口规划的依据

港口作用的发挥有赖于经济发展对贸易运输的需求，所以，编制港口规划应依据腹地经济条件、自然条件、港口配置状况和国家的经济发展战略来进行。关于编制港口规划的依据，我国《港口法》第七条规定，港口规划应当根据国民经济和社会发展的要求以及国防建设的需要编制。

(二)港口规划的审批主体

港口规划的审批主体因港口规划的种类不同而不同，比较港口布局规划和港口总体规划可以看出，两者在编制主体和内容上是有所区别的，因此，《港口法》对其审批主体也作了不同规定。

1. 全国港口布局规划的审批主体

全国港口布局规划，由国务院交通主管部门在征求国务院有关部门和有关军事机关意见的基础上编制，并在报国务院批准后公布实施。

2. 省级港口布局规划的审批主体

省、自治区、直辖市港口布局规划，由省、自治区、直辖市人民政府根据全国港口布局规划组织编制，并送国务院交通主管部门征求意见。国务院交通主管部门自收到征求意见的材料之日起满三十日未提出修改意见的，该港口布局规划由有关省、自治区、直辖市人民政府公布实施；国务院交通主管部门认为不符合全国港口布局规划的，应当自收到征求意见的材料之日起三十日内提出修改意见；有关省、自治区、直辖市人民政府对修改意见有异议的，报国务院决定。

3. 主要港口总体规划和港口名录审批主体

地理位置重要、吞吐量较大、对经济发展影响较广的主要港口的总体规划，由国务院交通主管部门征求国务院有关部门和有关军事机关的意见后，会同有关省、自治区、直辖市人民政府批准，并公布实施。主要港口名录由国务院交通主管部门征求国务院有关部门意见后确定并公布。

省、自治区、直辖市人民政府征求国务院交通主管部门的意见后确定本地区的重要港口。重要港口的总体规划由省、自治区、直辖市人民政府征求国务院交通主管部门意见后批准，公布实施。

4. 其他港口规划的审批主体

上述规划以外的港口总体规划，由港口所在地的市、县人民政府批准后公布实施，并报省、自治区、直辖市人民政府备案。市、县人民政府港口行政管理部门编制的属于以上省级与主要港口的总体规划，在报送审批前应当经本级人民政府审核同意。

另外，《港口法》第十二条规定："港口规划的修改，按照港口规划制定程序办理。"

第三节 港口行政许可

一、港口建设许可

港口建设属于国民经济的基础设施建设，一方面要投入大量的资金；另一方面要使用土地、海域、岸线等自然资源，属于行政许可法中的行政许可事项。

(一)港口岸线使用许可

岸线是指水域与陆地的交界线，海、河、湖都有岸线。这些岸线都是稀缺的自然资源。建设港口就要使用岸线，使用岸线也属于行政许可的范围。

港口岸线是国家的宝贵资源。我国可以建设港口的岸线资源比较有限，可以建设供大型船舶进出、停靠的深水岸线资源更是十分有限，必须倍加珍惜，合理利用。以法律手段保障港口岸线资源得到合理使用，是港口法规范的重点内容之一。为此，港口法从两个方面作了规定。一是按照《港口法》第七条、第八条的规定，在港口规划的编制中，必须"体现合理利用岸线资源的原则"。包括在港口布局规划中，应当按照"深水深用、浅水浅用"的要求，合理安排不同性质、不同功能和不同规模的拟建港口的布点，以及在港口的总体规划中，应按照合理使用本港岸线资源的原则，对港口设施建设使用岸线作出恰当的安排。港口布局规划和港口总体规划一经依法批准公布，就必须严格执行；二是在港口总体规划内建设港口设施，使用港口岸线的，必须先行办理审批手续。这一规定，体现了立法机关对港口岸线资源应当实施从严管理的立法意图。

1. 港口岸线使用许可主体

因港口岸线资源的稀缺程度不同，许可主体不同。按港口岸线的稀缺程度分为深水岸线和非深水岸线。关于港口深水岸线的标准，交通部于 2004 年 3 月 10 日予以发布。规定指出：港口深水岸线是指适宜建设一定吨级以上泊位的港口岸线，按照所在水域分为沿海港口深水岸线和内河港口深水岸线，分别制定标准。

沿海港口岸线的范围是指沿海、长江南京长江大桥以下、珠江黄埔以下河段及各入海口门、其他主要入海河流感潮河段等水域内的港口岸线。沿海港口深水岸线是指适宜建设各类型万吨级及以上泊位的沿海港口岸线(含维持其正常运营所需的相关水域和陆域)。

内河港口岸线是指除沿海港口岸线以外的河流、湖泊、水库等水域内的港口岸线。内河港口深水岸线是指适宜建设千吨级及以上泊位的内河港口岸线(含维持其正常运营所需的相关水域和陆域)。

(1)深水岸线使用的许可主体为国务院交通主管部门。但该部门应该会同国务院经济综合宏观调控部门批准。但此种情况下，实行项目审批与岸线使用审批同时办理，不再另行办理使用港口岸线的审批手续，体现了行政效率的原则。

（2）非深水岸线使用的许可主体为地方各级人民政府设立的港口行政管理部门。

2. 港口岸线使用许可程序

关于许可程序。2004 年交通部公告第 5 号《关于发布港口深水岸线标准的公告》指出由国务院或国家发展和改革委员会审批的港口设施或建设项目，不再单独办理使用港口深水岸线的审批手续。

其余港口设施或建设项目使用港口深水岸线的，由各城市（设区的市，下同）港口管理机构征求同级人民政府有关部门和海事部门意见后，向省、自治区、直辖市交通厅、交通委员会或港口管理局提出申请（附必要的项目可行性研究报告和文件、资料，下同）。

各省、自治区、直辖市交通厅、交通委员会或港口管理局应对使用港口深水岸线的合理性进行评估，并征求同级发展和改革委员会（计委）的意见后，向交通运输部提出使用港口深水岸线申请；交通部在进行评估后，会同国家发展和改革委员会审批。

建设港口设施使用非深水岸线的，由各城市港口管理机构征求同级人民政府有关部门和海事部门意见后，向省、自治区、直辖市交通厅、交通委员会或港口管理局提出申请，各省、自治区、直辖市交通厅、交通委员会或港口管理局应对使用港口非深水岸线的合理性进行评估，并征求同级发展和改革委员会（计委）的意见后审批，审批结果报交通部备案。

凡未经批准使用港口岸线的，各级海事管理部门不予核准进行水上水下施工，各级港口管理机构不予许可从事港口经营。

（1）申请。申请人需提供的资料如下：

[1]工程名称、地点、建设规模、使用岸线范围；

[2]设计任务书、设计文件和施工方案等与港口、通航有关的工程技术资料和图纸一式四份。

（2）受理。行政服务中心港航窗口在 1 个工作日内受理。

（3）审查。港航科技人员到工程现场进行踏勘，了解工程有关情况；查阅有关技术资料，组织召开专家工程设计评审会议。时限为 13 个工作日。

（4）审批。根据《港口法》和有关审批权限，对其进行审批和核准，并上报省港航局基建科备案。时限为 2 个工作日。

（5）制证并颁发。港航科工作人员整理案卷、填发相关批准文书、表格并制证。时限为 1 个工作日。行政服务中心交通窗口发证，时限为 1 个工作日。

不予许可的，应该告知理由和复议起诉的机构和时间。

(二)港口建设项目的许可

1. 港口建设项目许可主体

港口建设项目的许可是指在中华人民共和国境内新建、扩建、改建港口建设项目(包括与其他建设项目配套建设的港口建设项目)及其配套设施的建设活动的许可。

交通部负责全国港口建设的行业管理工作,并具体负责经国家发展和改革委员会审批、核准和经交通部审批的港口建设项目的建设管理工作。省级交通主管部门负责本行政区域内港口建设的行业管理工作,并具体负责经省级人民政府有关部门审批、核准的港口建设项目的建设管理工作。其余港口建设项目的建设管理工作由港口所在地港口行政管理部门负责。

2. 港口建设项目的分类

按交通部 2007 年发布的《港口建设管理规定》第七条的规定,港口建设项目分为政府投资的港口建设项目和企业投资的港口建设项目,前者实行审批制,后者实行核准制、备案制。

这里所说的行政审批不是通常所指的行政许可,是指上级行政机关对下级行政机关行为的批准行为。核准制和备案制符合行政许可法规定的行政许可的要件。

3. 港口建设项目许可的程序

不管是哪种项目,都要进行相关部门的批准,但程序不完全相同,审批制的,要先进行"建议书审批",之后再进行"可行性研究报告审批"。实行核准制的港口建设项目直接进行"申请报告"审批。实行备案制的港口建设项目,项目单位应按省级人民政府制定的建设项目备案管理办法的要求,履行备案手续。

按许可的内容不同,还可分为港口工程设计审批、港口工程竣工验收审批,建设港口的危险货物作业场所、实施卫生除害处理的专用场所的批准,其中港口工程设计审批又分为初步设计审批和施工图设计审批。

依据《港口建设管理规定》第十四条和第十五条的规定,实行核准制的港口建设项目的项目申请报告应包括以下内容:

(1)项目申报单位情况;

(2)拟建项目情况;

(3)相关规划与建设用地;

(4)资源利用和能源耗用分析;

(5)生态环境影响分析;

(6)经济和社会效果分析。

申请港口建设项目的项目申请报告核准,应当提供以下材料:

(1)项目申请报告一式 5 份和相应的电子版本 1 份;

(2)建设项目工程可行性研究报告一式 5 份和相应的电子版本 1 份;

(3)城市规划行政主管部门出具的城市规划意见;

(4)国土资源行政主管部门出具的项目用地预审意见；

(5)环境保护行政主管部门出具的环境影响评价文件的审批意见；

(6)根据有关法律法规应提交的其他文件。

具体的程序可参阅南京市相关主管部门制定的《港口建设许可流程图》①。

4. 港口工程设计审批

(1)初步设计审批。

①对于投资额在 3 000 万元及以上的沿海港口工程或投资额在 300 万元及以上的内河港口工程，在审批初步设计时，港口行政管理部门委托不低于原初步设计编制单位资质等级的另一设计单位对初步设计文件进行技术审查咨询。审查咨询单位在完成审查咨询工作后，出具审查咨询报告报港口行政管理部门。

对于技术简单或投资额低于上述规定的水运工程可由项目审批部门组织专家和有关部门进行审查后审批，或者直接审批。

②港口行政管理部门根据审查咨询报告或专家评审意见、其他相关文件和有关部门的意见形成初步设计审查意见。符合要求的初步设计文件根据审查意见完善后，报港口行政管理部门给予批准；不符合要求的初步设计文件，港口行政管理部门直接作出不予批准的决定并说明理由。

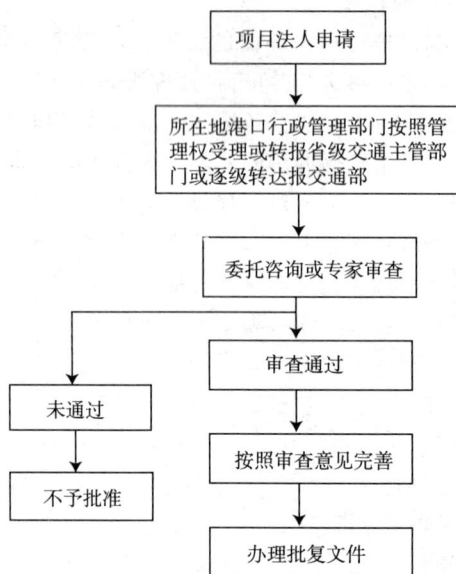

```
┌─────────────┐
│  项目法人申请  │
└─────────────┘
       │
┌──────────────────────┐
│所在地港口行政管理部门按照管│
│理权受理或转报省级交通主管部│
│门或逐级转达报交通部      │
└──────────────────────┘
       │
┌─────────────┐
│ 委托咨询或专家审查 │
└─────────────┘
   │        │
┌──────┐  ┌──────┐
│未通过 │  │审查通过│
└──────┘  └──────┘
   │        │
┌──────┐  ┌────────────┐
│不予批准│  │按照审查意见完善 │
└──────┘  └────────────┘
              │
         ┌──────────┐
         │ 办理批复文件 │
         └──────────┘
```

(2)施工图设计审批。

南京市港口管理局委托不低于原施工图设计编制单位资质等级的另一设计单位

---

① http://www.njjt.gov.cn:8080/fluentoms/site/NJJT/jtj/NJ01JT-XK-0013. 访问日期:2012-03-07。

对施工图设计文件进行审查。符合要求的施工图设计文件根据审查意见完善后，报南京市港口管理局给予批准；不符合要求的施工图设计文件，南京市港口管理局直接作出不予批准的决定并说明理由。

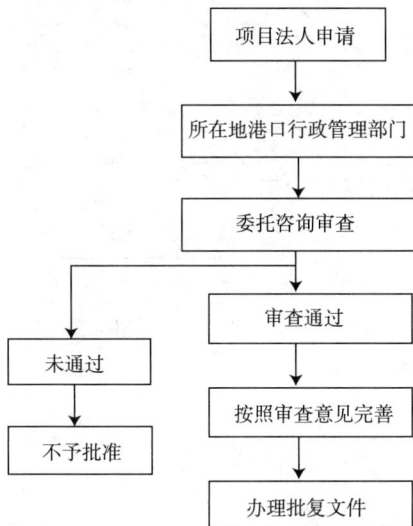

```
                        ┌──────────────┐
                        │  项目法人申请  │
                        └──────┬───────┘
                               ↓
                    ┌──────────────────────┐
                    │  所在地港口行政管理部门  │
                    └──────────┬───────────┘
                               ↓
                    ┌──────────────────────┐
                    │      委托咨询审查       │
                    └──────────┬───────────┘
              ┌────────────────┴────────┐
              │                         ↓
              │              ┌──────────────────┐
              │              │     审查通过      │
              │              └────────┬─────────┘
              ↓                       ↓
        ┌──────────┐        ┌──────────────────┐
        │  未通过   │        │  按照审查意见完善  │
        └────┬─────┘        └────────┬─────────┘
             ↓                       ↓
        ┌──────────┐        ┌──────────────────┐
        │  不予批准  │        │    办理批复文件   │
        └──────────┘        └──────────────────┘
```

(3)港口工程竣工验收审批。

①经国家发展和改革委员会审批、核准和经交通部审批的港口建设项目，由南京市港口管理局组织初步验收，初步验收合格后，由南京市港口管理局向省港口行政管理部门提出竣工验收申请，再由省港口行政管理部门向交通部转报，交通部验收合格后签发《港口工程竣工验收证书》。

②经省级人民政府有关部门审批、核准、备案和省级交通主管部门审批的港口建设项目，由南京市港口管理局组织初步验收，初步验收合格后，由南京市港口管理局向省港口行政管理部门提出竣工验收申请，省港口行政管理部门验收合格后签发《港口工程竣工验收证书》，并报交通部备案。

③其余港口建设项目，由南京市港口管理局直接组织竣工验收，验收合格后签发《港口工程竣工验收证书》，并报交通部备案。

对于验收不合格的，港口行政管理部门书面通知申请人并说明理由。

(4)建设港口的危险货物作业场所、实施卫生除害处理的专用场所的批准。

港口建设项目的安全设施和环境保护设施，必须与主体工程同时设计、同时施工、同时投入使用。

```
            ┌─────────────────┐
            │   项目法人申请    │
            └────────┬────────┘
            ┌────────┴────────────────┐
            │ 所在地港口行政管理部门按照 │
            │ 管理权限受理或转报省级交通 │
            │ 主管部门或逐级转报交通部   │
            └────────┬────────────────┘
            ┌────────┴────────┐
            │  竣工验收委员会验收 │
            └────────┬────────┘
       ┌─────────────┴─────────────┐
       │                    ┌──────┴──────┐
       │                    │   验收通过    │
┌──────┴──────┐            └──────┬──────┘
│   未通过     │            ┌──────┴──────┐
└──────┬──────┘            │  处理遗留问题  │
┌──────┴──────┐            └──────┬──────┘
│  验收不合格   │            ┌──────┴──────┐
└─────────────┘            │ 颁发竣工验收证书 │
                           └─────────────┘
```

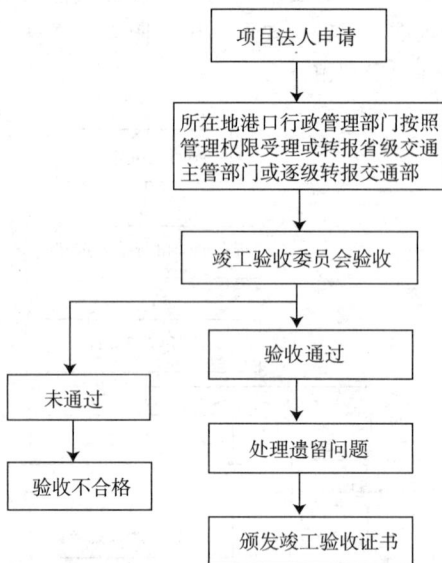

二、港口经营许可

国家设立港口经营行政许可制度,是基于港口的特殊属性决定的。港口作为国民经济和社会发展的重要基础设施,从某种意义上讲,具有较强的区域垄断性和社会公益性。它除了具有旅客运输、货物装卸等服务功能外,还具有较强的社会服务功能。企业和公众对港口服务具有较强的依赖性,往往不可选择。港口的这些特点决定了政府必须对港口经营者设立严格的市场准入管理,选择那些经济条件好、服务信用高的经营者从事港口经营,切实维护企业和公众的合法权益。

(一)港口经营的概念和种类

交通运输部 2009 年 10 月 29 日颁布的《港口经营管理规定》对于港口经营管理制度作出了明确的规定。港口经营,是指港口经营人在港口区域内为船舶、旅客和货物提供港口设施或者服务的活动,主要包括下列各项:

(1)为船舶提供码头、过驳锚地、浮筒等设施;

(2)为旅客提供候船和上下船舶设施和服务;

(3)为委托人提供货物装卸(含过驳)、仓储、港内驳运、集装箱堆放、拆拼箱以及对货物及其包装进行简单加工处理等;

(4)为船舶进出港、靠离码头、移泊提供顶推、拖带等服务;

(5)为委托人提供货物交接过程中的点数和检查货物表面状况的理货服务;

(6)为船舶提供岸电、燃物料、生活品供应、船员接送及船舶污染物(含油污水、残油、洗舱水、生活污水及垃圾)接收、围油栏供应服务等船舶港口服务;

```
        ┌─────────────────┐
        │     申请人       │
        └────────┬────────┘
                 ▼
        ┌─────────────────┐
        │   查看办事指南   │
        └────────┬────────┘
                 ▼
        ┌─────────────────┐
        │   下载相关表格   │
        └────────┬────────┘
                 ▼
 ┌──────────────────────┐    ┌─────────────┐
 │ 提出申请,提交有关材料 │───▶│  形式审查   │
 └──────────────────────┘    └──────┬──────┘
          │                         │
    ┌─────────┐    ┌──────────┐  ┌──────────┐
    │ 补正材料 │    │ 受理审请 │  │ 不予受理 │
    └────┬────┘    └──────────┘  └────┬─────┘
         ▼                            ▼
 ┌─────────────┐              ┌──────────────┐
 │ 实质审查必要 │              │   书面通知   │
 │ 时现场核实   │              └──────────────┘
 └──────┬──────┘
        ▼
 ┌─────────────┐
 │ 审查决定及   │
 │ 结果告知     │
 └──────┬──────┘
        ▼
┌──────────┐  ┌──────────────┐  ┌──────────────┐
│审查决定及 │◀─│ 签发不予行政 │  │ 签发行政许可 │
│结果告知   │  │ 许可决定书   │  │ 证件         │
└──────────┘  └──────────────┘  └──────────────┘
```

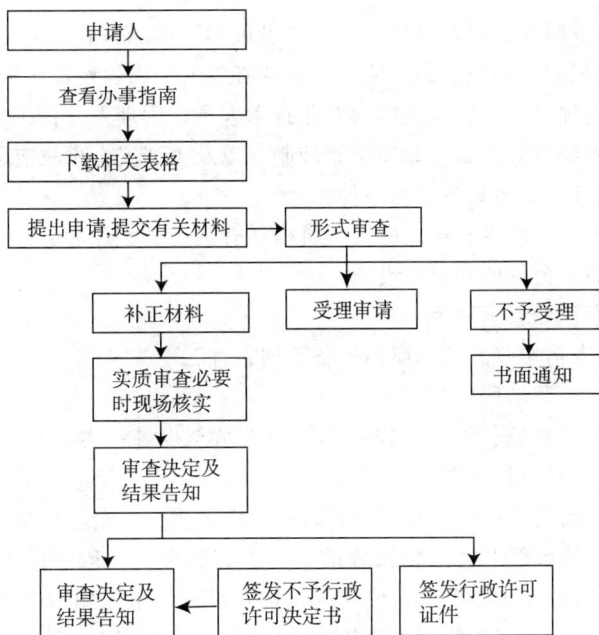

(7)从事港口设施、设备和港口机械的租赁、维修业务。

(二)港口经营许可的主体

港口经营许可的主体为港口行政管理部门。具体指中央的交通运输部和地方政府的港口主管部门。其分工是:交通运输部负责全国港口经营行政管理工作。省、自治区、直辖市人民政府交通运输(港口)主管部门负责本行政区域内的港口经营行政管理工作。省、自治区、直辖市人民政府、港口所在地设区的市(地)、县人民政府确定的具体实施港口行政管理的部门负责该港口的港口经营行政管理工作。

(三)港口经营许可的条件

从事港口经营,应当申请取得港口经营许可。从事港口经营(港口理货、船舶污染物接收除外),应当具备下列条件:

(1)有固定的经营场所;

(2)有与经营范围、规模相适应的港口设施、设备,其中:

①码头、客运站、库场、储罐、污水处理设施等固定设施应当符合港口总体规划和法律、法规及有关技术标准的要求;

②为旅客提供上、下船服务的,应当具备至少能遮蔽风、雨、雪的候船和上、下船设施;

③为国际航线船舶服务的码头(包括过驳锚地、浮筒),应当具备对外开放

资格；

④为船舶提供码头、过驳锚地、浮筒等设施的，应当有相应的船舶污染物、废弃物接收能力和相应污染应急处理能力，包括必要的设施、设备和器材；

(3)有与经营规模、范围相适应的专业技术人员、管理人员；

(4)有健全的经营管理制度和安全管理制度以及生产安全事故应急预案。

从事港口理货，应当具备下列条件：

(1)与经营范围、规模相适应的组织机构和管理人员、理货员；

(2)有固定的办公场所和经营设施；

(3)有业务章程和管理制度。

从事船舶污染物接收经营，应当具备下列条件：

(1)有固定的经营场所；

(2)配备海务、机务、环境工程专职管理人员至少各一名，专职管理人员应当具有三年以上相关专业从业资历；

(3)有健全的经营管理制度和安全管理制度以及生产安全事故应急预案；

(4)使用船舶从事船舶污染物接收的，应当拥有至少一艘不低于 300 总吨的适应船舶污染物接收的中国籍船舶；使用港口接收设施从事船舶污染物接收的，港口接收设施应处于良好状态；使用车辆从事船舶污染物接收的，应当拥有至少一辆垃圾接收、清运专用车辆。

从事港口装卸和仓储业务的经营人不得兼营理货业务。理货业务经营人不得兼营港口货物装卸经营业务和仓储经营业务。

(四)港口经营许可的程序

1. 申请

(1)申请从事港口经营，应当提交下列相应文件和资料：

[1]港口经营业务申请书；

[2]经营管理机构的组成及其办公用房的所有权或者使用权证明；

[3]港口码头、库场、储罐、污水处理等固定设施符合国家有关规定的竣工验收证(明)书及港口岸线使用批准文件；

[4]使用港作船舶的，港作船舶的船舶证书；

[5]负责安全生产的主要管理人员通过安全生产法律法规要求的培训证明材料；

[6]证明有符合港口经营许可的条件的其他文件和资料。

(2)从事港口理货业务的，应当提供上述[1]、[2]项规定的材料和理货人员名录以及表明其理货员身份的相应证明材料。

从事船舶污染物接收经营的，应当提供上述[1]、[2]项规定的材料和证明符合第九条规定条件的其他文件和材料。

(3)申请从事港口经营(申请从事港口理货除外)，申请人应当向港口行政管理部门提出书面申请和上述[1]至[6]项文件和、从事船舶污染物接收经营企业应提供的文件。

2. 受理并审查

交通运输部和港口行政管理部门对申请人提出的港口经营许可申请，应当根据下列情况分别作出处理：

(1)申请事项依法不需要取得行政许可的，应当即时告知申请人不受理；

(2)申请事项依法不属于交通运输部或者港口行政管理部门职权范围的，应当即时告知申请人向有关行政机关申请；

(3)申请材料存在可以当场更正的错误的，应当允许申请人当场更正；

(4)申请材料不齐全或者不符合法定形式的，应当当场或者在5日内一次告知申请人需要补正的全部内容，逾期不告知的，自收到申请材料之日起即为受理；

(5)申请事项属于交通运输部或者港口行政管理部门职权范围，申请材料齐全、符合法定形式，或者申请人按照要求提交全部补正申请材料的，应当受理经营业务许可申请。

受理或者不受理经营业务许可申请，应当出具加盖许可机关专用印章和注明日期的书面凭证。

3. 发证

港口行政管理部门应当自受理申请之日起30个工作日内作出许可或者不许可的决定。符合资质条件的，由港口行政管理部门发给《港口经营许可证》，并在因特网或者报纸上公布；不符合条件的，不予行政许可，并应当将不予许可的决定及理由书面通知申请人。《港口经营许可证》应当明确港口经营人的名称与办公地址、法定代表人、经营项目、经营地域、主要设施设备、发证日期、许可证有效期和证书编号。《港口经营许可证》的有效期为三年。

申请从事港口理货，应当向交通运输部提出书面申请及相关文件资料。交通运输部在收到申请和相关材料后，可根据需要征求地方交通运输(港口)主管部门和相关港口行政管理部门意见。上述部门应当在7个工作日内提出反馈意见。交通运输部应当在受理申请人的申请之日起20个工作日内作出许可或者不许可的决定。予以许可的，核发《港口经营许可证》，并在交通运输部网站或者报纸上公布；不予许可的，应当将不予许可的决定及理由书面通知申请人。交通运输部在作出许可决定的同时，应当将许可情况通知相关港口的港口行政管理部门。

申请人凭港口行政管理部门或者交通运输部核发的《港口经营许可证》到工商管理部门办理工商登记，取得营业执照后方可从事港口业务。

4. 许可的变更和延续

港口经营人应当按照港口行政管理部门许可的经营范围从事港口经营活动。港口经营人变更经营范围的，应当就变更事项按照上述程序办理许可手续，并到工商部门办理相应的变更登记手续。港口经营人变更企业法定代表人或者办公地址的，应当向港口行政管理部门备案并换发《港口经营许可证》。

港口经营人应当在《港口经营许可证》有效期届满之日 30 日以前，向《港口经营许可证》发证机关申请办理延续手续。

5. 许可证的注销

港口经营人停业或者歇业，应当提前 30 个工作日告知原许可机关。原许可机关应当收回并注销其《港口经营许可证》，并以适当方式向社会公布。

第四节　港口安全与监督管理

一、港口安全与监督管理概述

（一）港口安全的重要性

港口作为水陆货物运输集散地，每天要靠泊大量的船舶，装卸、搬运、过驳和存储大批货物，其中许多货物是危险货物。港口每天还要进出大量的车辆、人员和旅客。因此，港口的安全生产十分重要，它不仅关系到港口企业自身经济利益，而且与港口所在地的人民生命财产和经济正常运行息息相关。如果一个港口的安全不能得到保障，那么除了造成该港口生产混乱、停滞的直接后果外，还势必会给这个港口所在地区的经济发展带来严重的负面影响。为了实现港口安全，各相关主体必须严格遵守《港口法》第四章的规定，切实履行其应尽的义务与职责。

（二）港口安全与监督管理的主体

港口安全与监督管理主要在《港口法》第四章作了规定，另外，在第五章法律责任一章中也规定了部分违反第四章规定的相应法律责任。纵观《港口法》第四章，其十三个法律条文分别对以下事项作出了相应的规定：关于港口经营人的安全生产义务（第三十二条）、对港口行政管理部门应急救援体系的规定（第三十三条）、关于船舶进出港口报告的义务（第三十四条）、危险货物港口作业的规定（第三十五条）、关于港口行政管理部门职责的规定（第三十六条）、禁止港区内非港口作业的规定（第三十七条）、对影响港口水文情况的工程项目审批的规定（第三十八条）、船舶进出港口的引航问题（第三十九条）、相关部门的疏港职责（第四十条）、港口行政管理部门制定港口章程的规定（第四十一条）、关于监督检查权的规定（第四十二条）、对监察记录的要求（第四十三条）、关于协助监查义务的规定（第四十四条）。显然，对于各相关主体在港口安全与监督管理中应尽什么样的义务，《港口法》第四章是采取了列举式的方式，并且该章并没有按照一定的顺序进行规定，显得繁杂混乱。其实，如果以不同的主体为基础对港口安全与监督管理的各个事项进行分类，对于了解和学习该章会有很大的帮助。结合第四章的每一个条款，港口安全与监督管理关系的主体主要包括港口行政管理部门、港口经营人、船方，另外该章还对国务院交通主管部门、海事局和其他主体作出了相应的规定。

二、港口行政管理部门的职责与义务

(一)建立健全应急救援体系

《港口法》第三十三条规定："港口行政管理部门应当依法制定可能危及社会公共利益的港口危险货物事故应急预案、重大生产安全事故的旅客紧急疏散和救援预案以及预防自然灾害预案，建立健全港口重大生产安全事故的应急救援体系。"

港口是一个劳动密集、资产密集、人员密集的区域，安全生产事故尤其是重大安全生产事故时有发生。港口所处的地理位置，经常受到各种自然灾害的侵袭，如台风、冰冻等等。港口发生重大安全生产事故时，仅靠发生事故的某一个或某几个单位的力量难以实施有效的应急抢险，港口行政管理部门应当动员和组织港口区域内其他力量，甚至协调组织社会上的力量进行应急救援。此外，当港口内的生产、经营以及配套设施受到自然灾害的侵害时，仅凭某一方面的力量不能完全有效的对其进行抗击。因此，港口行政管理部门作为当地政府对港口实施具体行政管理的部门，应当针对本港口的特点、生产经营状况和各种资源的分布情况，制定整个港口的危险货物事故应急预案、重大安全事故的旅客紧急疏散预案和救援案以及预防自然灾害预案等应急预案，并组织实施。但港口行政管理部门的预案与《港口法》第三十二条规定的港口经营人制定的应急预案不是相互独立的，应当相互衔接、相互协调，形成一个应急救援体系。港口管理机构对港口经营人制定本单位的预案应当进行必要的指导，制定整个港口的有关预案时应当充分考虑各个港口经营人的实际情况，广泛征求他们的意见。此外，港口行政管理部门制定有关应急救援预案应当与其他国家部门制定的预案和应急计划相衔接和协调，才能真正建成应急救援体系。

(二)安全监督管理与巡查职责

港口行政管理部门负责对港口安全生产的监督管理，应当依法对港口安全生产情况实施监督检查，对旅客上下集中、货物装卸量较大或者有特殊用途的码头进行重点巡查；检查中发现安全隐患的，应当责令被检查人立即排除或者限期排除。负责安全生产监督管理的部门和其他有关部门依照法律、法规的规定，在各自职责范围内对港口安全生产实施监督检查。《安全生产法》第九条也规定了同样的内容。因此，港口行政管理部门在对港口安全生产进行监督管理时，不仅应当依据《港口法》相关规定，还应当遵照《安全生产法》、《化学危险品安全管理条例》和交通部有关港口安全生产管理规章的规定。

港口行政管理部门在监督检查过程中应该对旅客上下集中、货物装卸量较大或者有特殊用途的码头进行重点巡查。这里所说的"有特殊用途的码头"，应当包括危险品码头、由货主经营和管理的专用码头，以及内河港口水域中为当地生产生活目的使用的零星码头。这些码头或者是安全方面有特殊要求的码头，或者是在平时管理中容易疏忽的。港口行政管理部门在监督检查中发现安全隐患的，按照本条要求应当根据隐患的危害程度和排除的难度责令有关被检查的单位和人员立即排除或限期排除。

(三)疏港职责

《港口法》第四十条规定，港口行政管理部门在遇有旅客滞留、货物积压阻塞港口的情况，应当及时采取有效措施，进行疏港；港口所在地的市、县人民政府认为必要时，可以直接采取措施，进行疏港。由于港口具有投资大、建设周期长的特点，而货源和客源则具有不稳定性的特点，对于货源和客源市场上的急剧变化，港口往往难以在短期内作出相应的调整，这可能会发生旅客滞留、货物积压以致阻塞港口的情况。发生上述情况，对于港口的正常生产是非常不利的，港口行政管理部门和当地人民政府必须进行疏港，前者是专业行政管理部门，负主要的责任，后者是一般的行政机关，具有协调各部门和各方面力量的能力，在疏港过程中发挥着不可替代的作用。

根据本条规定，在遇有旅客滞留、货物积压阻塞港口的情况时，港口行政管理部门有义务及时采取有效措施，进行疏港。港口行政管理部门采取疏港措施时，一般要对港口内的各种资源进行统一配调，如各类码头、仓库、堆场、装卸设备和人员等。港口行政管理部门在采取措施时应当主要运用其宏观调控的综合协调能力，尽量采用协商的方式进行，并应当对投入设施、设备和人员的港口经营人予以适当的补偿。如果采用协商的方式并不能达到疏港的效果，在必要时还可以采用强行命令的方式调配港内资源。在压港现象比较严重的情况下，仅仅靠港口行政管理部门调配港口资源是不够的。这时港口行政管理部门应当及时向当地市县人民政府报告，由当地市、县人民政府依据港口法规定，在认为必要时直接采取措施，进行疏港。

(四)制定港口章程的职责

港口作为一个水路运输生产的重要环节具有极大的复杂性，在港口内进行生产经营的每一个环节都要遵照一定的秩序来进行，任何一个环节出现纰漏和疏忽，都会给港口造成无法估量的损失。因此，要使港口生产活动能够有条不紊地进行，就必须建立一个有效的秩序，港口秩序的建立主要通过港口章程来规范和保障，《港口法》第四十一条第二款之所以规定港口章程的内容"包括对港口的地理位置、航道条件、港池水深、机械设施和装卸能力等情况的说明，以及本港口贯彻执行有关港口管理的法律、法规和国务院交通主管部门有关规定的具体措施"，是因为这些内容对于船公司、货主单位和货运代理企业来说，都是十分重要的信息。而在港区内，港口行政管理部门是负责整个港口管理的部门，最有条件将上述信息在港口章程中进行统一规定，并可以最大限度地保证信息的准确与及时更新。因此，《港口法》规定由港口行政管理部门来组织制定港口章程是非常恰当的。

（五）对港口法执行情况行使监督检查权

监督检查即是港口许可的后续措施，也是日常管理的必要措施。为了保障港口法对于港口规划、建设、维护、经营等的各项规定能得到有效的贯彻执行，港口行政管理部门作为本法规定的行政执法部门，应当依据职责对有关单位和人员执行本法情况实施监督检查。

1. 港口行政管理部门在行使监督检查权过程中的权力

（1）有权向被检查单位的负责人、有关的管理人员、技术人员和作业人员等了解有关情况。上述人员应当予以配合，如实提供有关情况。

（2）有权查阅、复制资料。这些资料应是与监督检查有关的资料，按照监督检查事项的不同，包括执行港口规划、建设港口设施、从事港口经营活动、保障港口安全等方面的有关资料。被检查单位应当如实提供。

2. 港口行政管理部门在行使监督检查权过程中的义务

（1）监督检查人员对检查中知悉的商业秘密，应当保密。商业秘密作为现代市场经济中企业的重要资源，对于其参与市场竞争、制定发展决策有着至关重要的作用。一旦某个企业的商业秘密被泄露，则很有可能会对该企业经营产生不利的影响，进而使之在市场竞争中处于极为被动的地位。因此港口行政管理部门在进行监督检查时知悉的技术秘密和业务秘密必须承担保密的义务。

（2）监督检查人员应当将监督检查的时间、地点、内容、发现的问题及处理情况作出书面记录，并由监督检查人员和被检查单位的负责人签字；被检查单位的负责人拒绝签字的，监督检查人员应当将情况记录在案，并向港口行政管理部门报告。

第五节　港口管理行政处罚与行政强制

一、港口管理行政处罚

《港口法》中涉及的行政处罚种类，主要分为三种，分别是没收违法所得、吊销港口经营许可证和罚款。

（一）没收违法所得

没收违法所得是指行政机关将行为人以违法手段获得的金钱及其他财物收归国有的一种行政处罚形式。根据《港口法》第四十八条规定，违反许可管理规定从事经营活动的，由港口行政管理部门责令停止违法经营，没收违法所得：

(1)未依法取得港口经营许可证，从事港口经营的；

(2)未经依法许可，经营港口理货业务的；

(3)港口理货业务经营人兼营货物装卸经营业务、仓储经营业务的。

(二)吊销港口经营许可证

吊销许可，属于行政处罚中行为罚的一种，是指行政机关剥夺行为人以前被赋予的从事某种特定行为的资格，禁止其继续从事该特定行为的处罚。这是一种比较严厉的行政处罚。有关行政机关在作出这一处罚决定时，应当严格依法办事，慎重处理。从处理的情节考量上都要求情节严重时才予以此种处罚。下列行为可处此种处罚：

(1)港口理货业务经营人从事货物装卸、仓储经营业务，且情节严重的，有关主管部门可以吊销其港口理货业务经营许可证；

(2)港口经营人不优先安排抢险物资、救灾物资、国防建设急需物资的作业，造成严重后果的，港口行政管理部门可以给予其吊销港口经营许可证的处罚。吊销港口经营许可证的处罚应由颁发该许可证的港口行政管理部门作出；

(3)港口经营人违反有关安全生产的法律、法规以及港口安全作业规则，情节严重的。

(三)罚款

罚款属于行政处罚中的财产罚，即由行政处罚机关依法要求违反行政管理秩序的公民、法人或者其他组织强制无偿地向国家缴纳一定数量货币的行政处罚。下列行为可处以罚款处罚。

(1)违反规划的。港口规划属于抽象性行政行为，有关部门的规划者必须遵照港口规划的一般原则，根据港口的各方面资源和条件，作出科学而实用的规划。同时，《港口法》对违反规划的行为也作出了责任方面的规定。

《港口法》第四十五条规定：违反港口规划建设港口、码头或者其他港口设施的；未经依法批准，建设港口设施使用港口岸线的。由县级以上地方人民政府或者港口行政管理部门责令限期改正；逾期不改正的，由作出限期改正决定的机关申请人民法院强制拆除违法建设的设施；可以处5万元以下罚款。

(2)未经批准在港口建设危害性场所的。未经依法批准，在港口建设危险货物作业场所、实施卫生除害处理的专用场所的，或者建设的危险货物作业场所、实施卫生除害处理的专用场所与人口密集区或者港口客运设施的距离不符合国务院有关部门的规定的，由港口行政管理部门责令停止建设或者使用，限期改正，可以处5万元以下罚款。

(3)港口设施未经验收合格，擅自投入使用的。码头或者港口装卸设施、客运设施未经验收合格，擅自投入使用的，由港口行政管理部门责令停止使用，限期改正，可以处5万元以下罚款。

(4)未经许可从事经营活动的。由港口行政管理部门责令停止违法经营，没收违法所得；违法所得10万元以上的，并处违法所得2倍以上5倍以下罚款；违法所得不足10万元的，处5万元以上20万元以下罚款。

(5)未经报告在港口内进行危险货物的装卸过驳作业的。由港口行政管理部门责令停止作业，处5千元以上5万元以下罚款。

(6)在港口水域内从事养殖、种植活动的，由海事管理机构责令限期改正；逾期不改正的，强制拆除养殖、种植设施，拆除费用由违法行为人承担；可以处1万元以下罚款。

(7)未经依法批准在港口进行可能危及港口安全的采掘、爆破等活动的，向港口水域倾倒泥土、砂石的，由港口行政管理部门责令停止违法行为，限期消除因此造成的安全隐患；逾期不消除的，强制消除，因此发生的费用由违法行为人承担；处5千元以上5万元以下罚款。

(四)停止违反港口管理秩序的行为

1. 责令停止建设或者使用，限期改正

(1)根据《港口法》第四十六条的规定，未经依法批准，在港口建设危险货物作业场所、实施卫生除害处理的专用场所的，或者建设的危险货物作业场所、实施卫生除害处理的专用场所与人口密集区或者港口客运设施的距离不符合国务院有关部门规定的，由港口行政管理部门责令停止建设或者使用，限期改正。

违法行为人应当在接到港口行政管理部门的改正通知后，停止建设或者使用本法规定的特定场所，并采取相应的改正措施：未经依法批准建设上述特定场所的，应当依法办理审批手续，若没有得到批准，应当拆除其违法建设的设施或者经批准后改作其他用途；如建设的危险货物作业场所和实施卫生除害处理的专用场所与人口密集区和港口客运设施的距离不符合有关规定的，应当拆除其设施或者经批准后改作他用。

(2)根据《港口法》第四十七条的规定，码头或者港口装卸设施、客运设施未经验收合格，擅自投入使用的，由港口行政管理部门责令停止使用，限期改正。

根据该条规定，码头、港口装卸设施和客运设施未经验收合格，擅自投入使用的，首先由港口行政管理部门责令停止使用，限期改正。码头、港口装卸设施和客运设施的所有人或经营人在接到港口行政管理部门依法作出的处理决定后，应当在规定的时间内改正其违法行为。

[1]对于没有经过验收的码头、港口装卸设施和客运设施，应当按照有关规定，申请对其进行验收，经验收合格后方可投入使用。

[2]对于验收不合格的码头、港口装卸设施和客运设施，其所有人或经营人应

当在规定的时间内，采取改正措施，以使其达到合格标准。根据有关规定，交付竣工的建筑工程设施，必须符合规定的建筑工程质量标准，有完整的工程技术资料和经签署的工程保修书，并具备国家规定的其他竣工条件。港口设施的所有人或经营人应当认真分析验收不合格的原因，采取有针对性的改正措施，在规定的期限使其码头、港口装卸设施和客运设施达到验收合格的标准，并按照有关规定重新经过验收合格后，方可将其设施投入使用。

2. 责令停止违法经营

根据《港口法》第四十八条的规定，有下列行为之一的，由港口行政管理部门责令停止违法经营：

（1）未依法取得港口经营许可证，从事港口经营的；

（2）未经依法许可，经营港口理货业务的；

（3）港口理货业务经营人兼营货物装卸经营业务、仓储经营业务的。

未经许可擅自从事港口经营的，应当停止其港口经营业务；未经许可擅自经营港口理货业务的，应当停止其港口理货业务；港口理货业务经营人从事货物装卸、仓储经营的，也应当停止经营。本条要求停止的只是违法行为人从事的违法经营，对于其从事的别的合法经营，并不要求停止。

3. 责令停止作业

根据《港口法》第五十三条的规定，未依法向港口行政管理部门报告并经其同意，在港口内进行危险货物的装卸、过驳作业的，由港口行政管理部门责令停止作业。

按照港口法规定，在港口内进行危险货物的装卸、过驳作业，应当按照国务院交通主管部门的规定向港口行政管理部门报告，报告的内容包括：危险货物的名称、特性、包装和作业时间、地点。港口行政管理部门接到报告后，应当在国务院交通主管部门规定的时间内作出是否同意的决定，并通知报告人。即报告人必须在得到港口行政管理部门的同意以后，才能进行危险货物的装卸、过驳作业，如果未经同意就进行作业，则构成本条的违法行为，由港口行政管理部门责令停止作业。

4. 责令停止违法行为

根据《港口法》第五十五条的规定，未经依法批准在港口进行可能危及港口安全的采掘、爆破等活动的，向港口水域倾倒泥土、砂石的，由港口行政管理部门责令停止违法行为，限期消除因此造成的安全隐患。

港口行政管理部门有权责令停止违法行为，限期消除因此造成的安全隐患。即停止进行可能危及港口安全的采掘、爆破等活动，停止向港口水域倾倒泥土、砂石的违法行为，在规定的期限内消除因从事采掘、爆破活动，倾倒泥土、砂石对港口所形成的不安全因素。违法向港口水域倾倒砂石、泥土，影响港口水域船舶安全航行、靠泊的，应当负责打捞清除；因采掘、爆破给港区道路、建筑等造成安全隐患的，应当采取消除安全隐患的措施，恢复安全状态。对于超过行政执法部门规定的期限仍不消除安全隐患的，为保证港口安全，依照本条规定，应由港口行政管理部门直接采取强制消除的行政执行措施，因此发生的费用由违法在港口进行采掘、爆破或倾倒泥土、砂石的行为人承担。

二、港口管理行政强制

(一)强制拆除

《港口法》中规定的强制拆除，属于行政行为中的行政强制执行。行政强制执行是指当公民、法人或者其他组织不履行行政机关依法作出的行政处理决定中规定的义务时，依法强制其履行义务或达到与履行义务相同状态的行为。为了既有利于保证合法的行政决定得到有效执行，又避免因行政强制执行的不当使用而损害相对人的合法权益，行政强制执行一般以由行政机关申请人民法院执行为原则，以行政机关自行强制执行为例外。

(1)根据《港口法》第四十五条的规定，违反港口规划建设港口、码头或者其他港口设施的；未经依法批准，建设港口设施使用港口岸线的，由县级以上地方人民政府或者港口行政管理部门责令限期改正；逾期不改正的，由作出限期改正决定的机关申请人民法院强制拆除违法建设的设施。

(2)在港口水域内从事养殖、种植活动的，由海事管理机构责令限期改正；逾期不改正的，强制拆除养殖、种植设施，拆除费用由违法行为人承担。

由于在港口水域从事养殖、种植活动，不立即采取措施，有可能会危及船舶航行的安全，造成比较严重的后果，因此，该条规定将这种强制执行权赋予行政机关行使。又由于行政强制执行是由违法行为人以外的人代违法行为人执行的，必然要支出一定的费用，这些费用都应当由违法行为人承担。

(二)强制进入场所

港口行政管理部门及其管理人员对从事危险货物港口作业的企业进行监督检查，可以行使下列职权：

(1)进入并检查港口危险货物作业场所，查阅、抄录、复印相关的文件或者资料，提出整改意见；

(2)发现危险货物港口作业和应急设备、设施不符合法律、法规、规章规定和标准要求的，责令立即停止使用；

(3)发现安全隐患，应当责令立即排除或者限期排除；

(4)发现违法行为，应当当场予以纠正或者责令限期改正。

参考文献

1. 饶戈平主编：《国际组织法》，北京：北京大学出版社，1996。

2. 尹章华、凌风仪主编：《海事行政法概要》，台北：文笙书局，1998。

3. 张文显主编：《法理学》，北京：法律出版社，2004。

4. 鹿守本主编：《海洋法律制度》，北京：光明日报出版社，1992。

5. 黄异主编：《国际法》，台北：启英文化公司，2006。

6. 张硕慧主编：《水上危险品安全运输管理》，大连：大连海事大学出版社，2003。

7. 黄异：《海域管理与行政法》，台北：神舟图书出版社，2003。

8. 高之国、张海文、贾宇主编：《国际海洋法发展趋势研究》，北京：海洋出版社，2007。

9. 谭柏平：《海洋资源保护法律制度研究》，北京：法律出版社，2008。

10. 边子光：《海洋巡防理论与实务》，台北：中央警察大学，2005。

11. 李国庆主编：《中国海洋综合管理研究》，北京：海洋出版社，1998。

12. 李耀臻、徐祥民主编：《海洋世纪与中国海洋发展战略研究》，青岛：中国海洋大学出版社，2006。

13. 钱闵：《ISM 规则与港口国监督实务》，大连：大连海事大学出版社，2001。

14. 水上千之：《船舶国籍与方便旗船籍》，大连：大连海事大学出版社，2000。

15. 高之国主编：《中国海洋发展报告(2010)》，北京：海洋出版社，2010。

16. 陈家源、佟成权编著：《国际航运市场学》，大连：大连海事大学出版社，1995。

17. 郑中义、吴兆麟：《船舶安全配员》，大连：大连海事大学出版社，2002。

18. 洪碧光主编：《船舶安全管理》，大连：大连海事大学出版社，1999。

19. 李永生主编：《水路运输与港口商务管理学》，北京：人民交通出版社，2007。

20. 徐天芳、王长勇主编：《国际航运经营管理》，大连：大连海事大学出版社，1998。

21. 交通部教育司主编：《航道管理实用法律法规》，北京：人民交通出版社，1997。